Franz Liszt, Hans von
Bu

low

Briefwechsel zwischen Franz Liszt und Hans von Bülow

Franz Liszt, Hans von Bülow

Briefwechsel zwischen Franz Liszt und Hans von Bülow

ISBN/EAN: 9783744643207

Hergestellt in Europa, USA, Kanada, Australien, Japan

Cover: Foto ©ninafisch / pixelio.de

Weitere Bücher finden Sie auf **www.hansebooks.com**

pour m'informer s'il y a encore moyen d'obtenir une répétition au Gewandhaus, leur cycle de concerts annuels étant terminé. Je voudrais y faire essayer 3 ou 4 de mes Poèmes symphoniques (*Symphonische Dichtungen*) que je prépare pour l'impression; en particulier »Les Préludes«, »l'Orphée«, et peut-être le »Tasse« qui ont généralement produit un bon effet ici. Si la répétition de Leipzig s'arrange, peut-être me ferez-vous le plaisir d'y venir? En tout cas je vous en avertirai, par télégraphe au besoin.

Voulez-vous encore me faire un plaisir? Envoyez-moi les 3 ou 4 ouvrages que vous avez publiés, car il n'est pas convenable que je les achète; j'attends les 2 morceaux qui doivent paraître d'un jour à l'autre chez Litolff, pour vous les envoyer en un seul paquet avec la 2de Ballade (chez Kistner) et la Sonate que Härtel vient de publier. Les »Années de Pèlerinage« seront éditées par Schott dans le courant de cet été — et d'ici à assez longtemps je compte ne plus rien écrire pour piano afin de ne pas me laisser distraire de ma tâche symphonique, que j'espère mener à bon terme.

Veuillez bien présenter mes très affectueux respects à Madame votre mère et croyez-moi bien sincèrement et à toujours
votre très affectionné ami

Weymar, 24 Avril 54.   F. Liszt.

P. S. Donnez-moi votre nouvelle adresse; je vous remercie pour une chose bien réussie et qui fait bon effet dans les colonnes du journal de Brendel.

Veuillez me renvoyer les quelques feuilles d'écriture qui vous ont été communiquées ici, puisque vous n'en avez plus besoin.

31.

Dresde, 30 Avril 1854.

Mon très cher et illustre maitre!

Comme je me plais à pousser ma conscience comme votre élève au-delà des limites purement musicales, et comme je connais votre aversion pour les conversations inutiles, en la partageant, je n'ai pas osé vous molester d'une correspondance qui aurait mérité d'être rangée dans cette catégorie depuis ma dernière lettre, dans laquelle je vous rendais compte de l'exécution de quelques commissions insignifiantes.

Mes »faits et gestes« de Hambourg etc. comme vous daignez plaisamment et complaisamment qualifier mes pauvres tentatives récentes de pianiste de troisième ordre — un peu plus heureuses peut-être que celles de feu mon début à Vienne l'année passée, m'apparaissaient à mon retour à Dresde tellement mesquines et mortes-nées, que les ressusciter par une narration posthume qui aurait pu vous faire sourire, me semblait puéril et inexcusable, partant impossible.

Je me serais sans doute permis de vous donner de mes nouvelles, si j'avais quelque chose de sérieux à vous communiquer, p. ex. le résultat des concerts de Berlioz à Dresde, et je n'aurais certainement pas tardé à répondre à votre aimable et bienveillante lettre, pour laquelle je vous prie d'agréer mes remercîments les plus vifs, s'il ne m'avait point paru essentiel d'attendre la soirée d'hier, le troisième concert, qui promettait de devenir décisif.

Eh bien — c'est un moment bien heureux pour moi de pouvoir vous donner les meilleures nouvelles d'un événement qui ne peut vous tenir plus à cœur qu'à moi, qui ai senti augmenter mon enthousiasme pour Berlioz à chaque audition. La soirée d'hier a été un des plus éclatants triomphes que Berlioz ait célébrés en Allemagne. Une salle pleine, regorgeant de ce qu'il y a de plus choisi, de plus »esthétiquement« élégant parmi le public de Dresde, a fait un accueil chaleureux au compositeur à son entrée. On a souligné chaque morceau du programme par des applaudissements réitérés, des rinforzandos inouïs à Dresde, depuis la fuite de Wagner; on a redemandé le troisième numéro du mystère mystificatif, et battu des mains avec frénésie quand d'une loge du second rang une couronne de lauriers est venue tomber aux pieds du compositeur. Malgré sa fatigue, l'orchestre s'est surpassé lui-même à l'exécution du dernier numéro du programme: l'Ouverture du Cellini. Une ovation préparée en silence par la jeune génération de la Chapelle (Reissiger et même Lipinski s'y étaient opposés le matin — Reissiger du reste s'est fort bien conduit à l'égard de Berlioz, mais son enthousiasme se fige à la limite de l'envie) a terminé cette mémorable soirée au milieu des applaudissements frénétiques de l'auditoire. Mr. de Lüttichau a tout de suite prié l'artiste de lui accorder une répétition du »dernier« concert qui aura lieu demain, lundi. — Ainsi quatre concerts au lieu de deux — et la perspective presque certaine de la représentation du »Cellini« à laquelle l'exécution des deux Ouvertures de l'opéra n'auront pas peu contribué. La critique perfide de Mr. Banck a troublé la reprise du »Faust«. Au second concert il y avait peu de monde, mais il faut ajouter que ce monde appartenait à l'élite du public au point de vue musical et qu'il s'est montré très expansif. Le remarquable crescendo en nombre de l'auditoire, qui donna hier un si éclatant démenti à la »presse«, se serait déjà fait sentir à la reprise du Faust sans l'œuvre de ces vilains insectes, les critiques. Toute la Chapelle et les chanteurs voguent à pleines voiles dans l'enthousiasme. Ils sont heureux d'apprendre à estimer à leur juste valeur leurs talents et leurs capacités, de cet incomparable chef d'orchestre, qui leur fait sentir la honte et la stérilité des cinq ou six dernières années, et qui tous, à commencer par Mr. de Lüttichau, qui est radieux à un point dont je ne l'aurais jamais cru capable, voudraient retenir Berlioz à Dresde comme maître-de-chapelle. — On peut être content de tout le monde; les meilleures dispositions règnent partout. Mr. Berlioz a dès la première répétition détruit tout germe d'opposition, converti les plus récalcitrants, et Dieu sait combien il y en avait! Enfin — vos prédictions lorsque vous étiez à Dresde l'année passée pourraient bien s'accomplir sous peu. Mr. de Lüttichau a déjà fait des avances plus qu'allusoires à Mr. Berlioz, il lui a demandé, entre autres de mettre en scène et de diriger l'»Orphée« de Gluck, qu'il veut monter la saison prochaine. À l'observation de Mr. Berlioz qu'il n'y avait pas de place vacante à Dresde, toutes étant fort bien remplies — il a opposé les deux mots assez clairs: »qui sait«!

Figurez-vous qu'il y a huit jours Krebs — à l'église catholique — fit des reproches amers et une réprimande sérieuse à l'orchestre pour avoir joué si magnifiquement sous la direction d'un »étranger«. Quelle humiliation publique pour les chefs autochtones, sous lesquels il ne leur était jamais arrivé de montrer tant de zèle et d'ardeur! Ceci ressemble à un conte et pourtant ne l'est point. Krebs sent instinctivement qu'il se prépare quelque chose d'extraordinaire, qui pourrait bien tourner contre lui. »Malgré« cela il est assez bête pour faire de l'opposition non équivoque contre la sincère et cordiale admiration, que Reissiger de prime-abord a montré et continue à montrer pour les œuvres de Berlioz. L'autre jour à un dîner chez Mr. de Lüttichau auquel j'assistais — Krebs a brillé d'un éclat inaccoutumé par son absence, relevée par la présence de Reissiger, Fischer[1]), Lipinski, Schubert[2]), Dawison[3]) etc. — À ce dîner, donné en l'honneur de Berlioz, il y avait aussi le ministre de Zeschau. . —.

Mr. Berlioz vous écrira probablement lui-même ce matin et vous communiquera ses impressions, ainsi que le degré de sa satisfaction personnelle, — je n'ai donc rien à ajouter d'intéressant à ce chapitre, me réservant toutefois de vous tenir au courant si vos espérances recevaient une affirmation positive ou approximative.

J'espère que vous avez encore assez bonne opinion de moi, pour ne pas douter, que durant le séjour de Berlioz à Dresde j'ai fait tout ce que j'ai pu pour rendre des services à ce maître que j'admire et que je révère de tout mon cœur en me rappelant avec reconnaissance l'origine de cette admiration. Cela n'a pas été grand'chose, par exemple, je n'ai pu faire qu'un seul article préparatoire dans un journal dont le rédacteur n'a pas accepté mon offre d'écrire gratis la critique

---

1) Wilhelm F. (1789—1859), Chordirector am Dresdner Hoftheater, Freund R. Wagner's. Siehe dessen »Briefe an Uhlig, Fischer und Heine«. Leipzig, Breitkopf & Härtel, 1888.

2) Wol Anton Sch. († 1853), der Dresdner Concertmeister und Nachfolger Lipinski's.

3) Bogumil D., der geniale Schauspieler.

des concerts, pour ne pas blesser la susceptibilité de son feuilletoniste régulier. Par contre j'ai enrôlé sous le drapeau de Berlioz, sans ostentation aucune, des enthousiastes parmi les artistes, surtout parmi ceux de l'orchestre. À un certain moment donné, il serait peut-être bon de rappeler à Mr. Berlioz que les premiers et les plus chaleureux amis, qu'il a trouvés à Dresde dans l'orchestre et dans l'auditoire, appartiennent au parti Wagner et lui appartiennent depuis longtemps. Ces mots, que je viens de tracer — inutilement peut-être — m'ont été suggérés par le souvenir de quelques caquets de Mme Berlioz au sujet de Richard Wagner, qui m'ont assez irrité. Mais Mme B. est, au fond, une excellente femme qui a le défaut d'être un peu bavarde et de raconter une foule de choses auxquelles on aurait tort de prêter grande attention. . . . . .

Ritter est enthousiaste de Berlioz. Quoique souffrant à la suite d'une opération, il m'a secondé à la première exécution du Faust en prenant avec moi une loge à seize personnes dans laquelle nous avons invité nos amis et connaissances, tout ce qu'il y a de mieux, par exemple Blassmann[1], Hähnel etc.

Mille remerciments pour la partition du »Künstlerchor« — il a fallu un peu m'habituer aux changements rhythmiques que vous avez cru y devoir introduire. L'»alternativa« est pour moi le morceau le plus sympathique. Il est sublime — et je l'avais déjà senti à Carlsruhe.

Vous êtes bien bon de penser à moi, pour me faire connaître vos nouvelles compositions pour Piano. Quant au morceau sur Cellini, je l'ai joué à Brunswick. Il me valut un fiasco — ce qui a encore augmenté mon plaisir, plaisir partagé par Litolff qui assistait à ce concert comme auditeur. Ce dernier m'a donné les feuilles corrigées de votre chef-d'œuvre de Scherzo. Il y a déjà longtemps que je l'ai étudié.

Je vous enverrai sous peu l'article de Mme la Princesse Wittgenstein, que j'ai traduit pour Brendel. Quant à la

---

[1] Adolf B. (1823—91), Pianist und Dirigent.

signature, il m'a fallu en inventer une, puisque j'avais la conviction intime que vous n'étiez pas l'auteur de cette polémique.

Je vous présente mes excuses les plus humbles pour la »*Flauheit des W. I.*« C'est par mes mains qu'a passé la correspondance de Singer, dans laquelle j'ai eu le caprice peu justifiable de laisser plusieurs empreintes de ma griffe. J'ajouterai seulement que j'ai agi en cela *bona fide*; je me rappelle un temps, où des insinuations de ce genre ne vous déplaisaient pas tout à fait. Puisqu'il en est autrement à présent, je suis le premier à me rétracter et je me garderai d'autant plus d'une récidive, que je suis très dégoûté de la plume — de critique. Je laisserai à Hoplit le soin de s'illustrer et même de se faire canoniser comme »santo« et »chiaro« par ce moyen.

Le son des mots »Weimar« ou »Leipzig« seul suffit pour me donner un accès de fièvre et de rage. Ces misérables ne cessent de me persécuter et de me maltraiter, — j'ai juré que je leur rendrai un jour ce que je leur dois avec usure. Je regrette amèrement mes faiblesses envers David, qui a su en profiter! Ces gens croient maintenant avoir le droit de me mépriser comme homme sans caractère à cause de mes »inconséquences«.

J'aurai grand plaisir à assister à votre répétition à Leipzig. Ce petit voyage me donnera en outre l'occasion de dire mon opinion au docteur Härtel, ce dont je suis bien résolu.

J'attends à Dresde le résultat de mes démarches dans le but de mettre fin à mes incertitudes civiles. Il me faut avant tout un passeport en règle. Je crains bien que mon désir le plus ardent de quitter l'Allemagne et de m'ensevelir à Varsovie, comme pianiste »aux gages« d'un général russe — et cela le plus tôt possible — ne rencontre maintenant d'assez graves obstacles et que ce projet n'avorte peut-être entièrement.

Je n'en ai pas encore de nouvelles positives. C'est pourquoi je ne vous en ai point encore parlé.

Je ne me couvrirai point du ridicule de vous envoyer les morceaux dont vous parlez, ce sont des niaiseries qui ont eu la chance de trouver un imbécile d'éditeur. Mais dans le cas où je terminerais bientôt un daguerréotype musical de moi-même (morceau d'Orchestre) je me permettrai de le déposer aussitôt à vos pieds.

Votre profondément dévoué et reconnaissant élève
H. de Bülow.
Dohnaische Strasse 3 II.

Ma mère vous présente ses respects et ses amitiés. —

32.
Dresde, ce 6 Mai 54.

Mon très cher et illustre maitre!

C'est pour m'excuser d'abord du retard que j'ai mis à renvoyer le manuscrit que Mme la Princesse Wittgenstein m'avait confié pour la traduction, que j'y joins ces quelques lignes. Je désirerais ensuite corriger par une quasi-révocation quelques bêtises que mon humeur tapageuse de l'autre jour m'a fait commettre dans ma dernière lettre il y a huit jours environ, où je vous donnais un compte-rendu assez exact des succès de Berlioz à Dresde.

Comme vous aurez eu, par l'auteur à Weimar, la communication détaillée de ses impressions — de celles qu'il a produites, en tant qu'elles ont rejailli et réagi sur les siennes — pendant son voyage et son séjour à Dresde, j'aurai peu à ajouter à ce chapitre. — Mr. de Lüttichau est encore tout à fait charmé de la personne et du génie de Mr. Berlioz comme compositeur et comme chef d'orchestre et ne renoncera sûrement point à la réalisation de son idée, d'attacher votre ami à l'institut musical de Dresde. Un certain entêtement et une certaine tenacité comptent parmi les qualités principales de ce personnage; elles peuvent devenir également vices ou vertus. La Chapelle qui fit preuve à cette occasion d'une indépendance d'opinion et d'un self-government nouveaux et inouïs jusqu'ici à Dresde, a affermi dans l'esprit de Mr. de Lüttichau la conviction de la sagesse qu'il y aurait à accomplir votre prophétie. Il s'agit avant tout pour le moment de se débarasser de Krebs, chose assez difficile à faire. Mais enfin — Berlioz pourrait très bien entrer à la place de Reissiger, qui déja depuis longtemps a manifesté le désir de se retirer. Nous espérons tous revoir Berlioz en automne. La mise en scène du ›Benvenuto Cellini‹ n'est plus douteuse. Mr. de Lüttichau l'a votée sans phrase et il n'y aura même plus de discussion quand le moment sera arrivé de prendre connaissance du livret et de la partition. Quand je dis — nous espérons — il me faut presque ajouter, que je m'exclus de ce ›nous‹, supposant bien que je me trouverai alors loin de Dresde et de la Saxe en général — quelque part dans ›l'Est‹.

Mr. Berlioz a eu la complaisance extrême, de m'entendre jouer du piano. Il s'est exprimé avec beaucoup de bienveillance à mon égard et a eu l'amabilité de me promettre son concours pour m'aider à prendre pied à Paris, si j'y allais un jour. Je crains que cela ne soit pas de sitôt. D'abord il me faudra conquérir une certaine indépendance pour le temps que je passerai à Paris, autant pour avoir cette indépendance elle-même, que pour pouvoir en jouir avec une conscience nette. Quand j'aurai passé un an ou deux à Varsovie ou autre part, en guise d'esclave pédagogue musical, j'espère arriver à une situation qui me le permette.

Dans ce moment-ci je savoure autant que possible l'écho de la musique enivrante de Berlioz, qui m'a fait passer trois semaines que je ne voudrais point voir rayées du programme de ma vie. Au baromètre de mon admiration et de ma sympathie pour les œuvres de ce maître, je puis juger maintenant, que j'en ai l'intelligence parfaite. Je le comprends et le saisis dans toute l'unité de son individualité, et les nombreux éclairs de son génie qui m'avaient frappé d'abord, ne luisent plus dans des ténèbres qui se sont dissipées.

Vous ne connaissez pas encore les deux dernières parties du ›Faust‹. Ah, combien je vous envie! La quatrième partie surtout est magnifique d'imagination, sublime d'originalité.

J'ai promis à Mr. Berlioz de lui arranger la première Ouverture du ›Cellini‹ pour le piano à quatre mains, afin d'être incorporée dans la partition de piano à publier, comme par exemple pour les opéras de Spohr; comme j'ai le temps maintenant je voudrais me mettre à l'œuvre sans retard. Mais où prendre la partition, si vous n'avez pas la grande bonté de me prêter la vôtre pour une quinzaine de jours au plus?

S'il se présentait un éditeur — je ferais une brochure sur le ›Cellini‹ pour préparer l'opéra à Dresde. Si vous en connaissez un, et si vous m'y engagez, je suis prêt à le faire. Il est bien entendu que je ne demanderai point d'honoraires. Mr. Berlioz a eu bien du plaisir en se faisant traduire par moi l'article ci-joint d'un journal de Dresde, qui fait grand honneur à l'esprit de son auteur. C'est sur son invitation que je vous l'envoie.

J'espère de tout mon cœur que l'indisposition, dont vous aviez à vous plaindre, n'a pas tardé à disparaître et que toute la santé, dont votre énorme activité a besoin, vous est revenue. Je ne puis en dire autant de moi, qui suis — peu gravement — mais assez constamment souffrant.

Joachim m'a écrit qu'il passerait à dater du 1 Mai une huitaine de jours à Weimar. Vous aurez alors probablement abandonné votre projet de voyage à Hanovre, si vous n'avez pas d'autres motifs d'y aller. Espérant encore apprendre par vous la date de la répétition à Leipzig, je signe votre

très reconnaissant et entièrement dévoué élève
Hans de Bülow.

33.

Cher ami,

Ma fièvre intermittente m'a fait une plus longue visite que je ne comptais, et Berlioz et Joachim m'ont encore trouvé au lit. Depuis quatre ou cinq jours je suis de nouveau sur mes pattes ou à peu près. Joachim est encore ici, mais repartira ce soir pour Hanovre où j'irai le voir dans une huitaine de jours uniquement dans le but de passer 48 heures chez lui, avec lui. Nous avons essayé hier, (à une répétition) son Ouverture pour la pièce de Grimm, »Demétrius«. Elle vous intéressera et vous plaira j'imagine. Pour ma part je mords bien aussi à ce genre de choses, mais j'ai peut-être dix ans de trop sur le dos pour m'y adonner avec cette exclusion passionnée sans laquelle on ne comprend qu'à moitié certaines choses.

Raff assure que l'Ouverture de »Demétrius« est un notable progrès sur celle de »Hamlet« dont je fais du reste grand cas comme vous savez — quoi qu'il en soit, il est fort à parier qu'elle ne rencontrera pas un public mieux disposé que son aînée et il est absolument indispensable que Joachim écrive un assez grand nombre de choses (comme Schumann dans sa première période de 30 à 40) pour qu'il soit jugé avec plus d'équité que cela ne se peut en ce moment. Dans tout ce qu'il a fait depuis deux ou trois ans, il y a de hautes qualités qu'il serait injuste de méconnaître. Des idées, du style, une vigoureuse sévérité de lignes dans la facture et jusque dans ses apparentes licences même, et enfin une manière de sentir et de procéder qui est en lui et à lui. Avec tout cela on peut aller loin et s'il ne se laisse pas trop envahir par une certaine morosité noble sans doute, mais trop rongeuse chez lui, il produira infailliblement de très belles choses et de l'ordre le plus élevé.

Je suis très content pour vous du séjour de Berlioz à Dresde. Cette quinzaine vous aura été une bonne entrée en matière de printemps. Berlioz m'a parlé de vous avec affection et m'a presque fait des reproches de ne pas lui avoir assez vanté votre talent de Pianiste qu'il a apprécié de manière à me faire plaisir. Les oreilles ont dû vous tinter de tout ce que nous disions de vous ici — et j'avoue que j'ai été un peu surpris des expectorations de votre avant-dernière lettre sur Weymar, où on vous garde, je vous l'assure, des sentiments au niveau des âmes les plus élevées et les plus fières... Mais puisque vous vous êtes aperçu vous-même que votre lettre (fort spirituelle et divertissante d'ailleurs) était par trop colérique, n'en parlons plus et revenons à Berlioz.

J'approuve complètement votre projet d'arranger à 4 mains l'Ouverture de Cellini et vous engage même d'arranger aussi la 2de (celle du Carnaval Romain) de la sorte. Le Comte de Riencourt[1]) qui part ce soir pour Dresde, vous portera ces lignes avec la partition de la 1re Ouverture. Si vous désirez celle du Carnaval Romain je vous l'enverrai.

Quant à la brochure sur Cellini je suis charmé que vous en ayez eu l'idée. Veuillez bien m'en envoyer le manuscrit et je chargerai Böhlau (un jeune éditeur assez actif et comme il faut) qui s'est établi à Weymar, de la publier convenablement. Je puis vous assurer à l'avance de son consentement ainsi que de la bonne tournure de l'édition. Tâchez seulement de ne pas beaucoup tarder à m'envoyer le manuscrit afin que la brochure paraisse avant que les répétitions de Cellini à Dresde ne commencent.

Berlioz compte aussi publier prochainement le »Clavierauszug« avec texte français et allemand à Paris. Pour la représentation du ›Cellini‹ à Dresde il va sans dire que je me propose d'y assister. Vous y trouverai-je encore? En tout cas, je vous le répète, je tiens à vous voir avant que vous ne quittiez ces contrées pour un long temps.

La répétition que David m'offrait au Gewandhaus a été ajournée d'abord à cause de mon séjour à Gotha, et dernièrement par la fièvre qui m'a retenu une quinzaine de jours au lit. Je vous écris encore ces lignes de mon lit, car je n'ai pas repris mes forces habituelles. Je ne sais pas si en ce moment il y a possibilité de réunir l'orchestre et j'enverrai un de ces matins Cornelius prendre des informations à ce sujet. Peut-être qu'à mon retour de Hanovre je m'arrêterai un jour à Leipzig — ce dont je vous avertirai s'il y a encore quelque chance d'obtenir, sans troubler personne, une répétition préalable pour deux ou trois de mes élucubrations symphoniques.

Comment vont les Ritter? Chargez-vous de mes meilleures amitiés pour Carl et de mes plus affectueux souvenirs pour toute la famille.

---

1) Secretär bei der französischen Gesandtschaft in Weimar.

Wagner m'écrit qu'il compte sur votre participation au Festival musical du Canton de Vaux. Comme alors vous serez obligé de passer par Weymar, j'espère que vous vous y arrêterez au moins un jour à l'Altenburg et que vous m'en préviendrez un peu à l'avance, car il est possible qu'en Juillet j'aille à Rotterdam où on annonce également un grand Festival auquel je voudrais assister.

Avant ce moment je ne m'absenterai d'ici que pour aller chez Joachim à Hanovre (2 ou 3 jours) la semaine prochaine. D'aujourd'hui en huit on donnera le »*Fliegende Holländer*«, attendu que Tichatscheck[1]) s'est de nouveau excusé pour le »Lohengrin« qui avait déjà été annoncé pour ce jour. Je ne sais vraiment à quoi tiennent ces tergiversations — tous les arrangements étaient pris avec lui, un honoraire suffisant (130 Louis d'or pour trois représentations) fixé, et voilà qu'au moment définitif il écrit une lettre d'excuses en nous remettant à l'automne prochain.

L'opéra de Schubert »*Alfons und Estrella*« sera représenté pour la fête de Monseigneur le Grand-Duc 24 Juin pour clore la saison, et au commencement de Juin, Roger[2]) chantera ses trois rôles dans la »Favorite«, »Lucie«, et la »Dame blanche«. À cause de certaines circonstances locales et théâtrales, j'ai demandé à l'avance d'être complètement dispensé de la direction des représentations de Roger et ne m'en mêlerai d'aucune façon. Vous savez probablement déjà que Mme de Ziegesar est morte subitement. Ziegesar a été immédiatement déchargé de l'intendance qui est ad interim entre les mains de Mr de Beaulieu[3]), et Ziegesar ne conserve que les fonctions de Maréchal de la Cour de S. A. Impériale la Grande-Duchesse douairière.

Je vous raconterai occasionnellement quelques détails relatifs à l'arrangement des morceaux de Lohengrin. La se-

---

1) Josef T. (1807—66), der ausgezeichnete Heldentenor der Dresdner Hofbühne, der Rienzi und Tannhäuser creirte.
2) Der berühmte Pariser Tenorist (1815—79).
3) Baron Beaulieu-Marconnay trat bleibend in die Intendantur ein.

maine prochaine, j'enverrai à Härtel deux ou trois numéros que j'ai transcrits et que je lui avais promis bien antérieurement au démêlé que vous avez eu avec lui. Si vous me permettez de vous donner un avis que je tiens pour raisonnable, je vous engagerai à ne plus dire un mot ni faire un seul pas quelconque ayant rapport à cet incident que pour ma part, je ne puis que regretter.

De quoi servira que vous disiez ou fassiez des injures au Dr. Härtel? Cela ne peut être d'aucune utilité ni pour vous, ni pour Wagner, ni pour Lohengrin, sans compter qu'une scène de ce genre me serait personnellement plus que désagréable. De grâce, cher ami, mettez-vous un peu plus au diapason des hommes et des choses telles que les voilà et qu'il ne dépend pas de nous de les changer. Les injures ne sont pas des raisons — loin de là, les mauvaises raisons même gagnent de l'avantage et comme le jour propre aux meilleures, par les injures qu'on leur oppose inconsidérément.

Mais je ne veux point sermonner et commence à ressentir de la fatigue à laisser courir ma plume.

À revoir donc, très cher ami,
et bien tout à vous

Dimanche, 14 Mai 1854.   F. Liszt.

P. S. Je viens de chercher dans tous les coins et recoins de ma bibliothèque musicale et il m'a été impossible d'y retrouver la partition de l'Ouverture de Cellini. Je chercherai encore demain — mais il me souvient vaguement que je l'ai prêtée à je ne sais plus qui. Le mieux sera que vous écriviez de suite à Berlioz ›rue Boursault 19‹ pour lui demander de vous envoyer la partition des deux Ouvertures, car je désespère un peu de retrouver mon exemplaire.

34.

Que devient votre brochure sur ›Cellini‹, mon cher ami? Donnez-m'en des nouvelles, ou mieux envoyez-moi le manuscrit afin que je le fasse éditer.

Mes trois semaines de maladie m'ont mis fort en retard avec ma correspondance. Je dois entre autres une longue lettre de réponse à Pohl — mais je préfère encore attendre un peu afin de mieux répondre à la sienne. Quand vous le verrez faites-lui mes amitiés et dites-lui que je n'oublie point ce qui l'intéresse.

Je viens de passer quatre excellentes journées à Hanovre chez Joachim. Samedi en huit 17 j'irai à Halle, pour assister à l'exécution du »*Weltgericht*« de Schneider [1]), que les »*vereinigten Liedertafeln*« de Dessau, Magdeburg, Halle et Berlin, autrefois dirigées par Schneider, produisent au bénéfice des héritiers de Schneider. Il y aura probablement peu de bénéfice et ni nos oreilles ni la bourse des bénéficiés n'y trouveront leur compte.

Le 24 Juin (jour de fête de Monseigneur le Grand-Duc de W.) on donnera ici l'opéra inédit de Schubert »Alphonse et Estrella« qui contient des mélodies charmantes. Vers le 8 Juillet je partirai pour Rotterdam où je suis invité en l'honneur du Festival monstre qu'on y prépare. La salle construite à cet effet contient plus de 4000 spectateurs et on a engagé Roger, Pischek [2]), Formes [3]), Mme Ney [4]) etc. pour les Solos de l'Israël de Händel, des 4 Saisons de Haydn, de la 9me Symphonie etc. — Meyerbeer doit y venir aussi et nous logerons probablement ensemble chez un des Membres du Comité.

Ma répétition du Gewandhaus est ajournée jusqu'à l'automne, David ayant donné sa démission comme directeur des Concerts du Gewandhaus et la salle même nécessitant quelques réparations qu'on est en train de faire.

À mon passage à Brunswick, j'ai vu durant plusieurs

---

1) Friedrich Sch. (1786—1853), Hofcapellmeister in Dessau.
2) Joh. Baptist P. (1814—73), Baritonist.
3) Vermuthlich der Bassist Carl F. (1816—89); möglicherweise aber auch dessen Bruder, der Tenorist Theodor F. (1826—74), beide vortreffliche Sänger.
4) Jenny Bürde-Ney (1826—86), Primadonna der Dresdner Hofbühne.

heures Litolff, avec lequel mes relations semblent s'établir sur un bon pied. Il viendra à Weymar à l'entrée de l'hiver.

Connaissez-vous Rubinstein? [1]) C'est un travailleur modèle et une individualité d'artiste en dehors du commun. Durant ces 6 années de retraite à Pétersbourg il a écrit plusieurs opéras russes, une demi-douzaine de Symphonies, autant de concertos de Piano, et une masse de Quatuors, Trios, Sonates, Pièces légères etc. etc.

Depuis une semaine je l'ai etabli à l'Altenburg, et quoiqu'il apporte des préventions systématiques contre la *Zukunftsmusik* je fais cas de lui comme talent et comme caractère. Il a 25 ans, possède un véritable talent de pianiste (qu'il a négligé ces dernières années) et il y aurait injustice à le mesurer à l'aune ordinaire.

Roger chante maintenant à notre théâtre; il veut apprendre le rôle de Tannhäuser et j'ai écrit à Wagner pour le prier de lui envoyer un *Clavierauszug*.

Donnez bientôt de vos nouvelles à votre

7 Juin 1854.   F. Liszt.

Mille affectueux souvenirs aux Ritter.

35.

Dresde, ce 29 Juin 1854.

Mon très cher et illustre maître!

J'avais compté vous remercier personnellement des marques d'un bienveillant souvenir que votre dernière lettre m'avait données — en allant vous trouver à Halle, où vous m'aviez indiqué votre présence pour le 17 de ce mois. Voilà qu'une inflammation à la gorge m'est survenue précisément la veille du jour où je comptais partir et j'ai été même obligé de garder le lit pendant plusieurs jours et de me soigner très

---

[1]) Anton R. (1829—94), der geniale Clavierkünstler und Componist, der schon als Knabe Liszt's Schutz und Förderung erfahren hatte.

sérieusement pour éviter un aggravement du mal, qui du reste, a passé plus vite que je ne l'espérais. Comme je n'aurai donc pas le bonheur de vous revoir sitôt, je veux vous faire part du peu que j'ai à vous apprendre en ce qui regarde ma personne.

Je vous prie d'abord, en vous renvoyant la partition de l'Ouverture de »Benvenuto«, de bien vouloir excuser le retard que j'y ai apporté.

L'arrangement à quatre mains m'a pris plus de temps que je ne croyais. Je l'ai refait plusieurs fois avec conscience et même avec pédanterie. Je n'en suis pas mécontent puisqu'il est très pratique. Si vous pouviez me faire savoir l'adresse exacte de Berlioz en ce moment (peut-être par Cornelius) je vous serais très reconnaissant, car je voudrais lui envoyer mon arrangement le plus tôt possible — selon ma promesse.

Mr. Fischer que je viens de rencontrer ce soir au théâtre, n'a pu me donner des nouvelles positives sur la représentation du »Cellini« dans le courant de l'automne; il en doute même. On fait cependant copier la partition de piano. Mr. de Lüttichau, qui sous peu part pour Teplitz, où il passera quelques semaines, est à mon sû encore fidèle à son engouement pour le compositeur et surtout pour le chef d'orchestre Berlioz. — Vous pensez bien que je n'ai pas manqué d'aller voir Tichatscheck à son retour et de tâcher de l'intéresser au »Cellini«. Quant à ma brochure sur le »Cellini« — j'en ai abandonné, ou plutôt différé l'exécution. J'y étais peu disposé pendant tout le temps qui vient de s'écouler — je l'aurais écrite d'un point de vue trop individuel, trop indépendant, pour m'en promettre du succès.

Après y avoir réfléchi encore, je préfère aussi la faire paraitre comme première livraison de la collection d'articles et d'analyses des œuvres de Berlioz, que Pohl se propose de faire publier par Wigand à Leipzig, qui en outre lui donnera des honoraires — tandis qu'il me répugnerait de la voir publiée par un libraire à »Weimar«.

Mon avenir est maintenant certain pour un assez grand

espace de temps. Quand vous saurez comment, vous ne me croirez pas trop ébloui ni enchanté — mais depuis je suis moins inquiet — et je ne souffre pas trop d'ambitions frustrées. Je viens d'accepter un engagement qui m'a été offert par un riche comte polonais — Mycielski — qui m'emmenera vers le commencement de Septembre, comme maître de musique pour ses trois ou quatre prodiges de filles, à sa propriété, située entre Posen et Breslau. J'aurai quatre cents écus par an, et il va sans dire, tout ce qu'il faut pour y vivre et me rendre à même de remplir ma tâche journalière, de donner trois ou quatre leçons le jour et d'amuser le monde le soir comme pianiste. Comme la famille habite momentanément Dresde, j'ai déjà commencé mon service depuis quelques semaines, en donnant des leçons. J'aurai tout le temps là-bas de travailler solitairement à ma guise, de composer des Trios, Symphonies etc. à la Rubinstein avec ou sans inspiration, et j'aurai aussi l'avantage d'oublier et d'ignorer tout ce qui dans le monde musical et non musical pourrait m'ennuyer ou m'agacer les nerfs et celui de fortifier ma santé en me campagnardisant, tout en fortifiant en même temps mon apathie et mon dégoût de bien des choses — sorte de bien-être dont je commence à jouir depuis peu et que ne saurait même plus troubler la nouvelle autrefois si agréable de la décadence d'une de mes bêtes noires.

Pardon de cet abandon dans des flâneries intellectuelles que vous avez si souvent tolérées avec indulgence dans ma conversation épistolaire. Et maintenant parlons d'autre chose que des tribulations intérieures et extérieures de ma carrière plus ou moins manquée. Je ne néglige point le piano — j'étudie les Préludes et Fugues de Bach, votre Scherzo, vos Études d'après Paganini — et les 33 Variations de Beethoven, Op. 120, pour lesquelles j'ai un faible fortissime. — Je suis au beau milieu d'une Fantaisie pour Orchestre (*si* mineur) dans le style de mon ami Raff — je viens de réinstrumenter et de corriger entièrement l'Ouverture de »César« — et je fais des transcriptions successives du »Tannhäuser« à quatre mains — qui tardent à paraître.

Wagner est assez bon pour me donner parfois de ses nouvelles. Il m'a promis l'envoi de son premier opéra des »Nibelungen«, aussitôt qu'il l'aura écrit au net — pour que j'en fasse la partition de piano. À mon grand regret je n'ai pu me rendre à son invitation pour le Festival à Sitten. Mais qui aurait bien pu le faire et a eu très tort de ne pas le vouloir, c'est Joachim. Je viens d'apprendre, je ne sais plus par qui, que mon ami si terriblement tiède comme correspondant est allé à Vienne, où il passerait, à ce qu'on dit, son congé d'été. Est-ce vrai?

Charles Ritter m'a écrit l'autre jour de Vevey, où il réflète, en sa qualité de nouveau marié, sa lune de miel(?) dans le lac de Genève. Il a été voir Wagner à Zürich et me fait part assez largement de ses impressions au sujet de la musique du »*Rheingold*«. Avez-vous reçu le manuscrit de son »Alcibiade«?[1]). Je m'imagine que cette pièce ne serait pas sans intérêt pour vous; quant à moi, je trouve que c'est un petit chef-d'œuvre, contenant des épisodes admirables. — À propos de Ritter — le cadet m'a beaucoup prié de vous parler de lui et de vous soumettre une demande, concernant la chose qui lui tient le plus au cœur après son mariage. Comme je puis la faire en bonne conscience, je me permets de la motiver par un court avant-propos en sa faveur. Depuis la soirée que vous avez daigné passer dans sa famille l'année passée, il est pénétré de honte et de chagrin d'avoir eu plutôt le malheur que l'impertinence de vous avoir déchiré les oreilles en raclant son violon, et partant de vous avoir donné une opinion si compromettante de sa capacité musicale. Il serait très heureux s'il pouvait trouver l'occasion de vous montrer qu'il sait mieux faire. Depuis ce temps il s'est mis à étudier son instrument — et il y a quelques mois il m'étonna — c'est un fait — par sa façon intimement musicale et même techniquement merveilleuse de lire à livre ouvert avec moi la deuxième Sonate de Schumann, car je ne m'attendais pas à une telle preuve de talent de sa part. Enfin pour en arriver

---

1) Ein Schauspiel von Carl Ritter.

au point capital — Ritter qui se mariera très prochainement à Pillnitz avec une nièce de Wagner, sœur de Johanna, et dont la fiancée quitte la carrière d'actrice, désirerait beaucoup se fixer à Weimar, où, étant musicien passionné et surtout très enthousiaste de la musique que vous composez et protégez, il trouverait à satisfaire ses goûts musicaux et aurait l'avantage de vous voir et de vous admirer de temps en temps. Pour réaliser ce désir, il lui faudrait seulement trouver un emploi, une occupation à Weimar, car sans cela il lui serait impossible d'y demeurer. — Or, comme il a déjà fonctionné dans l'orchestre de Dresde, il pense pouvoir maintenant viser à une place parmi les 1ers violons de la chapelle de Weimar. Il serait au comble du bonheur, s'il pouvait obtenir cette position, qu'il accepterait à n'importe quelle condition — ce qu'il m'a prié expressément d'ajouter. N'ayant pas le courage de vous adresser lui-même cette sollicitation, il m'a choisi comme intermédiaire. Vous seriez bien bon, de daigner me remettre à l'occasion une réponse favorable ou défavorable à la demande de mon jeune ami.

Singer s'est établi depuis quelques semaines à Dresde, où on est mieux pour travailler qu'à Pesth; je ne suis pas fâché de jouir de sa société, que je préfère à beaucoup d'autres, et qui m'empêche de trop m'isoler, de trop m'emmisanthropiser. Il m'a chargé de vous présenter ses respects; il est tout pépétré d'une admiration intelligente et enthousiaste pour vous, ce qui ne contribue pas peu à me le rendre plus sympathique encore. Cependant comme il occupe et absorbe en ce moment le coin réservé dans mon amitié aux juifs, je ne saurais sympathiser encore pour Rubinstein, d'autant plus que la Sonate qui vient d'être publiée, n'engage pas trop à un retour d'affection pour des »*Vergangenheits-Sonaten*«.

Le directeur du »*Gesangverein Orpheus*« à Dresde, Mr. Müller, a manifesté l'intention de faire exécuter votre »*Festgesang*« dans le courant de l'hiver. Je l'ai mis à même d'en étudier la partition et de se raffermir dans la conviction, qu'il serait fort louable de remplacer enfin le »*Festessengesang*« de Mendelssohn par une composition plus digne du sujet et du poète. Mr. M. m'a encore assuré ces jours-ci, qu'il vaincrait l'opposition de quelques *Liedertüfler*, ennemis des changements enharmoniques, et que l'exécution aurait certainement encore lieu dans le courant de l'année.

Mr. Gottwald m'a fait le plaisir ce matin, de me donner des nouvelles assez fraiches sur Weimar, sur l'opéra de Schubert et sur les moments qu'il a été assez heureux de passer chez vous. J'espère que votre précieuse santé se sera reconsolidée parfaitement et qu'il n'y a point à craindre de récidive, maintenant que vous avez si largement payé le tribut à la maladie.

En vous demandant de vouloir bien assurer Mme la Princesse Wittgenstein de mon entière soumission, je vous prie d'agréer les compliments de ma mère, qui désire vous dire ses plus tendres amitiés.

Votre entièrement dévoué et reconnaissant élève
H. de Bülow.

Cornelius vous remettra demain la partition de l'Ouverture de Berlioz.

36.

Très cher ami,

Cette nuit je partirai pour Rotterdam. Le Festival remplissant toute la semaine prochaine, j'y resterai depuis A jusqu'à Z. Le 18 j'ai donné rendez-vous à mes deux filles à Bruxelles, et le 24 ou 25 je serai à Leipzig où j'ai quelques arrangements à prendre avant de revenir ici. Voulez-vous me faire le grand plaisir de venir à ma rencontre à Leipzig le 24? — Oui, n'est-ce pas? Je voudrais beaucoup vous revoir et causer de choses et d'autres avant votre établissement de Silésie, qu'à vue de pays, je ne puis qu'approuver. Apportez-moi vos derniers manuscrits, en particulier »Jules César« et la Daguerréotype-Symphonie dont vous m'avez parlé dans votre avant-dernière lettre. N'oubliez pas non plus l'arrangement de l'Ouverture de »Cellini« etc. etc. — J'envoie

aujourd'hui à Pohl un long article (de plusieurs feuilles d'impression) sur Berlioz et »Harold« ¹) qui ne vous déplaira pas je suppose. En outre j'ai terminé une analyse à ma façon du »*fliegende Holländer*« ²) qui défraiera 3 ou 4 numéros entiers du journal de Brendel, où elle paraîtra dans quelques semaines.
— Mes 9 »Poëmes symphoniques« sont également prêts (sauf la copie des 3 derniers) et pour l'hiver prochain je compte que les partitions en paraîtront au fur et à mesure.

À revoir bientôt, mon très cher ami — et bien
à vous de cœur

Weymar, 7 Juillet 1854.   F. Liszt.

Mille affectueux respects à Madame votre mère. Si vous avez quelque chose à me faire savoir, écrivez-le à la Princesse qui reste ici.

[Nachschrift der Fürstin Wittgenstein:]

Cette dernière commission me donne l'occasion, cher Mr de Bülow, de vous prier de dire bien des choses affectueuses à Mme votre mère de ma part en y ajoutant autant pour vous de votre part à tous avec mille et mille assurances d'amitié cordiale que vous savez être également partagée pour vous par tous les habitants de l'Altenburg. Chacun s'y souvient de l'aimable maître espagnol ³), du spirituel feuilletoniste de toutes les qualités dont Liszt se réjouit de vous revoir et j'eusse aussi voulu l'accompagner pour cette raison aussi — mais! — — Que Dieu soit avec vous, cher Mr de Bülow! Excusez cette fin toute catholique! — — Mais nous ne savons rien souhaiter de mieux, car c'est tout ce que nous pouvons nous souhaiter de mieux à nous-mêmes. Sans lui il est des tempêtes et des Saharas qu'on ne songerait guère être traversables! Avec lui on peut se dire avec H. de Fallersleben: *Wag' es fröhlich zu sein!*

---

1) Liszt, Gesammelte Schriften, IV. herausgegeben von L. Ramann. Leipzig, Breitkopf & Härtel, 1882.
2) Gesammelte Schriften III, 2.
3) Bülow unterrichtete die Tochter der Fürstin, Prinzessin Marie Wittgenstein, im Spanischen.

Procurez-vous ce petit volume: *Lieder aus Weymar* dédiés à Liszt[1]). Il vient de paraître chez Rümpler de Hanovre. Sans partialité, c'est à mon avis ce qu'il a fait de mieux. Dans sa prochaine publication vous verrez un toast à Liszt charmant. L'adresse de Berlioz est Rue Boursault 19. Il est à Paris. Liszt me charge d'ajouter cela et il ne me reste plus qu'à vous serrer la main bien et bien amicalement.

37.

Dresde, ce 19 Septembre 1854.

Mon très cher et illustre maître!

Vous ne sauriez m'en vouloir de mes taciturnités périodiques, qui sont bien involontaires au fond et proviennent d'une part de mes préoccupations quelque peu hypocondriaques, d'autre part d'une aridité de faits et de sentiments, dont je souffre par intervalles, quand je ne suis point éclairé des rayons d'un soleil immédiat, direct — présent. Vous ne sauriez soupçonner dans ces silences — même le plus faible relâchement des sentiments de respect, d'enthousiasme et de la plus profonde reconnaissance, dont vous me savez pénétré envers vous. C'est dans cette foi que je puise le courage de me représenter à vos yeux chaque fois que je sens le besoin de me secouer de mon apathie dans laquelle me plongent mes deux pires ennemis: l'isolement et le manque de cette nourriture d'esprit vivifiante, par laquelle vous m'avez gâté en m'y accoutumant à Weimar et partout où j'ai joui du bonheur de vous revoir, de vous parler, de vous entendre.

Ces quelques lignes ne prétendent pas encore vous adresser un adieu temporaire — car ce ne sera que dans huit ou quinze jours que je me rendrai enfin à ma nouvelle destination à Posen — et je me permettrai encore de vous donner ma nouvelle adresse, lorsque je ne nagerai plus dans l'incertitude

---

1) Der Dichter Hoffmann v. F. (1798—1874), der mehrere Jahre in Weimar lebte, war Liszt nah befreundet.

quant à sa précision grammaticale et suffisante pour les exigences de la poste. C'est surtout pour vous donner un signe de mon existence que je vous écris aujourd'hui — en vous demandant la permission de mettre votre illustre nom sur le Duo que nous venons d'achever ensemble, Mr. Singer et moi, sur des motifs du »Tannhäuser«, en vous le dédiant. Vous ferez deux heureux en nous l'accordant. Je sais très bien que ce n'est qu'un faible et indigne hommage que de vous offrir cette composition; mais il vous a déjà fallu subir tant d'hommages de ce genre, que le nôtre pourra peut-être disparaitre dans le nombre des honnêtes et modérés. Schott vient de nous écrire qu'il publiera sans retard ce morceau et qu'il a même acheté notre premier Duo sur des mélodies Hongroises de Rozsavölgyi. Votre silence passera pour une réponse affirmative. Pohl est arrivé depuis quelques jours à Dresde pour faire ses paquets et pour procéder à l'emballage de son mobilier. Je suis sûr que le changement de résidence lui sera utile et salutaire sous tous les rapports et que vos conseils le dirigeront dans la bonne voie et empreindront à ses occupations le cachet de fermeté et de dignité de journaliste-artiste dont il est beaucoup plus capable que certain autre grand talent d'écrivain dont vous »disposez«(?) à Weimar.

Vous avez couronné tous les vœux de Mr. Ritter — au-delà de ses espérances les plus hardies. Il n'ambitionnait qu'une place à l'orchestre de Weimar d'abord sans appointements. Je ne saurais vous exprimer combien il vous en est reconnaissant, combien il est »feu et flammes« pour vous. Il vient de partir ce matin avec sa femme, qui ne vous déplaira pas, je crois. Elle est éminemment intelligente et même intéressante et vient de renaitre vierge de toute odeur de coulisses depuis son mariage. Depuis longtemps mon ami Sacha, en s'abandonnant à son influence, a changé radicalement à son avantage. Il vous remettra de ma part le précieux talisman[1]) que vous avez bien voulu me prêter pour mes premiers débuts de pianiste et que j'ai eu la négligence de ne pas encore vous

---

1) **Ein Ring.**

restituer en baisant la main qui le reportera. Je me suis permis aussi de vous envoyer à cette occasion mon manuscrit de la Fantaisie pour Orchestre, dont vous avez vu les deux tiers lors du rendez-vous que vous m'aviez donné à Leipzig.

Je ne sais si je pourrais vous demander humblement d'en faire faire un essai par l'orchestre de Weimar. Mais je serais très heureux de satisfaire ma curiosité quant à l'effet que cela pourra faire comme ›Ohrenmusik‹. J'ai fait copier ici toutes les parties d'orchestre et je vous les enverrai quand bon vous semblera.

L'autre jour j'ai eu un énorme rafraîchissement de cœur par l'apparition très subite et inattendue de Joachim qui s'est arrêté quelques heures à Dresde pour me voir avant de poursuivre son voyage à Pesth, où il est attendu depuis des mois entiers. Quelle nature d'élite! Dans les meilleurs moments de ma vie je l'ai pris pour modèle. Il passera dix jours à Pesth, quatre à Vienne et sera de retour à Hanovre vers le 8 ou 10 du mois prochain.

L'opéra de Berlioz est de nouveau ajourné ›*in infinitum*‹. La première station de cette éternité se nomme ›le printemps de 1855‹. On ne peut pénétrer dans ces mystères de paresses et d'intrigues théâtrales. Cependant il n'y a pas à désespérer encore. . — .

J'ai déjà annoncé que vous viendriez à Dresde lors des représentations de ›Cellini‹ et qu'alors vous feriez aux artistes de l'orchestre la fête de leur faire connaître vos poèmes symphoniques dont les programmes ont été répandus autant qu'il m'a été possible. — Le moment présent ne serait pas bien choisi pour cette exécution musicale. Le règne du deuil et mille autres choses empêcheraient ou ralentiraient la réalisation de votre projet — qui, du reste, a vivement intéressé et enchanté toute la jeune génération d'artistes. . — .

Quant à la partition du ›Cellini‹, j'irai la remettre à Mr. Pohl au moment de mon départ pour qu'il vous la rende. J'ai été jusqu'ici d'une impuissance atroce pour ce travail; mais je n'y renonce pas encore. Maintenant je vais me mettre à faire quelques extraits de l'instrumentation etc. pour m'orienter dans la partition afin de pouvoir y travailler à Posen avec connaissance de cause. . —.

Gutzkow[1]) décoré! Mais c'est magnifique! Sous peu il ressemblera (par la force de sa volonté) à s'y méprendre à son »prédécesseur« Goethe.

Mr. Müller, le directeur de l'»Orpheus« à Dresde est bien résolu à faire exécuter le »*Festgesang*« dans le courant de l'hiver. Il vous écrira bientôt probablement à ce sujet.

Wagner est dans une situation affreuse! J'ai remué Hambourg — en vain. J'espère encore que sa nièce lui prêtera, non pas une planche — mais un tuyau de salut. Il avait compté sur Hülsen — sans Hülsen!

J'ai été beaucoup plus prolixe que je ne vous en menaçais d'abord. Adieu, mon très cher maître, croyez à l'éternelle reconnaissance, au plus chaleureux enthousiasme et au plus profond dévouement de votre

Hans.

Veuillez mettre mes respectueux hommages aux pieds de Mme la Princesse Wittgenstein — et adresser mes saluts à tous ceux qui s'intéressent un peu à moi — directement.

38.

Dresde, 26 Septembre 1854.

Mon très cher et illustre maître!

Si je me permets de vous importuner de nouveau sitôt après ma dernière lettre, c'est uniquement pour vous prévenir de la prochaine arrivée à Weimar d'une de vos anciennes connaissances, qui me charge de vous demander la permission de vous présenter ses hommages jeudi entre 9 et 10 heures du matin, étant obligé de repartir de Weimar le même jour.

Mr. Maréchal, de Metz, ayant eu le bonheur de vous voir — il y a neuf ans, je crois, dans la maison de son père, qui a fait votre portrait et chez lequel vous avez logé durant votre

---

1) Der Dichter und Schriftsteller (1811—78).

séjour à Metz — ne voudrait pas quitter l'Allemagne sans vous revoir et vous serrer encore une fois la main.

C'est un charmant artiste dont je regrette infiniment de n'avoir fait la connaissance qu'à la fin de mon séjour à Dresde. Il a passé six mois ici pour copier plusieurs tableaux de la galerie, entre autres la Madone Sixtine, et il est chargé par le gouvernement de faire un compte-rendu des chefs-d'œuvre du musée de Dresde. Mr. Maréchal qui ne s'est voué à la peinture que depuis huit ans, est aussi distingué dans un autre art, la musique, qu'il a étudiée très sérieusement en grande partie sous la direction du comte Durutte[1]). Il possède une voix délicieuse de ténor de salon et chante à merveille la musique allemande, italienne et française — Schubert, Rossini et la romance. Il connait à fond les partitions des Symphonies et des Quatuors de Beethoven — et je lui serai toujours reconnaissant des moments musicaux, que j'ai passés avec lui et qu'il a assaisonnés de son talent.

Si ça ne vous gênait pas trop, vous seriez bien aimable d'accorder à Mr. Maréchal le plaisir d'une demi-heure de conversation avec vous. Il veut repartir par le convoi de onze heures pour Francfort, de sorte qu'il n'a pas d'autre heure à vous proposer que celle que je vous ai nommée.

Avant huit jours au plus tard j'aurai quitté Dresde et je serai parti pour Chocieszewice près Kröben, Grand-duché de Posen. Peut-être ferai-je une excursion à Berlin au mois de Novembre, surtout dans le cas où la solitude me pèserait trop — je suis, hélas, de ces natures faibles et un peu passives qui ne sauraient se passer de la compagnie des autres, ni de toutes sortes d'impressions et d'émotions pour être encouragées et inspirées à la productivité et même à la plus simple activité intellectuelle qui demande de l'abstraction. Ce sentiment d'isolement, qui pourrait bien devenir funeste pour moi, malgré ses avantages que je ne méconnais nullement, sera probablement redoublé par l'entourage de Chocieszewice. Vous désirez ravoir la partition de »Cellini«. Je vous remercie de me l'avoir prêtée si long-

---

[1]) Französischer Musiktheoretiker und Componist (1803—81).

temps et vous l'enverrai par Mr. Pohl — qui est tellement absorbé par ses préparatifs de déménagement qu'il est devenu invisible et inabordable même pour ses amis et Commurls.

Pour le reste — je n'ai absolument rien de nouveau à vous apprendre — les tristes nouvelles sur la situation de Wagner vous seront aussi bien connues qu'à moi — et malheureusement il n'y a que la représentation du »Tannhäuser« à Berlin qui puisse le tirer d'embarras. — Je saisis cependant encore cette occasion pour vous exprimer le vif enthousiasme avec lequel j'ai lu le dernier numéro de la gazette de Brendel. De quelle poésie vous avez arrosé le prélude du »*Fliegende Holländer*«! Comme ça m'a reproduit sous les couleurs les plus fraîches tout le plaisir que j'ai eu autrefois à entendre cet ouvrage à Weimar! Comme cela m'a fait oublier toute la misère de la vie présente et prosaïque!

Adieu, très cher maitre. Comme toujours
   votre fidèle et reconnaissant élève
              H. de Bülow.

Mille amitiés à qui n'en dédaigne pas.

39.

Très cher ami,

Je viens de parcourir votre Fantaisie pour Orchestre (»*Ein Leben im Tode*«)[1]. C'est noble, profond, fortement noué — parfois même un peu noueux — (on dit »*knotig*« je crois en allemand) et en somme cette œuvre vous fait grand honneur, quoique vous n'ayez pas d'agrément prochain à en attendre. La donnée poétique, et la région d'âme dans laquelle se meuvent vos idées, sont trop éloignées des habitudes d'un public de spectacle ou de concert pour que vous puissiez compter sur ce qu'on nomme un succès. Vous aurez bien pour vous l'estime et la sympathie de quelques hommes qui s'y connais-

---

[1] Ursprünglich als Ouvertüre zu einem nicht veröffentlichten Trauerspiel dieses Namens von Carl Ritter gedacht, später unter dem Titel »Nirwana« erschienen.

sent (sans former pour cela la classe des connaisseurs). Wagner, Berlioz, Joachim et quelques autres de moindre taille vous applaudiront et vous serreront la main — mais le gros des Maîtres de chapelle, *Musik-Directoren*, et musiciens d'orchestre se regimbera et criera à la barbarie, tout comme pour les deux Ouvertures de Joachim, »Hamlet« et »Demétrius«, qui ont un certain air de famille avec votre Fantaisie. Pour ma part, j'avoue que de tous les ouvrages symphoniques que j'ai parcourus ces dernières années en trop grand nombre, ce sont les Ouvertures de Joachim, et votre »César« avec la Fantaisie auxquelles j'attache ma prédilection, car elles portent le cachet suprême de belles œuvres d'art: la noblesse du sentiment, et une individualité de style prononcée. Ritter ne m'a remis que la partition: je suppose que Pohl m'apportera les parties d'orchestre que vous me promettez; si vous aviez oublié de les faire copier, ne vous en embarrassez pas davantage; je les ferai tirer ici, et nous vous exécuterons à la première occasion, ce dont je vous donnerai des nouvelles plus détaillées. Envoyez-moi aussi votre Ouverture de César que j'apprécie beaucoup, comme vous le savez, et que je voudrais me donner le plaisir de réentendre ici. Les changements d'instrumentation que vous avez faits dans la nouvelle partition, sont très heureux et dans cette seconde version du »César« comme dans votre Fantaisie, vous manifestez un talent des plus remarquables dans l'art si complexe du coloris de l'orchestre. Vous avez largement profité des grands exemples de Wagner et Berlioz, et cela sans imitation servile ni plagiat — car ce que vous faites vous appartient bien en propre, et ne procède que de votre bon plaisir — si ce n'est de vos chagrins et de vos ennuis individuels! —

Quoi qu'il en soit, très cher ami, ne vous laissez pas atteindre par le découragement. Je vous y ai vu quelquefois trop disposé. Vous êtes une noble nature; vous possédez une intelligence rare, et des talents remarquables. Sachez seulement patienter, mûrir — et vous résigner à ce travail d'endurance nécessaire pour bien faire lever les belles moissons que vous portez en vous.

La visite de Maréchal m'a été fort agréable. Il a passé toute la journée d'avant-hier avec moi et n'est parti qu'avec le train de nuit. Je lui avais gardé un très affectueux souvenir depuis notre première rencontre à Metz il y a 8 ans. C'est un homme sérieux avec douceur, bienveillant sans fadaise, bien appris de son naturel et parfaitement estimable de tous points. Son père est un artiste de très bonne roche, dont il tiendra. Dans sa première jeunesse il balançait à suivre sa vocation musicale, mais je crois qu'il a bien fait d'opter pour la peinture, d'autant plus que la position et la belle réputation de son père lui offrent des facilités pour cette carrière.

Votre dédicace en collaboration de Singer me fait grand plaisir et je vous en remercie bien cordialement. Veuillez occasionnellement dire à Singer que nonobstant sa distraction épistolaire (je ne sais si je vous ai dit que dans le temps il m'avait écrit une lettre qui m'a un peu surpris, et à laquelle je lui ai répondu) je lui garde le même intérêt affectueux que je lui ai témoigné lors de son séjour ici et à notre rencontre de Carlsbad. Il n'y a vraiment pas de ma faute si jusqu'à présent la caisse théâtrale n'a pas eu 350 écus de disponible pour engager un aussi excellent Violon que Singer, et dans ma dernière conférence administrative avec M.r de Beaulieu je lui ai recommandé de nouveau de ne pas ajourner indéfiniment cet engagement. Je compte un peu sur une mort qui aurait de l'à-propos, ou bien aussi sur un départ d'un de nos premiers Violons dont il a été question, et l'un de ces deux cas échéants, vous pouvez être certain qu'on écrira d'abord à Singer. Quant au titre de *Kammer-Virtuos* pour Singer, dont vous me parlez dans votre lettre, il sera assez difficile d'arranger convenablement la chose. Cependant il y en a de plus malaisées qui m'ont à peu près réussi, de sorte que je n'en désespère pas tout à fait — sans pourtant faire de promesse, car promettre et tenir ne sont pas deux pour moi.

Vous aurez probablement déjà vu M.me Laussot [1]) qui a passé

---

1) Freundin Liszt's und Bülow's, um Verbreitung deutscher

une journée à Weymar. Elle va s'établir pour l'hiver à Dresde en qualité d'institutrice d'une jeune Anglaise, ce qui me paraît une résolution tout à fait sensée de sa part.

Il y a dans votre dernière lettre une erreur de fait ou plutôt de chiffre que je veux relever quoiqu'il n'y ait guère d'utilité à cela. Vous me dites qu'il aurait fallu à Wagner la représentation du »Tannhäuser« à Berlin pour rétablir ses finances. Hélas! ce serait tout au plus une poire pour la soif, mais non davantage, car d'après ce que Wagner m'écrit il lui faudrait de suite 10 000 francs — or dans les meilleures chances, le »Tannhäuser« ne produirait qu'au bout de plusieurs mois la moitié (tout au plus) de cette somme en tantièmes pour Wagner. Comme j'ai été très directement mêlé aux négociations de Berlin, je puis vous assurer que les intérêts de Wagner n'y ont pas été compromis et que je tiens encore ses chances pour aussi bonnes que possible pour lui. Du reste il est parfaitement maître d'y faire représenter le Tannhäuser quand bon lui semblera; et ce n'est certes pas moi qui lui en ferai jamais l'ombre d'un reproche.

Wagner a été pris en dernier lieu par l'idée de donner des concerts en Hollande et en Belgique à l'effet d'y ramasser les 10 000 francs dont il a besoin. Je lui écrirai ce soir pour tâcher de l'en détourner. Si, malgré cela, il essaie de la réaliser, il est très probable qu'il en tirera à peine ses frais de voyage, et qu'il aventurera d'une manière fâcheuse sa haute renommée dont la force consiste actuellement dans son immobilité extérieure, jusqu'à ce qu'il lui soit loisible de revenir en Allemagne. Il y a un plus triste et plus infructueux métier que celui des Virtuoses donneurs de concert — c'est le métier des Compositeurs voyageant pour faire connaître leurs œuvres du public qui ne s'en soucie guère — en Belgique et en Hollande particulièrement. Non seulement Wagner trouvera de l'opposition dans ces contrées, mais il réunira

---

Musik in Florenz sehr verdient; nachmals Gattin des Schriftstellers Carl Hillebrand.

les diverses oppositions entre elles, en coalition contre lui. F. et S. s'embrasseront le soir de son arrivée à Bruxelles, et ce n'est qu'à grand'peine qu'il obtiendra la moitié des musiciens d'orchestre et des chanteurs dont il a besoin pour ses concerts. Il n'y a qu'à demander à Berlioz des nouvelles de ce que lui ont valu ses concerts à Bruxelles pour être édifié sur ce sujet — et pour ce qui est de la Hollande, j'y ai passé dernièrement une dizaine de jours qui m'ont suffi pour déconseiller Wagner de son projet.

À propos, pourquoi ne me dites-vous pas que le *Rheingold* est terminé et que vous en avez la partition? Parlez-m'en dans votre prochaine lettre.

N'oubliez pas non plus de m'envoyer un exemplaire de vos morceaux ou arrangements du ›Tannhäuser‹ aussitôt qu'ils auront paru. Je les jouerai pour mon compte, et les ferai travailler à Pruckner et à un de mes nouveaux disciples, M' de Bronsart de Königsberg (élève de Dehn et de Kullak) qui est un charmant garçon[1]).

Bon voyage, très cher ami, et bon courage et bonne patience!

›Les fronts marqués pour la victoire
ne se couronnent pas de fleurs.‹

Écrivez bientôt à votre très véritablement affectionné

30 Sept. 54. Weymar. F. Liszt.

40.

Dresde, ce 6 Octobre [1854].

Mon très cher et illustre maitre!

Je ne saurais vous exprimer toute ma reconnaissance pour l'aimable lettre, qui j'ai encore eu le bonheur de recevoir de vous avant mon départ.

---

[1] Hans v. Bronsart (geb. 1830), Pianist und Componist, Schüler Liszt's, 1867—87 Intendant der Hannover'schen, dann bis 1895 Generalintendant der Weimarer Hofbühne.

Je vous en remercie un peu à la hâte, ayant déjà un pied dans la voiture du chemin de fer pour Breslau, d'où il me restera à faire encore dix lieues en diligence. Ce n'est pas au bout du monde, comme vous voyez.

Wagner, en m'envoyant, il y a quelques jours seulement, la dernière partie de la partition de son »*Rheingold*« — qui est un tel chef-d'œuvre de calligraphie qu'elle pourrait être admise en cette qualité à une »exhibition« — m'a chargé de vous faire parvenir sans trop de retard l'œuvre entière. Le temps me manque pour profiter de sa permission et prendre connaissance de cette dernière partie de ce sublime ouvrage et pour exécuter son ordre de faire relier la partition entière, afin qu'aucune feuille ne s'égare.

Le copiste, Mr. Wölfel, auquel Wagner voudra faire probablement finir sa copie commencée et terminée jusqu'à la page 52 — a été chargé d'attendre maintenant le renvoi des trois quarts restants de la partition de votre part.

J'ajoute à cet envoi les parties d'orchestre de ma »Fantaisie« que vous avez eu l'amabilité de me demander.

Madame Laussot, que j'ai assez fréquentée depuis son arrivée à Dresde, m'a prié de vous dire de sa part qu'elle n'aurait point tardé à vous remercier de tout son cœur des bontés que vous avez eues pour elle à son dernier séjour à Weimar, et des impressions ineffaçables que lui a laissé la matinée musicale de la semaine passée — impressions pour lesquelles je l'envie plus que je ne saurais dire — mais qu'elle avait encore sur sa conscience une commission pour Mme la Princesse Wittgenstein, qu'elle n'a encore pu faire. C'est du reste une excellente propagandiste.

Mr. Singer est reparti pour Pesth, pour tâcher de s'y guérir radicalement de sa maladie qui l'a fait beaucoup souffrir. Il reviendra probablement dans quatre semaines et fera alors une tournée dans le nord de l'Allemagne. Je vous suis reconnaissant de ce que vous ayez bien voulu agréer la dédicace de notre Duo sur le »*Tannhäuser*«, et d'une humeur si téméraire à la suite de cette faveur, que j'ai la hardiesse d'en implorer une autre.

À toute règle il y a des exceptions — confirmant la règle — et il y a certains sujets — certaines personnes, en faveur desquelles on peut en faire.

Or, il y a une amie à moi à Dresde — une jeune comtesse, Hélène de Kamieńska, un génie en peinture et en musique, enfin une personne tout exceptionnelle sous tous les rapports — vous la connaissez vous-même et vous lui avez parlé à Leipzig lors de la représentation de la »Geneviève« de Schumann — elle se rappelle mot pour mot le discours spirituel que vous avez prononcé à cette occasion. Eh bien! cette dame désire de toute son âme avoir une ligne de manuscrit de votre main — non pour un album de montre, mais comme un bijou tout à elle. Est-ce que vous seriez peut-être disposé à faire une telle exception, et oserais-je vous demander une feuille pour cette compatriote de la Princesse?

Ne vous fâchez pas trop, je vous en prie, de cette demande indiscrète de ma part, et veuillez garder un peu de souvenir précieux à votre très reconnaissant et entièrement dévoué

H. G. de Bülow.

41.

Voici, très cher ami, l'autographe que vous m'avez demandé pour Mademoiselle Kamieńska. Veuillez bien le lui transmettre avec mille respectueux hommages de ma part. Quand j'irai à Dresde je me permettrai de lui faire ma visite.

Singer est arrivé hier et entrera en fonctions ce matin. Il remplace Laub qui fait mine de courir le monde à travers champs.

Madame Schumann[1]) a passé quelques jours ici et a joué au théâtre et à la Cour. Litolff nous fera entendre son 4me Concerto-Symphonie Vendredi prochain. Je l'ai parcouru hier soir avec lui et je lui en fais très sincèrement compliment.

---

1) Clara Schumann, die große Pianistin (1819—96). Liszt feierte sie durch den schönen Aufsatz Ges. Schriften IV.

car ce morceau me semble un progrès évident sur ses précédents.

Mon temps est horriblement pris et je n'ai guère une heure pour travailler.

Donnez-moi de vos nouvelles.

Bien à vous

F. Liszt.

P. S. Je vous envoie deux autographes. Le plus long est pour Mlle Kamieńska. Vous ferez de l'autre ce que bon vous semblera.

D'ici à quelques semaines j'organiserai une série de concerts dans la salle du *Stadthaus*. J'y ferai exécuter votre Ouverture de »J. César«, et essayer votre Fantaisie d'orchestre.

7 Novembre 54.

42.

Chocieszewice, 20 Novembre 1854.

Mon très cher et illustre maître!

Que vous êtes bon! Mille grâces de ce petit chef-d'œuvre de manuscrit que vous venez d'octroyer à ma très indiscrète prière. Franchement j'aimerais autant, ou plutôt je préférerais le — garder pour moi, cet autographe, qui est tout ce qu'il y a de plus autographe, car chaque note y est empreinte du cachet caractéristique de la dernière époque de votre style. C'est d'une délicatesse si exquise, d'une grâce si subtile! Mais — puisque je l'ai demandé pour Mlle de Kamieńska, qui n'est pas sans mériter une telle faveur comme encouragement »*ihrer guten Gesinnung*«, j'aurai l'honnêteté de le lui transmettre avec la bienheureuse nouvelle, que vous irez la voir pendant votre prochain séjour à Dresde. Elle jouit du reste déjà du bonheur de vous connaître; elle assistait entre autres avec sa mère au souper à l'hôtel de Bavière qui suivit la première représentation de la sublime horreur, du chef-d'œuvre mesquin, qui est à peu près — inconnu — sous le nom de l'opéra »Genovefa«.

Pardon si je relève l'allusion que vous faites dans vos très aimables lignes à un second autographe que vous m'auriez envoyé par la même occasion; sans vouloir être indiscret, je vous avoue que je tremble à l'idée qu'il ait pu se perdre; car l'enveloppe dont l'adresse me paraît écrite de la main de Hoplit n'en renfermait qu'un seul: »l'appassionato« en *fa* dièze majeur.

La perspective d'une exécution de mes deux morceaux d'orchestre sous votre direction m'a causé et me cause encore bien des moments de plaisir. J'ai écrit à Dresde pour qu'on vous envoie la nouvelle partition de l'Ouverture de »César« avec les parties d'orchestre, qui sont assez correctes — à part quelques légères erreurs dans la partie du premier Cor et de la seconde Clarinette. Vous avez reçu les parties d'orchestre de la Fantaisie depuis longtemps, n'est-ce pas?

Que je serais heureux d'apprendre que ce dernier morceau d'après la répétition vous paraisse capable de produire un résultat quelconque, s'adressant à l'ouïe de l'auditeur! Est-ce qu'il vous intéresserait de parcourir les lignes que Wagner m'a écrites au sujet de cette dernière partition? Je vous les enverrais alors. Malgré beaucoup d'indulgence et d'amabilité, son dernier mot n'est pas aussi favorable que le vôtre. Le reproche principal qu'il me fait — touchant la cacophonie harmonique — a cependant élicité une humble protestation de ma part contre son accusation de m'être éloigné du sérieux dans l'art avec une indifférence frivole en jouant à l'excentricité et aux coups de cravache à l'adresse de »Pelistim« [1]) (*Ohrfeigen für feige Ohren*). Je crois cependant qu'il a raison de blâmer fort l'avant-dernier accord de septième (ou plutôt »*den falschen Dreiklang*: fis — a — c; dis *ist eine Vorausnahme*) dont le crescendo aboutit à l'harmonie finale sur la tonique. Est-ce que vous seriez aussi de l'avis de changer cette har-

---

1) »Pelistim«. alttestamentarischer Ausdruck für »Philister«. Raff, in der später ausgeführten Absicht eine Oper »Samson« zu componiren, zu der er selbst den Text dichtete, trieb damals hebräische Sprachstudien, und einige derartige Ausdrücke wurden von den jungen Künstlern scherzweise gebraucht.

monie en celle que j'emploie au commencement de l'introduction?¹).

Est-ce que vous avez jeté un coup d'œil sur le manuscrit du Duo sur le »*Tannhäuser*«? Veuillez avoir la bonté de m'en dire occasionnellement votre opinion sans restriction!

Il est possible que je succombe encore à la tentation de donner des concerts à Berlin cet hiver. Dans ce cas je ne m'y rendrais pas plus tard que d'ici à huit ou quinze jours. Johanna Wagner²) m'a offert à plusieurs reprises de faire une exception en faveur de mes concerts — en y chantant. Permettez-vous que je joue à Berlin votre »Caprice Turc« — en supposant que j'aie l'avantage de l'accompagnement d'un orchestre, et dans ce cas — oserais-je vous demander de bien vouloir envoyer les parties d'orchestre (la partition est encore entre mes mains, ainsi que celle de la Rhapsodie Hongroise) à Schlesinger? Je me permets de vous soumettre ci-joint le répertoire dans lequel je puiserai. Je n'ai choisi que des morceaux que je sais parfaitement bien par cœur. Les six semaines que je viens de passer dans un exil — intolérable à la longue — ont du moins profité à mon exécution de piano et de — billard. Mon métier de maître d'école agit tellement sur mes nerfs, qu'il me rend incapable de tout travail sérieux. Lorsque je serai un peu plus aguerri par l'habitude j'espère qu'il en sera autrement. Je viens de donner ma 104me leçon et je vous assure qu'avec mon naturel de gros pédant (gros comme pédant seulement) c'est une corvée de serf que de faire étudier aux mêmes individues, pendant quatre semaines sans interruption, des morceaux en rapport avec leurs capacités respectives, comme les Hirondelles de Willmers — la Tarentelle de Döhler — et le Quadrille Martha de Strauss, morceau favori du papa.

»Il faut que j'empêche mon cerveau de moisir« — comme

---

1) In der später umgearbeiteten Gestalt des nun »Nirwana, symphonisches Stimmungsbild«, benannnten Werkes ist die oben angeführte Stelle nicht vorhanden.

2) Richard Wagner's Nichte, gefeierte dramatische Sängerin, später an Landrath Jachmann verheiratet (1828—94).

dit Machiavel — et s'est surtout dans ce but que j'entreprendrai de temps en temps des excursions, soit de plaisir, soit de peine; il va sans dire, que je compte mes tournées de concert dans le nombre des dernières. La vie de campagne en hiver offre peu de charmes, surtout dans la partie du grand-duché de Posen, la moins favorisée par la nature que l'on puisse s'imaginer, — terrain plat et uni, pas l'ombre d'un accident dans toute l'étendue de l'horizon. Puis — jamais de ma vie n'ai-je vécu dans un entourage, dont tous les membres sans exception me fussent si complètement indifférents et a—pathiques, comme les personnes avec lesquelles j'ai le désavantage de prendre mes repas en commun et de faire parfois de la conversation ou de la musique dans la soirée. La lecture de l'Indépendance belge et du Charivari, l'usufruit d'un bon piano, d'un mauvais billard, et les plaisirs plus substantiels d'une bonne chère — voilà les seuls agréments qu'offre le seigneur presque toujours absent de Chocieszewice.

Quoique le château ne se soit encore désempli d'hôtes plus ou moins passagers, je n'ai rencontré encore personne, dont j'aurais été tenté de faire la connaissance plus intime. Ce n'est pas cependant que je n'y aie vu des personnages très comme il faut, comme par exemple Mr. de Stablewski, le comte Potworowski et sa famille, le comte de Wodzicki, dont la femme est la sœur du prince Sulkowski. Quand à X., c'est un individu-chasseur qui tient le juste-milieu entre un garçon-boucher et un garçon-coiffeur.

J'abuse de vos précieux moments par un bavardage, qui vous prouvera peut-être que mon cerveau commence déjà à »moisir«.

Merci pour la lettre qui a présenté ma sœur à Mesdemoiselles vos filles. Ma sœur m'écrit que la Trilogie Sacrée de Berlioz sera exécutée dans un concert prochain et qu'à l'inauguration de l'Exposition une Ouverture, qu'il a composée pour cette fête, sera jouée également.

Veuillez me redonner prochainement de vos nouvelles, très cher maitre, soit directement, soit par Hoplit, qui ne daigne plus correspondre avec moi; je suis si curieux d'entendre quelques mots sur le »Faust« et mille autres sujets de moindre importance.

Votre reconnaissant et entièrement dévoué
Hans de Bülow.

43.

Très cher ami,

Nous avons joué trois ou quatre fois votre Duo de »Tannhäuser« avec Singer chez moi, et Vendredi dernier nous l'avons exécuté à la satisfaction générale à un concert du Château chez Madame la Grande-Duchesse. Je suis donc assez au fait de ce morceau pour vous en parler en connaissance de cause, et puisque vous me demandez de vous en dire ma façon de penser sans restriction, je me conformerai à votre souhait et ne vous cacherai pas qu'il a, à mon sens, un grand défaut — celui d'être trop long et trop obstinément intéressant. Il y a sans doute des choses d'une finesse et d'une sensibilité exquise dans ce morceau — entre autres je citerai le ravissant accord

de charmants traits comme celui-ci

 etc. etc.,

mais, somme toute, il y a du trop, et quoique le succès du Duo ait été complet au concert du Château, je crains qu'en d'autres occasions il ne réponde pas entièrement à votre attente. Du reste je dois vous l'avouer, je me suis permis de faire deux coupures assez fortes au concert de Vendredi, et comme je trouvais superflu que Singer jouât exclusivement toutes les phrases principales de chant, je lui ai demandé de compter une dizaine de pauses et lui ai pris l'entrée du motif de Wolfram  qui est d'une excellente sonorité dans ce registre du piano. Si nous passions une soirée ensemble, nous pourrions deviser plus à l'aise sur la coupe et les exigences de ce genre de morceaux. Peut-être m'en donnerez-vous le loisir bientôt; en attendant je ne saurais, sans injustice, vous refuser une large part de louange pour les rares qualités de style qui distinguent ce Duo, tout en faisant quelques réserves critiques relativement à la coupe et à l'ensemencement un peu monotone des divers motifs.

Les Doppler[1]) étant ici depuis quelques jours, nous avons profité de cette occasion pour jouer aussi avec Singer votre Duo d'»Ilka«. Je vous en fais très sincèrement compliment, mon cher Hans, et vous auriez vraiment tort de faire fi de cette composition très bien réussie, pleine de diversités intelligemment ajustées et harmoniées, et d'un excellent effet. Au risque de vous paraître un »Pelistim«, je vous dirai même que j'en trouve la coupe préférable à celle du Duo du »Tannhäuser«, quoique ce dernier montre un talent plus vigoureux, et soit d'une facture plus ouvragée. Pour ce qui est des »Ohrfeigen für feige Ohren«, je vous en écrirai quand nous aurons répété le morceau qui en contient, si je ne me trompe, un nombre assez considérable. À la lecture je n'en ai pas été particulièrement choqué et ne me laisserais pas gagner par un peu de poltronnerie qu'à l'endroit du caractère impitoyablement sombre et morose de cette œuvre. Il faudrait presqu'un parterre de suicidés pour y applaudir et j'ai un

---

1 Die Brüder Franz und Carl Doppler, beide Flötenvirtuosen, Dirigenten und Componisten ungarischer Opern etc.

peu peur que son succès ne ressemble beaucoup à celui de mon
›Künstler-Chor‹ à Carlsruhe.

Joachim vient de m'envoyer deux nouvelles partitions, deux
Ouvertures pour ›Demétrius‹ (de Grimm) et ›Henri IV‹ (de
Shakespeare). C'est puissant, profond, et d'un travail remarquable. Je ne sache pas de compositions instrumentales —
les vôtres exceptées, lesquelles ne sont pas sans affinité élective
avec celles de Joachim — qui aient pour moi un intérêt aussi
réel et aussi attractif — ce nonobstant, et probablement à
cause de cela même, il y a dix à parier contre un, qu'elles
ne seront pas de longtemps cotées avantageusement à aucune
de nos bourses musicales de Leipzig ou Berlin, Paris ou
Londres. Le véritable talent aujourd'hui pour les compositeurs
consiste à savoir se nourrir de leur insuccès et de leur impopularité et de frayer imperturbablement leur voie, malgré,
quoique, et parceque!

La répétition de votre Symphonie ne pourra pas avoir lieu
avant le mois de Février ou Mars. J'écrirai alors à votre
ami Mr Thode que je verrai avec plaisir ici et qui désirerait
entendre et votre Ouverture de Jules César que nous exécuterons d'abord, et votre Symphonie. Pour préparer le public
nous le régalerons en premier lieu avec l'Ouverture de Hamlet
de Joachim; c'est un morceau qui jouit déjà ici d'une réputation des plus déplaisantes. Ensuite le ›Jules César‹ leur
semblera comme des confitures! À propos de Jules César,
Litolff vient de publier la partition et l'arrangement de piano
de l'Ouverture de Schumann portant le même titre. Sans
compliment aucun, la vôtre a beaucoup plus d'étoffe et
produit une impression analogue au sujet; je crois même que
si elle était donnée sous un autre nom que le vôtre (Esser[1])
ou Verhulst[2]), ou Sterndale Bennett) on l'applaudirait chaleureusement. Si mon puritanisme à l'égard de mes amis ne
m'en empêchait, je serais tenté de jouer cette niche au public.

---

1) Heinrich E. (1818—72), Componist, Hofoperncapellmeister in
Wien.

2) Jean V. (1816—91), Componist, Hofmusikdirector im Haag
und in Amsterdam.

Votre programme pour Berlin est d'une richesse et d'une variété exemplaire. Mes plus sincères vœux vous accompagnent là et ailleurs. Vous savez que j'ai toujours eu une confiance entière dans votre carrière ; je ne saurais changer en cela, et attends de vous le maintien qui sied à vos facultés et talents.

J'adresserai à Schlesinger les parties d'orchestre du »Caprice turc« aussitôt que vous m'avertirez définitivement de votre voyage à Berlin. Envoyez-moi de votre côté la lettre de Wagner sur votre Symphonie et donnez bientôt de vos nouvelles à votre très sincèrement dévoué et affectionné ami

Weymar, 27 Nov. 54. F. Liszt.

Singer prend très bonne contenance à Weymar et mes relations avec lui s'établissent très amicalement. Quoiqu'il soit assez chagriné de ce que vous semblez l'oublier, et quasi le mettre de côté, il m'a parlé en termes très convenables de vous et vous écrira au premier jour.

M' de Soupper me fait bonne impression. Il passe l'hiver ici et prend des leçons de chant avec Genast. Nous parlons très fréquemment de vous à l'Altenburg où j'espère que vous reviendrez passer quelques jours avant votre voyage de Paris ou avant. Vous savez que vous y êtes exceptionnellement aimé et toujours le très bien venu.

Madame B. d'A. est restée une semaine à Weymar et s'est incroyablement conduite à mon égard. Je ne l'ai vue qu'une seule fois, 10 minutes, à *l'Erbprinz*, et vous raconterai occasionnellement la fabuleuse absurdité de ses procédés, auxquels G. ne me semble pas être étrangère. On parle de l'établissement définitif de Mme d'A. à Weymar à partir de Pâques prochain. Elle sera pour moi comme un second volume de Sch., ce qui ne me gêne en aucune façon.

Pohl et Ritter vous écriront.

44.

Berlin, ce 19 Décembre [1854].

Très cher et illustre maître!

C'est la pure vérité que je n'ai pas eu deux heures de liberté pendant mon séjour de trois semaines à Berlin, pour vous témoigner ma vive reconnaissance pour votre bien aimable lettre. Elle m'est parvenue un quart d'heure avant mon concert et m'a singulièrement encouragé.

Même en ce moment je ne puis disposer de plus de dix minutes pour vous écrire. Cependant je n'hésite point à vous communiquer à la hâte les nouvelles qui me concernent, car je serais fâché qu'elles vous arrivassent d'autre source.

Stern et Marx m'ont engagé à remplacer Mr. Kullak dès Pâques comme premier professeur de piano au Conservatoire. Ce soir même j'irai signer le contrat, qui me liera pour un an. Malgré les très maigres bénéfices pécuniaires de 75 thalers par trimestre et malgré beaucoup d'autres choses encore j'accepterai.

J'aurai donc une position quelconque, qui me rendra à même de me présenter dans le courant de l'année une fois à Weymar en imposant un peu aux *Krähwinklers* par un certain prestige de caractère quasi-officiel.

Vous avez peut-être appris par les journaux les résultats essentiels du concert que j'ai plus que donné le 6 Décembre. Je n'ai qu'un remords, celui d'avoir fait dépenser un argent fou à ma bonne mère, car les dépenses nettes du concert seul reviennent à plus de 130 écus.

Demain, ou après-demain je partirai pour Posen, mais seulement pour m'y reposer un peu de la vie dévorante mais animée que je mène ici.

Vers la mi-Janvier, peut-être même plus tôt, je jouerai à Breslau, où Truhn, qui y dirige maintenant sa »Cléopâtre«, m'arrangera mes affaires.

Puis j'irai à Königsberg et Danzig. J'ai déjà écrit à Marpurg[1]), qui a l'amabilité de préparer mes concerts au

---

1) Friedrich M. (1825—84), damals Theatercapellmeister in Königsberg.

théâtre. Ensuite je jouerai à la cour dans un grand concert avec orchestre qui aura lieu dans le courant du carnaval.

J'avais été très particulièrement recommandé par les Lüttichau à Meyerbeer, qui, sous peu, ira diriger son »Étoile«[1]), à Vienne. Je suis allé le voir trois fois et nous avons eu des conversations assez longues et agréables ensemble. Mais au fond c'est Redern qui a ces affaires-là à diriger. J'irai chez lui ce soir à neuf heures, après avoir pour la première fois admiré Roger dans la »Favorite« avec mon ami Sacha et sa femme. Redern m'a présenté l'autre jour, à une matinée improvisée, au prince de Prusse, au prince Frédéric et au très aimable fils de ce dernier, le prince George qui a beaucoup de dispositions musicales et qui sait par cœur le »Tannhäuser« d'un bout à l'autre.

Il faut que je vous quitte pour aujourd'hui, car le temps finit dont je puis disposer.

Je vous écrirai longuement de Chocieszewice dans le courant de cette année encore. Veuillez faire mes amitiés à Singer, auquel j'écrirai bientôt — car malgré tout il est encore plus digne de ma sym»pathie« que d'autres, qui n'ont pas honte d'abuser de ma confiance de la manière la plus perfide.

Pohl ne doit point se creuser la cervelle sur mes projets. J'espère en avoir fini avec mes misérables »Strassbourg et Boulogne« et je commence à croire que l'on peut faire son chemin même sans trop de dispositions pour la diplomatie.

Veuillez agréer l'expression de mon immuable et fervent respect, de ma profonde reconnaissance et d'un enthousiasme, que je serais heureux de pouvoir un jour mettre en pratique. Mes respectueux hommages à Mme la Princesse. Adieu, mon très cher maître.

Votre entièrement dévoué
Hans de Bülow
(*eventueller Gründer einer Filialkolonie*).

Berlioz est très content du succès de son concert du dix

---

1) Die Oper »Étoile du Nord«, 1854 in der Pariser Opéra comique aufgeführt.

Décembre. Ma sœur m'écrit qu'il y a eu foule et un enthousiasme général.

Je me permettrai de garder les parties d'orchestre du »Capriccio alla Turca« que je compte jouer à la cour dans le grand concert dont je viens de parler.

45.

Très cher ami,

Singer vient de me faire un grand plaisir. Il m'a apporté une excellente photographie (faite à Hamburg) de mon ami Hans. J'en ai fait immédiatement acquisition et l'ai installée sur la table du salon (1er étage) dans le voisinage du Juggernaut et des rosaires orientaux qui vous servaient de distraction lors de votre séjour à Weymar. Ce portrait étant le seul qui se trouve dans ce salon, aura désormais l'avantage de fournir abondamment aux commentaires tacites et verbaux des visiteurs.

Votre établissement à Berlin comme 1er Professeur de Piano au Conservatoire me paraît une excellente donnée, et pour ma part je l'approuve et m'en réjouis sans restriction, tant pour les avantages qu'en retireront le Conservatoire et l'École de Piano en ces contrées, que pour ceux que j'y entrevois pour l'avenir de votre carrière. De même je trouve que vous avez très bien choisi le champ de vos exploits de concert durant cet hiver — Breslau, Danzig et Königsberg — et quoique Singer vous ait engagé je crois, à ajourner cette dernière ville, je me permets de ne pas être de son avis, et présume que non seulement vous y ferez de l'effet comme partout, mais encore que vous y gagnerez l'argent nécessaire à vos menus plaisirs de Berlin.

Attendant une lettre de vous depuis plusieurs jours, je n'allonge pas ces lignes par lesquelles je tenais seulement à vous dire sans plus de retard ma façon de penser sur votre nouvelle position ainsi que sur vos projets de concert d'ici à Pâques, laquelle concorde parfaitement avec la vôtre. Après vos concerts de Breslau, Königsberg etc. j'aurai une propo-

sition à vous faire qui ne vous disconviendra pas, je présume.
Donnez bientôt de vos nouvelles à votre
Weymar, 12 Janvier 55. F. Liszt.

46.

Posen, 14 Mars [1855], Bazar.
Mon très cher et illustre maître!

Vous m'avez donné à plusieurs reprises le droit précieux de me rappeler à votre souvenir. Je n'en ai point voulu abuser en vous écrivant à des époques où je n'avais qu'à vous faire le récit des mille et une misères de la carrière d'un pianiste Lilliputien, qui parfois vous eussent dû paraître incompréhensibles.

Je n'ai pas cependant été sans passer quelques semaines assez agréables à Breslau, où j'ai donné huit concerts environ en compagnie de Mr. Truhn, avec lequel je me suis associé à partir du nouvel an, et pour lequel je me suis pris d'une amitié, que ses aimables qualités de vrai artiste et d'homme pratique et utile, ainsi que nos sympathies mutuelles dans l'art, ont consolidé entre nous. Breslau est une ville, qui pourrait bien avoir un certain avenir musical dans le sens de l'avenir. Je ne dis pas ceci, parce que j'y ai trouvé des éditeurs, mais malgré ce fait.

Nous avons fait de très mauvaises affaires à Posen, où nous avons donné quatre concerts, dont les derniers n'ont pas même suffi à payer les frais de cette malheureuse entreprise. Malgré des lettres de recommandation, dont je me promettais quelque succès, les Polonais ont été beaucoup moins aimables pour moi que Mr. de Puttkammer et le peu d'Allemands qui habitent Posen. J'ai eu de la part des premiers des impressions assez froissantes, lesquelles cependant m'ont engagé à y répondre d'une façon tout en harmonie avec les principes anti-Mortieristes[1]) que j'ai continué à professer dans

---

[1] Mortier de Fontaine (1816—83), ein durch große Technik und starke Reclame zu vorübergehendem Ansehen gelangter Pseudo-

ma carrière, et que je n'ai pas à me reprocher d'avoir violé une seule fois jusqu'ici. — Après avoir donné un premier concert assez passable à Bromberg lundi le 12 Mars, je suis retourné à Posen pour y jouer ce soir au théâtre dans une représentation que les Polonais ont arrangée au bénéfice des pauvres. C'est vraiment un sacrifice que je fais de mon »time« et »money«, et sans compensation aucune; car j'ai refusé l'invitation de donner un concert pour moi après, vu que j'aurais alors l'air d'avoir spéculé sur la reconnaissance polonaise.

Sous peu de jours je retournerai à Bromberg, pour y donner un deuxième concert qui sera beaucoup plus brillant que le premier. Puis nous irons encore à Danzig et enfin à Königsberg. Je vous serais infiniment reconnaissant si vous vouliez avoir la bonté de me recommander à Mr. Louis Köhler[1]).

Le 1er Avril je serai obligé d'entrer en fonctions comme professeur au Conservatoire. Je donnerais tout au monde pour pouvoir me libérer de cet engagement qui me promet peu de satisfaction. J'ai cependant une mission à remplir à Berlin et je me servirai de tous les moyens pour arriver à mon but. Une guerre d'extermination contre le »Mendelssohnianisme«[2]), voilà ce qui devrait être maintenant la tâche la plus pressée de la »coterie Brendel«. À cet égard j'ai une demande très urgente à vous soumettre. J'ai lu l'autre jour l'article de Robert Schumann de l'année 1837 de la »Neue Zeitschrift«, où il établit une ignominieuse parallèle

---

Beethovenspieler. Auf welche Grundsätze Mortier's hier Bezug genommen wird, ist nicht zu ermitteln.

[1]) Der als Vertreter des musikalischen Fortschritts verdiente Lehrer, Componist und Musikschriftsteller (1820—86).

[2]) Es sei hervorgehoben, dass Bülow's Abneigung, die sich hier so stark ausspricht, nicht sowohl gegen Mendelssohn selbst, als vielmehr gegen die gerade damals sich geltend machende ungemeine Überschätzung seiner Werke gerichtet war, die namentlich alle Anhänger der neuen Schule zu heftiger Gegnerschaft herausforderte. Es ist bekannt, wie B. in späteren Jahren, als das Blatt sich gewendet hatte und die frühere Über- in eine Unterschätzung Mendelssohn's umgeschlagen war, für den in seiner ersten Jugend von ihm so hochverehrten Meister einzutreten pflegte.

entre les »Huguenots« et »Paulus«. Je prépare depuis quelque temps un article où je me plairai un peu à venger la poésie quelquefois tachée de boue de Meyerbeer, du respect injuste qui a été accordé trop longtemps à la prose impertinemment bourgeoise de Mendelssohn. Pas même la crainte que Hoplit, ce corruptibilissime par amour-propre, pourrait me proclamer son collègue, ne sera un obstacle à l'exécution de ce projet, qui cependant ne saurait être réalisé que dans le cas où vous seriez assez aimable pour octroyer impérativement mon article en embryon à »*Tante Brendel*«.

J'ai cru longtemps par erreur que vous aviez quitté Weimar vers la mi-Janvier pour aller à Vienne ou je ne sais où. Je crois me rappeler que Ritter m'a parlé de cette intention de votre part, mais en l'entourant d'un certain mystère. Je ne saurais vous exprimer combien je suis presque torturé du désir de vous revoir et de vous baiser la main. J'espère que mes vacances au mois de Juillet et d'Août me mettront à même de me diriger vers l'endroit où vous serez alors, si vous le permettez.

Je prendrai la liberté de vous soumettre bientôt quelques bagatelles pour piano, qui vont être publiées à Breslau et dans lesquelles votre indulgence remarquera peut-être un petit progrès, si elle tient compte des difficultés individuelles, que j'ai à vaincre en composant pour votre instrument. Le piano parait alors se soustraire à mon action, et devient intraitable lorsque je tâche d'y exprimer mes idées. Il est vrai qu'il a souvent à se plaindre des mauvais traitements, que ma main lui inflige. Mais il est vrai aussi que votre souvenir, lorsqu'il se maintient vivace et persistant comme c'est le cas chez moi, tend plus à décourager qu'à encourager ceux, qui se croient assez avancés dans l'art pour avoir le droit de vous admirer.

Est-ce que le grand événement politico-physique qui vient de s'accomplir à St. Pétersbourg pourrait faire supposer que les affaires qui vous tiennent le plus à cœur, entreront maintenant dans une phase plus favorable à vos desseins? La mort vous aurait-elle rendu service?

J'espère que Raff ne tardera pas à faire publier une »Ouverture solennelle« pour fêter l'avènement de l'empereur Alexandre et je me réjouis beaucoup d'admirer par les yeux les admirables contrepoints, dont il ornera l'hymne russe. —

Pardon pour ce qui suit. Un certain Mr. Greulich, à qui nous devons tout spécialement d'avoir fait de si mauvaises affaires, m'oblige à vous éclairer un peu sur son compte, parce que vous l'avez vu à Weimar et qu'il se vante partout d'être en correspondance avec vous, en affirmant qu'il possède de brillants certificats de votre main sur ses misérables compositions. Il cherche depuis longtemps à faire concurrence à Posen à son frère aîné Mr. Oswald Greulich, qui n'est pas un grand talent, mais un bon professeur de piano et un personnage que l'on peut prendre au sérieux. Il n'y a pas réussi jusqu'à présent, et il m'avait fait l'honneur de me choisir comme victime ou comme marchepied de ses menées.

Il a pris l'initiative d'une correspondance, lorsque nous étions à Breslau, en me priant de lui transmettre l'arrangement de nos concerts, nous garantissant le plus brillant succès, parlant de son influence et de ses relations avec l'aristocratie polonaise, qu'il avait empruntées à son frère. Mr. Truhn étant retenu à Breslau par une indisposition, je pars seul pour Posen, Mr. Greulich m'ayant indiqué le jour le moins propice de la semaine comme le jour le plus favorable pour un premier concert. J'ai eu à subir toute une longue série de désagréments par les fanfaronnades et les mensonges de ce monsieur, qui, sans exagération, nous a gâté le terrain à Posen, ainsi que me l'ont assuré les gens les plus compétents et que j'en ai fait moi-même la triste expérience. Figurez-vous le tour qu'il m'a joué à mon premier concert, qui avait lieu le lendemain de mon arrivée. Il prend le programme que je lui avais dicté pour le porter à l'imprimerie — et sans m'en prévenir le moins du monde, y ajoute de ses propres compositions. Il m'en avait porté un paquet la veille et j'avais eu la faiblesse d'en corriger quelques-unes en les lui jouant. — J'ajoute ci-inclus comme pendant des fragments du journal allemand, où Mr. Greulich a essayé de me couvrir moi-même du ridicule, dont il porte la mantille depuis qu'il est à Posen.

Est-ce que vous croyez encore pouvoir faire essayer une seule fois dans une répétition ma Fantaisie pour Orchestre? Je suis si curieux d'apprendre si cet essai produit un effet quelconque, désagréable ou flatteur; cette dernière supposition serait cependant par trop modeste [1]).

J'allie quelquefois dans mes concerts la Rhapsodie N° 12 avec la Friska de la Rhapsodie N° 2. Truhn me fait chaque fois des compliments sur le crescendo que j'y effectue et qui entraine souvent la majorité du public. Les Fugues de Bach que vous avez transcrites si admirablement, m'ont été partout fort utiles — de même les Valses de Schubert, la Sonnambula et les Patineurs. Je joue aussi tous les Nocturnes de Chopin dont les dames Clauss et Schumann ne nous ont pas trop rebattu les oreilles. Il me reste, Dieu merci, assez de chevaux de bataille dans cette branche.

Veuillez bien ne pas m'oublier de votre côté; je suis si sensible au reproche de faire l'oublieux que je cherche à m'en défaire dans la plus grande hâte. Bien des compliments à Cornelius, Singer, Pruckner, Ritter et sa femme, je vous en prie.

Adieu pour aujourd'hui, très cher maitre et ami.

Votre entièrement dévoué

H. G. de Bülow.

À propos. J'ai rencontré ici à Posen un petit prodige, comme je n'en avais jamais imaginé, le fils d'un chantre à la synagogue, d'un monsieur Ketten né en Hongrie, un enfant d'à peine sept ans qui m'a stupéfié complètement par son éminent talent musical. Ce petit garçon lit tout ce qu'on lui soumet, à première vue, et joue correctement et scrupuleusement »alle *Mittelstimmen*« dans les compositions les plus compliquées. Il transpose même dans des tons différents des morceaux qu'il lit pour la première fois. Une étonnante

---

[1] Da die Composition von ausgesprochen herbem Charakter ist·

agilité des doigts nés pour le piano et une ouïe fabuleusement fine rendent cette petite créature vraiment intéressante. Il déchiffre les accords les plus inusités sans jamais se tromper d'une seule note et même, quand on les fait se succéder rapidement. Il sait même classer et désigner techniquement les harmonies qu'il entend. Je lui ai joué les premières mesures du »Prométhée« et j'ai été ébouriffé de l'exactitude de ses réponses. Le père, auquel je n'ai fait que prêcher, de ne point exploiter son enfant, voudrait vous le présenter à Weimar et vous prier de faire faire l'éducation musicale de son enfant par un de vos élèves. Il est naturellement impossible, de mettre cet être exceptionnel au Conservatoire de Leipzig ou de Berlin. Mr. Ketten voudrait bien savoir, combien de temps vous comptez encore rester à Weimar, — ayant l'intention d'aller d'abord à Berlin et de tâcher d'intéresser Mr. Paul Mendelssohn ou peut-être même le gouvernement pour son enfant, afin d'en obtenir des secours pécuniaires[1]).

47.

17 Mars 55. Weymar.

Très cher ami,

Voici les quelques lignes pour Köhler que vous me demandez[2]). Il vous recevra à cœur et à bras ouverts et se mettra sûrement en quarante pour vous rendre Königsberg agréable. Depuis longtemps, il est très fort de vos amis — et vous vous entendrez à merveille avec lui. Vous n'avez pas de Greulichiades à risquer avec lui — et je présume que Königsberg vous sera un terrain favorable.

Quel archi-sot que ce Greulich! On ne se fait vraiment pas idée d'une telle sottise avec le contrepoint figuré d'une

---

[1]) Die außergewöhnlichen Anlagen des Kindes haben sich nicht den Erwartungen gemäß entwickelt. Henri Ketten, geb. 1848 in Baja, starb 1883 in Paris als geschätzter Pianist und Componist einer großen Anzahl der sogen. Salonmusik angehörenden Werke.

[2]) Siehe F. Liszt's Briefe I, Nr. 133, sowie Bülow, Briefe II, S. 356.

telle impertinence! Je suis charmé que vous ayez rencontré autre chose en M⁺ Truhn, que je n'ai pas l'avantage de connaitre personnellement, mais dont j'ai pris très bonne opinion d'après ce que vous m'en dites. J'ai lu avec beaucoup d'intérêt votre article sur ses compositions dans le journal de Brendel[1]), et vous me ferez plaisir de m'indiquer dans votre prochaine lettre plusieurs de ses ouvrages, afin que je me les procure. Avez-vous entendu sa ›Cléopâtre‹? Pensez-vous qu'on pourrait la donner ici? Nous sommes sur le point d'engager une cantatrice qui possède une voix superbe et une stature dans le genre de celle de Johanna Wagner — elle pourrait en conséquence assez bien convenir au rôle de Cléopâtre.

De la reine d'Égypte à la *Tante Brendel* il n'y a qu'un léger saut. Envoyez-moi votre article et je prendrai soin qu'il paraisse tel quel. Ce sera de nouveau une grosse pierre de scandale lancée dans le marais du journalisme! Mais il est des pierres de scandale qui sont des pierres d'édification — le temps le prouvera.

Me permettez-vous une prière et un conseil? Tâchez de tenir bon en votre qualité de Professeur au Conservatoire de Marx, et fortifiez-vous durant plusieurs années dans cette position, peu brillante sous le rapport pécuniaire, mais qui me semble vous offrir beaucoup d'avantages à d'autres égards. M. m'écrit que cette association ne lui sourit pas trop, et je crains que vous ne vous laissiez influencer soit par M., soit par d'autres, de manière à envoyer promener un beau matin le Conservatoire, les professeurs et les élèves. À mon sens ce serait une faute, et je vous engage beaucoup à ne donner votre démission sous aucun prétexte et à vous maintenir ferme sur ce terrain que vous parviendrez assez aisément à faire fructifier pour votre profit, au bout d'un certain temps. Croyez-moi, très cher ami, prenez la chose au sérieux — sachez au besoin vous ennuyer et vous laisser ennuyer sans pour cela changer en rien votre ligne de conduite que je

---

[1] Vergl. Bülow, Ausgew. Schriften S. 111.

désire vous voir poursuivre avec la persévérance convaincue et prudente nécessaire au développement de votre carrière.

C'est dit et entendu, n'est-ce pas? Vous ferez vos années de Professorat à Berlin, jusqu'à ce qu'une position qui vous offre des avantages plus fixes et plus solides, vous arrive. En attendant je vous enverrai plusieurs élèves à Berlin dont je vous prierai d'avoir soin.

Au moment où je vous écris je reçois une lettre de Wagner qui m'informe que des considérations d'argent l'obligent à céder sur la représentation du »Tannhäuser« à Berlin et qu'il a écrit à Mademoiselle Frommann et à Hülsen dans ce sens. Je n'y ai d'autres objections que celles que Wagner lui-même m'avait soumises il y a 18 mois. Du moment qu'il passe outre, je n'ai plus rien à dire ni à voir dans cette affaire. Le Tannhäuser sera donc donné à Berlin cet automne et j'en aurai des nouvelles par vous. À la fin de Juillet je serai probablement à Pesth. Vous avez appris par les journaux que Son Éminence le Cardinal Primat de Hongrie, l'Archevêque Scitowski m'a chargé de composer la Messe qui doit être exécutée à Gran pour l'inauguration du Dôme. S. M. l'Empereur y assistera ainsi que quelques grands dignitaires de l'Église qui seront délégués par le Pape. Je suis tout absorbé en ce moment par cet ouvrage que j'écris avec plénitude de cœur. Peut-être pourrons-nous nous donner rendez-vous à Gran (qui n'est qu'à 3 ou 4 heures de Pesth). La cérémonie doit avoir lieu le 15 Août — mais il est possible que les événements politiques apportent quelque changement à cette date. J'espère avoir fini mon travail en Mai.

La gravure de mes Poèmes symphoniques (auxquels j'ai beaucoup limé, corrigé, changé, etc.) est en train et j'ai déjà reçu les épreuves de l'»Orphée« et des »Préludes«. À la fin de l'année les 9 seront prêts. Cette publication m'importe maintenant avant toute autre chose, et je ne songerai à l'exécution de ces ouvrages qu'après qu'elle sera terminée. Plusieurs propositions pour les faire entendre m'ont bien été faites, mais je les ai ajournées, non seulement à cause de mon peu de goût pour les dérangements, mais surtout par l'idée qu'il me convient mieux de me tenir parfaitement tranquille durant quelque temps encore. Les bruits de journaux relativement à mes projets de concert à Vienne appartiennent donc au genre des canards usités après lesquels je ne me sens aucune envie de courir.

Nos concerts de Weymar n'ont pas pu s'arranger cet hiver pour toute sorte de raisons négatives (auxquelles St. n'est pas étranger) qu'il serait trop long de vous détailler — mais la saison prochaine je vous inviterai à venir entendre votre Fantaisie d'Orchestre et votre »César«. Il faudra aussi que vous nous jouiez quelque chose *coi fiocchi* — car j'ai grand désir de vous réentendre, de vous revoir, de vous serrer la main, et de vous redire que je vous suis bien sincèrement attaché et dévoué d'une vive amitié.

F. Liszt.

La Princesse vous remercie très affectueusement d'avoir pensé à elle. Nous parlons souvent de vous et comptons bien qu'après votre établissement à Berlin vous nous donnerez quelques jours à l'Altenburg, qu'il serait injuste de rendre passible des sottises de Weymar, auxquelles même il y aurait trop de générosité de votre part à garder rancune — car ce n'est guère la peine de s'en occuper, et vous avez mieux à faire que cela.

Singer et Pruckner ont très bien joué votre Duo du Tannhäuser dans une des *Kammer-Musik-Soiréen* ici, et Lundi dernier au concert de Jena. Pruckner est à l'heure qu'il est, un pianiste tout à fait distingué et a singulièrement avancé cet hiver.

Je ne sais ce que je pourrai faire pour votre prodige de Posen si ce n'est de lui conseiller de travailler sous votre direction — mais, s'il venait ici, je le recevrais très bien sur votre recommandation.

Si vous en avez le loisir, écrivez-moi de Königsberg; n'irez-vous pas à Danzig? et quand serez-vous de retour à Berlin?

48*).

Danzig, 27. März 1855.

Hochverehrter Freund und Meister!

Entschuldige, dass ich Dir heute deutsch schreibe — ich ahme hierin der Prinzessin von Hohenzollern nach, die Dir auf einen französischen Brief ebenfalls deutsch geantwortet hat. Ich kann heute gar nicht in französischer Sprache denken — es gehen zu viel Leute in unsrem Zimmer auf und ab — und dabei bekomme ich auf einmal Gewissensbisse, dass ich öfters Dein Auge mit meinem schlechten französischen Styl beleidigt habe.

Tausend Dank für Deinen Brief, der mich, wie immer, — auf mehrere Tage Nachwirkung — in die wohlthätigste Stimmung versetzt hat. Auch vielen Dank für die Zeilen an Louis Köhler, die ich ihm senden werde, da ich selbst wahrscheinlich nicht in die Möglichkeit kommen werde, Königsberg für dieses Mal noch zu besuchen. Professor Marx schrieb mir gestern, dass er mich bäte, nicht später als am 7. April in Berlin zurückgekehrt zu sein. Laub ist als Violinlehrer engagirt; ich werde im Herbst mit ihm zusammen Beethoven-Soiréen geben und die Pianisten dritten Ranges von meinem zweiten Range aus dem Publikum etwas entfernter bringen. Nach meinen letzten Erfahrungen bin ich zur Überzeugung gekommen, dass das Beethoven-Spiel gerade als Specialität für mich geeignet ist. Außerdem werde ich künftig nur Dich und Chopin spielen.

Nach dem, was Du mir geschrieben hast, will ich mich möglichst in Berlin zu consolidiren suchen. Sei nur so gut, mich zuweilen mit Deinen Rathschlägen, die wie bisher für mich als unverrückbare Satzungen gelten werden, zu unterstützen.

Nun wiederum einige Bitten. Das musst Du Dir als mein Fürst schon wenigstens passiv gefallen lassen.

Herr Heinrich Behrend, ein Kaufmann-Aristokrat, wie ich seines Gleichen noch nicht kennen gelernt, Bruder der Frau von Below, die Du als Melitta Behrend in Berlin gesehen

---

*) Autograph im Besitz des Liszt-Museums in Weimar.

hast und die im Stern'schen Gesangverein früher die Soli vortrug — ein rasender Musikenthusiast und namentlich auch Wagnerianer mit Feuer und Flamme — wünscht sehr, im Frühling einmal Weimar d. h. Dich zu besuchen und Dir seine Verehrung zu bezeugen, zugleich auch unter Deiner Leitung sein feinfühlendes Ohr die Wagner'schen Opern im Geiste des Componisten genießen zu lassen. Er möchte durch mich ungefähr den Zeitpunkt wissen, in welchem Du vielleicht in einer Woche zwei Wagner'sche Opern, namentlich den Lohengrin aufführen könntest.

Er ist der Mann, der in Danzig Alles vermag, und hat mich auch ersucht, unter der Hand bei Dir anzufragen, ob Du wohl geneigt wärest, im Herbste ein großes Musikfest zu dirigiren, das hier hoffentlich zu Stande gebracht werden soll.

Nun ein Zweites. Die Prinzess, eine ungemein liebenswürdige Dame und große und berechtigte Verehrerin von Dir, die Dich herzlich grüßen läßt und Dir noch für das Album der »Soirées de Vienne« dankt, aus dem ich ihr habe vorspielen müssen, unterstützt nächst mir die Bitte der Sängerin Fräulein Pauline Zschiesche, Tochter des Berliner Bassisten (vom Mai an in Berlin engagirt), im Monat Mai einmal in Weimar die Elisabeth im Tannhäuser unter Deiner Leitung singen zu dürfen. Sie ist für die Parthie vortrefflich geeignet, wie ich aus Bruchstücken, die sie mir vorgesungen, behaupten darf, persönlich ein ganz charmantes Frauenzimmer, prachtvolle Gestalt, glänzende Stimme, musikalisches und dramatisches Verständniss. Ihre Hand glüht noch von dem ersten Handkuss, den sie von Dir in Berlin einmal erhalten, als sie noch »ein ganz dummes Balg« war. Ich würde nicht die Unbescheidenheit haben — Dich mit diesem oder einem ähnlichen Gesuche zu belästigen, wenn hier nicht wirklich etwas Ausnahmsweises vorhanden wäre. Kann im Nothfall nicht Wolfram in Weimar die Güte haben, einer jungfräulichen Elisabeth noch einmalige Berechtigung zu verleihen?['].

---

1) Wolfram und Elisabeth sangen in Weimar Herr und Frau v. Milde.

Der Instrumentenmacher Wiszniewski . —. hat Dir vor 30 Jahren in Strassburg die Notenblätter umgewendet. Er hat gute Flügel und ist ein prächtiger Mensch.

Neulich spielte ich im Theater, vorgestern gab ich ein eigenes Concert — übermorgen ist das dritte und letzte.

Beifolgendes sende ich Dir zum Zeugnisse, dass Markull's[1]) Bekehrung zu Dir tüchtig fortschreitet. Ich besorge das Nöthige dafür. Früher mäkelte er in der Berliner Musikzeitung.

Lebe wohl für heute, hoher Freund!

Mit unbegrenzter Verehrung und Ergebenheit
Hans von Bülow.

P. S. Truhn wird sich gestatten, Dir nächstens einmal zu schreiben, und wenn Du es erlaubst, seine Cleopatra Dir präsentiren. Es ist viel Schönes darin. Darf ich bitten, Pohl, Pruckner, Singer und Cornelius bestens zu grüßen?

Bis zum 4. April treffen mich Briefe in Elbing per Adr. Musikdirector Kempe — dann per Adr. Marx in Berlin.

49.

[Letzte März- oder erste Aprilwoche 1855.]

Voilà qui est bien, mon très cher ami, et vous m'avez fait grand plaisir en me répondant sans *ritenuto assai* comme d'ordinaire. L'entrain et l'allure de votre lettre me font preuve que vous êtes content de votre tournée, ce dont je me réjouis, et j'ai déjà appris d'autre part que vous avez fait grande sensation à Breslau, Posen etc., ce qui me parait d'autant mieux que je le trouve plus simple. Il m'est très agréable de voir que vous entrez si bien dans mon idée sur l'importance que j'attache à votre établissement de Berlin. *Du musst dort gehörige Wurzel fassen und Dich allmählig breit machen. Das ist die »Forderung des Tages«, wie Goethe sagt,* — après on verra. *Ganz richtig ist auch Dein Vorhaben, Beethoven entschieden und hervortretend zu behaupten. Du*

---

1) Friedr. Wilh. M. (1816—87), Componist und Kritiker.

hast eben das Zeug dazu — was Andern fehlt. Hab' auch Dank, dass Du Dich meiner Dinge so freundschaftlich annimmst — ohne Compliment sage ich Dir, dass Du einzig daran Schuld bist, wenn ein paar davon gangbar und flüssig gemacht worden sind und selbst von anderen Clavierspielern in ihrem Programm ›aufgenommen‹. Quand nous nous reverrons je vous ferai à ce sujet une proposition que vous accepterez j'espère. Je voudrais vous entendre jouer deux ou trois choses que vous ne connaissez pas et qui, si je ne me trompe, vous iraient bien. Il faut seulement une bonne occasion pour cela, qui se trouvera aisément.

Je réponds maintenant aux deux ou trois commissions de votre lettre.

1° Mr Behrend. Je le recevrai de mon mieux en qualité de votre ami quand il viendra ici — mais vu ma position présente, très neutre et passive au théâtre, je ne saurais rien déterminer au sujet des représentations de Tannhäuser et Lohengrin. J'ai demandé à Mr de Beaulieu de faire peindre deux nouvelles décorations pour le Tannhäuser en l'avertissant qu'il me paraissait inconvenant que je continue de diriger cet ouvrage si les améliorations scéniques exigées n'avaient lieu — d'autant plus que sous ce rapport le théâtre de Gotha est fort en avance sur Weymar.

Par rapport au *Musikfest* je vous charge exclusivement de fixer dans l'esprit de Mr Behrend les préliminaires indispensables à ses relations ultérieures avec moi. Vous savez dans quelles conditions il m'est possible de me mêler d'une affaire de ce genre, au nombre desquelles je placerai naturellement en premier lieu celle que vous soyez présent et participant — et que la fixation du programme et des artistes à inviter me soit entièrement dévolue.

2° Mademoiselle Zschiesche. Je serai charmé de la revoir et de pouvoir lui être agréable — mais par cette même position neutre et passive à notre théâtre, je ne puis rien promettre de positif. Cependant je vous prie de me faire savoir quel honoraire elle demanderait pour chanter le rôle d'Elisabeth ici, et aussi s'il lui conviendrait de paraître dans d'autres rôles. Il faut que je sache à quoi m'en tenir sur ces deux points avant d'en parler à Mr de Beaulieu. En tout cas s'il y avait quelques difficultés pour cette saison (qui termine à la mi-Juin) je pourrais les aplanir la saison prochaine.

3° J'attends l'envoi de Truhn. Je suis très curieux de sa Cléopâtre et je vous prie de lui dire qu'il m'obligera en y joignant quelques autres de ses ouvrages que je lui retournerai après les avoir parcourus.

Quand vous en aurez l'occasion, veuillez aussi présenter mes respects à Madame la Princesse Hohenzollern qui m'a écrit deux lettres charmantes. Je vous remercie de lui avoir fait faire connaissance avec les »Soirées de Vienne«, et s'il s'en fait une seconde édition je ne manquerai pas, entre autres, d'y ajouter les deux mesures de votre accord

qui sont une excellente trouvaille!

Adieu, cher ami. En arrivant à Berlin, écrivez à votre très intimement dévoué   F. Liszt.

Faites mes amitiés à Marx. Aussitôt mes 5 articles sur Schumann parus[1], je publierai celui que je viens de faire sur son livre[2], et présume que Marx n'en sera pas mécontent.

Laub a passé ici la journée de Mardi. Il n'est pas venu me voir, mais s'est fait annoncer pour son retour ici (dans 6 semaines environ). Il a bien fait d'accepter la place de Berlin, et s'il réussit à gagner comme individu et comme artiste un peu plus d'assiette morale, il peut rendre de bons services, car comme Violon proprement dit, c'est un talent fort

---

[1] Gesammelte Schriften IV.   [2] Ges. Schriften V.

remarquable et qui n'a pas de concurrent à craindre. Tâchez de le lester un peu et de lui faire gagner une certaine contenance dont on ne peut pas se passer quand on veut être pris au sérieux. Il y a une excellente expression de dialecte allemande »*pudelig*« qui s'adapte parfaitement à sa façon d'être.

Du reste c'est un excellent garçon et tout à fait d'âge à gagner du poids — sans s'alourdir, mais il sera bientôt temps qu'il s'en avise.

50.

Berlin, ce 11 Avril [1855], Behrenstraße N° 4.

Mon très cher et illustre maitre!

Ce n'est que depuis hier que je suis de retour à Berlin, où, excepté le plaisir de revoir ma mère, après une assez longue séparation, je n'ai pas trouvé beaucoup de matière à satisfaction.

Le cours au Conservatoire va commencer demain. Je prendrai particulièrement soin du jeune Scharffenberg que vous avez bien voulu me recommander. J'aurai pour ma part douze élèves, dont j'instruirai le tiers par jour pendant une heure et demie. Au commencement mes fonctions ne me pèseront donc pas trop. Tout bien considéré, les affaires du Conservatoire iront moins mal qu'on avait d'abord eu lieu de craindre; tandis que la »*Neue Akademie der Tonkunst*« sous la direction de M. M. Dehn et Kullak ne jouit pas jusqu'ici d'une perspective brillante. Tout au contraire.

Je suis assez curieux de l'avenir. En attendant je continue à composer des bagatelles que mes éditeurs de Breslau payent assez mal, il est vrai, mais enfin, qu'ils me payent. Je viens d'envoyer une »Invitation à la Polka« dédiée à Pruckner. Auriez-vous la bonté de le prévenir de ce malheur?

Je crains fort de ne point recevoir des demandes de leçons à Berlin. Il y a si peu de personnes ici qui s'intéressent à moi. Un des plus affreux embarras pour un pianiste à Berlin, c'est le manque absolu d'un piano passable. Les instruments de Stöcker, qui sont fort en vogue et dont Kullak s'est fait l'agent, sont ce qu'il y a de plus détestable au monde. Perau fournit encore ce qu'il y a de mieux. Pour le concert du »*Gustav-Adolf-Verein*« cependant j'ai le choix entre un bon Perau et un excellent piano de Klemm à Düsseldorf, dont Mme Schumann fait la propagande.

Nous avons donné un concert-monstre à Danzig au profit des inondés. C'était fort brillant. Environ mille auditeurs. Truhn a dirigé l'orchestre, moi, j'ai joué la Polonaise de Weber, la Valse de Schubert et vos Patineurs. Tichatscheck a chanté supérieurement des romances de Schubert. La recette nette a été de 360 écus. — Notre profit à nous, c'était le plaisir de jouir une fois d'une nombreuse assemblée. — Truhn est assez gravement indisposé et consigné pour trois semaines au moins à Danzig par son médecin.

Mlle Wagner part le seize pour ne revenir que vers la mi-Septembre. Elle a un congé de cinq mois et demi. Jules Schaeffer quitte Berlin vers la fin de Juin; on l'a engagé à Schwerin pour y organiser un »*Domchor*« d'après le modèle de celui de Berlin — Laub n'arrive que dans deux mois. Voilà le peu de nouvelles musicales que j'ai à vous donner. Mr Dehn, ainsi que je l'apprends de toutes parts, s'est pris à tâche de persécuter avec acharnement ma faible personne. Je n'ai pas le plaisir de le connaître personnellement et je vous serais très reconnaissant, si à l'occasion vous vouliez bien me protéger un peu par l'appui de votre nom auprès de lui.

On a fait à Wagner la concession inouïe (de la part du ministère) de lui avancer la moitié de ses honoraires pour la partition du Tannhäuser — c'est-à-dire — 100 Fredéricsd'or.

Je serai très heureux d'avoir bientôt de vos nouvelles et d'apprendre, si et comment je pourrais avoir le bonheur de vous être bon à quelque chose à Berlin. — La Princesse de H[ohenzollern] H[echingen] m'a chargé de vous dire mille choses aimables. C'est une charmante personne.

Adieu pour aujourd'hui, très cher maître.

Votre entièrement dévoué

Hans de Bülow.

Mes compliments à Cornelius, Singer, Pohl et Ritter, s'il vous plaît.

P. S. Ne voulez-vous pas charger Truhn d'écrire quelques articles pour Brendel (des critiques sur vos compositions par exemple)? Il manie la plume bien mieux que Peltast et même que Hoplit.

51.
[Zweite Aprilhälfte 1855.]

Enfin, très cher ami, voici ma Messe terminée et je vous écris tout d'abord. Vos partitions de Jules César et du Mort vivant vous ont été expédiées il y a plusieurs jours et je tâcherai de rattraper la partition de piano et chant du »fliegende Holländer« dont Cornelius ne m'a parlé qu'hier, pour vous l'envoyer si on la retrouve.

Relativement à vos commissions je n'ai que d'assez désagréables réponses à donner. Malgré mon empressement à venir au-devant des désirs de Mlle Zschiesche par rapport à des »Casseroles« à Weymar, il m'a été impossible d'obtenir le consentement de Mr de Beaulieu, qui est plus que jamais en déficit avec la caisse du théâtre, et se défend comme quatre beaux diables contre le soupçon même d'une dépense surérogatoire. Il n'y a pire sourds que ceux qui ne veulent pas entendre — et Mlle Zschiesche aussi bien que Tichatscheck qui m'offrait de chanter Lohengrin à la fin de ce mois, ne peuvent qu'être invités à ne pas se déranger. Ainsi l'exige notre pauvreté et nos soucis financiers. Veuillez être assez bon pour expliquer ces circonstances (que je ne voudrais pas dénuder épistolairement à des étrangers) à Mlle Zschiesche, et excusez-moi du mieux qu'il se pourra du peu de réussite de mes instances auprès de mon très honoré chef.

Quant à votre acolyte Truhn c'est un chapitre plus désagréable pour moi et il faut que je lui écrive directement en réponse à sa dernière lettre par laquelle il me demande de carotter le G^d Duc de Weymar et le Duc de Gotha, chacun de dix Louisd'or, en guise d'honoraire pour sa Cléopâtre. Or après avoir parcouru attentivement la partition de C. j'ai acquis la conviction que cet ouvrage a mille chances contre une de faire un fiasco total à Weymar aussi bien qu'à Gotha. Dans cette dernière ville il y aurait pourtant un moyen de faire prendre la chose; mais il faudrait pour cela que Truhn s'y rendit personnellement, gagnât les bonnes grâces de Mademoiselle Falconi[1]), afin qu'elle se charge de faire valoir le rôle etc. etc. etc. Et au bout du compte il est douteux, même dans le cas d'une espèce de succès, que l'auteur en retire plus de dix Louis — après en avoir dépensé plus de vingt en frais de voyage, d'hôtel et de représentation.

Franchement, ce monodrame ne vaut pas grand' chose. Sans être absolument dénué d'invention et de sensibilité, il manque pourtant très fort et de caractère et de style. La Ballade de Boncourt me plait davantage; bien chantée elle doit produire un joli effet. Cependant je crains que T. ne soit plus inventable; il s'est trop usé dans les vulgarités de la vie artistique et a ainsi compromis le talent qui lui était départi. Les influences extérieures qu'il a dû subir lui ont été fatales comme à tant d'autres dont le ressort intérieur n'est pas assez énergique pour toujours rebondir. Les »membres disjoints du poète« (vous connaissez la citation latine) ne peuvent plus se rejoindre assez en lui, pour produire une œuvre harmonieuse et douée d'une véritable vitalité. Il a pris le change de ce qu'il y a de pénible dans la vie, en s'accommodant d'un travail facile — et comme dit le bon Lafontaine »certain âge accompli, le vase est imbibé, l'étoffe a pris son pli« et il devient comme impossible de se relever. Combien d'entre nous sont semblables au paralytique de l'Évangile? Il faudrait un miracle pour qu'ils prennent leur lit sur leur dos et se mettent à marcher. Les drogues que leur administre le public par quelques claquements de mains dans une salle de théâtre, et les bons soins de leurs amis qui se chargent de les élogier dans les journaux, ne les empêchent pas

---

1) Anna Bochkoltz-Falconi (1820—79), damals Coloratursängerin in Gotha.

de demeurer paralytiques...... Je n'oublierai pas de recommander à Brendel d'inviter Truhn à collaborer dans son journal.

À propos de miracles, j'ai vu et entendu votre petite merveille, le petit Ketten. C'est assurément une organisation musicale assez extraordinaire pour qu'on s'y intéresse sérieusement. J'ai promis à son père d'écrire au Comte Redern pour recommander cet enfant à l'attention généreuse de S. M. le Roi afin qu'il lui accorde une somme annuelle (de 200 écus peut-être) qui le mettrait à même de faire les études nécessaires à son développement. Si l'on obtient ce résultat fort désirable, il faudra voir ce qu'il y aura à faire pour lui dans la suite. Le mieux sera, croyez-moi, cher ami, que vous vous en chargiez, et je conseillerai en tout cas au père de vous le confier sans réserve. D'après ce qu'il m'a dit il parait que Kullak lui a offert de donner des leçons au petit prodige. Il n'est pas dans mes habitudes de m'immiscer dans ce genre de déterminations à moins qu'on ne me témoigne assez de confiance pour s'en rapporter entièrement à ce que je juge utile et préférable. Quoiqu'il en advienne, je dirai ma manière de voir au père en lui laissant toute liberté de faire selon son gré.

En vous priant de vouloir bien faire parvenir les deux lettres ci-jointes (pour Truhn et Stern) à leur adresse, j'ajoute encore que vous m'obligerez en assurant Stern de mes meilleures dispositions à lui être agréable en toute occasion. Il a toujours eu d'excellents procédés envers moi et je ne voudrais certes pas demeurer en reste. Quand je vous reverrai nous causerons de ce qu'il y aurait peut-être à faire pour les concerts que Stern projette à Berlin et vous soumettrai aussi un autre projet pour ailleurs que vous ne désapprouverez pas j'espère.

Tâchez seulement qu'il ne se passe pas par trop de mois sans que nous nous revoyions. L'inauguration du Dôme de Gran parait être fixée aux premiers jours de Septembre; dans ce cas je partirai d'ici le 10 Août, car il me faudra bien trois semaines de répétitions et préparatifs; mais je ne puis rien déterminer jusqu'à ce que la notification officielle de la date soit publiée. Pour les fêtes de la Pentecôte j'irai probablement au Festival de Düsseldorf qui sera dirigé par Hiller, mais reviendrai de suite à Weymar où je passerai tout l'été. . — .

Votre élève et sa mère vous disent mille choses amicales. Votre portrait établi sur le Juggernaut dans le salon, continue de faire merveille et nous formons les vœux les plus sincères pour votre présent et votre avenir. À bientôt donc, j'espère, et toujours bien entièrement à vous

F. Liszt.

Je vous expédie aussi franco les deux partitions de Truhn en vous chargeant de les lui faire parvenir.

Dans le courant de cet été je préparerai les Chœurs du »Prométhée« pour l'impression (en facilitant et remaniant plusieurs passages) — et à l'entrée de l'hiver j'espère avoir terminé une nouvelle Symphonie (en 3 parties) qui sera le pendant de mon »Faust«. Le programme est celui de la *Divina Commedia*. Aussitôt que 5 ou 6 de mes Poèmes seront entièrement gravés et corrigés, je les ferai paraître à la fois (probablement en Octobre) — en même temps je publierai aussi mon 1er Concerto que je veux entendre par vous.

Pruckner est très reconnaissant de votre dédicace et vous en remerciera lui-même. C'est un charmant garçon et un beau talent.

52.

Très cher ami,

Voici le petit Ketten qui vous revient de son excursion de Weymar et Paris. Son père m'ayant demandé conseil je lui ai dit qu'il n'avait rien autre à faire que de vous remettre le petit bonhomme et de vous prier de le faire travailler comme vous le jugerez à propos, pendant une couple d'années. Il y a tout lieu de présumer que si vous vous intéressez à lui, il franchira heureusement, et sans trop de temps, le détroit de la médiocrité dans lequel tant d'autres restent plus ou moins enfoncés leur vie durant.

Prenez donc le petit Ketten sur votre conscience, mon cher Hans, et ne soyez pas trop indulgent pour lui, car il a naturellement quelques dispositions et à se laisser gâter, et à se gâter lui-même au besoin.

Bronsart m'a apporté de vos nouvelles — ce qui pourtant ne vous dispense pas de m'en donner bientôt vous-même. Quand vous verrez Madame Stern, veuillez vous charger de la remercier de l'aimable lettre qu'elle m'a écrite, et lui dire que je suis tout prêt à envoyer les partitions et parties d'orchestre de l'Ouverture du »Roi Lear« de Berlioz, et de celle de »Faust« de Wagner quand vos concerts seront en train. Quant à l'exécution d'un ou de plusieurs de mes nouveaux ouvrages, nous aurons je pense, occasion d'en causer ensemble avant l'hiver, et sans y opposer à l'avance une objection définitive, il serait pourtant désirable pour moi d'être assuré de quelques chances favorables sur lesquelles il faudra nous entendre.

Mille affectueux souvenirs à Madame votre mère et invariablement bien tout à vous de cœur

10 Juin 55. Weymar.　　　　　　　　　　　　　F. Liszt.

Vous savez sans doute que la nouvelle du retour précipité de Wagner à Zürich est tout simplement un canard; aussi bien que celle de mon départ pour l'Amérique(!). Wagner m'écrit hier qu'il reviendra le 26 (après le dernier concert de la Société Philharmonique), et pour ma part je ne quitterai point Weymar jusqu'à mon voyage en Hongrie (à la fin d'Août).

53*).

Berlin, 10. Juli 1855.

Hochverehrter Freund und Meister!

Gestatte mir, dass ich Dir mit gegenwärtigen Zeilen meinen mir befreundeten Collegen am Conservatorium, Herrn Louis Ehlert[1]) aus Berlin präsentire, einen der talentvollsten und anständigsten Musiker und Menschen — die von der Majorität

---

*) Autograph im Besitz des Liszt-Museums zu Weimar.
1) Musikschriftsteller und Componist (1825—84).

eine vereinzelte ehrenvolle Ausnahme machen. Er ist trotz seines sehr ruhigen und scheinbar kalten Wesens ein glühender Verehrer von Dir — und ich brauche nicht zu sagen, dass dieser Umstand zuerst unsere gegenseitige Annäherung vermittelt hat.

Er benutzt die Ferien des Institutes dazu, den längst gehegten Wunsch, sich Dir vorstellen zu dürfen, zu erfüllen. Seine Prätensionen dabei sind nicht die eines Truhn (wie ich leider über diesen zu spät erfahren habe) sondern »nur« die, Dich zu sehen, zu sprechen, und wo möglich, wenn Du disponirt wärest, einmal spielen zu hören. — Beinahe würde ich ihn begleitet haben — doch reservire ich mir meinen Besuch in Weimar zu einer gelegeneren Zeit, wenn ich hoffen kann, Dir mit einem nicht zu unwürdigen Manuscripte unter dem Arm entgegenzutreten. Auch glaube ich fürchten zu müssen, bei dem festlichen Ereigniss, zu welchem ich ehrerbietigst gratulire .—., lästig zu fallen, indem ich Deine unendliche Güte für mich vielleicht veranlasst hätte, mir mehr Deiner kostbaren Augenblicke zu gewähren, als Dir lieb gewesen wäre.

Ich hoffe bevor Du diese Zeilen empfängst, in einem längern Schreiben meinen Dank für das schöne Geschenk aus Mainz ausgesprochen zu haben, das mir den Glauben an Poesie neu befestigt hat.

Dein Dir dankbar ergebener

Hans von Bülow.

54.

Berlin, 27 Août 1855.

Mon très cher et illustre maître!

J'ai passé de bien mauvaises journées depuis mon retour de Copenhague. Je vous demande pardon cependant d'avoir rappelé ma mère de Weimar — sans en avoir eu l'intention, bien entendu — je le regrette, car elle aurait pu en quelque sorte alléger le fardeau chéri [1]), qui vous empêche de donner

---

1) Liszt's Töchter waren zu Besuch in Weimar.

le temps voulu à vos précieux travaux. Je vais mieux maintenant, j'ai repris mes fonctions au Conservatoire, orphelin de Mr. Marx jusqu'à la mi-Septembre — et je crois même ressentir une recrudescence de forces à la suite de mon indisposition qui m'aidera à suffire aux nombreuses tâches que je me suis imposées. Le premier Septembre je vais débuter comme critique musical à la »Feuerspritze« dont le rédacteur vient de m'engager pour un an. J'espère terminer aussi sous peu quelques nouvelles compositions pour piano (Ballade — Deux Nocturnes) que les frères Schott à Mayence m'ont promis d'éditer. . — .

Madame Tutin[1]) était absente de Copenhague; j'ai passé une agréable journée avec son mari et son beau-frère Mr. Siboni, jeune homme qui a du talent pour la composition, quoique pas suffisamment pour ses prétentions d'artiste.

Sans Gade[2]) je me serais passablement ennuyé pendant mon voyage d'agrément. Je lui suis très reconnaissant de m'avoir consacré presque tout son temps. C'est une nature très distinguée, quoique inaccessible à beaucoup de chefs-d'œuvre qui font partie du programme de Weimar [et] surtout très peu intelligent à l'égard de Berlioz. Néanmoins il est assez enthousiaste de la musique de Wagner, et a même introduit »La Fuite en Egypte« aux concerts de la Société Philharmonique, se réservant de la faire suivre par d'autres morceaux de Berlioz. Je lui ai conseillé de faire exécuter des fragments du »Harold«. Votre Sonate lui a fait une impression assez insolite; mais je trouve un peu arrogant de considérer la dédicace de sa Sonate comme une »réponse« à votre œuvre. Ce n'est pas la même langue, celle que vous parlez et celle qu'il parle, lui. — Ce qui m'a beaucoup intéressé encore en matière musicale, c'est la connaissance du professeur Hartmann), beau-père de Gade. Il m'a joué une très belle Sonate

---

1) Eine in dem damaligen Copenhagener Kunstkreise bekannte Persönlichkeit, bei welcher sämmtliche fremde Künstler verkehrten.
2) Niels W. G., der bedeutendste dänische Tondichter (1817—90).
3) J. P. E. H., geb. 1805, hervorragender dänischer Componist.

de sa composition pour l'orgue et puis il a improvisé supérieurement — dans un autre style que celui de Mr. Taubert.

Maintenant permettez-moi de vous dire un mot de Conradi. Je l'ai vu ces jours-ci. Il se trouve dans une profonde détresse, à ce qu'il paraît. Il a attendu vainement qu'un des agents de théâtre, auxquels il s'était adressé ici, lui fît obtenir une position de chef d'orchestre, si modeste qu'elle fût et n'importe où. Il a même eu à souffrir de misérables intrigues que d'anciens collègues ont dirigées contre lui pour l'empêcher d'arriver à gagner de quoi vivre.

Conradi serait trop heureux si vous pouviez l'employer à Weimar. Il n'a que faire à Berlin et partirait aussitôt sur un mot de votre part. Comme jusqu'à ce moment il n'a trouvé aucune perspective de placement, l'hiver est perdu pour lui et il lui faudra attendre au moins jusqu'à la fin de l'année. Il aurait été présenter ses hommages à Madame la Princesse Wittgenstein à Berlin, s'il avait pu le faire convenablement. Il vous a écrit il y a quinze jours, alors sa situation était encore moins désespérée. Dans le cas où vous ne pourriez point l'employer à Weimar, vous auriez peut-être de la besogne à lui envoyer à Berlin. Ce serait fort généreux de votre part si vous daigniez lui répondre bientôt. Il ne m'a pas donné son adresse, mais il viendra dans quelques jours chez moi s'informer s'il y a des nouvelles pour lui.

Auriez-vous la bonté de me faire parvenir sous peu votre Concerto pour Piano afin que je puisse me mettre à l'étudier le plus tôt possible?

Ma mère attend un mot de vous pour se mettre à votre disposition, soit en retournant à Weimar, soit en allant à votre rencontre à Halle.

En attendant — *küsse ich Dir die Hand als Dein dankbar ergebener*   Hans v. Bülow.

Dans trois semaines environ Monsieur Bock[1]), lors de son retour à Berlin, ira vous présenter ses respects à Weimar.

---

1) Berliner Musikverleger.

55.

Très cher ami,

Je suis très heureux d'apprendre par vous que votre indisposition n'a pas eu de suite et que vous voilà entièrement remis et vaillamment sur pied. Dans quelques jours j'expédie mes fillettes à Berlin et par le même courrier j'écris à Madame votre mère pour la prier de vouloir bien remplir la promesse qu'elle m'a donnée à son départ et de les recevoir de ma main à Merseburg Mardi prochain, 4 Septembre[1]). Je dois me rendre dans cette petite ville qui n'est qu'à 10 minutes de distance de Halle (où il était convenu que je me retrouverais avec Madame de Bülow) pour y faire essayer le nouvel orgue qu'on vante beaucoup et dont l'inauguration aura lieu vers la fin de ce mois. Sach Winterberger jouera probablement à cette occasion ma Fugue sur le Choral du »Prophète«, et je tâcherai de finir un pendant à ce morceau, sur un motif vingt fois traité, mais inusable: *BACH*. Pour revenir à mes fillettes, permettez-moi de vous dire que j'attache un grand prix à ce que vous les fassiez travailler très sérieusement, car elles sont je crois, assez avancées dans leurs études musicales pour bien profiter de vos leçons. Faites-en donc de bonnes propagandistes de la »*Zukunfts-Musik*«, comme il est de leur devoir, et surtout n'usez d'aucune indulgence à leur égard et ne leur passez aucune gaucherie ni »*Pudelei*«. *Sie haben zum Voraus einen ganz gehörigen Respekt vor Dir — und es wird Dir nicht schwer fallen, sie gehörig einzupauken.*

J'ai répondu à Stern en acceptant la tâche qu'il me confie, de diriger le 5me de ses concerts. De cette façon nous nous reverrons donc en tout cas à Berlin cet hiver. Litolff est à l'Altenburg en ce moment et je lui demanderai de vous expédier directement à Berlin la partition de mon 1er Concerto. Son 4me Concerto qu'il intitule (sans trop de raison à mon sens) Symphonie, est un excellent ouvrage, et d'un bel effet.

---

[1]) Frau v. Bülow nahm auf Liszt's Bitte seine Töchter Blandine und Cosima, die in Paris erzogen worden waren, in ihr Haus und ihre Obhut nach Berlin.

Il sera publié prochainement et vous trouverez probablement occasion d'en tirer bon parti.

Conradi m'a écrit il y a quelques jours, et je voudrais de tout cœur lui être de quelque utilité — mais cela n'est pas aisé pour moi surtout en ce moment où des charges passablement lourdes pèsent sur mes pauvres finances. Conradi est une des meilleures et plus estimables natures que j'ai rencontrées, et je serai charmé de l'avoir auprès de moi à Weymar. Seulement il sera difficile de lui trouver une place à notre théâtre, vu le manque d'argent dont la caisse de l'Intendance est si particulièrement affectée, et je crains que s'il s'établissait à Weymar il perdrait par là diverses chances (assez vagues et peu avantageuses, il est vrai) qu'il peut rencontrer à Berlin. Il y a donc à la fois un embarras et un scrupule de conscience. Néanmoins j'y réfléchirai encore et peut-être réussirai-je à arranger les choses à notre satisfaction réciproque d'ici à un mois. En attendant veuillez bien l'assurer de la sincère amitié que je lui ai conservée — et tâchez de lui faire accepter 25 ou 30 écus que je rembourserai à Madame votre mère, comme argent de route dont il aura besoin pour se rendre à Weymar plus tard. Faites cela avec toute la délicatesse requise, car Conradi est très hidalgo sur ce point et ne s'est jamais adonné à la culture du célèbre légume vulgairement nommé »Carotte«!

Mr Bock est venu me voir Mardi dernier et j'ai longuement causé avec lui. Nous nous sommes quittés en très bons termes et quand j'irai à Berlin je présume que nos relations n'éprouveront aucun grincement.

Je vous fais mes compliments de votre collaboration à la *Feuerspritze*. Vous ne manquerez sûrement pas de lancer bon nombre de combustibles très enflammés au nez des braves gens qui voudraient jouir tranquillement du malheur d'être contents d'eux!

À propos je me mis à étudier votre »Rêverie fantastique«[1]) et en ferai mon cheval de bataille devant le petit comité auquel

---

1) Op. 7.

je produis encore par ci par là mes talents d'Ex-Pianiste.
Ce morceau me plait et m'agrée singulièrement, et quand
nous nous reverrons, je vous le jouerai de manière à ce que
vous en fassiez compliment

Deinem Dir herzlich freundschaftlichst ergebenen

Weymar, 1ᵉʳ Sept. 55. F. Liszt.

56.

Berlin, 3/4 Septembre [1855].

Très cher et illustre maitre!

Ces lignes que ma mère vous remettra demain à Merse-
bourg ne veulent que vous remercier de la lettre que vous
m'avez écrite et vous témoigner avec combien de plaisir je
me chargerai des études musicales de Mesdemoiselles Liszt.
Puis — encore un mot au sujet de Conradi. Il n'y aurait
pas d'autre moyen de lui remettre en votre nom la somme
indiquée, que si vous lui donneriez de la besogne à faire.
Or, me rappelant que vous aviez déjà l'intention de le faire travailler pour vous, je vous prie de bien vouloir lui envoyer un
manuscrit à copier, lui demander enfin ses services. Stern me
charge de vous remercier de votre bienveillante réponse à sa
dernière lettre. Il annoncera dans la semaine courante un prospectus de ses concerts, dont le premier est arrêté à la date du
cinq Octobre et qui se suivront de quinzaine en quinzaine. Vous
avez eu l'amabilité de lui offrir les partitions, les parties d'orchestre et de chœurs de quelques morceaux de la nouvelle
école. Il vous demande — mais pas pour le moment — de vouloir lui prêter l'Ouverture du »Faust« de Wagner, les »Francs-
Juges« et la »Fuite en Égypte« de Berlioz. Auriez-vous la bonté
de me faire parvenir occasionnellement un des programmes
[-commentaires] de Wagner sur la neuvième Symphonie. Gade
voudrait s'en servir cet hiver à Copenhague pour l'exécution
de cette œuvre et faire traduire en danois ce commentaire.
Je me trouve un peu absorbé et par moments aussi quelque

peu embarrassé par ma »Ballade« [1]). Vous n'avez pas d'idée comme je souffre pendant la production d'une composition pour piano. Il me faut lutter contre des difficultés toutes particulières pour moi dans ce genre. Il me faut éloigner surtout tous les types si présents à ma mémoire de vos chefs-d'œuvre, dont l'oubli artificiel peut seul m'encourager à retremper ma plume dans l'encrier qui se sèche par suite de mes pauses involontaires.

J'ai vu ces jours-ci en différents endroits un Mr. Reinthaler [2]) de Cologne, ami de Hiller, qui a écrit un Oratorio, que Stern semble disposé à patroniser au point de nous en régaler prochainement. Si l'œuvre ressemble à son auteur, qui est un »*lederner Geselle*« et paraît détester tout ce qui a rapport à la *Zukunftsmusik*, je serai obligé de me faire l'interprète des sentiments de la minorité.

J'ai eu l'autre jour — à l'occasion du programme définitif des concerts — beaucoup de peine à empêcher Stern de gâter par d'inconcevables absurdités les projets très raisonnables auxquels il vise au fond.

Marx est de retour depuis hier. Il a été à Ostende et Amsterdam; je ne l'ai pas encore revu. Laub — que nous avons surnommé »*Urlaub*« (quoiqu'il s'abstienne de prendre c o n g é) n'a pas trouvé bon de donner de ses nouvelles. Il avait promis, comme cela allait sans dire, d'être de retour à la réouverture du Conservatoire. Il ne s'est pas même excusé jusqu'ici de la prolongation de son absence.

Rien de nouveau du reste. J'attends avec impatience l'envoi de votre Concerto par Litolff.

Veuillez m'informer bientôt, en quoi je pourrais encore être utile ou agréable à Mesdemoiselles vos filles, pour lesquelles assurément je suis pénétré de mille fois plus de respect que vous n'en aurez su leur inspirer dans votre humeur la plus caustique pour

    votre reconnaissant et entièrement dévoné

              Hans de Bülow.

---

1) Op. 11.
2) Carl R. (1822—97), Componist, wurde 1858 städtischer Musikdirector, Domorganist und Dirigent des Domchors in Bremen.

Je n'ai dans ce moment qu'un piano assez dur et peu réjouissant à offrir à Mlles les pianistes. Mais vers le 1er Octobre nous aurons mieux — deux excellents pianos de Munich et Stuttgard.

57.

Enfin, mon très cher ami, me voici venu à bout du dernier *"* du Psaume — et je vous prie de remettre la partition à Conradi sans retard afin qu'il se mette à l'œuvre. Ci-après quelques instructions pour ce dernier auquel je demande de me renvoyer la copie dans une quinzaine de jours. Vous me ferez plaisir de parcourir ce Psaume et aussi de le montrer à Stern quand il sera copié. Je serai assez tenté de le faire exécuter au concert que je dois diriger à Berlin[1], si Stern veut avoir la complaisance de préparer les chœurs un peu à l'avance. Herr v. O. pourrait se charger du *Tenor-Solo* pour lequel sa voix expressive et sa diction me conviendraient beaucoup. Je me chargerai volontiers de repasser avec lui seul sa partie avant la répétition générale.

Comme programme de notre 5me concert je vous proposerai sauf meilleur avis, les 5 numéros suivants :

1° Les Préludes (*Symphonische Dichtung*).
2° Ave Maria (un petit harmonium de Schiedmayer pourrait servir d'accompagnement). Vous connaissez je crois ce morceau publié chez Härtel et que le *Singverein* de Stern exécutera à merveille.
3° Concerto (en *mi* b) exécuté par Mr Hans.
4° Tasso. Lamento e Trionfo.
5° Der 13te Psalm.

De cette façon il y aura un peu beaucoup non pas de perdrix, mais de cette vache enragée de »*Zukunfts-Musik*« que je cultive de pire en pire — mais il me semble que le concert n'y perdrait pas en intérêt de curiosité du moins et au risque de faire répéter au public le 1er verset du Psaume 13

---

[1] Concert von Stern's Orchesterverein.

»*Wie lange, wie lange* — — — — *willst du uns langweilen!*«[1]
je proposerai hardiment cette terreur de programme. Parlez-en à Stern, et communiquez-moi son opinion à ce sujet. S'il jugerait à propos de borner le programme à 4 morceaux seulement, on retrancherait l'Ave Maria (qui, du reste, a déjà fait un assez bon effet à Leipzig, ce qui est un antécédent rare pour les œuvres de ma façon), et si l'exécution du Psaume souffrait quelque difficulté (peu présumable), je serais de force à terrifier Stern en lui proposant comme numéro remplaçant .... devinez quoi! ... *den verruchten Künstler-Chor!* cette abomination de la désolation, qui n'est plus un *Standpunkt*, mais bien un »*Ausgangs-Punkt*« pour le public, qui fuit en se bouchant les oreilles! —

Plaisanterie à part, je ne craindrai pas de tenter cette épreuve à Berlin — mais il faudrait que les 4 parties Solos (Ténor et Basses) soient chantés par 12 voix d'hommes — et le Chœur par une quarantaine environ. Les 12 voix Solos sont nécessaires pour donner au début le nerf et l'accent qu'il me faut, et je ne laisserai Solo que le passage que vous approuvez »*von ihrer Zeit verstoßen, flüchtet die ernste Wahrheit*«.

Heureusement il est probable qu'on en sera quitte pour la peur de ce morceau — car il y aura tout le temps voulu pour apprendre le Psaume, dont la Fugue finale sera d'un bon effet, j'espère.

Aussitôt que j'aurai votre réponse, j'écrirai à Stern — et vous envoie en attendant les parties d'orchestre de la »Fuite en Égypte«, et celle de l'Ouverture des »Francs-Juges«. Je chercherai encore les partitions de ces deux ouvrages que je n'ai pas sous la main, et si (comme il arrive souvent) on ne me les a pas empruntées sans m'en prévenir, vous les aurez aussitôt.

Quant à l'Ouverture de »Faust« de Wagner, la partition est à la gravure chez Härtel. Je suppose qu'il me fera cadeau

---

1. Die Anfangsworte des Psalms lauten: »Herr, wie lange willst du meiner so gar vergessen?«

d'un exemplaire ainsi que des parties que je mettrai immédiatement à votre disposition. Si le ›Tannhäuser‹ n'est pas représenté ici au moment où aura lieu votre concert de Berlin, je puis aussi vous envoyer les parties de l'Ouverture — mais pour les morceaux de ›Lohengrin‹ nos parties ne peuvent pas servir et vous serez obligé de demander à Wagner de vous prêter ses parties et sa partition ce qu'il fera avec empressement. Autant qu'il m'en souvient il lui reste aussi une bonne quantité de parties de l'Ouverture de Tannhäuser (de son *Musikfest* de Zürich) qu'il pourrait vous envoyer en même temps.

Cette perspective du concert de Berlin m'est on ne peut plus agréable, et quel qu'en soit le résultat d'opinion en ma faveur ou défaveur, je remplirai ma tâche jusqu'au bout avec plaisir et satisfaction.

Marx m'écrit que Taubert a quelqu'idée de faire exécuter à un de ses *Symphonie-Concerte*, un de mes Poèmes symphoniques. Cela ne sera guère réalisable, car si le concert de Stern a lieu (comme il me l'écrit) dans le courant de Décembre, je ne ferai publier les 6 premières partitions qu'à ce moment-là. Il n'y a donc pas sujet de s'inquiéter des idées d'idées de Taubert qui probablement même ne songe à rien de pareil.

Litolff vous enverra sous peu la partition de mon Concerto que vous déchiffrerez par cœur. Ce morceau vous amusera en tout cas — et si tous les autres numéros du programme font fiasco, je suis très certain que celui-là sera agréé par le public. Messieurs de Brunswick m'ont invité à diriger aussi un de leurs *Symphonie-Concerte*, et je m'y rendrai en Octobre — à moins d'empêchement imprévu. J'ai proposé pour cette occasion le programme suivant:

    1. Ouverture de Cellini (G dur).
    2. Concerto symphonique, composé et exécuté par Litolff.
    3. et 4. Orphée et Prométhée, de votre serviteur.

(NB. Le Tasse exige une clarinette basse et une harpe, qu'on n'aura pas de peine à se procurer, je suppose, à Berlin.)

. — . À revoir donc en Décembre, mon très cher ami, ce dont se réjouit vivement votre

22 Sept. 55. Weymar. F. Liszt.

En même temps que la partition du Psaume soyez assez bon pour remettre une trentaine de thalers à Conradi que je vous rembourserai dans huit jours. Si Stern accepte le programme proposé, il pourra vous indiquer un bon copiste pour les parties de chant à Berlin; pour ce qui est des parties d'orchestre, je les ferai tirer à Weymar, pour les faire essayer et corriger ici avant le concert de Berlin et éviter ainsi la perte de temps qu'occasionnent si souvent les parties mal copiées.

Mme la Comtesse Sauerma (Rosalie Spohr) est ici depuis quelques jours et me charge de ses meilleurs souvenirs pour vous. Quand vous verrez Bronsart, faites-lui mes amitiés.

Expliquez bien à Conradi que je veux qu'il ajoute le *Clavier-Auszug* au bas de la partition, comme dans le chœur »*an die Künstler*« — sauf à faire plus tard un *Clavier-Auszug* (avec chant) séparé.

58 *).

Berlin, 30 Septembre 1855.

Mon très cher et illustre maître!

Mille remerciments du bonheur que vous m'avez procuré par l'envoi de votre Psaume. C'est une œuvre sublime: c'est vous, qui êtes le vrai fondateur de la »*Zukunfts-Kirchenmusik*« et je me prosterne devant l'auteur de ce chef-d'œuvre, dont l'élévation et le pur cachet d'une religion profonde ne peuvent que se communiquer à qui en approche avec un peu d'intelligence et sans trop de matérialisme dans ses sentiments. — Stern a été converti, il commence à comprendre la tâche qu'il a acceptée et s'y livre, non seulement de bonne foi, mais avec

---

*) Autograph im Besitz des Liszt-Museums in Weimar.

un fanatisme d'autant plus estimable, que jamais je ne l'en aurais cru capable d'après ses antécédents Mendelssohniaques.

— Votre programme a passé ›*in Bausch und Bogen*‹ et on se mettra à l'œuvre le plus tôt possible.

Conradi espère finir la copie de la partition en quinze jours environ. Il vient enfin d'obtenir la place de chef d'orchestre à un de nos théâtres de troisième ordre (*Königsstädt. Vaudeville-Theater*) où, pour la somme de trente écus par mois, il lui faudra travailler dix heures par jour.

Mr. Litolff ne m'a pas encore envoyé la partition de votre Concerto; je l'attends impatiemment, fiévreusement: car avant de jouer un morceau de cette taille en public, il me faut l'avoir soigneusement étudié et appris par cœur un mois auparavant — au moins.

Pour en revenir au Psaume, Stern demande si vous permettez qu'après avoir fait copier les parties des Chœurs, on en multiplierait les exemplaires par lithographie, ›*durch Abklatsch*‹ au moyen de je ne sais quelle machine?

Quant au ténor solo, souffrez que je vous fasse la proposition suivante. Mr. Formes (voix magnifique, beaucoup de talent et, malgré le talent, beaucoup de zèle) serait le seul ténor à Berlin pour remplir dignement cette partie du Psaume. Comme il doit prochainement se rendre à Weimar — officiellement même, je crois — en compagnie de Mr. Dorn pour assister à une représentation de ›Tannhäuser‹ sous votre direction (faites alors exécuter le 2ème Finale en entier, je vous en supplie!) — vous pourriez lui demander vous-même de se charger des Soli du Psaume. Dans le cas où vous n'y fussiez pas disposé, je me chargerais naturellement volontiers de le gagner, *eventualiter* de le forcer, en sanctifiant les moyens par le but. — L'arlequin mélancolique ›premier ténor‹ — non pas ›romain‹ mais premier ténor des salons de Berlin, Herr v. O., nous rend le service de quitter Berlin pour cet hiver et de ne plus nous embêter de son chant maniéré et phtysique.

Mademoiselle Blandine vient de m'emprunter mon encrier, pour travailler de la théorie musicale d'après les préceptes de Mr. Ehlert, qui parait assez convenir à Mlles vos filles comme maitre d'harmonie et qui s'est pris sincèrement à tâche de ne pas les ennuyer, tout en leur donnant une instruction solide.

Vous me demandez, très cher maitre, de vous donner des nouvelles de Mesdemoiselles Liszt. Jusqu'à présent cela m'aurait été impossible, vu l'état de stupéfaction, d'admiration et même d'exaltation où elles m'avaient réduit, surtout la cadette. Quant à leurs dispositions musicales, ce n'est pas du talent, c'est du génie qu'elles ont. Ce sont bien là les filles de mon bienfaiteur — des êtres tout à fait exceptionnels. Je m'occupe d'une manière assez suivie de leur éducation musicale, en tant qu'elles ne me sont pas trop supérieures en force d'intelligence, en délicatesse de goût, etc. Mais je ne pourrai les faire travailler plus régulièrement qu'à dater de notre délogement ou plutôt notre emménagement (Wilhelmstraße 86) qui s'opérera ces jours-ci le 4 ou 5 Octobre. Alors elles auront un piano à elles et nous ne nous gênerons plus mutuellement dans nos occupations.

Hier soir Mlle Blandine a joué la Sonate en *la* de Bach, et Mlle Cosima la Sonate en *mi* bémol de Beethoven avec Laub, qui fera souvent de la musique avec elles. Je les fais travailler aussi à des arrangements pour piano à 4 mains des œuvres instrumentales, qui s'exécuteront dans les concerts de Stern. Je leur en fais l'analyse et je mets plutôt trop de pédantisme que trop peu dans la surveillance de leurs études. Je leur dois cent fois plus en échange du plaisir que me procure cette occupation qui me délasse des ennuis de ma journée. Elles me font faire des progrès assez sensibles en assistant quand je joue du piano. Je n'oublierai jamais la délicieuse soirée, où je leur ai joué et rejoué votre Psaume. Les deux anges étaient quasi agenouillés et plongés dans l'adoration de leur père. Vous auriez eu un moment très heureux, si vous aviez été présent — incognito. Elles comprennent mieux que personne vos chefs-d'œuvre et vraiment vous avez en elles »un public donné par la nature«.

Comme j'ai été ému et touché en vous reconnaissant »ipsissimum Lisztum« dans le jeu de Mlle Cosima en l'entendant pour la première fois! Celle-ci ressemble, je trouve, au Scheffer et Mlle Blandine au Bartolini¹). Les ressemblances et dissemblances se manifestent, il me semble, de même dans leurs caractères et individualités respectives.

Elles ne s'amusent pas trop, ainsi que vous paraissez le craindre, à Berlin, mais elles s'acclimatisent cependant peu à peu à leur — Jersey²). Elles n'ont été que trois fois au spectacle pour entendre »Tell« (l'opéra) et »Egmont« et voir un ballet. Comme nous vivons assez retirés à Berlin, ma mère et moi, elles n'ont pas vu beaucoup de monde jusqu'à présent, excepté Marx, Stern, Ehlert, Kroll, Mr. de Bronsart, qui pendant ses deux séjours à Berlin a bien voulu passer souvent une heure chez nous et qui pourra vous donner des nouvelles assez fraîches et directes de vos enfants. Du reste, ma mère, très occupée dans ce moment et partant, un peu souffrante, vous écrira prochainement une épître plus détaillée que je ne saurais le faire, moi.

Vous avez probablement appris par les journaux musicaux de Berlin, qu'il y a quinze jours j'ai eu l'honneur de dîner chez Sa Majesté le roi de Prusse à Buckow, le château du comte Flemming (situé à huit lieues de Berlin) — que je lui ai fait de la musique dans la soirée et qu'il a été avec moi d'une grâce et d'une amabilité, auxquelles j'étais bien loin de m'attendre.

Mr. de Bronsart vous priera de ma part de vouloir bien examiner une Ballade pour piano, que j'ai composée il y a quelques semaines. Le manuscrit est quelque peu illisible, ce dont je vous fais mille excuses, mais la copie a déjà été envoyée à Schott.

Vous intéressez-vous par hasard à mon métier de critique et à la façon dont je l'exerce à Berlin? Du moins je leur ai donné du nouveau — aux philistins de la capitale allemande, et il semble que j'ai beaucoup plus de succès qu'il

---

1) Zwei Portraits Liszt's, von Ary Scheffer gemalt und von Bartolini modellirt.
2) Der Ort, wo sich Victor Hugo während seines Exils aufhielt.

n'était à prévoir. Il y a eu plus d'abonnés que de désabonnés au nouveau trimestre. Et les civilités puériles et honnêtes, avec lesquelles les autorités musicales de Berlin ainsi que les ›minorum‹ et les ›minimorum‹ s'empressent autour de ma personne, me prouvent que je ne suis pas sans quelque influence. Je vous enverrai les numéros du journal (hebdomadaire du reste) — si vous avez le temps d'y jeter un coup d'œil.

Le refus de nouvelle collaboration que Singer a essuyé près de moi (il me proposait des Duos sur les ›*Lustigen Weiber*!‹ etc.) paraît avoir de beaucoup diminué son ›amitié‹ pour moi: il ne m'a pas encore répondu. Pohl aussi m'a retiré ses bonnes grâces; est-ce qu'il n'est point encore retourné à Weimar?

Quant au spectre-philistin de Romieu[1])-Marx, c'est tout ce qu'il y a de plus non-réalité! Mr. T. paraît avoir rompu ses relations avec moi; du moins j'attends depuis un mois la quittance de ma carte, que j'ai laissée à sa porte, où je me suis présenté pour lui expliquer le *Zukunftsparlament* d'Erfurt, et son résultat négatif.

Si vous pouvez nous donner encore — à temps — la partition ou plutôt les parties d'orchestre du ›Faust‹ de Wagner, nous avons tout ce qu'il nous faut.

Adieu, très cher maître.

Votre entièrement dévoué et reconnaissant élève
Hans.

Mes respects à Mme la Princesse W.

59.

Très cher ami,

La copie du Psaume est excellente et je vous prie de faire tous mes remerciments à Conradi de son empressement à m'être agréable. Par la même poste je vous retourne la copie de

---

[1]) César Romieu, Verfasser der damals vielgenannten politischen Schrift ›Le spectre rouge‹.

Conradi d'après laquelle devront être copiées ou autographiées les parties vocales, selon que Stern en décidera. Je suis charmé que ce morceau vous ait fait une bonne impression, je l'ai vraiment écrit d'abondance de cœur! —

Les frais de copie des parties de chant seront naturellement portés à mon compte et je serai fort obligé à Stern de les faire »abklatschen« d'après le procédé usité. Veuillez aussi prier Conradi de faire en plus la copie du *Clavier-Auszug mit den Stimmen* qui servira à Stern pour faire apprendre le Psaume. Aussitôt que ce *Clavier-Auszug* sera copié, je vous prie de me renvoyer de nouveau la partition afin que je fasse copier ici les parties d'orchestre que pour plus de sécurité je voudrais faire déchiffrer à Weymar (dans une *Correctur-Probe*) avant d'aller à Berlin, afin de ne pas perdre de temps à la répétition générale où nous aurons assez de besogne sans nous occuper de la correction des parties.

Ci-inclus 30 écus avec mille remerciments d'avoir avancé cette petite somme à Conradi, auquel j'ai de suite une nouvelle occupation à donner dont Pruckner vous a probablement déjà écrit. En Novembre prochain Pruckner rentrera pour quelques mois dans ses foyers de Munich d'où il se rendra plus tard à Vienne. Il désirerait emporter la partition de la Rhapsodie hongroise qui vous est dédiée, et celle du »Capriccio alla turca« que vous avez joué à Carlsruhe et qui est restée chez vous.

Soyez donc assez bon pour remettre ces deux morceaux à Conradi en le chargeant d'en faire une copie qu'il m'enverra le plus tôt possible (du 15 au 20 Novembre au plus tard) et pour lesquels je lui ferai parvenir un honoraire convenable. Je tiens seulement à ce que cette copie soit prête avant le départ de Pruckner de Weymar, afin qu'il puisse encore repasser ces deux morceaux avec moi.

Dimanche prochain je partirai pour Brunswick et vous expédierai de là la partition de mon 1er Concerto que vous jouerez comme un *double aigle*. Les parties d'orchestre sont copiées et je vous les apporterai à Berlin. Je viens aussi d'écrire à Härtel pour la partition et les parties d'orchestre de »Faust« de Wagner, lesquelles doivent être gravées maintenant et que je vous prêterai avec grand plaisir. Aussitôt que le programme du 5ᵐᵉ concert sera imprimé, je vous serai obligé de m'en envoyer quelques exemplaires.

La représentation du Tannhäuser en l'honneur des visiteurs de Berlin qui se sont annoncés officiellement par une lettre de Mr de Hülsen à Mr de Beaulieu, aura lieu probablement le 4 Novembre. Je profiterai de cette circonstance pour suivre votre conseil et prierai Mr Formes d'avoir la complaisance de se charger du Solo de Ténor de mon Psaume et en même temps tâcherai d'en obtenir la permission de Mr de Hülsen.

Votre activité à la *Feuerspritze* me fait grand plaisir et vous trouverez par là moyen de faire grand bien à la bonne cause du bon sens musical. J'ai lu avec intérêt et sympathie votre article sur les Oratorios[1]) et je souscris pleinement à vos opinions. Celle que vous m'exprimez sur le talent de mes filles me paraît presque trop favorable, et vous me rendez tout à fait curieux à leur égard. J'espère qu'elles me feront l'honneur de me produire leur savoir musical lors de mon séjour à Berlin et, en attendant, je vous remercie de cœur et d'amitié des soins que vous leur accordez. Veuillez aussi dire à Mr Ehlert combien je suis content d'apprendre qu'il prend la peine de leur enseigner l'harmonie. Je lui écrirai au premier jour et tâcherai de lui donner bonne réponse au sujet des deux petits manuscrits qu'il m'a confiés. J'ai gardé un très bon souvenir d'Ehlert et il peut disposer de moi comme d'un ami — de ma sorte.

Wagner vient de m'envoyer les 2 premiers actes de sa *Walküre* — qui me fait l'effet d'un miracle. Pour Noël je lui ai promis de lui faire ma visite à Zürich. Probablement le concert de Berlin aura déjà eu lieu avant.

Sacha Winterberger a joué étonnamment sur le magnifique orgue de Merseburg, une Fantaisie et Fugue sur le Choral du »Prophète«, à laquelle nous avons donné à cette occasion une instrumentation de registres dont l'effet a

---

1) Siehe H. v. Bülow, Ausgewählte Schriften, S. 124—126.

été surprenant. J'ai passé deux jours à Merseburg à cette intention et puis vous assurer que Winterberger a toute l'étoffe d'un grand organiste.

D'ici à l'hiver je lui écrirai deux autres morceaux qui vous amuseront. Entre autres avantages Sach possède une virtuosité de pédales comme je n'en ai pas rencontré jusqu'ici — et une sécurité de toucher et une vigueur ou plutôt »*Ausdauer*« tout à fait remarquables. Aussi les nombreux organistes présents à ce concert en ont-ils été abasourdis [1]).

Mme la Princesse est de retour depuis quatre jours de son voyage de Paris, et me charge de ses meilleures amitiés pour vous. Elle écrira prochainement à Madame votre mère, à laquelle je vous prie de présenter mes plus affectueux respects. Ci-joint aussi une lettre pour Kaulbach[2]) que vous aurez la complaisance de lui porter vous-même.

À revoir donc, très cher ami, condisciple et maitre, et
bien tout à vous

10 Octobre 55. Weymar.   F. Liszt.

60.

Très cher ami,

En vous écrivant hier j'avais la tête si pleine d'arrangements de concert et de copies etc. que je me suis rendu coupable d'une faute d'omission que je vous prie d'excuser. J'avais à vous parler de votre Ballade [op. 11] et du plaisir qu'elle m'a fait. C'est un excellent morceau, plein de sève, bien proportionné et comme tout ce que vous écrivez, d'un style fort aristocratique. Le *maestoso moderato* (*ré b majeur*) conclut à merveille — et je vous fais très sincèrement compliment de cette œuvre que j'apprécie comme une de celles qui vous ont le mieux réussi.   Tout à vous

11 Oct. 55.   F. L.

---

1) Siehe H. v. Bülow, Ausgewählte Schriften, S. 136—140.
2) Wilhelm v. K., der große Maler (1804—75), Liszt's Freund.

61.

Berlin, 11 Octobre 1855.

Très cher et illustre ami!

Ce n'est pas votre élève qui vient aujourd'hui vous molester par ces lignes, ce n'est que le mandataire de Mr. Stern, qui, enhardi par les bontés que vous avez déjà témoignées à son entreprise, me charge de vous soumettre les demandes et prières suivantes, dont il désirerait avoir une réponse positive ou négative au plus tôt possible, vu l'extrême urgence de ce dont il s'agit. Je vous transcris les emprunts qu'il demande à vous faire:

1. La partition des »Francs-Juges« de Berlioz en y ajoutant une partie de Contrebasse, s'il y en a.

2. La partition de la »Fuite en Égypte« et toutes les parties d'orchestre que vous avez encore.

3. Votre »Ave Maria« — partition — parties de chant etc.

4. Le Concerto de Bach pour trois pianos (en ré mineur) avec (les) parties d'orchestre — qui doit être joué dans la troisième Soirée par Ehlert, Kroll et moi.

Mr. Stern se chargera, bien entendu, d'acheter et de faire copier tout ce qui manquerait, dans le cas où vous ne pourriez satisfaire à toutes ses demandes — très excusables du reste, puisqu'il est du devoir du directeur d'éviter autant que possible des frais inutiles pour le Conservatoire, accablé déjà par des dépenses indispensables. Comme le temps presse cependant, il préférerait un refus positif à une longue attente. Je suppose que vous devez être fortement occupé — partant je me permets de vous demander de me faire parvenir par l'intermédiaire de Mr. de Bronsart la réponse pour Stern.

Maintenant il me faut cependant démentir l'introduction de cette lettre par la plainte, que votre Concerto ne m'est pas encore parvenu, ce qui commence à m'inquiéter très sérieusement. J'attendrai encore jusqu'à la fin de la semaine prochaine; mais alors si Litolff n'avait pas encore obéi à vos ordres, je vous prierai instamment de bien vouloir amener Pruckner pour exécuter ce morceau à Berlin; car pour rien au monde je ne voudrais courir le risque de faire déshonneur à mon maitre, à l'œuvre ni à moi-même. Je n'ai pas besoin de vous dire combien me coûterait cette résignation.

Le premier concert de l'*Orchesterverein* a marché supérieurement. Le succès a été complet. Public et critiques ont été unanimes d'éloges. Le deuxième concert aura lieu vendredi le 19 Octobre. Symphonie (3) de Gade. — Concerto pour piano par Moscheles[1]) (l'auteur a promis d'illustrer la soirée par sa présence) — *Meeresstille*, Chœur de Beethoven — Air de Sacchini — Ouverture du *Tannhäuser*, dont je fais des répétitions inouïes.

Marx a commencé hier soir ses lectures ou plutôt ses discours sur l'histoire de la musique. Nous y avons assisté et Mesdemoiselles Liszt ont été aussi satisfaites que moi. Marx et moi — (Stern et moi également) nous nous aidons réciproquement et nous nous accablons d'amitiés à qui mieux mieux. L'amabilité de Marx s'élève même à un diapason si extraordinaire, qu'il va écrire un article dans l'*Echo* de Schlesinger sur mon exécution de la *Kreutzer-Sonate* avec Laub, contre laquelle ce coquin de .—. avait inséré quelques lignes malveillantes dans le dernier numéro de son journal. L'article de M. fera beaucoup d'effet.

Mlles vos filles ont commencé aujourd'hui leurs leçons de langue italienne chez Mr. Fabrucci, une de vos anciennes connaissances. — Depuis quelques jours elles disposent aussi d'un assez bon piano, qui les invitera à plus de zèle pour leurs études musicales, dans lesquelles elles n'ont point encore cessé de m'étonner. (Voir ma lettre précédente.)

Je viens de recevoir deux lettres de Weimar, de la part de Singer et de Pruckner. Si vous les voyez, veuillez leur en faire mes remerciments — je ne tarderai pas à leur répondre au premier moment de loisir.

---

[1] Ignaz M. (1794—1870), der Pianist, Componist und Lehrer, als welch letzterer er von 1846 bis zu seinem Tode am Leipziger Conservatorium wirkte.

Mr. Hahn[2]), élève du Conservatoire et de moi en particulier, a envoyé ces jours-ci un charmant article sur les ›Années de Pèlerinage‹ à Brendel. Je vous demanderai de bien vouloir ordonner à ce lourdaud de l'avenir de faire imprimer l'article en question sans retard.

Joachim et la statue dont il se fait le piédestal ne nous arriveront que vers le commencement du mois prochain. Je crains que nous n'ayons de la peine à nous reconnaître — car nous sommes engagés dans des chemins tout à fait opposés.

Wagner m'a écrit ces jours-ci pour m'annoncer entre autres que la ›*Walküre*‹ touchait à sa fin. J'en suis on ne peut plus curieux.

Encore une prière. Veuillez à l'occasion m'écrire confidentiellement ce qui pourrait vous être agréable ou vous convenir quant à votre réception à Berlin.

En attendant adieu, très cher maitre.

Votre entièrement dévoué

Hans.

62.

Très cher ami,

Nos lettres se sont croisées et je m'empresse de répondre à celle qui me parvient en ce moment.

1° La partition de l'Ouverture des ›Francs-Juges‹ ne s'est pas retrouvée chez moi, mais je vais écrire à Berlioz pour qu'il vous en envoie aussitôt un exemplaire de Paris.

2° J'écrirai dès demain à Härtel pour lui demander de vous faire parvenir (à mon compte) l'Ouverture de ›Faust‹ (partition et parties d'orchestre), la partition de la ›Fuite en Égypte‹ et celle de mon ›Ave Maria‹.

3° Les parties de chant de l'Ave Maria doivent se trouver quelque part ici (en petit nombre) et je vous les expédierai avec le Concerto de Bach, dès demain.

4° Dimanche soir je pars pour Brunswick où je resterai jusqu'au 19 matin. Si vous aviez quelque chose de pressé

---

2) Wohl Albert Hahn (1828—80), Dirigent und Musikschriftsteller.

à me dire, adressez chez Litolff, que je prierai de vous envoyer sans retard la partition de mon Concerto — car il ne peut pas être question d'un autre pianiste pour le concert dont il s'agit et je devrais considérer comme un affront que vous m'en fassiez mention. En quelques heures vous jouerez ce morceau par dessous et par dessus jambes — ne vous en troublez donc pas davantage, je vous prie.

Jeudi prochain (18) je dirigerai un des *Symphonie-Concerte* de la Chapelle de Brunswick, et je crois déjà vous avoir communiqué le programme que j'ai composé pour cette soirée, de la façon suivante: 1º Ouverture (*sol majeur*) de »Benvenuto Cellini«. 2º Concerto symphonique composé et exécuté par Litolff. 3º et 4º »Orphée«, et »Prométhée«, de mon crû.

Brendel est en ce moment assez en circonspection vis-à-vis de moi — ce nonobstant je lui écrirai pour l'inviter à insérer l'article de Mr Hahn auquel je vous prie de faire en attendant mes meilleurs remercîments.

Je suis charmé que mes filles ne vous causent pas trop d'ennui professoral, et vous me rendez tout à fait curieux d'entendre de mes oreilles leurs évolutions musicales.

Aussitôt que la date du 5me concert de Stern sera fixée, veuillez bien m'en informer et m'envoyer le programme imprimé. Le 21 (de Dimanche en huit) on annonce à notre théâtre le *fliegende Holländer* et la représentation du *Tannhäuser* en l'honneur des visiteurs de Berlin paraît fixée au 4 Novembre — sauf changement. Je vous en rendrai compte.

Mille amitiés et bien tout à vous

12 Octobre 55.   F. Liszt.

Il n'y a plus de partie double de contrebasse de la »Fuite en Égypte« à Weymar, il faudra donc la faire copier à Berlin. Quant à mes morceaux j'en ai fait tirer un nombre suffisant. Veuillez presser Conradi pour le *Clavier-Auszug* du Psaume — et aussi la Rhapsodie hongroise et le Capriccio que je vous ai demandés dans ma lettre d'avant-hier.

A propos, désirez-vous que je vous renvoie le manuscrit de votre Ballade?

63.

Berlin, 13 Octobre [1855].

Très cher et illustre maître!

Un moment après avoir mis à la poste ma dernière lettre, voilà qu'il m'arrive la réponse tant attendue de votre part. Mille grâces! —

Je me suis aussitôt rendu chez Conradi pour lui transmettre vos ordres. Je ne lui avais d'abord remis que vingt-cinq écus d'après votre premier avertissement — je lui ai donné maintenant le restant: cinq écus. Il promet d'en avoir fini avec le *Klavierauszug* en 3 ou 4 jours; vous aurez donc la partition au milieu de la semaine prochaine. Il espère terminer aussi la copie des deux morceaux avec Orchestre au commencement du mois de Novembre. C'est un travailleur comme je n'en ai pas encore rencontré. Ayant trois jours de repos devant lui — son théâtre s'occupant du »demi-monde« — de son côté il s'était encanaillé à mettre en partition des Quatuors de Mendelssohn à l'aide des parties. Il ne peut rester inoccupé un seul instant de la journée. Du travail gratis serait encore du pain pour lui. Il aurait de la reconnaissance pour qui le nourrirait de cette sorte.

Vos filles sont tristes de ce que vous ne vous occupez point d'elles, mais tristes d'une résignation vraiment chrétienne. Elles attendaient vainement depuis une semaine des lettres de Paris. Elles se plaignaient de l'espérance frustrée. Je leur ai demandé avec une amerité [amertume?] autant que possible latente pourquoi elles ne se plaignaient point de l'absence de nouvelles directes de leur père. Mlle Cosima m'a répondu qu'elle ne se plaignait jamais de ce dont elle souffrait le plus.

Mr. de Kaulbach est parti de Berlin depuis huit jours déjà. Il ne reviendra ici qu'au commencement du printemps de l'année suivante. Jusqu'à nouvel ordre ou contre-ordre j'enverrai la lettre de Mme la Princesse à Munich sous peu de jours, en attendant seulement l'envoi de votre Concerto de Brunswick avec une ligne de votre main.

Moscheles est empêché de venir pour le deuxième Concert de Stern, ce que celui-ci espérait d'abord. Et moi, qui avait commandé aux chefs des petits orchestres d'ici de jouer partout l'Ouverture de »Jeanne d'Arc!« [1])

Pour le cinquième concert on prendra la salle du *Schauspielhaus*. Pourrais-je vous demander à quel hôtel vous descendrez à Berlin? Est-ce que le nouvel hôtel Arnim Sous les Tilleuls, dans la salle duquel les premiers concerts auront lieu, vous conviendrait? Il est très recommandable sous tous les rapports.

Veuillez faire mes compliments particuliers à Litolff — je compte jouer un de ses Symphonies-concerts dans le deuxième cycle au nouvel an. Veuillez aussi avoir la bonté de présenter mes amitiés et respects à la famille Spohr et à la C^{tsse} Sauerma en particulier.

J'ajoute un programme du premier Concert, travail [explicatif], que Mr. Stern avait confié à Mr. Hahn que vous connaissez. Veuillez nous communiquer votre opinion là-dessus. Quant à moi je fais un peu d'opposition — intérieurement contenue. Peut-être nous enverrez-vous quelques notices sur les numéros 2, 3 et 5 de votre programme, pour que nous puissions le faire imprimer et publier sans trop de retard.

En cas que vous n'obteniez point de Mr. de Hülsen (pardon de cette supposition — Berlinoise) la permission de faire chanter Formes — nous pourrions toujours vous offrir Hr. v. d. Osten, qui sera de retour au moment urgent et sera à votre disposition, si vous vous accommodiez de lui.

Les affaires du Conservatoire vont de mieux en mieux. Il se présente presque journellement de nouveaux élèves.

Adieu. Que l'orchestre de Brunswick se montre digne de son chef exceptionnel!

Votre entièrement dévoué et reconnaissant élève
Hans de Bülow.

---

[1]) Von Moscheles.

64.

Très cher ami,

Voici enfin la partition de l'Ouverture des Francs-Juges et celle de Faust de Wagner avec les parties d'orchestre (le quatuor triplé). Les autres ouvrages que vous m'aviez demandés doivent vous être parvenus depuis une huitaine de jours, car je vous ai fait expédier le paquet de Leipzig directement.

Aussitôt que la date du 5me concert de Stern sera fixée veuillez m'en faire informer afin que je prenne ici mes arrangements de manière à arriver à Berlin une huitaine de jours à l'avance. La représentation de Tannhäuser en l'honneur des visiteurs berlinois reste fixée à Dimanche prochain 4 Novembre.

Ehlert auquel je vous prie de faire mes compliments et amitiés, aura reçu je présume, une lettre de Litolff auquel j'ai laissé le manuscrit de ses deux Impromptus en lui recommandant de les publier sans beaucoup de retard. Veuillez aussi faire mes meilleurs remercîments à Ehlert du soin qu'il prend de changer l'ignorance harmonique de mes filles en savoir. Je n'ai pas négligé de faire signifier à Brendel mon désir de voir l'article de Hahn inséré dans un des prochains numéros de son journal et je pense qu'il voudra bien y faire droit. En attendant remerciez bien Hahn de ma part et envoyez-moi au fur et à mesure qu'ils paraîtront, les programmes esthétiques qu'il rédige si excellemment pour les concerts de Stern. Pour ce qui est du programme du 5me de ces concerts, je vous en écrirai plus tard.

Comment vous arrangez-vous de mon Concerto? J'imagine qu'il doit vous aller comme un gant. Je vous apporterai à Berlin le N° 2 et aussi la Fantaisie de Schubert dont vous tirerez grand parti à quelqu'occasion ultérieure.

Merci de votre recommandation d'hôtel. Seulement comme je me trouve un peu engagé vis-à-vis du propriétaire de l'hôtel Brandebourg, je tiens pour cette fois à y demeurer et je ferai prévenir pour qu'on me retienne le même appartement que la Princesse a occupé.

Ci-joint une lettre pour Mr Philarète Chasles¹) qui doit déjà être arrivé à Berlin et s'est annoncé à Weymar pour la semaine prochaine. Faites-moi le plaisir d'aller le chercher et de lui remettre cette lettre sans retard. Vous saurez son adresse par la *Fremdenliste*, ou la légation de France, et comme dans la lettre il est question de vous, vous pourriez le prévenir que la représentation du Tannhäuser a lieu Dimanche prochain et qu'il me serait agréable qu'il s'arrangeât de façon à y assister.

Conradi est une perle et je suis tout à fait enchanté de l'empressement obligeant dont il a de nouveau fait preuve en m'envoyant si promptement la Rhapsodie et le Caprice. Je tâcherai de ne pas le laisser beaucoup chômer, quoique j'aie été forcé bien malgré moi, de beaucoup chômer ces derniers mois durant lesquels je n'ai pu presque rien faire.

À revoir, très cher ami, à la fin de Novembre probablement et bien tout à vous

24 Octobre 55.   F. Liszt.

Je joins au paquet de musique quelques exemplaires du *Festspiel* dont la Princesse indique la destination à Madame votre mère à laquelle j'écris par le même courrier.

65.

Très cher ami,

Vous avez déjà rencontré Viole²) à l'Altenburg lors de votre dernier séjour ici. C'est un homme à idées musicales (chose rare!) mais qui n'a pas encore trop idée comment on peut tirer parti de ses idées. Je l'ai beaucoup engagé à travailler pendant quelque temps avec Marx — et vous prie de lui recommander Viole de ma part. Du reste je suppose que vous réussirez aisément à styler un peu mon recommandé,

---

1) Französischer Kritiker und Literarhistoriker (1798—1873).
2) Rudolf V. (1825—67), Pianist und Componist. Liszt, sein Lehrer, gab Etüden von ihm heraus.

et au besoin vous pouvez demander à ma fille Cosima quelques détails concernant le personnage.

Bien tout à vous

Weymar, 3 Novembre 55.   F. Liszt.

P. S. Viole a passé 5 ou 6 mois ici, composé une masse de choses et voudrait trouver de quoi exister à Berlin. Avant de suivre exclusivement sa vocation musicale, il a été professeur de littérature à un Institut de Demoiselles à Halle.

66.

Très cher ami,

Il est si rare qu'avec les meilleures et les plus droites intentions on atteigne quelque résultat ou satisfaction, qu'après les nombreuses expériences de ma vie je me suis à la fois résolu et résigné à ne me mêler des affaires d'autrui qu'en tant que je le jugerai de mon devoir, et que je croirai ne point m'exposer à ce qu'on nomme vulgairement des malentendus lesquels sont bien fréquemment en réalité des mal-penser et des mal-agir, et parfois même des malhonnêtetés mal déguisées. Grâces à Dieu je ne puis courir aucun risque de ce genre avec vous et me tiens pour assuré que vous n'attribuerez qu'à mon simple vouloir de faire autant qu'il se peut en toute circonstance ce qui est bien, le conseil que je me permets de vous donner.

. —. Veuillez m'envoyer les partitions des chœurs de »Prométhée«, et de la Messe, avec la lettre de Marx que j'ai laissée chez vous. Joignez-y les parties qui vous ont été adressées par mégarde, il y a quelques mois, dont vous m'avez parlé. À la fin des concerts de Stern, veuillez aussi me retourner les parties de la »Fuite en Égypte« et de l'Ouverture des »Francs-Juges« qui appartiennent à Montag[1]) et à la bibliothèque du théâtre.

---

[1]) Musikdirector in Weimar.

Demain je vous expédierai 500 cigares que je vous prie de faire tenir à Conradi de ma part.

Au premier jour j'écrirai à Madame votre mère à laquelle je vous prie de présenter mes très reconnaissants respects. Croyez bien, mon cher Hans, aux sentiments aussi véritables qu'inaltérables d'estime, d'amitié et de dévouement dont espère vous donner plus d'une preuve

votre

Weymar, 15 Décembre 55.   F. Liszt.

67.

Très cher ami,

Voici quelques lignes de remerciments pour notre ami Viole, qui non content d'avoir trouvé un éditeur de musique à Weymar! m'a fait la surprise de faire imprimer mon éloge dans le *Deutschland*[1]), en terminant un article par cette exclamation »*O beneidenswerthes Weymar!*«

Veuillez lui faire parvenir la lettre ci-jointe aussitôt, et m'informer de son adresse afin qu'une autre fois je ne sois pas obligé de vous incommoder. En fait de complaisance je vous demanderai encore de prier M.r Otto[2]) de vous rendre les quelques *Lieder* de ma façon que je lui ai prêtés, et peut-être en même temps pourriez-vous reprendre chez M.lle Wagner les *Lieder* que je lui ai laissés (et qui paraîtront bientôt chez Schlesinger comme 2.de édition du »*Buch der Lieder*«). Je n'en ai pas d'autre copie sous la main et M.lle Genast[3]) aurait à en chanter plusieurs avant mon départ pour Vienne. Renvoyez-moi donc ces mennes bagatelles de *Lieder* le plus tôt qu'il se pourra.

M.r de Beaulieu écrira demain à Mademoiselle Wagner pour la prier de nous accorder la dernière semaine de Février — prière que je lui renouvellerai pour mon compte particulier

---

1) Die früher erwähnte, in Weimar erscheinende Zeitung.
2) Rudolf O., Oratoriensänger und Gesanglehrer in Berlin.
3) Emilie G. (später Frau Merian), vortreffliche Liedersängerin.

à la fin de la semaine, aussitôt que je serai débarrassé d'un tas de lettres que je suis obligé d'écrire.

Pruckner a fait une espèce de *furore* à Munich et y jouera encore plusieurs fois avant de faire le voyage de Vienne avec moi, à quelle occasion il viendra probablement me prendre à Weymar le 10 Janvier prochain.

Si comme je l'espère, la 1re représentation du Tannhäuser a lieu avant, je vous reverrai à Berlin. Berlioz m'annonce son arrivée à Gotha pour le 1er Février, et donne son Faust ici vers le 12 Février. Pour le 16 on remontera le Cellini qui cette fois-ci marchera sur roulettes.

Mille respects et amitiés à Madame votre mère, et très entièrement à vous de cœur

Weymar, 18 Décembre 55.   F. Liszt.

P. S. *L'imbroglio* des parties de chant du *Crucifixus* de Lotti s'explique — sur la 2de page il y avait mon *Ave Maria* que je vous avais envoyé pour l'usage du concert de Stern, afin d'éviter les frais de copie. Le malheur pour être irréparable n'en devient pas plus considérable.

68.

Berlin, ce 11 Février [1856].

A. S.

Pardon de la négligence et du sans-gêne des lignes que vous allez lire. Je suis bien occupé encore ces jours-ci. Mes respects à Mme la Princesse Wittgenstein, je vous en prie.

Très illustre maître et ami,

Permettez-moi de vous adresser d'abord mes félicitations les plus vives de la grande et belle victoire, que vous venez de remporter à Vienne[1]) et de vous exprimer toute la joie que j'en ai ressentie. Il faut que cela ait été un triomphe

---

1) Liszt hatte die musikalischen Festlichkeiten bei der Mozart-Säcularfeier in Wien geleitet.

éclatant, pour que toute la presse réunie en ait formé un écho si enthousiaste, si exempt de toute »dissonance«. Les journaux que j'ai lus, *Wanderer, Allgemeine Theaterzeitung* etc. rivalisaient du moins à qui mieux mieux à se montrer dignes du public et des artistes de Vienne. Il doit être doux de savourer une revanche de ce genre, plaisir inconnu au Liszt de la première époque. Mais cela ne suffit pas. J'espère que vous ne manquerez pas non plus de revanche là, où l'on continue encore à pécher contre le saint esprit de l'art, ce dont on se lassera enfin avec le temps. — Ici on a fait aussi une espèce de *Mozartfeier*. C'était une parodie, dont Rellstab, qui n'a point eu d'indisposition subite cette fois-ci, a été le héros. J'y ai brillé par mon absence, qui a été remarquée et a fourni matière à de nouveaux griefs contre le »*Hauptagent der Parthei*« pour la ville de Berlin, ainsi que les »*Grenzboten*« viennent de me nommer. Je voudrais bien me rendre digne de cette nomination, mais hélas, le terrain me manque complètement; je suis condamné presqu'à l'inactivité et j'ai plutôt l'air du »*Hauptpatient*« du parti à Berlin. Mon »salut privé« n'en souffre pas trop, grâce à vos bontés de fraîche date — car la Princesse de Prusse à laquelle vous m'avez imposé avec tant de succès a été fort aimable pour moi pendant son séjour à Berlin, qui finit malheureusement après-demain. Je suis presque triste du départ de ma docile et charmante élève la Princesse Louise [1]), près de laquelle j'ai passé tant d'heures agréables — je pourrais même dire — »*gemüthlich*«, que ce sera pour moi un vide très sensible, que de ne plus la voir.

Il y avait hier soir une splendide assemblée chez le Prince de Prusse, à laquelle Leurs Majestés dont la principale a été très gracieuse pour moi et tous les princes de Prusse imaginables assistaient et à laquelle je n'ai presque point bougé du piano durant des heures. J'ose espérer, que la Princesse de Prusse voudra bien me faire l'honneur de me nommer son »*Hofpianist*« — rien que pour que je fusse enfin à même de

---

1) Die spätere Großherzogin von Baden.

me procurer le plaisir d'aller voir Mr. Kullak et de le féliciter de l'acquisition d'un collègue — sans compter l'agrément que cela donnerait à Marx, qui du reste commence à m'ennuyer, je pourrais même dire, à m'embêter colossalement. Stern ne se conduit pas beaucoup mieux, ainsi que vous avez pu vous en apercevoir par le programme de ses derniers concerts. Mademoiselle Cosima Liszt (qui ne m'appelle plus qu'un »vil courtisan«, ce dont j'ai le talent inespéré, du reste) est tellement dépitée, qu'elle ne va plus à aucun de ces concerts, parceque votre nom n'y est pas représenté, malgré la promesse formelle du rabbi.

Brendel vient de m'écrire que les nouvelles de Berlin »*bei ihm Gift und Galle angehäuft haben und dass man sich jetzt energischer rühren müsse*«. J'ai promis de lui faire un article pour ses »*Abregungen*¹): *Liszt als Kirchencomponist*« — de mon point de vue personnel, qui se concentre dans ce que dans vos compositions religieuses la religion (catholique — s'entend) s'est faite musique »*Ton geworden*«, que ces compositions ne servent pas le culte, mais en sont une expression musicale, mais une expression autonome, non plus une forme, mais l'idée même transformée en art, revêtant un tissu moins altérable, moins discutable, plus mystique et par cela même plus plausible que les articles de la foi en paroles. — Je crains de vives objections de votre part: veuillez me dire, si je crains à tort ou à raison.

J'ai écrit avant-hier quelques lignes à Mr. Berlioz, que j'ai adressées à vos soins. — Wagner paraît de mauvaise humeur — j'attends de ses nouvelles depuis quinze jours. Il se plaignait de ne pas recevoir un résumé détaillé de l'exécution du »Tannhäuser«. Je le lui ai donné. . — . Une indisposition assez longue de Mr. Formes a interrompu depuis le 1ᵉʳ Février le cours des représentations. — Il m'est impossible de continuer pour aujourd'hui. Adieu, très cher maître! Votre

tout dévoué et reconnaissant élève

Hans Bülow.

---

1) Brendel gab mit Pohl eine Zeitschrift »Anregungen« heraus.

69.

Très cher ami,

Tant de choses et d'occupations me pèsent sur les épaules depuis mon retour de Vienne qu'il m'a été impossible de répondre plus tôt à votre bonne lettre du mois dernier. Peu de jours après l'avoir reçue j'ai eu occasion de m'entretenir assez longtemps sur vous, votre personne et vos talents, avec S. A. R. le Régent de Bade, Madame la Princesse de Prusse et sa fille, la Princesse Louise. Le Régent me raconta très finement votre à propos de révérence après l'exécution de l'Ouverture de Faust en remarquant la bonne direction que vous aviez donnée par là au courant un peu indécis de l'enthousiasme du public. La Princesse de P. et sa fille font d'une manière charmante l'éloge de votre amabilité et de vos mérites, et il m'a été très agréable d'apprendre par L. A. vos succès comme Virtuose et comme Professeur. Relativement à votre petite fantaisie d'entrer en possession d'un diplôme de *Hof-Pianist*, je désirerais savoir si vous avez déjà communiqué cette idée à quelqu'un (et à qui) avant de hasarder une indication plus précise. Veuillez donc m'écrire où en est cette velléité courtisanesque de votre part et si vous croyez utile que je vous serve de porte-voix, ce que je ferai avec grand plaisir, persuadé comme je le suis de rencontrer des dispositions tout à fait favorables à vos vœux. Au besoin, je pourrais même en écrire directement à Mme la P^{cesse} de Prusse.

Par Bronsart je vous ai fait connaître mon opinion au sujet de vos démêlés avec St. et M. — Elle reste imperturbablement la même qu'il y a un an, lors de votre entrée comme Professeur au Conservatoire de ces Messieurs, et je crois vous avoir parlé dans le même sens pendant mon séjour à Berlin. Il importe avant tout que vous teniez bon et sachiez prendre pied et racine sans vous préoccuper des attentions et amabilités de vos collègues. À mon avis vous n'auriez aucun avantage réel à vous séparer d'eux maintenant, et votre position s'améliorera nécessairement par la persévérance que vous montrerez à vous maintenir au dessus du niveau des bavardages et des trop fréquentes susceptibilités et mesquineries de l'amour-propre mal placé. . —.

En même temps que ces lignes vous recevrez une copie de mon Concerto (avec l'arrangement de l'orchestre pour un second piano, tel qu'il sera publié en même temps que la partition). Il s'y trouve un petit changement à la fin de l'Adagio que je vous prie d'indiquer à Conradi afin qu'il l'introduise dans la copie de la partition qu'il aura la complaisance de faire pour Jaëll[1]), ainsi que dans l'exemplaire de la partition que Jaëll vous a envoyé à cet effet. En outre, je désire que Jaëll garde une copie de cet arrangement pour deux pianos, et je compte sur votre obligeance pour demander à Conradi de le copier. Aussitôt qu'il aura terminé sa tâche, veuillez me renvoyer l'exemplaire avec mes corrections, car j'en aurai besoin pour l'impression ainsi que de la partition dont nous nous sommes servis à Berlin. La partie de piano de la partition nouvelle devra être entièrement conforme à l'exemplaire que je joins à cette lettre, à l'exception des passages écrits à l'encre rouge qui doivent être notés seulement en petites notes dans la partie principale.

NB. Il y a aussi un raccourcissement dans le passage qui se trouve page 26 et un *ossia* (page 28) qu'il ne faudra pas oublier; en résumé:

Dans la copie de la partition destinée à Jaëll il faut modifier le passage de transition de l'Adagio au Scherzo d'après l'exemplaire (pour 2 pianos) que je vous envoie aujourd'hui, lequel doit servir de norme pour la partition, et je prie Conradi de corriger également dans le même sens la partition que Jaëll vous a renvoyée, sur lequel je ferai faire la gravure, et que vous m'enverrez aussitôt que Conradi en aura fait la copie et pratiqué les changements qui s'y trouvent et dans la partie de piano et dans l'instrumentation. Il s'agit donc pour Conradi de copier d'abord le Concerto exactement sur l'exemplaire (pour 2 pianos) que je vous fais

---

1) Alfred Jaëll (1832—82), der bekannte Pianist.

parvenir — ensuite de copier la partition en prenant soin de conformer entièrement la partie de piano à cette dernière version et de retrancher les mesures que j'ai ôtées page 13 et 26 en modifiant l'orchestre en conséquence, et finalement vous me retournerez l'exemplaire ci-après avec la partition corrigée dont nous nous sommes servis à Berlin, en réservant pour Jaëll les deux nouvelles copies.

Pardon de toutes ces explications, mon très cher ami; mais puisque vous vous intitulez le »*Haupt-Patient der Parthei*«, il faut bien que vous subissiez les charges de votre état, que je vais de suite augmenter en vous donnant encore une commission pour Conradi. Bronsart et Winterberger désireraient jouer le Concerto en *mi mineur*

pour 2 pianos que j'ai fait copier en votre intention il y a trois mois; priez Conradi d'en faire une seconde copie que vous joindrez au paquet du Concerto précédent.

Il m'a été impossible de me mettre au travail depuis Berlin, et c'est tout au plus si j'ai gagné assez de temps pour corriger les épreuves de six partitions de mes Poèmes symphoniques qui paraîtront enfin dans une quinzaine de jours et que je vous enverrai aussitôt. Vous verrez que je n'ai épargné ni soin ni peine et sur les dernières épreuves j'ai encore fait plusieurs changements assez notables. L'arrangement pour 2 pianos de ces mêmes morceaux paraîtra successivement et j'espère que vous le trouverez un peu à votre gré.

Berlioz a passé trois semaines ici. La représentation de son Cellini était très satisfaisante cette fois, et Caspari[1]) a parfaitement chanté le rôle principal. Sur la demande de Mme la P^{esse} de Prusse on a donné huit jours après »Lohengrin« auquel Berlioz a trouvé peu de goût. Nous n'en avons

---

1) Tenorist der Weimarer Hofbühne.

guère parlé ensemble, mais il s'est exprimé en termes assez peu ménagés avec d'autres personnes, ce qui m'a chagriné. Du reste cette représentation de Lohengrin a fait une énorme sensation ici et j'imagine que vous n'en auriez pas été mécontent. Les deux Milde, et Caspari ont eu des moments admirables et Mlle Marx (venue de Darmstadt) a vaillamment déclamé et joué son rôle. Pour ma part, j'avoue que mon admiration va croissant pour ce merveilleux ouvrage qui est à mon sens la plus haute manifestation du génie dramatique. .—.

Litolff a fait *furore* à Gotha avec ses Ouvertures de »Robespierre« et »Girondins« etc. et se trouvait entre Gotha et Weymar lors de la représentation de Cellini et de Lohengrin. Il n'a voulu entendre ni l'un ni l'autre! ce qui n'empêche pas son 4me Concerto d'être un excellent ouvrage.

Griepenkerl vient de faire ici deux »*Vorlesungen über den kunsthistorischen Fortschritt in der Musik und der Poesie*« dans lesquelles il n'a parlé ni de Wagner ni de Berlioz, se bornant simplement à comparer Haydn à Wieland, Mozart à Goethe et Beethoven à Schiller, et donnant, avec sa grosse patte, quelques coups d'épée dans l'eau, à propos de la »*Programm-Musik*« qu'il déclare une absurdité pour complaire à ses nouveaux amis de Weymar et ailleurs. C'est d'un ridicule fort édifiant! Entre autres drôleries il s'est cru obligé de me faire des représentations amicales sur la fausse voie dans laquelle je m'étais engagé et qui ne pouvait conduire qu'à des déceptions, me conseillant d'y réfléchir et de tenir compte de toute l'importance historique, critique et esthétique des principes d'un homme du poids de Griepenkerl! Je l'ai poliment remercié de son bon avis, en cessant du reste de le voir, car je ne me sens plus assez de patience pour supporter, même avec accompagnement de Grog toute cette pâtée de balivernes et de bouffissures.

Mille amitiés à Kroll, Conradi, Viole et Damrosch [1]); j'écrirai à ce dernier au premier moment de liberté que j'attraperai.

---

1) Leopold D. (1832—85), Violinist der Weimarer Hofcapelle, später Dirigent in Breslau und New-York, auch Componist.

Donnez-moi bientôt de bonnes nouvelles de vous. Imitez le Roi de Sardaigne dont Louis Napoléon a fait un si bel éloge en disant »qu'il ne regardait pas derrière lui« — et maintenez-vous en bonne santé d'esprit et de corps comme vous le souhaite
votre très affectionné et dévoué ami
Weymar, 14 Mars 56. F. Liszt.

70.
[Berlin,] ce 20 Avril [1856].

Très cher et illustre ami,

. — . . — . . —. L'avant-dernier dimanche j'ai enfin eu l'honneur tant sollicité de jouer chez le Roi dans un concert arrangé pour Stockhausen[1]) et Mlle Bianchi[2]), dont je ne puis goûter le talent. Cela a été sur un ordre spécial de Sa Majesté, contre lequel la généreuse protection du comte Redern, dont je jouis depuis si longtemps a été impuissante.

Il m'a été précieux de partir pour Charlottenbourg et de m'en retourner en tête-à-tête avec Kullak, qui m'a fait des allusions à un engagement qu'il pourrait m'offrir à son »académie«. —

Ce n'est pas ma faute si la Princesse Marie s'impatiente de ne pas encore recevoir son Album. Marx, Damrosch et Viole ont été expéditifs, ce que je ne puis dire des autres. M. a refusé d'y mettre un clou de sa botte ferrée de »Juif sédentaire«. L'auteur du M...., qui représente: »*den einzigen Fortschritt, welchen die Tonkunst seit Beethoven gemacht hat und zu machen vermocht hat*«, a composé un Quatuor vocal qui est bien la plus grande abomination qui ait jamais chatouillé mes yeux.

---

1) Julius St., geb. 1826, der ausgezeichnete Sänger und Gesanglehrer.
2) Valentine B. (1839—84), Bühnensängerin.

Viole est décidément un génie, qui aurait bien le droit de cacheter avec l'effigie de M. — J'ai fait mon possible pour faire obtenir à Conradi la position vacante de maître de chapelle à Schwerin. Mr. de Flotow[1]) a été le maître de faire un autre choix. Je ne sais du reste, si Mr. Schmitt[2]) de Francfort a accepté.

Pour en revenir à l'Album — Joachim était déjà parti, lorsque la Princesse m'avait chargé de lui demander une page. Je vous prie de ne pas me retirer votre confiance pour les commissions, dont vous auriez à me charger. Le très léger retard quant aux copies de votre Concerto pour Mr. Jaëll n'est à imputer ni à moi ni au zèle de Conradi: le travail était considérable. Quant à Mr. Stockhausen, que je vous remercie bien de m'avoir fait connaître, j'ai fait pour lui tout ce qu'il a été en mon pouvoir de faire. Il a eu un succès inouï, même matériellement, car il a emporté un bénéfice net de plus de trois cents écus. Mr. Mühlh., il est vrai, a été bien négligé de ma part. Mais, outre que je l'ai trouvé passablement agaçant et ennuyeux il n'y a pas eu moyen d'apprendre en quoi j'aurais pu lui être utile. Je ne pouvais pas, au détriment de mon crédit musical, recommander ses détestables compositions à Stern, pour en faire exécuter dans ses concerts.

Stern est bien à plaindre dans ce moment-ci. Après des sacrifices assez considérables, après toutes les obligations qu'il a contractées envers vous, il a eu un échec samedi dernier avec la Neuvième Symphonie qui vient d'annuler tous ses succès antérieurs. Il y a eu un charivari complet à l'Adagio, dont il a fallu recommencer la partie en *mi* bémol et le Finale a été détestablement exécuté. Taubert et C° triomphent et lui adressent leurs félicitations vénéneuses. Cependant il a bien mérité de l'art cet hiver. La »Missa solemnis«[3]) a été

---

1) Der Componist der »Martha« (1812—83), Hofmusikintendant in Schwerin.
2) Aloys S., geb. 1827, wurde Hofcapellmeister in Schwerin.
3) Erstmalig in Berlin aufgeführt 22. März 1856.

une merveille. Son entreprise est à l'agonie et je doute fort qu'il reprenne courage la saison prochaine. Le grain de sable qui a soulevé toute cette poussière, enveloppant dans son nuage tant de réussites précédentes, a été un misérable cor, qui s'est trompé d'une demi-mesure. .—.

Encore une nouvelle: je suis en train de faire ma paix avec le doyen des philistins, Rellstab. Après l'ouverture d'une correspondance diplomatique et conciliante, un de ces jours-ci il y aura un congrès, qui, je l'espère, tournera à une espèce d'alliance. Cela ne m'empêchera point à continuer mes rapports avec la puissance Kossak, qui depuis quelques temps sont les meilleurs possibles.

Jeudi dernier, j'ai joué pour la première fois en public votre Fantaisie de »Don Juan«. Les applaudissements m'ont interrompu après le thème du Duo. En somme, je l'ai très mal jouée, mais enfin la glace est rompue et je suis sûr de ma revanche une autre fois. Peut-être qu'alors le public ne m'accordera pas ses suffrages!

En fait de compositions — j'ai été bien improductif. Mais j'étais trop accablé de mon bête de métier. Depuis quelques jours seulement je respire un peu, quoique je sois bien souffrant et que mes nerfs ne valent plus le diable. Je crois que j'aurais bien besoin de bains de mer pour me rétablir un peu.

Je n'ai point de nouvelles de Zürich depuis bien des mois. Demain aura lieu la douzième représentation du »Tannhäuser« — la treizième dimanche. Mlle Wagner, qui vient seulement de retourner à Berlin, partira probablement aussitôt pour Weimar. — J'espère lui remettre l'Album pour Mlle la Princesse Marie, à laquelle je vous prie de bien vouloir présenter mes respects en me mettant aux pieds de Mme la Princesse Wittgenstein.

Daignez me répondre bientôt. Ma solitude est affreuse ici: je voudrais bien revenir travailler un peu à Weimar. Mes faibles capacités s'endorment à Berlin.

Votre bien fidèlement dévoué et reconnaissant élève
Hans de Bülow.

71.

Très cher ami,

.—. .—. Comme j'ai fort le désir de vous revoir je vous propose de profiter de vos vacances de la Pentecôte pour venir me trouver, soit au concert d'orgue de Merseburg (Mardi 13 Juin) où Winterberger jouera plusieurs choses de ma façon, soit, ce qui me serait encore plus agréable, si vous en avez le temps, à Weymar dès le Dimanche (11 Juin) pour causer tout à notre aise.

À revoir donc, très cher ami, et bien à vous d'entière amitié et affection

Weymar, 27 Avril 56.   F. Liszt.

72.

Liebster Freund,

Ueberbringer dieser Zeilen, Herr Hermann Zopff[1]), den ich Dir freundschaftlichst empfehle als Componist und Dichter eines 5actigen **Mahomed**. Ich veranlasste ihn, Dir dieses Werk mitzutheilen und mit Dir einige muselmannische Betrachtungen zu pflegen.   Dein

Weymar, 22. Mai 56.   F. Liszt.

73.

Liebster Freund,

Bei jedem Deiner neuen Aufsätze muss ich staunen und beifälligst zulächeln über die unglaubliche Virtuosität und Bravour, mit welcher Du dem Philisterium, der Bornirtheit, der tückischen Halbheit, die nur durch Arroganz und Neidwesen ihre Mängel und Lücken verdeckt — wie Du allen den schlechtwegs guten Leuten auf all ihren Enden und Ecken beikommst und ihnen die tüchtigsten, unheilbarsten Hiebe in allen Gliedern,

---

1) Musikschriftsteller (1826—83), nachmals an der Redaction der »Neuen Zeitschrift für Musik« in Leipzig thätig.

bald durch die Nase, bald auf die Hände, ja sogar auf ihre
unaussprechlichsten Theile, so dass sie sich gar nicht mehr
setzen können ohne laut aufzuschreien, versetzest. Schon bei
dem Naumann[1])-Artikel, der ein kleines Meisterstück, gaudirte
ich mich sehr über diese Virtuosität, und jetzt geht es noch
crescendo durch Winterberger und Viole[2]). Für die Deutung,
die Du meiner etwaigen Schule in dem letzten Aufsatz gegeben, danke ich Dir herzlich und werde manchmal Veran-
lassung nehmen, darauf hinzuweisen. Die Formel, die Du
dafür gefunden, ist die treffendste, denn die »künstlerische
Emancipirung des individuellen Inhaltes vom Schematismus«
ist und bleibt unsre Hauptaufgabe.

Winterberger hat Wunder gethan in Rotterdam, und nächstens erhältst Du von ihm directe Nachrichten darüber. Er
war sehr gerührt über Deinen Aufsatz, und es freut mich,
dass Dein freundschaftliches Lob sich so bald durch seinen
holländischen Success einigermaßen bestätigt.

Ich will Dich nicht abermals einladen hierher zu kommen;
Du weißt aber, dass unser Zusammensein immer eine wahr-
haftige, innige Freude ist für Deinen

Weymar, 16. Juli 56. F. Liszt.

74.

Berlin, 15 Décembre 1856.
Eichhornstraße 10.

Très cher et illustre maître,

Je viens d'apprendre par Mr. Singer qu'on vous attend à
Weimar ces jours-ci.

Permettez-moi de vous envoyer la lettre de Mr. Conradi,
qui après avoir hésité longtemps, n'a pas pu se décider à
risquer le travail pour lequel vous l'aviez choisi. J'ai fait

---

1) Emil N. (1827—88), damals Hofkirchenmusikdirector in Berlin, später in Dresden, auch Componist und Musikschriftsteller,
trat als Gegner der neuen Musikrichtung auf.
2) »Ausgewählte Schriften«. S. 140—144.

des recherches — inutiles — pour lui trouver un remplaçant, ce dont je vous aurais averti plus tôt, si j'avais eu votre adresse à Munich. Je vous prie de croire, que si j'avais eu la moindre perspective de réussite en faisant moi-même cette copie, et si quelque loisir m'eût été accordé par l'esclavage où me tient enchaîné ma superbe vocation, j'aurais brigué l'honneur de m'en charger. Je vous rends toutefois mille grâces de m'avoir permis d'étudier cette immense œuvre[1]), cette cathédrale dégelée en sons et se reconstruisant en architecture ardente et cependant grandiosement ferme et accomplie. Orphée a animé les rocs; vous avez animé le dôme.

J'ai été fort heureux d'avoir sous mains les excellents articles de Mr. Zellner[2]), pour lesquels je me suis pris de la plus vive sympathie. Cependant je tâcherai de les oublier, afin de me rendre capable d'exprimer mes sensations personnelles dans un travail de plus d'étendue. Certes, par cette œuvre vous avez fait une révolution ou, pour moderniser le mot, un coup d'église, et je me déclare pour votre Messe ce que je suis pour votre »Faust« — un admirateur exclusif et fanatique. Je tâcherai de prouver que le fanatisme n'est vraiment pas si improductif qu'on le dit, en y opposant l'enthousiasme, dont on me refuse si souvent la capacité. Dans huit jours je serai plus libre, plus à mon aise et alors je n'aurai rien de plus pressé à faire, que d'essayer à me rapprocher de vous, quoique en ceci je me considère un peu comme usurpateur. Je n'ai malheureusement rien fait, qui puisse me rendre digne de réveiller votre attention, votre intérêt, dont vous avez toujours été si libéralement, si généreusement prodigue à mon égard. Je me sens devenir philistin, machine, dans l'atmosphère de mes stériles occupations, et j'en souffre cruellement, ne consentant pas à me réfugier dans la douce consolation de n'avoir rien d'autre à faire, d'être né

---

1) Die Graner Messe.
2) Leop. Alex. Z. (1823—94), Generalsecretär der Gesellschaft der Musikfreunde, Componist und Musikschriftsteller in Wien, schrieb eine Brochüre über die Graner Messe.

improductif et ainsi me trouver en parallèle avec mon ami Pohl. Mais — je ne veux point vous ennuyer par mes lamentations. •

Il y a quelques nouvelles, une entre autres, concernant le Conservatoire. Marx et Stern en sont au point où Marx et Kullak en étaient il y a deux ans. Tous les deux ont donné leur démission. C'est à dire que Marx est éliminé. Stern refond le Conservatoire avec mon concours, vu que Marx n'a rien fait en vérité que de jouer le rôle de la force résistante en forme de repoussoir d'élèves. Il a une réputation trop européenne pour avoir une influence quelconque à Berlin y compris les environs. —

Un quatrième concert de Stern se prépare pour lequel il nous promet »Mazeppa« [1]) et »Harold« [2]); seulement nous ne l'aurons qu'au mois de Février. Il parait que vous avez définitivement renoncé à l'idée de reparaitre à Berlin. Ce sera encore un ajournement de plus pour l'amélioration du mouvement musical chez nous.

J'attends un mot de vous, pour savoir s'il faut vous renvoyer la partition à Weimar, ou à Leipzig à Härtel qui parait avoir à ses ordres un individu dont je viens de voir une partition lithographiée d'une Ouverture de Reinecke [3]) qu'il a éditée et qui ne me semble pas mal.

Veuillez bien me mettre aux pieds de Mme la Princesse Wittgenstein et de sa fille et garder un peu d'amitié pour

votre tout dévoué et reconnaissant élève

Hans de Bülow.

Singer a produit beaucoup d'effet avec le Concerto de Paganini tandis que la Tarentelle a souverainement déplu et a été condamnée comme »*zukünftig*«. Il faut dire que le fameux coup de cimbales, le titre »*Weimarischer Concertmeister*« et surtout ma présence comme chef d'orchestre, ont

---

1) Symphonische Dichtung von Liszt.
2) Symphonie von Berlioz.
3) Carl R. (geb. 1824), der Componist und nachmalige Capellmeister der Leipziger Gewandhausconcerte.

contribué à [faire] monter la défiance jusqu'à la malveillance. Malgré l'opposition cependant il a été rappelé et obligé de jouer encore un morceau (conciliant): son »Prélude«.

75.

28 Décembre 56.

Très cher ami,

Pour le coup, le mot de »coup d'église« est admirablement trouvé et je vous l'envie fort. Cependant il faut le garder pour nous, car il donnerait gain de cause, au moins en apparence, à un tas d'imbéciles, d'hypocrites et d'invalides qui forment coalition contre nous. Oh! l'édifiant chapitre d'esthétique qu'il y aurait à faire sur ces gredins-crétins, ou crétins-gredins si vous l'aimez mieux, si nombreux parmi le personnel critique et artistique, qui s'avisent de vouloir nous en remontrer sur des choses dont ils ne se douteront jamais! Mais »*non ragionam di lor*« et passons outre sans trop y regarder.

J'aurais tant de choses à vous dire sur mon séjour de Zürich et Wagner en particulier, que je ne sais pas où commencer. Laissez-moi donc réserver pour quand nous nous reverrons, tous ces excellents souvenirs dont le récit s'accommode d'ailleurs mieux des zigzags de la conversation que de l'écriture. — Il y a une dizaine de jours je m'étais un peu arrêté à Carlsruhe et puis vous assurer que le Grand-Duc et la Grande-Duchesse continuent de vous porter une bienveillance prononcée.| Mme Kalergis[1]) que] j'ai vue à Bade] au commencement d'Octobre, m'a également très bien parlé de vous et paraissait encore montée par vous à un diapason de propagande très élevé, ce qui m'a charmé. Elle a joué à merveille 3 ou 4 de mes *Symphonische Dichtungen* et je vous remercie de vous être si bien acquitté de votre professorat.

---

1) Geb. Gräfin Nesselrode, nachmals als Frau von Moukhanoff im Liszt'schen und Wagner'schen Kreise eine hervorragende Rolle spielend.

Bronsart vient de terminer son Trio qui est tout bonnement une œuvre très remarquable. Le 7 Janvier il donnera un concert au théâtre dans lequel il l'exécutera avec Singer et Cossmann, et jouera aussi mon 2^d Concerto (en *la*). Pour commencer le programme il y aura »Ce qu'on entend sur la montagne« [1]) et ce que le public se soucie peu d'entendre probablement. Mais comme dit un critique judicieux d'une nouvelle revue allemande (*Westermann's illustrirte deutsche Monatshefte, Braunschweig, October, 1*^{er} *Heft*) »*es scheint, dass Liszt wirklich unfähig ist, sich von seiner Unfähigkeit als Componist zu überzeugen*«. Un ami en m'envoyant ce numéro, avait pris le soin obligeant d'effacer ce verdict auquel je viens d'ajouter en marge:

»*Das bin ich auch wirklich und werde es schon bleiben müssen, um die Unfähigkeit meiner Gegner und Kläffer in das gehörige Licht zu stellen.*«

Pour le jour de l'an il y aura comme de coutume un concert au Château. Mlle Jenny Meyer[2]) a' été invitée et d'après ce qu'on me dit, Stern l'accompagnera. Pour lui faire bonne réception je ferai exécuter la Faust-Ouverture de Wagner et la Symphonie en *la* de Beethoven. Je compte aussi qu'il me donnera des nouvelles plus détaillées sur les modifications qui vont avoir lieu à votre Conservatoire. En attendant je crois que vous faites sagement de ne pas déménager avec Marx, et je crois me souvenir vous avoir déjà parlé dans ce sens l'hiver dernier.

Maintenez-vous en bonne santé et disposition d'esprit et de caractère, très cher ami, et croyez-moi bien très entièrement à vous

F. Liszt.

---

1) Symphonische Dichtung von Liszt nach einem Gedicht Victor Hugo's.
2) Bekannte Berliner Altistin und Gesanglehrerin, später Directorin des Stern'schen Conservatoriums (1834—94).

76.

Berlin, ce 3 Janvier 1857.
Eichhornstraße 10.

Très cher et illustre maître,

Je suis profondément affligé des tristes nouvelles que Mr. Stern à son retour de Weimar m'a rapportées touchant votre santé. Vous avez, du reste, ravi ce Berlinois par votre amabilité, dont il vous est et vous sera doublement reconnaissant, vu qu'à Berlin les impressions encourageantes commencent à le déserter, en dépit des concessions — dont il a presque l'air de se repentir — qu'il vient de faire cet hiver à la plèbe musicale. La capitale Prussienne, il est vrai, sait prodiguer ses *fiascos* de haute estime de façon à faire désirer aux esprits faibles des succès de mépris. . — .

Je ne vous souhaite pas la bonne année — un jour pour vous représente une année pour nous autres pygmées — et il me semble que cette habitude ne sied plus qu'aux facteurs et aux portiers. Mais je me souhaite à moi-même un bon Janvier, dans l'espoir que vous daignerez réaliser la promesse faite à Mr. Stern et lui faire l'honneur d'assister à l'exécution de la Missa solemnis vers la fin de ce mois.

Vous désireriez peut-être des nouvelles de l'opéra de Dorn[1]), qui est moins impatientant que ses »*Nie gelungen*«[2]) (ce calembourg n'est point sorti de mon atelier) et aurait mérité un meilleur sort de la part du public Berlinois, n'étant point ennuyeux et par conséquent assez acquittable de par l'autorité de Saint Voltaire. Comme je viens de consacrer un article assez long à cet opéra dans la gazette de Bock[3]), qui paraîtra jeudi prochain, je me permettrai de vous l'envoyer et votre indulgence s'en divertira peut-être. Dorn m'avait fait l'amabilité de m'envoyer un billet pour la première représentation; mais, quoique j'aime les premières représenta-

---

1) »Ein Tag in Russland.«
2) Für »Nibelungen«.
3) H. v. Bülow's »Ausgewählte Schriften«, S. 172—179.

tions en badaud, vous verrez que j'ai été médiocrement corrompu. J'ai entremêlé, il est vrai, un peu de civilité puérile et personnelle à l'insolence honnête, que les œuvres de ce genre ne peuvent que provoquer dans l'âme d'un membre de l'extrême droite pour le gouvernement de la *Zukunftsmusik*. Vous y trouverez néanmoins parmi les dorures de la pilule un peu de la »rude franchise« [1]) d'un bonapartiste, flairant la victoire du parti.

Je ne tarderai plus maintenant à riposter à la profanation de vos symphonies par la presse. C'est assez urgent même, parcequ'un article bien intentionné de la part de Mr. Weitzmann [2]) dans la gazette de Brendel (N° 22 — mois de Novembre) paraît avoir été innocemment la cause de certains malentendus chez des lecteurs par trop germaniques. Peut-être seriez-vous assez bon pour m'indiquer la succession désirable des critiques du détail, qui certainement ne devra pas se conformer à celle des numéros, selon la moutonnerie noblement simple de l'éditeur. L'introduction sera bientôt terminée [3]).

J'aime à croire que vous chargerez Mr. de Bronsart de quelques communications à mon égard, puisqu'un caractère de cette rare trempe s'y prête mieux que Stern. Quant à l'avis que vous me donnez pour Marx, je tâcherai de mon mieux de le suivre. Mais je doute fort qu'il soit possible d'éviter une rupture; en tout cas je m'efforcerai à l'effectuer le moins bêtement que cela puisse se faire. J'ai toujours été un détestable diplomate et quoique je ne professe pas la doctrine de l'immuable »subjectivité« de Fendrich [4]), je désespère d'arriver à forcer mon talent négatif. Du reste — la perspica-

---

1) Geoffroy, der bekannte Kritiker, litt an großer Eitelkeit. Eines Tages hörte er zwei seiner Schüler über ihn disputiren. Der Eine erhob ihn über Voltaire, der Andere meinte, er komme Voltaire gleich. Da ging er zu diesem, klopfte ihn auf die Schulter und sagte: »Jeune homme, j'aime votre rude franchise«.

2) Carl Friedr. W. (1808—80), der Berliner Contrapunktiker und Theoretiker.

3) Bülow's Vorsatz wurde erst im November dieses Jahres ausgeführt. »Ausgewählte Schriften«, S. 185—193.

4) Ein Schüler Liszt's.

cité de Mme la Princesse Wittgenstein, que j'admire en tant de choses, se trompe singulièrement — si j'ai bien compris le sens d'un mot dit à Stern — en supposant que l'éloquence de A. B. L. M. que vous caractérisez si superbement de l'épithète de »Schwabeldunst« soit de la moindre utilité pour le parti et pour ses chefs. Il n'en a d'ailleurs pas la moindre velléité; il accepte des à-comptes de politesse, en ne s'engageant jamais à rien, les regardant comme des hommages dûs à sa grandeur Minosienne. C'est un égoïste, qui ne servira que d'exemple et de leçon à la génération future en jouant jusqu'au bout son rôle de compositeur méconnu. Lorsque le clair-obscur qui met si favorablement en relief ses péroraisons du jour, aura fait place à la lumière, on n'aura nullement besoin de construire un bûcher extraordinaire pour ses bouquins, qui tomberont en poussière d'eux-mêmes. Il va sans dire que je soumets ma conviction individuelle à votre volonté.

Viole a quelque chance de trouver une position à Brandebourg comme organiste. J'ai même essayé d'intriguer en sa faveur auprès d'un certain général de Lauer qui dispose de la place. Je crains de voir se confirmer de nouveau à cette occasion mon incapacité diplomatique. Viole végète assez misérablement à Berlin, ne s'en plaignant cependant que rarement.

En fait de nouvelles — le comte Redern vient de perdre son unique enfant, une fille de onze ans à peine. On l'en dit fort désolé. Un bon sentiment m'a fait ajourner un portrait à la Courier[1]) que je lui destine. Peut-être appuyerez-vous plutôt sur le »mauvais« sentiment qui me pousse à jouer de ces tours. Mais vous n'avez pas d'idée combien de fiel et de haine s'est amassé en moi durant mon séjour à Berlin. Je comprends Collot d'Herbois[2]) qui — nous n'en savons rien — a peut-être dans son genre commencé à faire du dramatique de l'avenir, avant ses succès dans un autre »Wirkungskreis«.

---

1) Paul Courier, Schriftsteller unter dem ersten Kaiserreich.
2) 1751—96, Schauspieler, dramatischer Dichter und nach Ausbruch der französischen Revolution einer der grausamsten Vertreter des Convents.

Je ne suis pas mécontent de mes affaires matérielles — j'ai plus d'élèves que je n'en veux — je puis gagner au moins mille écus par an en ce moment. Mais ce métier me tue — ce qu'il y a de meilleur en moi, s'évapore, meurt par l'exercice de ces fonctions de professorat. Est-ce une preuve de la non-vitalité, de la non-valeur de mon fond ? Je le nie, parce que je le veux. J'y mets le terme d'un an — si je ne réussis pas à devenir mon Wolfram[1]) jusque là — j'irai tout bonnement me pendre d'une manière ou d'une autre. Encore — si j'avais le nez de Singer!

Pour passer outre — la seule perspective de concert que j'ai pour cet hiver — c'est Rostock le 7 Février. Me donnez-vous la permission d'y jouer votre 1er Concerto pour Piano, qu'on sera enchanté d'entendre ? Voudriez-vous me prêter la partition et les parties d'orchestre à cet effet ? — Le Trio de Bronsart est destiné a figurer sur le programme de notre deuxième cycle. Nous manquons du reste de morceaux. Une abomination de la désolation comme la Sérénade de Hiller, une musique guinguette, qui a l'air d'emprunter ses cinq temps à l'heure minuit passé! — nous semble impossible. Nous ne voulons plus jouer du Beethoven; ainsi il ne nous reste qu'à faire la concession de [jouer du] Schumrob[2]). Donnez-nous un conseil! Il va sans dire que je jouerai le *Concertsolo* et que je répéterai la Sonate, qui sera offerte pour la première fois à la fin de la semaine prochaine — mais *Cellinchen* et *Violinchen* n'auraient rien à faire!

Mlle Cosima me charge de vous rappeler la demande réitérée de Mlle Wagner, si vous avez eu la grâce d'arranger quelques-uns de vos *Lieder* pour l'étendue restreinte de sa voix? Un Mr. Behrend, député de Danzig, enthousiaste d'ancienne date, voudrait bien savoir le jour d'une représentation du »Lohengrin« à Weimar pour s'y rendre. Damrosch ou Pohl pourraient peut-être m'en avertir en votre nom.

---

1) Bülow meint, sich selbst ein Retter zu werden, wie Wolfram es dem Tannhäuser geworden.
2) Robert Schumann.

J'aurais bien des choses encore à vous écrire, mais voilà que l'heure de mon esclavage vient de sonner, et je suis surchargé en ce moment d'un tas d'affaires, qu'il me faut dévider sous peu. Il s'agit surtout de mettre ordre à mes papiers et de me faire naturaliser Prussien. — Votre lettre à Conradi lui a été envoyée sans retard.

Ne m'en veuillez pas de vous avoir écrit comme à un ami plutôt qu'à un supérieur. Croyez-moi, je n'oublie jamais cette dernière qualité, et bien que souffrant au physique je suis toujours assez sain d'esprit et de caractère cependant pour pouvoir signer

votre tout dévoué et reconnaissant élève et esclave
H. de Bülow.

Wagner m'écrit, à propos de vos poèmes symphoniques des paroles d'admiration sincères et qui vous feraient plaisir.

77.

Berlin, ce 23 Janvier 1857.

Très cher et illustre maître,

Je vous écris le lendemain d'une grande journée. J'ai joué hier soir votre Sonate pour la première fois devant le public de Berlin, qui m'a vivement applaudi et rappelé. Cette fois j'ai été plus satisfait de moi-même que dans bien d'autres occasions, et je regrette de n'avoir pu me présenter à vous une fois enfin en toilette de pianiste plus convenable. — À cette occasion Mlle Cosima a eu une charmante et géniale inspiration. Un certain Bechstein, facteur de pianos, ancien ouvrier de chez Perau — qui, par parenthèse, vient de me faire un instrument que je trouve supérieur aux Érards — m'avait averti que Rellstab renonçait d'aller à notre soirée sous prétexte qu'il lui fallait assister au premier bal de l'Opéra, jouissance qu'il pouvait facilement combiner avec le déplaisir de notre musique, vu qu'on va à ces bals entre les neuf et dix heures. Nous n'étions point dupes de cette tentative d'échapper à un nouvel embarras, après ce qui s'était passé l'année dernière, lorsque le prétexte — une indisposition quelconque — l'avait si habilement soustrait à l'obligation d'assister à votre concert. Aussi Mlle Cosima s'est-elle mise à corrompre le vieux incorruptible par une charmante lettre, dans laquelle elle lui fit maintes flatteries sur son esprit et sa grâce d'écrivain en le priant de bien vouloir entendre une de vos œuvres capitales, et en lui garantissant qu'il en serait vivement impressionné. R. est arrivé en toilette de bal, a trouvé la Sonate très intéressante, même fort belle et paraît avoir eu une conversation horriblement touchante avec votre fille qui s'est terminée par de cordiales poignées de main. En somme, votre Sonate a eu un succès inattendu, quasi unanime, qui ne sera peut-être pas sans porter des fruits. Après le Trio de Volkmann qui précédait il y eut quelques chuts à travers les applaudissements, tandis que la Sonate a complètement abasourdi les gredins-crétins. Cependant Viole, qui fait de l'espionnage dans la salle pour mon compte, m'a affirmé que le père du petit Arthur Napoléon[1]) a vengé son fils — de Tausig[2]), en faisant quelque tapage.

La visite de Mr. de Bronsart m'a fait bien du plaisir. Il nous a joué son Trio qui est magnifique et avec lequel nous inaugurerons le deuxième cycle de nos Soirées. Comme exécutant il a fait des progrès de géant. Et ce n'est pas sans une sensation de douloureuse envie que j'ai admiré son talent superbe. Je me crois capable d'arriver à des résultats presque aussi heureux, si je pouvais continuer mes études sous vos yeux, maintenant que je me sens plus mûr et musicalement plus concentré qu'autrefois. Oh, cet affreux Berlin! Non parce qu'il engage à des luttes sans répit, mais parce qu'il réveille toujours des illusions sur la possibilité de lutter avec succès, illusions qui s'évanouissent aussitôt le lendemain.

---

1) Ein damals 13jähriger portugiesischer Pianist, der mit großem Erfolg concertirte.
2) Carl T. (1841—71), Liszt's größter und liebster Schüler nächst Bülow.

J'enverrai à Mme la Princesse Wittgenstein les articles des journaux de Berlin sur la Sonate. J'espère que cela lui causera moins de déplaisir que l'article que je prépare à Mr. Lobe concernant ses expectorations sur le »Tasse«. J'abîmerai Lobe quoique et parceque il vous »épargne« d'une façon qui me déplaît fort et qu'il faut désavouer lorsqu'on a des principes. Ce sera peu »diplomatique«, mais je n'en suis pas encore à me faire diplomate dans mes vieux jours et à moins de défense expresse de votre part, il y aura du scandale.

Je vais jouer le 7 Février à Rostock, le 10 à Brême, si vous le permettez, c'est-à-dire, si vous daignez m'envoyer votre premier Concerto avec les parties d'Orchestre le plus tôt possible Si ma demande vous paraît trop indiscrète, j'y renonce et je resterai à Berlin. Il me semble cependant que vous pourriez céder à la velléité de ne pas trop me faire envier le gros Jaëll. Dans les deux villes je ne jouerai que votre Concerto ou — point du tout. Je vous serais reconnaissant encore si vous vouliez me donner un conseil pratique quant au choix des Soli à jouer dans la deuxième partie du concert, choix qui me paraît assez oiseux, après avoir joué ce qui résume tout. Ainsi, Bon Grand Liszt, ayez la grâce de m'envoyer votre Concerto, et pour que je sois à même de ne pas trop l'exécuter, [envoyez-le] le plus tôt possible.

Marx n'est pas venu à la soirée d'hier. Vous devriez lui dédier une »Pastorale«. Il a appris, ce que du reste tout le monde sait, que je suis engagé chez Stern[1]) et il m'a déjà déclaré la guerre.

Il y a quinze jours, j'étais à une soirée chez la Princesse de Prusse qui m'a demandé de lui jouer à l'avenir spécialement de vos anciennes Fantaisies «italiennes«et de vos Transcriptions des mélodies de Schubert. J'eus l'honneur d'être interpellé par S. E. le Cardinal prince de Schwarzenberg qui m'a demandé de vos nouvelles. Ses discours sur votre Messe, qu'il trouve trop profane, trop brillamment instrumentée pour

---

1) D. h. bei Stern allein, nachdem Kullak 1855 und Marx 1857 aus dem Directorium geschieden waren.

une œuvre d'église, n'étaient pas assez agressifs pour produire un Verger II.¹) . — .

L'heure de l'esclavage sonne; je n'ai que le temps et l'espace de vous recommander mon âme, de vous demander si la copie de Conradi vous satisfait et si le drôle de cadeau, rendu plus élégant par sa reliure grâce au bon goût de Mlle Cosima est pardonné vu les prouesses de Schopenhauer.

Votre tout dévoué et reconnaissant élève
Hans de Bülow.
(Un peu à la hâte.)

78.

Gotha, 30 Janvier [1857].

Très cher ami,

Pour donner le change au reproche que je me fais de ne pas vous avoir écrit de suite après avoir reçu votre excellente lettre, laissez-moi vous faire tout d'abord un reproche très sérieux de votre excès de modestie relativement à ce que vous me dites de Bronsart. Comment pouvez-vous imaginer que je [serais capable [de participer à une injustice pareille à celle que vous commettez envers vous-même? Ne savez-vous donc pas, et ne vous ai-je pas assez dit combien en dehors de l'amitié, [de la sympathie et de la fraternité d'armes qui nous lie si intimément, j'ai toujours eu et exprimé à qui voulait et parfois à qui ne voulait pas l'entendre, de sérieuse estime et de franche admiration pour votre talent et vos facultés si extraordinaires? [Pourquoi me faire le chagrin de l'oublier au point de croire que je m'aviserais de faire un parallèle entre vous [et qui que ce soit — et encore à votre désavantage? Non, très cher ami, cela n'est pas et ne saurait être. Nous nous sommes connus et liés d'une sincère et forte amitié à des jours difficiles et définitifs

---

1) Verger, excommunicirter Priester, tödtete den Erzbischof Sibour von Paris in der Kirche St.-Étienne du Mont am 3. Januar 1857.

pour moi. Tenez donc pour invariablement certain que je ne puis changer à votre égard, et que la place que vous gardez dans le cœur de mes souvenirs et de mes espérances — car j'attends énormément de vous et du plein développement de votre génie — ne peut jamais être prise par un autre.

J'avais écrit ces lignes à Gotha et voilà qu'en revenant à Weymar je trouve une lettre de Weitzmann, pleine d'esprit et d'excellents sentiments, et de plus Pohl me communique le numéro de la *National-Zeitung* qui contient votre épître à Engel[1]). Je ne puis que vous être très sincèrement reconnaissant de cette nouvelle preuve de votre courageuse amitié tout en vous engageant à borner pour le moment la démonstration à cette réplique. L'idée d'une réponse collective aux articles de Gumprecht[2]) et Engel dont Weitzmann me parle, me paraît avoir des inconvénients, et en somme je crois qu'il serait plus avantageux d'habituer peu à peu l'esprit du public (?) par des moyens plus simples et plus pacifiques à ne pas si fort tenir compte des élucubrations de ces messieurs. À la ligne de conduite qu'une majeure partie de la critique a adoptée contre moi depuis le concert de Stern que j'ai dirigé, je n'ai à opposer pour ma part qu'un certain degré, fort mesuré, de curiosité passive, et à continuer mon chemin en produisant de nouvelles œuvres, sans me soucier ni des aboiements ni des morsures. Si comme je ne laisse pas de le croire, ce que je fais a quelque raison d'être et même de demeurer et de se maintenir, nous finirons bien par nous débarrasser de ces Goliaths! Quant à la part que mes amis auront à prendre dans cette lutte je ne puis rien conseiller ni déterminer et désirerais seulement pouvoir leur en éviter les désagréments et les ennuis. Pour ce qui est de vous, très cher ami, vous avez très vaillament rempli votre devoir et plus que cela, à tel point que je me tiens en conscience

---

1) Gustav E. (1823—96), Berliner Gesanglehrer und Musikkritiker der »Spenerschen«, später der »Vossischen Zeitung«.
2) Otto G., geb. 1823, Musikschriftsteller strengclassischer Observanz, Kritiker der »Nationalzeitung«.

pour obligé de vous recommander le plus de modération et d'indifférence possibles.

S'il y avait lieu de rejouer ma Sonate dans le courant de la saison, j'en serais assez d'avis ; mais il faudrait trouver une bonne occasion pour cela. En fait de nouvelle musique nous en sommes à ce point que les uns disent blanc où les autres disent noir — le temps démontrera lesquels ont raison, mais comme toujours il faudra que ceux qui ont la vue meilleure et les oreilles moins longues paient de leur personne ces avantages qu'il ne faut pas s'attendre à voir reconnus sans conteste. Comme je vous l'ai dit souvent il n'y a que deux partis — les capables et les incapables avec toute sorte de nuances et à divers degrés. Il est naturel que ces derniers se posent en majorité et se défendent le plus longtemps possible en variant leurs masques, leurs prétextes et manœuvres — ce qui ne nous empêchera pas de conserver cette foi qui restera victorieuse.

Dans une quinzaine de jours je serai obligé de me remettre sur la sellette à Leipzig où ces messieurs m'ont invité à diriger deux de mes Poèmes symphoniques le 12 Février. S'il vous est possible d'y venir vous me ferez un très grand plaisir. Je vous avertirai encore du jour, car il serait possible qu'on remette le concert à cause des copies qu'il y aura à faire.

À propos de copies je vous ai déjà fait demander par la Princesse de faire tirer de nouvelles parties (à mon compte, car j'en aurai besoin plus tard) par le meilleur copiste de Berlin, sur la partition que je vous ai de suite envoyée du 1ᵉʳ Concerto. Les anciennes ne doivent plus servir, et si vous continuez à patronner ce morceau en le jouant, je tiens à ce que le tout soit parfaitement en règle.

Après une dernière révision qui m'a conduit encore à faire dans le *Credo* et l'*Agnus Dei* plusieurs ajustements assez ingénieux et que je ne m'explique pas de n'avoir pas trouvés plus tôt, j'ai expédié ma Messe à Vienne, et dans le courant de l'été je compte bien vous en envoyer un bel exemplaire typographié. Pour le moment je travaille à une *Hunnen-*

Schlacht qui sera terminée probablement avant ma course de Leipzig. Tâchez, très cher ami, si faire se peut, que nous nous revoyions à Leipzig. J'ai plusieurs volumes de choses à vous dire, entre autres sur le sens que j'attache à la »*Reihen-Folge*« de mes Poèmes symphoniques etc. etc. —

En attendant laissez-moi encore vous remercier très amicalement du cadeau que vous me faites des volumes de Schopenhauer. Ils me sont arrivés très à propos, car je comptais les acheter, et me seront ainsi doublement agréables venant de vous. Les *Parerga et Paralipomena* m'ont été un régal durant ma maladie à Zürich et j'en relirai avec plaisir plusieurs chapitres, entre autres celui »*was einer vorstellt*« etc. et jusqu'à ces injures universitaires qui ont, à tout le moins, le mérite d'un certain entraînement de bile qui parfois persuade davantage que les meilleurs arguments.

Dans une dizaine de jours je vous enverrai le Trio de Bronsart que Kindervater copie à votre intention. Reubke, que vous connaissez de Berlin, est en train de faire une Sonate qui vous plaira, et qui pourra également servir de provocation aux auditeurs bénévoles qui seront en train de »*pochen und zischen!*«

Écrivez-moi où je devrai vous adresser du 6 au 10 Février.

Bien tout à vous de cœur

F. Liszt.

79.

Très cher ami,

Le concert de Leipzig au bénéfice du *Pensions-Fonds* de l'orchestre aura lieu le 26 Février. J'en dirigerai la 2de partie et viens réclamer de votre amitié que vous me fassiez le plaisir d'y jouer mon Concerto dont je vous recommande encore de faire copier soigneusement les parties d'après la partition que je vous ai envoyée. Veuillez me répondre de suite par un Oui. Il suffira que vous soyez à Leipzig la veille au soir, à moins que vous ne puissiez vous arranger de manière à me donner un peu plus de votre temps, ce qui naturellement me serait encore plus agréable.

À revoir bientôt, j'espère, et toujours tout à vous de cœur
Weymar, 1er Février 57.   F. L.

Ci-joint deux mots de remerciment pour Conradi.

80.

Brême, 11 Février 1857.

Mon très cher et illustre maitre,

Vous me demandiez de jouer votre Concerto à Leipzig! Quel renversement! Et vous avez pu croire que mon silence — causé par mes occupations des derniers jours avant le départ — signifiait autre chose que des sentiments de profonde reconnaissance envers vous pour cette nouvelle et éclatante preuve de votre bonté? Mais vous deviez au contraire être persuadé que vous alliez faire un bienheureux en octroyant votre tout dévoué serviteur à la clique classique du Gewandhaus! Je suis fou de joie à la pensée d'être ainsi imposé par la suprême puissance à ces petits puissants, dont l'animosité contre ma personne a tant rehaussé l'honneur d'entrer au temple qui porte l'inscription »l'ennui c'est le vrai plaisir« [1]). Que je suis enchanté de [pouvoir] m'exercer à votre Concerto en le jouant samedi à Rostock et probablement la semaine suivante à Berlin sous la direction de Stern.

Je pars à l'instant pour Hambourg, où, fidèle à l'habitude de l'amitié j'irai voir Grädener [2]) et ma nouvelle dupe d'éditeur, Mr. Fritz Schuberth, un homme très comme il faut du reste. Veuillez ainsi m'excuser du laisser-aller de ces lignes.

Hier soir j'ai joué votre Concerto, qui a assez bien marché avec l'orchestre après une bonne heure de répétition. Je dis-

---

1) So hatte Berlioz die Gewandhaus-Devise »Res severa est verum gaudium« persiflirt.
2) Carl G. (1812—83). Componist und Theoretiker, leitete damals eine Gesangsacademie in Hamburg.

posais du reste d'un assez bon directeur, Mr. Zahn, maître de concert, jeune homme non sans énergie et passablement incliné vers l'abime de la *Zukunftsmusik*.

Le Concerto a obtenu un succès unanime de la part de tous les musiciens quelque peu sérieux, surtout de ceux qui avaient assisté à la répétition. Le public cependant a été plus tiède que je ne m'y attendais. Il est, à ce que j'apprends, d'un philistinisme à [vous] faire regretter Berlin. On a [d'abord] été indigné par l'entrée du triangle, instrument profane, qu'on avait déjà salué d'un murmure de désapprobation à la première Symphonie de Schumann. Ensuite on a été très malheureux de ne pas avoir été ennuyé par les trois gros pâtés qui forment l'unité d'un Concerto classique. Les trois soli que j'ai joués dans la seconde partie, ont été choisis par le comité.

Mr. le Dr. Töpken, le membre le plus avancé du comité, ancien ami de Schumann, a été enchanté de votre œuvre: il rumine depuis longtemps le projet de vous inviter à venir diriger de vos compositions dans un des concerts de la société.

L'orchestre se compose de 12 1ers Violons, 12 2^{ds} Violons, 9 Altos, 8 V^{celles}, 6 C^{basses} quant aux instruments à cordes. Les instruments à vent sont passablement représentés à l'exception du premier hautbois et des bassons. Les instruments à cuivre sont très louables.

Il m'a été impossible de faire copier les parties d'orchestre d'après la nouvelle partition. Je les ai fait collationner et il n'y a point de fautes. Mais sitôt mon retour à Berlin j'en pourrai faire faire de bonnes copies.

Sobolewski[1]) m'a fort intéressé. Son nouvel opéra »Comala«, dont il a fait le livret, qui n'est rien moins que dramatique, a eu un succès d'estime et on ne le donne plus. Il parait qu'il se met à le refondre. Nous sommes bien ensemble; il vient de me quitter car je l'avais invité à dîner. Il n'a pas encore vu une note de vos »Poèmes Symphoniques« et le comité des concerts ne veut pas lui confier la direction de vos œuvres car, quoiqu'on ne puisse le ranger dans la catégorie

---

1) Componist (1808—72), damals Theatercapellmeister in Bremen.

des »*Takthacker*«, ce n'est pas un chef d'orchestre sûr. Le »*Künstlerchor*« ne parait pas jouir de ses sympathies.

Est-il vrai que vous ayez accepté la direction du Festival d'Aix-la-Chapelle? Et quand [aura-t-il lieu]? Je voudrais bien y assister.

Pardon — je suis très pressé — recevez mes plus vifs remerciments d'avoir pensé à moi pour Leipzig. Je tâcherai de ne pas m'en montrer trop indigne. Est-ce qu'il vous conviendrait que Mlle Wagner chantât de vos compositions à ce concert? Mlle Cosima lui en a parlé et elle est enchantée de cette idée, qu'elle réalisera avec votre permission et celle de Mr. de Hülsen.

Je vous écrirai à mon retour, de Berlin. En attendant, recevez l'expression de ma reconnaissance pour la fête que vous me préparez à Leipzig.

Votre tout dévoué

Hans de Bülow.

L'accident à propos de la Sonate[1]) à Berlin fait le tour dans tous les journaux, de même qu'une affaire fort innocente, une vraie bagatelle, entre Hahn, Wuerst[2]) et votre serviteur. On prend ma réputation fort à cœur.

Mes respects à Mme la Princesse Wittgenstein.

81.

Berlin, 17 Février 1857.

Très illustre maître,
    très généreux ami,

Je suis de retour à Berlin depuis hier matin. Vous avez reçu ma lettre de Brême je suppose? J'ai fait mander de

---

1) Bezieht sich auf einen Brief, den Bülow an den musikalischen Referenten der Spener'schen Zeitung, G. E., nach dessen ablehnender Beurtheilung von Liszt's H-moll-Sonate am 26. Jan. 1857 geschrieben hat. G. E. beantwortete ihn öffentlich, indem er ihn gleichzeitig abdruckte (30. Jan. 1857), welcher Vorfall Anlass zu lebhaften Controversen gab. Vergl. Bülow's Briefe Bd. III, S. 65—68.

2) Richard W. (1824—81), Componist, Lehrer, Musikschriftsteller in Berlin.

suite un copiste pour les parties d'orchestre du Concerto avec lequel j'ai été beaucoup plus heureux à Rostock samedi soir. Il y a là un enthousiaste de vos œuvres comme vous l'aimeriez, un homme charmant, excellent musicien, sorti de l'école de Leipzig, mais méprisant profondément les archontes du moment, dont vous allez vous faire le Thrasybule. À ce que j'apprends de mon ami Biterolf (Felix Draeseke)[1], la presque majorité du public de Leipzig est en opposition avec la Direction des concerts et vous attend avec l'impatience fiévreuse dont on salue le sauveur. Pour en revenir à Mr. Schulz, nom peu intéressant, mais trompeur cette fois-ci, il est possesseur de toutes vos partitions, les a étudiées à fond et prépare l'exécution du »Prométhée« dans un de ses prochains concerts. Il est indépendant des opinions du public, bon enfant d'ailleurs, et règne en maître absolu sur ses musiciens, qu'il loge et qu'il nourrit d'après un système tout à fait moyen âge. Il professe entièrement les doctrines de directeur indiquées dans votre préface des Poèmes Symphoniques. Deux heures et demie ont été consacrées à la répétition de votre Concerto, qui a eu un succès général. Malheureusement Schulz est phtisique et il y a lieu de craindre qu'il ne succombe bientôt. — Mr. Büchner de Leipzig dirige le théâtre; je n'ai pas fait sa connaissance, mais j'ai revu un chanteur nommé Weiß, qui s'est présenté chez vous à Weimar l'été dernier et qui se rendra probablement au champ de bataille du 26. — Est-ce qu'il est bien arrêté, que j'aurai l'honneur d'être admis au Gewandhaus? J'ai peine à y croire, quoique Senff en parle déjà dans le dernier numéro de son journal. Serai-je obligé de jouer sur un Härtel ou aurai-je peut-être la chance d'être trouvé indigne de le toucher? Pardon de ces questions. Le piano de Bechstein, le meilleur que j'aie rencontré depuis longtemps, est vendu, et il faut que je

---

[1] F. Dräseke (geb. 1835), Componist, Anhänger Liszt's, jetzt Lehrer der Composition am Dresdner Conservatorium, war Correspondent der »Neuen Zeitschrift für Musik« unter dem Namen Biterolf.

renonce à mon plan d'en faire venir un à Leipzig. Brendel fait la propagande d'un certain Blüthner, qui, je le suppose, me sera plus sympathique en tout cas que Härtel.

Les copies du »Trovatore« pour l'opéra ont fourni tant de besogne aux copistes de musique à Berlin, que jusqu'à ce moment je n'ai pu parvenir à trouver un individu intelligent et sûr pour recopier les parties d'orchestre du Concerto.

La célèbre Clara Novello[1]) donne un concert vendredi prochain. Je viens d'être invité à y jouer de la part de Mr. Ganz, son homme d'affaires. Pour cette fois-ci je servirai autre chose au public: je jouerai les »Patineurs« ou la »Sonnambule«.

J'espère qu'il viendra un petit groupe de musiciens Berlinois à Leipzig. Weitzmann, Wohlers[2]), Draeseke etc. ont la ferme intention de grossir le nombre des fidèles. Je crois vous avoir écrit, que Sobolewski y paraissait disposé de son côté; Grädener, que j'ai vu à la gare de Hambourg, fera son possible; le pauvre homme est dans une situation assez pénible. Il parait qu'il a échoué à Meiningen comme candidat au poste de chef d'orchestre; car Naumann y dirige maintenant l'opéra, quoiqu'à Berlin on l'ait jugé incapable de conduire. La préférence qu'on lui accorde s'explique par la circonstance, qu'il a été lié avec le prince héréditaire dans les années où ils étaient étudiants à Bonn.

Viole me charge de vous présenter ses respects en ajoutant quelques lignes. Schuberth à Hambourg (Fritz, le frère de Jules, personnage convenable, peu ressemblant à l'autre) est un admirateur sans réserve des »violettes«, qu'on lui a fourrées, malgré la vogue négative, que ces publications ont eue. V. m'avait prié de redemander un manuscrit. Impossible de l'obtenir — au contraire Schuberth imprime encore une grande Fantaisie sur le »Tannhäuser«. Vous savez peut-être que Spina n'accepte pas seulement mais encore qu'il paie les

---

1) Gefeierte Oratoriensängerin, geb. 1818, verheiratete sich 1843 an Graf Gigliucci, sang bis 1860.
2) Violoncellist.

ouvrages que Viole lui a offerts! Vraiment — Viole était une nécessité! Il manquait. Le monde musical serait incomplet sans lui. Et je ressens une énorme satisfaction en voyant la grimace que font les philistins de la catégorie des éditeurs de Schumrob, en s'apercevant de la chance qu'a l'auteur de la *Concertpolka* ministérielle [1]), habitués comme ils l'étaient à le regarder de haut en bas.

J'ai appris de ma mère pendant mon voyage que Mme la Princesse me recommandait la discrétion au sujet de mon début à Leipzig. Je n'en avais parlé qu'à Draeseke, mais peut-être la nouvelle a-t-elle été propagée par lui. — La P^cesse de Prusse est repartie sans m'avoir fait réinviter selon sa promesse. J'avais si bien préparé l'élégie sur les motifs de son illustre aïeul! [2]).

Les journaux ne nous apprennent pas quel jour vous allez diriger le »Tannhäuser« à Leipzig! Si vous avez le temps, ayez la bonté de me le faire savoir. Je suis en fonds et j'aimerais tant me donner le plaisir d'y assister. Merci mille fois de votre invitation pour le Festival d'Aix-la-Chapelle. Je voudrais bien y jouer le deuxième Concerto, que Pohl et Bronsart préfèrent encore au premier. — J'entends de toutes parts des merveilles sur le génie d'un jeune ténor Mr. Niemann de Hanovre, qui a converti les Anti-Wagnériens dans »Tannhäuser« et surtout dans »Lohengrin«. J'ai employé une heure de séjour à Hambourg pour aller le voir, ne pouvant l'entendre. Il a un air tout exceptionnel, paraît très intelligent et comme il faut et m'a prié de vous le nommer. W[agner] l'a invité aux »Nibelungen« pour le Siegfried à ce qu'il m'a appris [3]).

Je ne vais pas vous ennuyer davantage, radieux que je

---

1) Viole hatte sein op. 3, Polonaise für Clavier, einem preußischen Minister zur Disposition gewidmet.

2) Liszt's Elegie über Motive des Prinzen Louis Ferdinand von Preußen.

3) Albert Niemann (geb. 1831), der ausgezeichnete Sänger und Darsteller, sang bei den ersten Bayreuther Festspielen 1876 den Siegmund.

suis du bonheur de vous baiser la main sous peu. Si vous avez le temps d'écrire une seule ligne, dites-moi quand vous comptez me voir à Leipzig.

Votre tout dévoué et reconnaissant
Hans de Bülow.

82.

Berlin, ce 21 Février 1857.

Très cher et illustre maître,

Je réponds de suite à la gracieuse lettre que Mme la Princesse vient de m'écrire en votre nom, espérant que ces lignes vous parviendront encore à Weimar. Vous m'assignez mardi soir comme dernier terme de mon arrivée à Leipzig. Je suis malheureusement obligé d'accepter cette offre de répit — car ayant enfin trouvé un copiste disponible, je n'aurai les parties d'orchestre du Concerto que mardi soir à six heures. Je partirai donc à onze heures du soir pour arriver mercredi à 4 heures et demie du matin, et j'aurai ainsi quelques moments de repos avant de me préparer à chanter l'air: »*Dich, theure Halle, seh ich wieder*«.

Votre message pour Ganz ou Gans, comme Mme la Princesse le désigne, en admettant que l'orthographe puisse avoir sa part à retracer une image, a été exécuté hier soir et Madame Novello en a été instruite aussitôt. Je n'aurais pas dû jouer à son concert. Le public me garde rancune de la dernière affaire avec la critique et a été pour moi d'une froideur, comme je n'en avais pas encore fait l'expérience. Je n'en ai pas été plus vivement affecté qu'il ne le fallait, je crois; mais je compte abandonner le projet d'un deuxième cycle de soirées pour musique de chambre.

Il n'y a pas de nouvelles sur Marx. Quant à Stern, il m'a dit encore hier qu'il ne manquerait pas de vous saluer jeudi à Leipzig. Je compte fort sur votre »*persönliche Liebenswürdigkeit*« pour l'entraîner un peu dans de meilleures voies. Le bonhomme est à ce qu'il me semble, toujours enchanté des scandales ou des irritations que je sème, parce qu'elles lui fournissent des excuses plausibles pour ses tendances stationnaires ou rétrogrades.

Dans ce moment-ci je suis inaccessible à des mouvements d'aigreur ou de colère; la bile me manque tout à fait. Car je n'ai qu'une unique pensée, celle que je vais enfin avoir le bonheur de vous revoir, d'entendre »Mazeppa«, cette Marseillaise des »Gueux de la *Zukunftsmusik*«, de frémir de joie et de puiser un nouveau courage à des accents, qui depuis si longtemps n'ont frappé mon oreille[1]).

Merci de cette félicité que vous me procurez. Ainsi — j'espère que Stern, Wohlers, Weitzmann, Draeseke — un certain Mr. Bärmann de Munich, votre élève futur, un jeune homme nommé Jensen[2]) de grand talent, élève de Marpurg à Koenigsberg, et encore d'autres vont venir à Leipzig, pleins d'enthousiasme pour le représentant de tout ce qu'il y a de beau, de grand, de vital dans l'art.

À revoir, cher maître adoré.

Votre tout dévoué

Hans de Bülow.

83.

Magdebourg, ce 4 Mars [1857].

Très cher et illustre maître!

Je ne veux point que vous quittiez Leipzig avant d'avoir reçu l'expression réitérée de ma profonde reconnaissance pour l'immense service que vous m'avez rendu en octroyant ma »persona ingratissima« aux *Gewandhausirern* de cette ville[3]). J'espère que les incommodités physiques, qui vous ont tourmenté, sont passées. .—.

Le paquet contenant les quatre cahiers des partitions [des] Quatuors de Beethoven, vous sera arrivé probablement lundi

---

1) »Préludes« und »Mazeppa« erlebten am 26. Februar im Gewandhaus einen Misserfolg.
2) Adolf J., der feinsinnige Liedercomponist (1837—79).
3) Vergl. Bülow's Briefe Bd. III, S. 76—81.

soir — s'il y a eu retard, ne m'en accusez point. Peut-être avez-vous reçu de même l'article fragmentaire de la *Montagszeitung* sur la Sonate.

Je suis à Magdebourg dès cette nuit, et je viens déjà de digérer une répétition très matinale du Concerto de Beethoven, que je jouerai dans la première partie. La Rhapsodie Hongroise N° 12 avec emprunt du Finale ou Czardàs de N° 2 — et la Fantaisie du »*Sommernachtstraum*« m'ont été demandées pour la seconde partie. On exécute la Symphonie en *fa* N° 8 de Beethoven, et l'Ouverture des »*Nibelungen*« de Dorn. Zellner a publié deux articles charmants — sans charme pour Dorn, cela va sans dire — sur cet amphibie en prenant hardiment parti pour Wagner, dont il ordonne catégoriquement de ne point salir le nom par une comparaison. La presse viennoise a cru pouvoir ruiner la »*Zukunftsmusik*« entière par le fiasco de Dorn, qu'ils ont créé représentant de cette école! Il faut que Brendel emprunte ces articles pour en finir une fois pour toutes avec ce . — ..

Mlle Wagner était de très mauvaise humeur à ce qu'il m'a paru, et de très mauvaise foi aussi. Elle est malheureuse de son *Gastspiel* de Weimar qui ne lui rapporte rien, dérange toute espèce de projets et la fatiguera. Elle ne veut absolument pas chanter quatre fois. Elle proteste cependant moins contre le Roméo que contre l'Églantine deux jours après. Si cela a été une comédie intime, je ne m'explique point dans quel but elle me l'a jouée.

Voudriez vous charger Brendel ou quelque autre d'envoyer un numéro du *Leipziger Tageblatt* à Magdebourg à l'adresse de Mr. Gallrein — *Neuer Weg* N° 4. Il importe de le répandre comme antidote de Brockhaus[1]). Je serais bien aise, si vous vouliez en même temps me faire envoyer à Berlin un numéro du même journal et la critique de la gazette officielle de Leipzig, s'il y en a eu.

Brendel devrait faire collection [des critiques] et en faire une petite brochure pour la distribuer.

Vous n'auriez pas le temps de lire ce que je pourrais

---

1) Deutsche allgemeine Zeitung.

encore ajouter. Au premier cri d'enthousiasme ce soir veuillez entendre le piccolo de ma voix mêlé à celle de la foule des élus. Mille respects à Mme la Princesse Wittgenstein. À vous du plus entier dévouement,
  et de la plus aimante gratitude

Hans.

84.

Berlin, ce 19 Avril 1857.

 Très cher maître,

 Je regrette vivement de ne pouvoir accompagner Daniel[1]) dans son excursion à Weimar pour entendre ›Prométhée‹. Par malheur un concert, auquel depuis longtemps j'avais promis mon concours, a lieu ce jour-là. Dans le cas où cette fête musicale [à Weimar] serait ajournée, je pourrais peut-être encore me donner la joie d'y assister.

 Maintenant permettez que je vous ennuie avec une demande que Mr. Bock m'a vivement prié de vous adresser en son nom.

 Le 28 de ce mois il y aura un concert monstre arrangé par Wieprecht, dont le programme m'intéresse parce qu'on y exécute une nouvelle Marche de votre composition. Mr. Bock s'est rappelé à ce propos la promesse que vous lui avez fait faire par moi il y a deux ans, de lui donner un manuscrit dans l'occasion. Il ose vous demander de bien vouloir illustrer son catalogue d'éditeur par le morceau sus-mentionné. Il serait surtout enchanté si vous vouliez le mettre à même de publier la Marche avant l'exécution. Seriez-vous assez bon pour me faire savoir bientôt ce que vous décidez, etc.?

 Je suis préoccupé d'une multitude d'affaires ennuyeuses et tracassantes qui me laissent peu respirer. Si je ne me souvenais de temps en temps de la belle devise que vous m'avez donnée: ›*Ausharren*‹, maintes fois j'aurais été sur le point de quitter cet affreux endroit, où il ne s'offre pas même la plus légère espérance à laquelle [on puisse] se cramponner.

---

1) Liszt's Sohn.

Stern, profitant de la crédulité à laquelle je suis toujours disposé en dépit de mes expériences, retire peu à peu toutes les promesses, au moyen desquelles il m'avait arraché quelques concessions ou complaisances, pour me flouer à une autre date.
— Il a failli avoir le bonheur de perdre son beau-père pas plus tard qu'hier à midi. Un inconnu a profité d'un moment où le banquier Mr. Meyer était seul dans son cabinet de travail — en plein midi, sous les »Linden« — imaginez! pour lui asséner quelques coups de couteau qui l'ont blessé assez grièvement. Mlle Jenny Meyer était en train de me jouer une Étude de Cramer quand on est venu l'interrompre par cette nouvelle.

L'auteur de »Sophonisbe« — Mr. le Dr. Hersch[1]) — m'a demandé une ligne d'introduction pour vous — je ne le connais que très indirectement par Naumann. Il doit bien plaire aux protecteurs du peuple élu — car son aspect et sa parole représentent le Ghetto dans toute sa splendeur. Son drame ne vaut pas grand'chose, à ce que je viens d'apprendre par Cosima, qui l'a lu.

Je fais depuis quelque temps l'éducation d'un jeune *Zukunftsmusiker* que Wagner m'a recommandé. C'est un »célèbre petit-fils«, un comte »Du Moulin« de Ratisbonne. Son père qui a pris service en Bavière a été »traduit« par le roi Louis en »*von der Mühle*«. Le protégé de Zürich, qui y a fait un pèlerinage quelque peu analogue au mien, a du talent et promet beaucoup malgré ses naïvetés incroyables et toutes bavaroises. On pourra cependant retrouver en lui des traces de sa parenté avec son grand père, le général bonapartiste.

En vous menaçant d'une arrivée soudaine et improviste de ma personne à l'Altenburg, je vous redemande la grâce de bien vouloir me répondre au sujet de l'affaire Bock. Il paraît que le concert n'aura lieu que le 28 Mai. Je n'ai pu déchiffrer l'abréviation dans la lettre.

À propos: J'aime beaucoup Daniel.

Votre tout dévoué et reconnaissant
Hans de Bülow.

---

1) Hermann H. (1821—70), Dichter des Schauspiels »Annaliese«.

85.

Très cher ami,

Il m'est fort agréable de trouver une occasion de remplir la promesse que j'ai faite à M' Bock, et je vous remercie de vouloir bien me l'indiquer. Jusqu'à présent, je vous avoue, je n'avais pas réussi à découvrir parmi mes manuscrits quelque chose qui pût lui convenir, malgré la bonne envie que j'en éprouve — et la Marche »*vom Fels zum Meer*« que Wieprecht a instrumentée appartient depuis longtemps à Schlesinger; mais si M' Bock veut bien encore patienter un peu, je lui enverrai en Juillet une Marche analogue que je le prierai d'éditer brillamment, car c'est une Marche que j'ai composée pour la »*Huldigungs-Feier*« de notre Grand-Duc et qui figurera ici aux fêtes du Jubilé de Charles Auguste (3 Septembre), pour quelle date il me serait agréable que l'arrangement de piano qui ne prendra que 6 ou 7 pages d'impression, ait paru. Je fais volontiers cadeau à Bock de cet opuscule qui, par les circonstances auxquelles il se rattache, rencontrera peut-être quelque chance de débit.

En fait de nouvelles weimaroises je vous apprendrai que Dingelstedt[1]) remplacera M' de Beaulieu comme Intendant du théâtre, à partir du 1er Octobre prochain. Il vient de passer une quinzaine de jours ici pour signer définitivement son contrat, et reviendra pour les fêtes de Septembre auxquelles il prendra une part active comme poète et dramaturge par un »*Festspiel*«, etc. —

En allant lui dire adieu hier soir, j'ai rencontré à *l'Erbprinz* M' Hersch (qui était venu me voir auparavant sans me trouver) et ne manquerai pas d'assister à la représentation de *Sophonisbe* qui aura lieu ce soir, mes jambes me permettant depuis une semaine de sortir en voiture.

Demain »*Lohengrin*«, avec Mme Rauch comme Ortrud. Mme Wagner nous l'a beaucoup recommandée, mais je crains

---

[1] Franz D. (1814—81), Dichter und Dramaturg, zuletzt Generaldirector der Wiener Hoftheater, als welcher er baronisirt wurde.

qu'elle ne soit un peu trop recommandable pour nous. Le magnifique et unique rôle d'Ortrud n'a pas rencontré jusqu'ici d'artiste qui soit à peu près à son niveau et J. s'est conduite comme une poule mouillée à cet égard en différant toujours de se l'approprier, malgré la promesse qu'elle m'en avait donnée il y a quatre ans. Mais les meilleures des prima donna sont faites ainsi qu'elles sacrifient même leur intérêt d'artiste pour des considérations de vanité ou de poltronnerie!

Dans peu de jours vous recevrez la visite de M^r le Baron de Kalm, un cousin de la Princesse Wittgenstein qui habite Paris depuis quelques années. Présentez-le à Madame votre mère comme un homme parfaitement comme il faut, nullement musicien ni poète, et qui ne passera que très peu de jours à Berlin.

Ne dérangez pas vos occupations de Berlin pour venir me voir maintenant, quelque plaisir que j'aie toujours à vous revoir — mais tâchez s'il se peut, de vous arranger de façon à prolonger votre congé lors du Festival d'Aix-la-Chapelle et revenez alors passer quelques jours avec moi ici — en attendant que je vous rende ma visite à Berlin dans le courant de l'été. Si pourtant il vous était plus commode de vous absenter maintenant, il va sans dire que vous serez reçu comme toujours, à bras et à cœur ouverts par votre

26 Avril 57.   F. Liszt.

86.

Berlin, ce 15 Août 1857.

Mon très cher et illustre maître,

Vous m'avez comblé de joie par la nouvelle que vous allez revenir à Berlin pour la célébration du mariage, qui me rapproche encore davantage de vous. Il m'est impossible de vous exprimer toute l'étendue des sentiments de reconnaissance et de dévouement dont je suis pénétré, en songeant au bonheur que je vais vous devoir encore, comme je vous dois déjà tout ce qu'il m'est arrivé d'heureux dans la vie que je date de Weimar. Je bénis même les difficultés qui se sont opposées jusqu'ici au règlement définitif de ma naturalisation en Prusse etc. parce qu'elles vous ont empêché d'interrompre votre cure comme vous en aviez la trop généreuse intention. Vous avez fixé mardi prochain pour la cérémonie. Depuis deux heures je suis à même de vous annoncer avec mes plus profonds remerciments, qu'il n'y a plus d'obstacle à ce que vous mainteniez cette décision.

Le »*Propst*« est obligé de partir pour une huitaine de jours — mais cette absence ne créera aucune difficulté, vu que le chapelain le remplacera, et nous avons fixé la matinée du mardi pour la cérémonie.

Permettez-moi de vous demander seulement encore au nom de Cosima, si vous avez choisi les deux témoins que vous aviez l'intention de prendre. Sinon Cosima se chargerait de les choisir et vous prierait de bien vouloir nous en avertir par un mot. Quant à moi, j'aurai l'honneur de vous présenter un cousin de mon père, Mr. Paul de Bülow, major en retraite et un Mr. de Gruner du ministère des affaires étrangères.

J'ai joui d'ennuis sans fin pendant le temps qui vient de s'écouler, pour obtenir la régularisation de mes papiers, n'ayant jamais su lequel des »*deutschen Bundesstaaten*« avait l'avantage de me réclamer comme lui appartenant[1]). La seule issue d'une position très exceptionnelle était de me faire Prussien — seulement cela m'a coûté pas mal d'efforts, de recherches, de protections et de recommandations. Une vraie comédie, peu égayante cependant pour l'acteur principal, dont le rôle était très passible [passif?] — d'où s'ensuit que je n'ai pas voulu vous écrire avant d'avoir acquis la certitude qu'il n'y aurait plus d'entraves à la marche régulière de la cérémonie.

Vous étiez d'accord avec moi que la répétition de la cérémonie à une église protestante était plus que superflue. Quant à mon opinion personnelle dans cette occasion, abstraction faite de mon inclination pour le catholicisme, je place plus haut l'église qui considère le mariage comme un Sacre-

---

1) Siehe H. v. Bülow's Briefe, I, S. 9.

ment et, par conséquent, je ne saurais ressentir aucune satisfaction spéciale par la bénédiction d'un pasteur luthérien.

J'espère que nous pourrons partir ensemble par le train du soir, que Cosima et moi nous prendrons pour nous rendre directement à Zürich. Il me tarde de quitter Berlin pour quelques semaines et de respirer un autre air.

J'aurais bien désiré présenter mes respects à Madame la Princesse Wittgenstein, en quelques lignes. Car à elle aussi revient de droit une partie de ma reconnaissance du bonheur de ma vie, puisque c'est elle qui a eu l'idée de faire aller Mesdemoiselles vos filles à Berlin, et qui m'a fait trouver cet ange de cœur et d'esprit, qui s'appelle Cosima.

Avec les plus sincères sentiments de reconnaissance, de dévouement et d'admiration éternels

votre élève et esclave

Hans de Bülow.

87.

30 Octobre. [1857?]

Très cher ami,

Le »*Vorstand des Frauenvereins zum Besten der Gustav Adolf Stiftung*« m'a écrit très poliment pour me demander de me charger de la direction du 1er de ses 4 concerts annuels, cet hiver. Ce sont M. Mmes Illaire, de Schwerin, de Merckel, Bornemann, Ehrenberg, Dorn etc. qui ont signé la lettre, dans laquelle il est dit entre autres que Mr de Bülow avait très obligeamment promis de contribuer par son magnifique talent à la réussite de cette soirée. Je vous envoie ci-après le brouillon de ma réponse négative — et si vous trouvez qu'il y ait lieu et que l'occasion s'en présente, je vous autorise à faire comprendre à l'une ou l'autre de ces Dames que les »*Umstände*« et »*Verhältnisse*« auxquels je fais allusion dans ma réponse, sont de nature à me priver désormais du plaisir d'accepter toute direction de concert. Quoique je sache que vous n'approuvez pas entièrement ma résolution à cet égard, je me trouve cependant dans l'obligation de la maintenir pour diverses raisons qui ont leur côté péremptoire malgré d'autres bonnes raisons à leur opposer.

Peut-être vous arrangerez-vous de façon à diriger l'un de ces concerts du *Gustav Adolf Verein*, ce à quoi je verrais plutôt des avantages que des inconvénients. À mon avis, il vaudrait mieux que vous j o u i e z un peu moins de piano (en public) cet hiver que les précédents, à Berlin, et que vous vous y montriez de plus en plus comme »*General*«- ou »*Feld-Maréchal*«-*Musik-Director*. Le *Gustav Adolf Verein* pourrait, ce me semble, vous servir d'échelon — s'il y a moyen de vous entendre c o n v e n a b l e m e n t avec le Comité. Dans ce cas je vous engagerais à appuyer dans le programme sur les b o n s m o r t s, plutôt que d'accentuer trop vigoureusement les m é c h a n t s v i v a n t s. — Mais je n'aurai garde de vous donner des conseils dont vous n'avez que faire, attendu que vous êtes votre meilleur conseiller à vous-même.

Voici quelques pages de correspondance politique (bien informée, je crois) qui vous amuseront peut-être. Renvoyez-les-moi quand vous les aurez lues. Je vous écrirai encore quelques lignes par la poste du soir

F. L.

An den Vorstand des Frauenvereins zum Besten der Gustav Adolf-Stiftung.

Hochverehrte Frauen,

Mit gänzlicher Bereitwilligkeit würde ich dem ehrenvollen Auftrag, den Sie die Güte haben an mich zu richten, Folge und — soweit ich es vermag — Genüge leisten. Leider aber verhindern mich daran mehrere Umstände und Verhältnisse, unter welchen ich blos eine in den nächsten Tagen anzutretende Reise nach Paris erwähne.

Indem ich Sie bitte, hochverehrte Frauen, den Ausdruck meines aufrichtigen Bedauerns nebst der Versicherung des schuldigen Dankes für Ihre wohlwollende Zuschrift zu genehmigen, zeichnet

hochachtungsvoll ergebenst

30 Octobre.

F. Liszt.

88.

Berlin, 1857 ce dernier jour de l'an.

Très illustre et très cher Maître, Ami, Beau-père!

. — . . — . Cosima a pris sur elle de vous donner des nouvelles sur ce qui a pu se passer pour elle et pour moi depuis les beaux jours de Dresde[1]). J'ai cependant encore mille et mille remerciments à vous faire de votre bonté quant à l'envoi des partitions et des parties d'orchestre des morceaux que je vais faire jouer dans mon premier concert, qui aura lieu précisément aujourd'hui en quinze (jeudi 14 Janvier).

Je commence par l'Ouverture du »Cellini« — puis Tausig jouera votre deuxième Concerto — puis [vient] le Duo du »Hollander«. La deuxième partie sera illustrée par les »*Festklänge*« se détachant sur le fond de ma »Fantaisie« pour Orchestre.

Maintenant veuillez me conseiller quant au choix d'un ou de deux morceaux de chant pour les Milde, que je voudrais voir briller dans tout l'éclat de leur talent. . — . L'air pour »*soprano*« du premier acte de »Cellini« ferait-il bien?

Je n'ai pu offrir aux Milde que le remboursement de leurs frais de voyage et de séjour. Dix Louis d'or: cette somme n'est-elle pas trop inconvenable? Quant à Tausig — c'est lui qui s'est offert de jouer, car j'avais d'abord pensé à Bronsart. J'espère lui arranger une matinée dimanche le 17, dont il pourra bien retirer quelque bénéfice et dans laquelle nous pourrons régaler le public avec des Poèmes Symphoniques à deux pianos.

Mais vous — est-ce que vous vous rappelleriez peut-être votre promesse de venir incognito assister à la bataille? Je vous ferai construire une loge grillée. Donnez donc cette joie à Cosima et ce caractère de fête à mon entreprise!

---

1) Am 7. November hatte Liszt »Prometheus« und »Dante-Symphonie« in Dresden zur Aufführung gebracht, und Bülow und seine Gattin hatten dem Concert beigewohnt.

Les coutumes philistines ne sont pas à réprouver en elles-mêmes, mais seulement dans ceux qui les pratiquent: les philistins; ainsi je crois pouvoir vous souhaiter le nouvel an, sans trop choquer votre antipathie pour ces trivialités. Que votre génie, votre gloire »vivant, crescant, floreant« en 1858 comme avant et après! Que cette année vous apporte aussi le luxe de ces satisfactions extérieures dont vous pouvez vous passer — car ce qui fait le désespoir des petits est souvent la consolation des Grands — mais dont l'arrivée enfin ne ferait pas mal, sapristi!

Daignez excuser en faveur de l'intention (comme on dit à la fin des drames espagnols) ce mauvais griffonnage
de votre tout dévoué élève et fidèle enthousiaste
Hans de B.

Mes respects dévoués à Mme la Princesse, s'il vous plaît.

Je me permettrai de vous envoyer ces jours-ci un volume philosophique, auquel vous prendrez quelque intérêt. L'auteur n'est pas un rival de Schopenhauer. C'est un philosophe à part, mort du reste depuis quelques années, jeune et dans la misère [1]).

89.

2 Janvier 58.

Merci, mon très cher, de vos bons souhaits pour la nouvelle année que je vous réciproque de cœur en vous assurant que je ferai de mon mieux pour contribuer à leur réalisation.

Votre programme de concert me semble ravissant et de nature à transporter ou plutôt à déporter toute la critique de Berlin. En particulier j'approuve fort que vous n'ayez pas fait de fausse modestie à l'endroit de votre Fantaisie pour orchestre. C'est une œuvre pleine de sève et de vigueur qu'il est bon de produire au grand jour. Les Milde (qui ont dû

---

1) Max Stirner (1825—56), Verfasser von: »Der Einzige und sein Eigenthum« (1845) und »Geschichte der Reaction« (1852).

vous écrire hier) ont fait choix du »pâtre breton« de Berlioz, et de deux *Lieder* de Lassen et R. Franz. Si vous avez quelque chose de plus rouge à leur proposer, ils ne s'y refuseront pas. Quant au Hidalgo Tausig il est tout à fait enchanté de l'hospitalité que vous avez l'amabilité de lui faire dans ce concert, et j'espère qu'il saura y faire honneur.

Les 10 Louis pour les M. sont très convenables et Tausig est d'un désintéressement digne de son titre de Hidalgo. Tâchez seulement de lui trouver un piano qui offre la résistance voulue à ses assauts, et repassez avant la répétition le Concerto avec lui, afin de bien le fixer sur quelques mouvements qu'il faudra lui faire maintenir un peu plus strictement qu'il n'a coutume de le faire.

Bronsart est reparti ce matin pour Leipzig à l'effet d'y arranger un concert qui pourra à peu près servir de pendant au vôtre. Vous en aurez des nouvelles prochainement.

. — . Sachez bien que je vous aime très tendrement.

F. L.

Quel coquin de philosophe avez-vous donc encore découvert? Je suis curieux de ce qu'il nous dira.

90.
Berlin, ce 30 Janvier 1858.
Anhaltstr. 11.

Très cher et illustre maitre,

Tausig vous a écrit le lendemain de mon concert[1]): il est donc juste, que je lui rende la pareille[2]). Eh bien, je me fais un vrai plaisir de vous annoncer, que depuis longtemps il n'y a pas eu de succès semblable à Berlin. On a tressailli d'enthousiasme, il y a eu des tonnerres d'applaudissements, enfin il a enlevé toute la salle, et je ne me souviens pas d'avoir jamais assisté à une telle scène de la part d'un auditoire

---

1) Siehe La Mara, Briefe an Fr. Liszt II, Nr. 95.
2) Tausig's Concert fand unter Bülow's Mitwirkung am 28. Januar statt.

d'à peine deux cents personnues, dont au moins les trois quarts étaient des »dead-heads«[1]). Mr. Tausig a fanatisé les Berlinois et les Berlinoises; interruption de bravos continuels pendant la Rhapsodie et la Fantaisie de Don Juan, deux et trois rappels après chaque morceau, applaudissements unanimes quand il s'est rassis au piano. Je me croyais à Vienne — c'était comme si Tausig s'appelait Rubinstein et que Zellner eût organisé le succès. Mais cela valait mieux; c'était spontané, involontaire.

Je serais curieux de voir comment la critique se tirera d'affaire après avoir, par haine contre moi, négligé Tausig lors de mon concert-attentat[2]). Elle pourrait l'attaquer à propos de la Sonate de Beethoven qu'il a jouée moins bien que le reste, bien que là aussi il eut des éclairs de génie; mais ces messieurs ne connaissent pas cette œuvre heureusement. Quant à la Fantaisie Chromatique, c'était magnifique. Ce qu'il y a de plus caractéristique pour le succès de Tausig, c'est qu'il a fait passer ma Ballade avec des applaudissements très chaleureux!

Nous avons eu du guignon avec les »Préludes«, les deux pianos se trouvant mal d'accord. Ne soupçonnez pas de négligence de ma part à cet endroit. Deux heures avant le concert j'étais dans la salle, pour donner un coup d'œil à l'arrangement des pianos etc.: on était alors en train d'accorder. De six à sept nous assistions à une lecture très intéressante de Weitzmann sur l'histoire de la musique, lecture aussi riche en matériaux que celles de Marx l'étaient en »*Schwabeldunst*«.

Les frais du concert de Tausig étaient peu considérables, vingt-cinq thalers tout au plus. La recette était de quarante. Début magnifique! Surtout si l'on considère la situation financière de la ville (les marchands juifs ne jouent plus les mécènes) et l'inondation de concerts par laquelle Berlin se trouve présentement submergé: soirée de la chapelle [de l'Opéra],

---

1) So nennen die Amerikaner die Inhaber von Freibillets.
2) D. i. das Concert am 14. Januar, dessen Programm ausschließlich aus Werken der neudeutschen Schule bestand, was man den »Festklängen« durch energische Opposition entgelten ließ.

concert de Mme Viardot, la veille, concert-gratis le lendemain! Je ne sais si je dois engager Tausig à donner un deuxième concert. Moi — je serais pour le concert, mais il faudra consulter les hommes pratiques.

Permettez-moi maintenant de causer un peu avec vous sur Tausig. Mon opinion est qu'il fera bien de rester tranquillement chez nous, comme il a fait jusqu'ici en attendant votre départ pour Prague, où vous comptez l'emmener pour ensuite le lancer à Vienne. Il a appris à nous gêner moins qu'il ne le faisait au commencement où parfois il était assez agaçant et maussade — au fond je suis fermement persuadé qu'il a bon cœur. Il ne pourrait pas, ce me semble, retourner pour le moment à Weimar à cause des charmantes figures qui le guetteront pour tâcher de le mettre sur le trône de Joachim Raff — rue »Belvedere«. Mais voilà cette diable d'histoire de passeport! On pourra me condamner à une très forte amende, si je le garde chez moi sans en faire l'annonce exigée par la police. N'y aurait-il pas moyen par l'intermédiaire de Mr. Hoepfner[1]) de faire envoyer le passeport de Tausig, dont la durée est expirée, pour être renouvelé et prolongé d'un an à Prague et le faire renvoyer à Berlin, rue Anhalt N° 11?—. Veuillez bien, mon très cher maître, nous répondre à ce sujet. Pour ne pas faire naître de malentendu blessant pour votre élève favori — j'aurai aussi peu à me plaindre de lui, qu'il n'aura lui à se plaindre de moi et de Cosima. Vis-à-vis de Tausig je me suis dégagé de tout sentiment personnel, comme il est de mon devoir, ou mieux — de son droit. J'espère que vous n'êtes pas fâché contre moi de ce que je n'ai pas profité d'une nuit sans sommeil pour vous écrire un article spécial et intime sur mon concert-attentat — mes journées étant occupées par le métier — et que vous en aurez conclu qu'il y avait des motifs particuliers pour mon silence, qu'il est inutile d'énumérer pour le moment. — Je me borne à vous écrire que j'en risquerai un second fin Février ou commencement de Mars, pour lequel Laub qui

---

1) Polizeichef in Weimar.

n'est revenu qu'il y a trois jours de son séjour triomphal de plusieurs mois à Copenhague, et Mitterwurzer[1]) de Dresde m'ont promis leurs concours.

Le programme sera à peu près le suivant:
1. Ouverture des »Francs-Juges« — Berlioz.
2. »Liebesfee« de Raff — Laub.
3. Orchesterfantasie (Bülow).
4. Premier Concerto [Liszt] — Kullak ou moi-même.
5. Ouverture et Air du »Holländer« de Wagner — (Mitterwurzer).
6. »Ideale« [Liszt] Poème Symphonique.
7. L'Impériale[2]) de Berlioz. ! ! !

Souriez — cela me fera plaisir!

Kullak m'a fait une demi-promesse d'y prendre part et m'a assuré qu'en tous les cas il jouera votre premier Concerto en public dans le courant de la saison, ayant déjà formé le projet, après une pause de plusieurs années, de donner un concert de pianiste pour son propre compte. Quant à moi, je lui en ai faite une entière, de jouer son Trio dans ma deuxième soirée, aujourd'hui en huit, et je tiendrai parole.

1. Trio de Berwald[3]) [D moll] (Tausig).
2. Deux morceaux de Laub.
3. Fantaisie de Schumann Op. 17 (moi).
4. Trio de Kullak.

Nous sommes très bien avec Marx et Kullak. . — . Quant à Stern il y a eu quasi réconciliation afin de pouvoir garder les dehors; nous en sommes même aux »shakehands«. . — . Il en est arrivé à avoir peur de moi. L'empire c'est la peur. Brendel même est de cet avis. Bronsart mérite une couronne extra pour avoir fanatisé Brendel: car c'est à lui qu'on le doit. Brendel avance, oui, pardieu, il encourage les »*exaltados*« comme moi. Il cite dans sa dernière lettre comme un motto,

---

1) Anton M. (1818—72), der vortreffliche Bariton der Dresdner Hofoper.
2) Cantate für zwei Chöre und großes Orchester.
3) Franz B. (1796—1868), schwedischer Componist. Siehe H. v. Bülow »Ausgewählte Schriften«, S. 433.

qu'il accepte de tout cœur ce que je lui avais écrit: »*Die Wuth der Leute muss jetzt in Schrecken und Furcht verwandelt werden*«.

Mes lettres sur »Macbeth« font sensation à Berlin [1]). Hülsen peste contre moi, Dorn est perfide, Taubert est encore trop pâle de colère pour faire explosion. Comme je cite la partition textuellement, après deux auditions, ils sont stupéfaits de ce »charlatanisme«.

Il me fallait contrebalancer cette »exécution« par un hymne quelconque. Rubinstein et Glinka s'y prêtaient pour le moment. La gazette de Bock m'avait demandé ces deux articles dont le premier est achevé [2]). L'autre jour j'ai reçu une lettre de huit pages de Berlioz qui m'a fait pleurer de joie et de douleur! Je voudrais vous en faire part. Et — drôle de chose — le lendemain je reçois une lettre de Wagner — aussi de Paris! Quant à ce dernier, il a passé dans mon concert »comme une lettre à la poste« d'après votre expression favorite. On l'a cité Wagner, l'auteur du »*Kunstwerk der Zukunft*« contre Berlioz! Sont ils assez infâmes, lâches, perfides!

Je n'ai pas eu le temps de composer pendant ces semaines assez agitées; mais je n'ai pas été paresseux, je vous prie de le croire. Je fais autant d'argent que je peux en acceptant tout ce qui se présente en fait d'élèves, pourvu que ça paie. Parmi les demandes qu'on me fait je compte déjà deux rénégats de Kullak — il parait décidément que je suis un fameux professeur! Honneur à votre prophétie! L'examen

---

1) Eine Reihe von Artikeln über Taubert's neue, am 11. Nov. 1857 erstmalig aufgeführte Oper »Macbeth«. (Ausgew. Schriften, S. 198—219.) Dieselben enthalten eine große Zahl musikalischer Citate, die, da die Partitur des Werkes nicht veröffentlicht war, von Bülow aus dem Gedächtniss niedergeschrieben wurden. Der Componist, der sein Manuscript nicht aus der Hand gegeben hatte, bestätigte die vollkommene Übereinstimmung zwischen letzterem und den erwähnten Citaten und erklärte, dass er ohne diesen eclatanten Beweis ein derartiges Gedächtniss nicht für möglich gehalten haben würde.

2) Ausgewählte Schriften, S. 220—225.

de ce soir, dont je vous envoie le programme peu réjouissant, contribuera, je l'espère à mon affermissement dans cette position. Tous les morceaux sont sûrs. Pas question de *fiasco*.

Mais quant à l'été, j'aurai besoin de quelque repos. Vous daignerez me faire la joie, n'est-ce pas, d'aller avec nous à Zürich? Si vous saviez comme cette idée me fait plaisir!

Mon bureau a l'air de celui d'un commissaire du salut public. J'y forge d'assez jolies choses pour l'avenir. La Princesse en serait fort amusée, si j'entrais dans les détails. Veuillez me mettre à ses pieds et à ceux de Mademoiselle sa fille. — Je prépare quelques petites surprises.

Auriez-vous la grande bonté de nous protéger contre les P.? Quelle race, quels insectes! Voilà Mme P. qui ennuie ma femme avec un commencement de correspondance absurde, impossible — du reste bien calculé par elle! Voilà Mr. P. qui »m'offre« ses services pour mon deuxième concert en se déclarant disposé à y jouer votre premier Concerto! Merci — si j'en étais réduit à de tels ornements pour mon programme, je me flatte de pouvoir disposer de dix doigts moins éloignés et pouvant rivaliser avec les siens. — Singer voudrait mon concours pour un concert à Dresde; Damrosch désire jouer son Concerto à Berlin! C'est la mer à boire et j'ai mieux à faire que de répondre à des épîtres de ce genre. Ils devraient être satisfaits et tranquilles si je trouve le temps d'écrire quelques pages aimables sur eux dans la Gazette de Brendel[1]).

J'ai pour principe de ne plus répondre aux lettres lorsque ma réponse ne peut être affirmative. Une foule de gens demandent à jouer dans mes concerts à Berlin. Grützmacher[2]) me propose un concert »classique« de Molique!!! ou bien le Trio-Concerto de Beethoven. — Que faire avec des gens de cette espèce?[3]).

---

1) Ausgewählte Schriften, S. 481.
2) Friedrich G., geb. 1832, bedeutender Violoncellvirtuos, Lehrer und Componist, jetzt in Dresden.
3) Nicht um die Wiederholung längst anerkannter Werke, sondern um Propaganda für die vielbestrittenen Erzeugnisse der neudeutschen Schule war es Bülow bei seinen Concerten zu thun.

Pardon et de vous avoir ennuyé si longtemps et de telle façon! Je ne vous demande pas de réponse directe — mais si vous vouliez bien penser à Tausig un de ces jours vice-paternellement!

Merci de la lettre pour Mme Viardot[1]) — malheureusement elle n'a pas eu le résultat désiré. Je ne manquerai pas de lui faire son article-dimanche[2]) de vive voix, si elle continue à me prier d'aller la voir.

Votre tout dévoué de cœur et d'âme et reconnaissant
Hans
B(erlioz) ü L(iszt) o W(agner).

(Pardon, le temps me manque absolument de relire ma lettre et de la corriger.)

91.
[Berlin,] ce 28 Février 1858.

Mon très cher maître,

Je viens abuser de la permission que Madame la Princesse m'accorda l'autre jour — en vous priant de bien vouloir donner un moment à Mr. Morin, ex-professeur du collège de France, ami de Ballanche[3]) corédacteur de feu la »Revue de Paris«, qui, après un séjour de quelques mois à Berlin, retourne en France, ne voulant s'arrêter que quelques heures à Weimar, pour vous être présenté. Cosima a eu bien du plaisir à le voir parfois et à faire de la conversation avec lui, et nous espérons qu'il nous gardera un bon souvenir. Nous avons fait sa connaissance chez Stahr et Varnhagen[4]). C'est un démoc

---

1) Pauline Viardot-Garcia, geb. 1821, die berühmte Pariser Gesangskünstlerin, Darstellerin, Lehrerin und Componistin.

2. Anspielung auf seinen Artikel über Henriette Sontag: Ausgewählte Schriften, S. 34—43.

3) Pierre Simon B. (1776—1847), französischer Philosoph und Dichter, Freund von Chateaubriand und Mme de Récamier.

4) Varnhagen v. Ense (1785—1858), dessen Interesse Bülow schon während seiner Studienzeit auf der Berliner Universität erregt hatte.

modéré, que je soupçonne même quelque peu entàché d'Orléanisme, du reste un homme très charmant, très instruit, très modeste et tranquille. Il était venu à Berlin pour des études littéraires et pour se distraire de la perte de sa jeune femme. Comptant d'abord rester plus longtemps en Allemagne, il a changé de projet après la suspension de la Revue de Paris, et il veut maintenant aider ses amis à reconstruire ce journal sous un autre nom. C'est Madame la Princesse que j'ennuie de ces détails, afin de la mettre au courant et à l'abri d'une conversation peut-être languissante de la part de l'interlocuteur.

Je vous remercie de l'accueil fait à Mr. Rockhussen, qui, à ce qu'on me dit, est revenu avec une fièvre d'enthousiasme dénationalisante[1]). Nous sommes du reste bien moins liés avec lui qu'avec Morin qui est aussi correspondant de la »Revue Germanique«, dont je voudrais bien avoir le premier numéro; peut-être la Princesse aurait-elle la bonté de me le faire parvenir.

Je m'en rapporte à Tausig pour vous donner les nouvelles que vous désireriez avoir de Cosima et de notre ménage, et je me borne à suppléer à ce que son orgueilleuse modestie passera sous silence. Somme toute il nous a fait bien du plaisir par son séjour prolongé, il a été charmant, plein d'esprit et même de cœur, ce dont j'ai été agréablement surpris. Quant à son début comme pianiste, il a été extrêmement brillant. Son deuxième concert a réussi encore mieux que le premier. Il a superbement joué la Fugue de Bach en *si mineur*, avec une fermeté, une netteté, une précision et une modération exemplaires, en maître enfin. Il vous a fait honneur en tout point. Il n'a pas joui d'un très nombreux auditoire, mais en revanche il a trouvé des enthousiastes enragés, comme de droit. J'espère que de son côté il n'a pas eu à se plaindre de nous. J'ai peu fait pour lui, mais — par exemple — pas une seule de mes élèves n'a manqué à ses concerts. Si mon espèce de patronage lui a fait quelque tort auprès de

---

[1]) R. war Holländer.

la critique etc. ce n'est pas de ma faute. Mon impopularité à moi entraine celle de mes amis. — Je ne vous ai parlé que de son exécution de Bach par la simple raison qu'elle m'a étonné plus que le reste, en ajoutant à mon admiration pour son magnifique talent celle pour sa puissance à mettre un frein à sa fougue impétueuse.

Dans les Rhapsodies, la Polonaise de Chopin, les Fantaisies sur »Don Juan« et »Lucrezia Borgia« il rend muet d'admiration. J'ai vivement regretté que vous n'assistiez pas — invisible — à ces glorieux exploits. C'était stupéfiant. Outre cela nous l'avons beaucoup admiré comme coloriste. Ses effets de nuances étaient ravissants. Dites-lui que nous nous ressentons douloureusement de son absence, le considérant comme de notre famille et espérant qu'il nous rend la pareille.

Cosima vous prie de bien vouloir l'excuser auprès de Madame la Princesse de ne pas lui avoir écrit, ayant été extrêmement occupée.

Comment trouvez-vous mon invention de Viole le journaliste? Il ne lui manque que la routine. Quant à moi, je m'en félicite. Son article sur Bernsdorf[1], où il traite le pédant avec un pédantisme à rendre celui-ci fou de jalousie, est vraiment très drôle. La protestation contre la *Augsburger* (numéro 2 de Brendel) a pour auteur Carl Ritter, actuellement à Venise. Ne vous scandalisez pas trop de mon article sur les compositions de ce dernier, qui paraîtra dans le prochain numéro. C'était plus qu'un service à lui rendre, c'était un devoir d'amitié. J'espère que je ne m'en suis pas tiré avec trop de maladresse[2]. Dräseke se plaint du manque de procédés de Reubke à son égard. Je pourrais y ajouter une plainte pour mon compte. Madame la Princesse daignerait-elle peut-être occasionnellement lui glisser une allusion à ce sujet?

Vers la fin de ce mois j'attends le premier acte de »Tristan« afin d'en faire l'arrangement pour piano. Bronsart, qui au fond est le seul de l'école que Tausig et moi nous respections, a

---

[1] Musikreferent der »Signale f. d. musikal. Welt« (Leipzig).
[2] Ausgewählte Schriften, S. 226—231.

fait un coup de maître en enflammant Brendel au point où il en est à présent. Jamais il n'a montré tant d'énergie et tant de semblant de courage (!) et de passion (!!) — j'aime à recevoir ses lettres maintenant! C'est bon signe pour le reste, n'est-ce pas?

Jeudi ma dernière soirée. Trio de Franck¹) (*si mineur*), votre Duo pour deux pianos (Kroll), Variations de Joachim et probablement quelque morceau de Beethoven. .—. Le Gewandhaus semble m'avoir oublié. Je n'avais donc pas tort en soupçonnant que la première invitation serait la dernière et que l'on voulait en finir — avec moi. »Habeat sibi.« Je pense à me faire entendre à Paris à Pâques.

Il y a bien longtemps que vous ne m'avez dit mot. Veuillez ne pas m'oublier tout à fait. Il faut parfois m'encourager — c'est un poste bien difficile à garder que Berlin! Donnez-moi de vos nouvelles par Tausig!

Tout à vous d'enthousiasme et de reconnaissance
votre élève
Hans de Bülow.

P. S. J'ajoute la lettre de Berlioz, que Mme la Princesse désire voir, puis une critique de la *Kreuzzeitung* sur le concert de Tausig.

Êtes-vous trop mécontent de la physionomie du »*Huldigungsmarsch*« dans la publication de Bock? C'est la deuxième édition. La première était si honteuse que j'ai protesté énergiquement. Je suis brouillé avec lui comme avec Schlesinger. Double profit, comme vous le disiez un jour!

P. S. en guise d'avant-propos.

La lettre que voici étant destinée à vous être remise par Mr. Morin, je suis allé la lui porter ce matin, puisqu'il ne voulait partir que ce soir. Il a cependant préféré prendre le train du matin sans m'en prévenir et me voilà réduit à vous envoyer ces lignes par la poste, car il me manque le temps d'en écrire d'autres. Ainsi pardon du non à propos de ma lettre.

---

1) César Aug. F. (1822—90), Componist und Organist in Paris.

92*).

[12. März 1858 ¹).]

Mon très cher maître,

Noël, Noël! Hidalgo²) a eu la gentillesse de m'apprendre hier soir par le télégraphe votre triomphe à Prague. Cosima et moi, nous avons dansé de joie.

Mais voilà ce que je ne comprends pas: le concert devait avoir lieu le 12 — supposé qu'il eût été avancé d'un jour, comment se fait-il que Hidalgo m'en ait écrit hier soir à six heures? Je présume alors que l'évangile — la bonne nouvelle — date d'avant-hier. Enfin ça nous a fait un plaisir d'enfer.

Madame la Princesse, que nous attendons dimanche soir, vient d'apprendre à Cosima, que j'aurais dû recevoir une lettre de votre part, du moins que vous aviez eu l'extrême bonté de m'écrire encore avant votre départ de Weimar. J'ai réclamé de suite à la poste sans résultat. Je n'ai point reçu la précieuse lettre dont la Princesse parle, et j'en suis vraiment au désespoir. Est-ce qu'il y aurait oubli de la part du successeur du Baron de Buttelstedt?

Quelque mesquin que cela devra vous paraître maintenant, je ne puis cependant me refuser le petit plaisir [de constater] qu'à ma dernière soirée, jeudi il y a huit jours, votre *Concertstück* pour deux pianos a eu un succès aussi inattendu que général. Kroll a très bravement exécuté sa partie et l'ensemble a été parfait d'après la critique de Cosima à laquelle on peut s'en rapporter quant à l'impartialité. Nous avons eu deux magnifiques Érard parfaitement pareils de sonorité. — Je me permets de vous envoyer la critique de Rellstab qui vous amusera peut-être sous différents rapports. Même la *Kreuzzeitung* a dit qu'après le Trio de César Franck (N° 3 *si* mineur) votre *Concertstück* avait été une »*wahre Erquickung*«.

---

*) Autograph im Besitz von Frau Prof. Thode in Heidelberg.
1) Da das Prager Liszt-Concert (Dante-Symphonie, »Ideale« und A-dur-Concert von Tausig gespielt) am 11. März 1858 stattfand, muss der nicht datirte Brief am 12. März geschrieben sein.
2) Tausig.

Deux autres journaux, la *Nationalzeitung* et la *Spener'sche* ont — en revanche — fait l'article de Franck avec beaucoup d'ardeur. Quelle Babylone!

Je jouis en ce moment d'une correspondence assez ennuyeuse avec Tausig père, de laquelle j'avais cru me débarrasser en lui écrivant une bonne fois assez explicitement ce que je pensais de lui, de son fils et des relations de famille de ce dernier. Bah! On me poursuit de sanglots en forme de pâtés d'encre et me voilà obligé de continuer. —

Pendant deux jours j'ai manqué de temps pour finir ces lignes. Ce matin encore j'ai été empêché de m'y mettre, par les visites de Weitzmann, Wohlers et Viole, mes fidèles. et puis par Lührss. Celui-ci a des vues sur la position de *städtischer Musikdirektor* vacante à Aix-la-Chapelle. Il vient d'y étudier le terrain, dont il est assez satisfait et qui lui semble offrir une espèce de »*Wirkungskreis*« assez souriant à son désir de se reposer de son inactivité à Berlin. Il vous a écrit l'autre jour, c'est-à-dire en passant par Weimar il a prié la Princesse de vous faire parvenir une lettre dans laquelle il vous demande la grâce de bien vouloir vous intéresser à son projet en l'aidant par une recommandation de votre part adressée au comité d'Aix-la-Chapelle. Il prétend, et cela m'a fait bien du plaisir, qu'un mot de vous serait plus efficace que toute autre démarche imaginable. Il n'y a qu' unanimité de votes enthousiastes pour vous à Aix-la-Chapelle. Quant à Hiller, depuis ses feuilletons on l'y exécre . — . tellement, qu'une recommandation d'un candidat par Mr Pferdinand serait pour le malheureux qui s'en servirait un échec formel et complet. Cela sera amusant. Voilà Ehlert compétiteur de Lührss et recommandé par Hilaire — maintenant si vous protégez L., il y aura une petite victoire à remporter, dont je me pâmerais d'aise pour ma part. Ainsi je me permets de me joindre à Lührss pour sa demande.

Pardon encore de cet ennui. Mais vous êtes si généreux, si bon, que vous n'hésiterez pas à faire un heureux par quelques traits de plume. Au fond j'aimerais autant et plus Cornelius à Aix-la-Chapelle — sans faire mention de moi-même.

Mais Lührss a d'autant plus besoin d'une position de ce genre, qu'il moisit dans l'inactivité et la solitude, étant devenu riche par son mariage. —

Laub se donne le luxe d'un concert avec orchestre mercredi prochain, auquel il y aura beaucoup de monde et peu de »dead-heads.« Il jouit ici d'une popularité qui est doublement mise en relief par mon impopularité. Je dirigerai l'orchestre et je ferai exécuter l'Ouverture 115 de Beethoven rarement entendue ici, l'orchestre étant trop petit, et Laub trop lâche pour permettre un morceau de *Zukunft*. Je me charge cependant de la demande qu'il vous fait présenter par moi, de vouloir bien décider Tausig à jouer avec lui la *Kreutzersonate* dans son premier concert (celui de Laub) qui est arrêté pour le 27.

Je ne puis écrire à Tausig et le remercier de son amabilité télégraphophile, étant trop occupé, préparant en outre un concert à Stettin où j'espère »faire« quelque chose. La vie à Berlin m'étouffe, je manque d'air — non pas que je ne puisse attendre un Wolfram quelconque — mais je voudrais pouvoir m'épanouir un peu. C'est pourquoi nous avions projeté un voyage à Paris. Puisque vous nous déconseillez — nous y renonçons. Mais il m'est nécessaire de prendre au moins une petite place parmi les virtuoses du jour. Leipzig comme je l'avais bien prévu, s'est débarrassé de moi — que me reste-t-il pour le moment? Enfin — il me reste la joie de me réjouir des triomphes de la bonne cause, dont vous êtes le représentant, le chef, l'incarnation. Noël, Noël!

Votre tout dévoué et reconnaissant élève

Hans I.

93.

[Berlin,] ce 18 Avril 1858.

Très cher et illustre maitre,

Vous m'avez fait dire par Madame la Princesse que vous me permettiez de venir à votre rencontre entre le 18 et le

20 de ce mois à Löwenberg¹). Si je me montre moins empressé de me procurer le bonheur de vous revoir que je ne voudrais — c'est que je suis certain que vous approuverez ce retard eu égard au motif. La Princesse de Prusse m'a fait inviter pour demain (lundi) soir, afin de me faire réentendre par sa fille, la Grande-Duchesse de Bade, qui vient d'arriver hier soir. Je ne dispose que du moment nécessaire pour vous prier de m'excuser de ne pas me rendre plus tôt à votre invitation et pour vous annoncer que je partirai mardi soir d'ici et que j'espère vous dire le bon jour mercredi matin.

Cosima vous embrasse.

Votre tout dévoué et reconnaissant

Hans de Bülow.

94.

Très cher ami,

Cossmann vient de me communiquer le billet ci-joint de Mr Weiss, Secrétaire de Mr Benazet²), qui pourrait être l'équivalent d'un billet de mille francs pour vous — c'est du moins la somme que m'indique Cossmann comme devant être fixée par **vous** pour votre honoraire de deux concerts du 1er et 8 Juillet.

Voyez donc à vous arranger avec Stern en conséquence, et écrivez aussitôt à Mr Weiss »qu'ayant été informé par Mr Cossmann que Monseigneur Benazet vous engageait à vous charger de la partie de piano dans les séances de Trios auxquelles se joindraient Mrs Henri Wieniawski (Violon) et Cossmann (Violoncelle), vous le priez de vous faire savoir de suite:

    1° À quelle date sont positivement fixés les deux concerts auxquels vous aurez à prendre part;

    2° Si Mr Benazet accepte la proposition de 1000 francs d'honoraire (500 frs par concert).

---

1) Daselbst (in Schlesien) residirte, nach Abtretung seines Fürstenthums an Preußen, Liszt's Gönner, der musikliebende Fürst Constantin von Hohenzollern-Hechingen (1801—69), der eine eigene Capelle unterhielt.

2) Damals Spielpächter in Baden-Baden.

Ne tardez pas à écrire ces quelques lignes à Weiss — et même dans le cas où Stern ne consentirait pas à vous donner votre congé à la fin de ce mois, il faudrait encore que vous écriviez pour prévenir que vous êtes empêché de vous rendre à l'invitation que Cossmann vous à faite de la part de M\ Benazet.

Afin de ne laisser glisser aucune équivoque dans cette affaire, j'ai déchargé Cossmann du soin de vous écrire, et vous conseille de fixer très pertinemment le chiffre de 1000 francs pour votre quote-part. Quoiqu'il me semblerait préférable que vous ne vous produisiez à Baden que dans la seconde moitié de la saison (vers la mi-Août), je crois cependant que vous ferez bien de ne pas laisser échapper cette occasion de mettre le pied à l'étrier. Si la chose s'arrange, je vous demanderai de vous donner encore quelques renseignements dont vous pourrez peut-être tirer quelque profit.

M\ Kolatschek qui est sur le point de faire paraître une nouvelle *Monatsschrift* sous sa direction, viendra vous voir demain ou après-demain. Il a de très bonnes intentions par rapport à Wagner, et vous pourrez aisément prendre pied dans sa revue plus tard. . — .

Bien tout à vous

18 Juin 58. F. Liszt.

95.

Berlin, ce 19 Juin 1858.

Mon très cher maitre!

Mille remerciments des nouvelles ›dorées‹ que vous venez de me donner. Souffrez cependant que je vous communique quelques embarras qui m'empêchent encore de prendre un parti définitif. D'abord — je ne me sens pas très en doigts, ayant été souffrant pendant les dernières semaines et ayant néanmoins travaillé comme un nègre à des arrangements de piano pour Wagner. Quant à l'interruption de ce travail je pourrai rattraper le temps perdu à Zürich. Puis il me répugne quelque peu de faire partie d'une association, dont Mr. Henri Wieniawski sera le héros et vos observations sur le début dans la première moitié de la saison ne m'y stimulent pas non plus extraordinairement, vu que cette moitié me semble être passablement demi-saison. Et puis, mon répertoire comme pianiste, surtout quant aux Soli, ne s'éloignerait-il pas trop de la donnée des lieux, du public etc.?

Veuillez m'éclairer un peu sur tout ceci, si cela ne vous ennuie pas trop.

Quant à mon congé, pour l'obtenir de Stern, je suis obligé encore de vous demander de m'aider en ayant l'infinie bonté d'en parler à Mr. Pflughaupt[1]). Stern n'est disposé à me libérer de ma chaîne qu'à ce prix-là. Il s'agirait pour le sieur Pfl. de me remplacer à partir de lundi le 28 Juin jusqu'à jeudi 15 Juillet. Je ne pourrais lui offrir que les honoraires d'un mois de conservatoire, c'est à dire $33^1/_3$ Thaler pour vingt leçons — ou enfin, si vous le trouvez convenable, arrondir cette somme jusqu'à 50 écus; — mais je doute fort que cela arrange Mr. Pflughaupt relativement aux frais de voyage, de séjour etc. Cosima a l'idée de lui offrir l'hospitalité chez nous, vu qu'elle compte ne pas m'accompagner de suite à Bade, mais me rejoindre après le deuxième concert du 8 Juillet afin de faire le voyage à Zürich avec moi. — Que pensez-vous de tout cela? Ah! Vous penserez d'abord que je suis un individu bien peu pratique, bien peu self-governmental!

Je joins quelques lignes pour Mr. Pflughaupt que je vous prie d'avoir la grâce de lui remettre, si vous en approuvez le sens; si Pfl. prend goût au remplacement — sauf à me remplacer dans une plus grande étendue du mot —, il pourrait peut-être renouveler sa complaisance pour moi pendant la dernière quinzaine d'Août, ce qui me donnerait le loisir de prolonger [mes vacances pour] la réparation de ma santé et de mes forces — qui en ont grandement besoin.

---

[1]) Robert Pfl. (1833—71), Pianist, Schüler Liszt's, der mit seiner Gattin Sophie, ebenfalls Pianistin und Schülerin Liszt's (1837—67), 1857—62 in Weimar lebte.

Conseillez-moi donc, cher Bon Grand, sur tous ces points y compris les morceaux pour piano convenant le mieux pour cette excursion à Bade qui, à part l'argent volable à si peu de peine, ne m'offre point de perspective d'une satisfaction personnelle quelconque.

Quant à Mr. Kolatscheck, une ancienne connaissance à moi, que j'ai relativement assez fréquenté en 1850 à Zürich, votre recommandation à nous deux sera observée exactement en tout point.

En fait de nouvelles — je viens d'apprendre aujourd'hui par le père (de Johanna) Wagner¹) (plus père encore que frère) que »Lohengrin« est décidément sur le répertoire de Berlin de la prochaine saison et que les études de l'ouvrage vont l'inaugurer dès le comencement de l'automne. On prétend que c'est surtout grâce aux instances de Mr. Taubert auprès de Mr. de Hülsen que cet événement imprévu s'est accompli. Quant à moi, je croirais plutôt que Mr. de Hülsen, se voyant depuis des mois en butte aux attaques les plus violentes de toute la presse à l'unisson, et ne sachant plus à quel saint se vouer, croit devoir faire une concession à la *Zukunftsparthei* par le »Lohengrin« et compte se donner la chance de quelques défenseurs.

Une drôle de lettre que Mr. Albert Wagner m'a écrite et qui a une tournure quasi-officielle — il demande aux amis de Wagner de ne plus faire de polémique et de l'opposition contre Hülsen et Taubert — me confirme dans cette supposition.

Quant au »Tristan« de Wagner — je vous en enverrai des fragments aussitôt que ce sera possible²). C'est extrêmement idéal et rien moins que populaire, moins même que les »*Nibelungen*«, mais admirable d'originalité et de verve, surtout d'un travail [polyphone] des motifs, supérieur à tout ce qu'il a écrit jusqu'à présent, à ce qu'il me semble. Je suis

---

1) Albert Wagner (1799—1874), Regisseur der Berliner Hofoper, älterer Bruder Richard Wagner's.
2) Bülow arbeitete damals an dem von ihm verfassten bewunderungswürdigen Clavierauszug. Vergl. Bülow's Briefe III. S. 179, 251, 254 u. f.

enchanté que cela va être publié de suite — car, très entre nous — vu l'horreur des réalités théâtrales, je désespère presque de pouvoir considérer »Tristan« autrement que comme un *Litteraturdrama* et encore pour la lecture de combien peu de gens! Ne vous méprenez pas sur le sens que j'y attache — c'est néanmoins tout à fait dramatique.

Adieu, cher maître, n'allez pas m'en vouloir de vous voler ainsi du temps, ni vous, ni Madame la Princesse, à laquelle je présente mes respects tout dévoués. En vous embrassant la main tout à vous de cœur et d'âme

Hans de Bülow.

96.

Je ne vous cache point, cher ami, que l'invitation de Bade me paraît de plus de valeur à refuser qu'à accepter — et puisque votre avis se rapproche si fort du mien, il n'y a pas lieu d'y mettre plus de scrupule. Écrivez donc à Mʳ Weiss sans plus balancer, que vous avez été informé trop tard des intentions aimables de Mʳ Benazet à votre égard, et qu'il ne vous a plus été possible de vous dégager de vos obligations vis-à-vis du Conservatoire de Berlin. —

L'excellent Cossmann en sera un peu chagrin et c'est le seul point sensible pour moi. Aussi vous prierai-je de ne pas lui dire que je ne vous ai pas engagé à voler dans les bras de Benazet qui aurait pu, ce me semble, s'y prendre d'une autre façon si effectivement il avait l'idée de vous patronner.

Cette lettre de W. qui arrive au dernier moment, est écrite à la diable, et il me paraît difficile que sans autres assises à Baden vous vous risquiez à vous fourrer en troisième dans ces concerts dont vous ne connaissez pas du tout le programme, et où il se pourrait bien que Mʳ W. qui a déjà des antécédents brillants dans l'endroit, vous jouât des tours désagréables. Excusez-vous donc poliment, et tâchez de vous ménager pour une autre fois les bonnes grâces du Seigneur de la contrée, car elles pourraient vous servir de plusieurs manières.

Comprenant l'utilité qu'il y aurait pour vous d'avoir un remplaçant à l'école de Stern, dont vous disposeriez commodément, je parlerai à Pflughaupt et lui demanderai d'accepter votre proposition soit pour maintenant, soit pour plus tard. Le P. a du bon et je le tiens pour honnête, mais dans aucun cas il ne faut le loger chez vous, je m'y oppose très décidément tout en appréciant l'obligeance de votre procédé. Si vous prenez à tâche d'éduquer P., je crois que vous réussirez à vous en faire un acolyte dévoué. Pour le moment je ne lui remettrai pas votre lettre qui me semble presque trop polie, et attendrai que vous m'informiez plus tard quand cela vous arrangera qu'il vienne à Berlin. . —.

Relativement aux tendresses du frère W. et de MM^{rs} H. et T. pour le »Lohengrin«, il y aurait je crois, beaucoup de simplicité à prendre le dire de ces messieurs à la lettre. Le »Lohengrin« sera donné à Berlin par les mêmes motifs qu'on le donnera à Vienne, et si consciencieux et empressé qu'on doive se montrer à ne pas méconnaître ni oublier un mérite (pour mince qu'il soit) il m'est impossible d'en découvrir un gramme dans les spéculations industrieusement industrielles de ces très honorables courtiers de la bourse théâtrale. Nous serions des sots de donner dans leurs panneaux, et de perdre de vue que notre position est nécessairement dans l'opposition . . . . .

Johanna Wagner a chanté le »Tannhäuser« hier à Dresde et m'a fait inviter à cette représentation par Martha Sabinin qui est revenue de son voyage d'Italie avant-hier. Johanna brûle aussi d'un enthousiasme qu'elle ne peut maîtriser pour »Tannhäuser« et »Lohengrin«, n'est-ce pas? —

Communiquez-moi le »Tristan« aussitôt que vous pourrez vous en passer. Je suis extrêmement désireux de le connaître — et si par hasard vous avez un *Clavier-Auszug* du *Rheingold*, laissez-le-moi ici pendant que vous ferez votre voyage de Suisse.

Je suis tout vôtre de cœur

21 Juin 58. F. L.

97.

[Berlin,] ce 22 Juin 1858.

Mon très cher maître,

C'est bien mal à moi de venir vous ennuyer par le récit de toutes les bêtises que je fais; mais enfin je vous en dois l'explication, ou plutôt je me la dois à moi-même afin d'empêcher que vous ne preniez trop mauvaise opinion de moi. Il vous sera bien connu — aussi n'ai-je jamais tâché de vous le cacher — que dans beaucoup de choses pratiques je ne suis qu'un imbécile, le contraire d'un diplomate, un bien mauvais sous-entendeur — qu'on ne salue pas par conséquent.

Un événement assez fâcheux, la découverte que nous fîmes avant-hier d'un vol domestique assez considérable et qui nous avait fait perdre la tête complètement m'avait fait considérer la lettre, par laquelle vous aviez la bonté de m'apprendre l'offre de l'engagement à Baden-Baden, du point de vue que vous-même vous aviez mis en avant en me conseillant de »regarder le billet de Mr. Weiss comme l'équivalent d'un billet de mille francs« et que malgré tout »je ferais bien de ne pas laisser échapper l'occasion de mettre le pied dans l'étrier«. De sorte que, sans même attendre votre réponse aux hésitations que je vous avais communiquées, je répondis à Mr. Weiss dans le sens que vous avez bien voulu m'indiquer assez succinctement, j'écrivis à Pohl d'avoir la complaisance de me trouver un logement à Bade et à Cossmann pour lui demander quelques renseignements sur les morceaux à choisir pour le programme etc. — J'en suis au désespoir d'après ce que vous venez de m'écrire aujourd'hui et les sentiments honorables qui m'avaient fait refuser d'abord ont repris le dessus sur les déplorables velléités de réparer une infortune matérielle par un abandon de ma qualité d'artiste. Or, si je puis retirer mon adhésion sans causer préjudice aux espérances de Cossmann, je vous assure que je ne demande pas mieux que de le faire. Les propositions de la Cour de Baden-Baden étaient fort peu directes et certes la crainte de perdre la chance de faire des affaires avec Mr. Bénazet en meilleur

temps et sous de meilleures auspices n'est pour rien dans mes
hésitations actuelles. Comme cela je jouirais d'un peu de repos
à Berlin, et je préfère mille fois ne pas interrompre mon travail
pour Wagner que me lancer dans le demi-monde musical, qui,
vu mon manque d'habileté pour ces sortes de choses, m'offre
au contraire très peu de chances de pouvoir y soutenir un rôle.

J'attends un non direct de votre part que vous aurez
peut-être encore la faiblesse de m'accorder malgré mon crétinisme [dans les choses] pratiques, pour me décider à me libérer
de cette déplorable tentation qui n'a acquis tant de pouvoir
sur moi que par suite de cet accident qui nous a bouleversés
quelque peu, Cosima autant que moi. Ce qui ne veut pas
dire, que nous soyons dans l'impossibilité de faire notre voyage
de Zürich, qui alors ne serait retardé que d'une semaine. —
Le projet concernant Pflughaupt vous a alarmé à tort; il y a
là un malentendu dont je suis peut-être la cause. Cosima
s'est chargée de vous l'expliquer. Mais il paraît que je me
suis montré à vous sous une nuit de bêtise qui dépasse toutes
les bornes, car vous m'accusez encore de croire à la bonne
foi et à l'enthousiasme des gredins du théâtre de Berlin!
Ceci, c'est un peu fort! — et cela me donne l'occasion de
vous rendre en un léger intérêt le pardon, que vous voudrez
bien m'accorder pour mon étourderie, explicable seulement
pour ceux qui, comme Cosima, me voient souffrant et excédé
de fatigue par le travail de ce mois.

J'ai oublié de vous demander dans ma dernière lettre, si
vous consentiez à prêter les partitions de vos Marches et du
»*Weimarisches Volkslied*« à un Mr. Piefke à Berlin[1]); il me
semble vous avoir déjà parlé de lui. C'est un chef d'orchestre
assez habile et bienpensant que je ne prétends pas avoir in-
venté mais seulement découvert et qui voudrait arranger sur-
le-champ ces morceaux pour son orchestre militaire, (42 musiciens). Il s'engage formellement à vous renvoyer les partitions

---

1) Musikdirector Gottfried P., in den fünfziger Jahren Chef der
Capelle des 5. Infanterieregimentes in Berlin. Vergl. Bülow's
»Ausgewählte Schriften«, S. 231—234.

d'ici à quinze jours. Seriez-vous assez bon pour faciliter cette *»Anständigkeit«*?

Parole d'honneur — à l'avenir je me tiendrai tranquille et je ne vous donnerai plus l'occasion de me compter dans le nombre de vos tracasseurs imbéciles — ayant le cœur tout navré de vous avoir causé de l'ennui, contrairement aux devoirs et principes de votre tout dévoué et reconnaissant

Hans de Bülow.

98.

Berlin, ce 21 Octobre 1858.

Mon très cher et illustre maître,

C'est avec bien du regret que je me vois forcé de renoncer au bonheur de m'associer à Tausig pour vous porter de vive voix mes félicitations en vous renouvelant à cette occasion les protestations de mon respect enthousiaste, de mon fervent dévouement et de mon éternelle reconnaissance. Ce jour de fête est en même temps un jour de deuil pour moi, puisqu'il ne m'est pas donné de vous revoir après une si pénible interruption de relations directes. Il importe peu que vous pensiez à moi quelquefois ou non, je me considère toujours comme vous appartenant de droit, comme étant de votre création en tout ce qu'il y a de louable et d'artiste en moi. Ne me refusez pas la permission de continuer à croire à cette communion de pensées et de sentiments. Si la conscience de cette sorte de dépendance m'est chère et me rend heureux, elle ne saurait pas trop vous incommoder, je dirais malheureusement, parce que les hommages que je pourrais vous adresser, sont bien peu de chose et en tout cas ne réclameraient pas de grands témoignages d'intérêt de votre part.

Le séjour de Tausig à Berlin nous fait bien du plaisir, à Cosima et à moi. Nous l'aimons et nous l'estimons beaucoup et je suis heureux que l'attachement qu'il a voulu me témoigner de prime abord, ne s'est point démenti. Dans l'affreuse solitude de Berlin, dans cet exil qui ne le cède en rien à un exil réel, il m'a été et me sera encore d'une grande ressource — si vous ne le gardez pas trop longtemps chez vous. C'est la seule personne en vérité avec laquelle je puisse parler musique et en faire — en l'entendant jouer. Son énorme talent me paraît grandir de jour en jour. J'ai bien du plaisir à réentendre ses excellents arrangements de vos »Poèmes Symphoniques«; c'est la meilleure musique dont je puisse jouir à Berlin. Le pianiste en moi lui doit en outre bien des »*Anregungen*« que l'esthétique de Brendel ne saurait me fournir, et à part les agréments, je tâche aussi de mettre à profit notre liaison pour mes doigts, lesquels ne restent point stationnaires, comme j'espère vous le prouver à l'occasion.

Mardi prochain je ferai une excursion à Hambourg, où je compte emmener Cosima pour la distraire un peu du train monotone auquel elle s'est condamnée à cause de moi à Berlin. Je jouerai jeudi au premier concert du *Musikverein* de Mr. Otten et je suis enchanté de ce qu'on ait vivement apprécié et approuvé le choix de la Fantaisie de Schubert[1]), dont vous avez fait un si magnifique morceau de musique. Je suis bien curieux de l'effet d'ensemble, ne l'ayant jamais entendu. En outre je joue la Fantaisie de Beethoven avec chœurs, puis »Au bord d'une source« et votre première Ballade que Cosima m'a appris à jouer.

Tout dernièrement j'ai eu un petit succès avec l'œuvre 101 de Beethoven. La critique ne m'a jamais été aussi favorable. Je verrai s'il y aura rechute à la troisième soirée, dans laquelle je compte rejouer votre Sonate. Quant à celle-ci, elle me fera donner, tout exprès pour elle, un concert sans orchestre à Leipzig, où je ferai seul les frais du programme. Ce sera probablement au commencement du mois de Décembre. Pour le 14 Janvier, jour mémorable[2]), je médite un deuxième concert avec orchestre à Berlin. J'espère que les Milde voudront de nouveau me soutenir — puis Cossmann s'y est fait inviter, concours auquel je n'ai rien à redire, si ce n'est qu'il retranchera quelques bombes ou grenades à l'attentat.

---

1) Die Wanderer-Phantasie in Liszt's Bearbeitung mit Orchester.
2) Der Jahrestag seines ersten Orchesterconcerts.

Cosima vous aura fait part de l'affligeant événement de la mort subite de Varnhagen. Socialement parlant, c'est une perte toute particulière pour nous. — Quant à Wagner, vous en aurez sans doute des nouvelles plus récentes que moi. On ne donne plus son ›Tannhäuser‹ à Berlin, ce qui va encore déranger ses finances. Aussitôt que j'aurai les épreuves du premier acte du ›Tristan‹, qui ne peuvent tarder à arriver, je vous les enverrai pour quelques jours. Vous savez que je suis en correspondance suivie avec les Härtel qui m'ont déjà envoyé une soixantaine d'écus pour l'arrangement de l'›Iphigénie‹[1]). Comme Schleinitz[2]) par malheur a repris les rênes du Gewandhaus, je doute fort qu'on me laisse continuer à faire ma paix — autant que cela pouvait se faire — avec les autorités de là-bas.

La situation musicale de Berlin a peu changé — il y a un léger progrès à constater, en faveur de Schumann. Radecke continue l'œuvre de Stern avec encore plus de succès que son prédécesseur — sous peu nous aurons un ›*Filialsumpf*‹ du Gewandhaus de Leipzig. Kossak est le seul qui soit encore pour nous. Aussi l'encourage-t-on fièrement. — J'aurais encore à vous parler de Zürich et d'un assez heureux début que j'y ai fait. La suite à Paris au mois de Février.

En vous priant de présenter mes hommages respectueux à Madame la Princesse et à sa gracieuse fille, je vous baise la main en me mettant à vos pieds.

Votre tout dévoué et reconnaissant élève

Hans de Bülow.

99.

Très cher ami,

Je ne sais si vous connaissez une charmante composition que Schwind a dessinée pour l'album du roi Louis[3]), elle s'adapte

---

[1]) Clavierauszug von Wagner's Bearbeitung der Gluck'schen ›Iphigenie in Aulis‹.

[2]) Langjähriger Director des Conservatoriums und Mitglied der Gewandhaus-Concertdirection in Leipzig (1802—81).

[3]) Das Bild: ›Gnomen vor der Zehe der Bavaria‹ — eine Satire

fort bien à notre situation musicale d'à présent, et je vous l'offre comme étrennes de l'année 59 pour vous rafraîchir l'humeur. L'orteil de notre »Bavaria« ne court aucun risque à l'examen des gnomes et des crétins-gredins de la critique. Notre tâche, c'est d'élever la statue, et Dieu aidant nous n'y manquerons pas! —

Vous voici dans un grand train de concerts, et je me réjouis sincèrement de tous vos succès si bien mérités et vaillamment enlevés. Votre nomination de Pianiste de S. A. R. le Prince Régent est venue fort à propos. Je me suis permis d'en remercier Madame la Princesse de Prusse par quelques lignes et me plais à croire que vos relations tourneront fort à votre agrément et avantage de ce côté, pour peu que vous y mettiez les ménagements exigés. Le »Tasso« sur le programme du concert de la Cour m'a surpris. Je n'oserai pas me flatter qu'il a été goûté, mais c'est déjà un bon signe qu'on n'y ait pas fait d'objection.

Avant que vous n'alliez à Paris, ou plutôt, en allant à Paris, je pense que vous viendrez passer un jour ou deux à l'Altenburg. J'aurai plusieurs choses à vous dire qu'il serait trop long d'écrire, mais qu'il n'est pas inutile que vous sachiez bien avant de vous livrer à vos exploits de Paris.

Bien tout à vous de cœur
20 Décembre 58. Weymar.   F. Liszt.

100.
Berlin, ce 28 Déc. 1858.

Mon très illustre maître et généreux ami,

Le cor de l'orteil de la *Zukunftsmusik* vous remercie du joli cadeau dont vous l'avez honoré! J'ai eu bien des joies à Noël! Cosima m'a donné entre autres une chose à laquelle j'étais bien loin de m'attendre et qui fait mon bonheur.

---

auf die Philister-Zwerge, die verständnisslos, aber mäkelnd vor dem großen Neuen stehen — findet sich noch in Bülow's Nachlass.

Devinez un peu! Mais vous ne le devineriez jamais. C'est un livret d'opéra magnifique: mon ›Merlin‹ tant désiré! [1]) Elle y a travaillé avec — devinez avec qui! — mais vous ne le devineriez jamais — avec le rédacteur du ›Kladderadatsch‹! Je vous assure que les vers de Mr. Dohm sont si beaux, que personne en Allemagne (Venise est en Autriche [2])) n'aurait pu les faire aussi bien. C'est poétique, c'est dramatique, c'est musical — enfin je suis au septième ciel.

Singulier hasard qui me donne dans la personne du rédacteur du ›Punch‹ allemand, le sauveur de mon petit talent musical. Je brûle de vous montrer mon bijou de livret — mais non, j'attendrai l'automne, car j'espère alors vous envoyer la partition du premier acte.

Mille grâces de toutes vos bontés, entre autres de celle d'avoir écrit à Madame la Régente. L'autre soir, à un concert de la cour il m'a fallu subitement remplacer Mme Pflughaupt. Le comte Redern l'avait invitée par télégramme et elle était empêché d'accepter à ce qu'il paraît. À ce concert la Princesse de Prusse me chargea de vous faire ses compliments en ajoutant que, malgré son principe de ne jamais accepter de dédicaces, elle serait charmée d'y faire une exception en faveur d'un de vos protégés [3]). Avis à Mr. Robert qui joue parfois le rôle d'un fort mauvais diable.

Le départ de Tausig nous afflige beaucoup. Nous sommes en de si bonnes relations d'amitié et nous tenons tant à son attachement, que son absence sera une lacune assez sensible pour nous. Il vous racontera de vive voix ses propres faits et gestes ainsi que les nôtres qui au fond ne valent pas la peine qu'on en écrive la chronique.

Mon voyage en association avec Laub à Kœnigsberg, Danzig, Elbing et Tilsit a eu d'assez heureux résultats, qui ont surpassé mes espérances peu téméraires, il est vrai. Je me permets d'ajouter un programme qui vous montrera que je

---

1) Vergl. Bülow's Briefe III. S. 177, 178, 187.
2) Richard Wagner hielt sich damals in Venedig auf.
3) R. Franz widmete unter Liszt's Vermittelung der Prinzessin von Preußen sein op. 33, ›Sechs Lieder von Goethe‹.

reste fidèle au drapeau, bien que je sois sûr, que vous ne prêtez pas l'oreille à certaines propositions de [mettre la] loi des suspects [en vigueur à mon égard].

Quant à la date de mon concert d'orchestre, je n'ai pas encore de nouvelles précises. J'aurais aimé rechoisir le 14 Janvier par une sorte de superstition, telle que la cultive la classe des »neveux«, parmi lesquels je me range[1]). Mon programme va s'embrouiller un peu par Cossmann, auquel je ne puis ni ne veux retirer ma parole. Il y aura, bien entendu, une »Sinfonische Dichtung« mais mon choix n'est pas encore fait et je viens vous demander conseil. Si deux harpes n'étaient pas indispensables pour »Orphée« c'est celui-ci que je choisirais avec »Prométhée«. Mais je puis me trouver tout d'un coup mis dans le plus cruel embarras par l'Opéra, et »Prométhée«, mon favori, seul, serait par trop âpre pour le public Berlinois. Pourrais-je vous demander les »Ideale«? Je crois que ce serait le meilleur choix à faire. Ayez la grande bonté d'en parler avec Tausig et de charger celui-ci de me répondre, car je suppose que vous n'en aurez pas le temps. Je donnerai probablement le »Corsaire« de Berlioz, le »Faust« de Wagner, et je jouerai le Concerto en *sol* de Beethoven, pour lequel j'ai composé deux cadences antimanschéliennes, qui plaisent beaucoup à Cosima et que je me permettrai de mettre à vos pieds un de ces jours[2]).

Maintenant puis-je inviter Mme de Milde sans son mari? Celui-ci m'embarasserait un peu à cause du programme. À Madame je demanderais un air du »Cellini«, la prière d'Élisabeth et un ou deux de vos *Lieder*. Me conseillez-vous de m'adresser à elle dans cette donnée-là? Je n'oublierai pas Dudin[3]), auquel je me fais un plaisir tout spécial d'écrire une phrase très innocente en apparence, mais assez piquante pour un bon entendeur.

---

1) Bülow verglich Liszt gern mit Napoleon I., sich selbst mit Napoleon III. und wollte damit den Abstand zwischen Onkel und Neffen kennzeichnen.
2) Sie erschienen bei Leuckart, Leipzig.
3) Spitzname von Dingelstedt.

J'accepte avec reconnaissance votre aimable invitation de m'arrêter à Weimar avant d'aller à Paris, et je m'en fais une fête.

Voudriez-vous bien ne rien dire du »Merlin« à Hoplit, que je ne trouverai plus jamais occasion de soutenir et qui n'existera plus pour moi. . — .

Vous aurez bien assez de moi, pour le moment je pense, surtout comme ma meilleure moitié vous écrit aussi. Permettez-moi seulement encore de vous embrasser la main en vous félicitant pour l'année nouvelle, marche supérieure dans le bête d'escalier qui se nomme le Temps, et qui vous rapproche du trône qui vous est réservé et autour duquel je ne cesse point de m'agenouiller comme votre

   fervent admirateur et reconnaissant et dévoué élève
                Hans de B.

Veuillez bien vous charger de mes compliments les plus respectueux pour Madame la Princesse et sa fille. Ci-joint une lettre de Damrosch qui ne sera peut-être pas sans intérêt pour vous.

101.

Très cher ami,

. — . Vous nous lirez le Merlin quand vous viendrez ici, n'est-ce-pas? et aux premiers beaux jours de printemps vous vous mettrez à le composer, et en ferez un chef-d'œuvre. La donnée merveilleuse de ce poème me paraît devoir vous aller à merveille, et je me réjouis vivement à l'avance de tout le parti que vous en tirerez. Le drame-musical est assurément pour vous le meilleur placement de votre grand et beau fonds de talents. Vous y réussirez plus aisément et avec beaucoup moins d'accompagnements désagréables à l'extérieur qu'en tout autre genre sans compter qu'un succès, même contesté, au théâtre, donnera à toute votre position un lest très avantageux. Bon courage donc et bonnes chances!

Je vous envoie par la même poste la partition des *Ideale* et vous ferai passer les parties d'orchestre (exceptionnellement) si vous restez toujours de l'avis qu'il y a lieu de faire exécuter cette œuvre à votre concert de Berlin — ce en quoi je ne puis ni vous conseiller ni vous contrarier. L'Orphée pourrait fort bien se produire avec une seule harpe, surtout si Grimm[1]) avait l'obligeance d'arranger un peu sa partie et de la faire valoir par son admirable talent. Quant au Prométhée, si tant est qu'on puisse le risquer à Berlin, ne vous semble-t-il pas qu'il n'y aurait pas d'inconvénient à le faire précéder par l'»Orphée«, après lequel on laisserait au public tout juste le temps de ne pas applaudir, et commencerait de suite (après un court ⌢):

Les deux personnages devraient, en ce cas, être réunis par une accolade sur le programme, de cette façon:

Orphée } Symphonische Dichtungen.
Prométhée }

La méthode *Purzpichler-Wranitzky* qu'emploie Damrosch pour l'exécution des mes ouvrages déniés, est fort pratique et je l'en remercierai prochainement. L'un poussant l'autre il n'y aurait bientôt plus moyen de les repousser tout à fait.

Madame Milde m'a très gracieusement donné son consentement pour votre concert. Un mot de regret dans votre lettre (à elle) sur ce que pour cette fois vous n'avez pas l'indiscrétion d'inviter Mr Milde suffira. N'oubliez pas le »*von*« sur l'adresse qui du reste leur revient de droit quoi qu'ils aient l'un et l'autre le bon goût de ne pas y attacher plus d'importance qu'il ne faut. J'espère que D. (avec lequel je ne consonne guère en matière d'opéra en ce moment) ne

---

1) Carl Const. Ludw. G. (1820—82), ausgezeichneter Berliner Harfenvirtuos und -Lehrer.

sera pas en défaut d'amabilité à votre endroit dans cette circonstance. Il s'accommodera mieux aussi de donner congé à Mme Milde seulement sans son mari, qu'à priver le public de ses deux premiers sujets dans la semaine, ce qui est toujours une gêne pour le répertoire.

L'arrivée de Tausig m'a fait un grand plaisir et nous allons nous régaler après dîner de sa *Liebes-Symphonie*. Je ne sais où il a pris le nerf de sa *Kunstreise* à Paris — mais il paraît fort rassuré à cet égard.

Carl Ritter a passé quelques jours ici avec son frère Sasch et Dräseke qui étaient venus pour entendre l'opéra de Cornelius[1]). Sur ce dernier sujet je vous en dirai plus long quand nous nous reverrons, mais pour Carl Ritter, je crois que nous ferons désormais un bon bout de chemin d'amitié ensemble et que nos petits différends passés s'effaceront complètement. Je lui ai toujours porté les meilleurs sentiments et ne demande pas mieux que d'avoir la plus haute opinion de son savoir et de ses talents. Ses Sonates que je me plais à apprécier comme des œuvres fort méritoires, ne suffisent cependant pas pour s'y asseoir comme sur un trône d'ivoire — et je l'ai beaucoup engagé à profiter de son séjour de Venise pour élaborer le texte et la musique d'un opéra, ce qu'il aurait déjà très bien pu faire avec son »Armide«, nonobstant l'antécédent de Gluck et de Rossini.

À propos, je trouve votre plaisanterie du cor de l'orteil fort mauvaise. C'est avec les **trompettes de la renommée** que vous avez affaire — et nullement avec les cors. *Die Zehe soll nichtsdestoweniger ihre Zähigkeit bewähren.*

Pourquoi malmenez-vous si fort ce pauvre P.? Qu'a-t-il commis ou plutôt qu'a-t-il manqué de faire — de travers? Je crains qu'il ne se crétinise tout à fait si ses meilleurs amis lui font essuyer par trop de rebuffades.

---

1) »Der Barbier von Bagdad.« Als Liszt das Werk am 15. Dec. 1858 zur ersten Aufführung brachte, fiel es einer Opposition zum Opfer, die Liszt veranlasste, die Direction der Weimarer Oper für immer niederzulegen.

Veuillez bien vous charger de mes meilleurs compliments pour Dohm auquel je suis pour ma part reconnaissant de sa collaboration au »Merlin« — et vive le Merlin!

Bien tout à vous de tout cœur
28 Décembre 58. F. L.

Deine nicht mauschelschen Cadenzen zu dem G-dur-Conzert sind gewiss vortrefflich und Beethovenisch gehalten. Spiele sie mir vor Deiner Pariser Reise.

102.

Très cher ami,

Mr Strauss[1]) qui a eu le plaisir de vous rencontrer à Vienne vous portera ces lignes. Je le recommande à votre bonne amitié, car je l'estime comme un artiste sincèrement bien intentionné et d'un remarquable talent. Il vient d'avoir le plus complet succès à Leipzig, Brême et ici où il s'est fait entendre au concert de Cour du jour de l'an.

Tausig qui est un peu indisposé vous remettra la partition avec les parties d'orchestre des *Ideale* dans le courant de la semaine. Dans le programme de votre concert j'aurai à observer qu'il vaudrait peut-être mieux commencer par l'Ouverture de »Faust« et réserver les *Ideale* pour la seconde partie. Je craindrais un peu la longueur de ce dernier morceau au début de la soirée et m'imagine qu'il serait moins à son désavantage dans la seconde moitié du concert. Du reste placez ou déplacez-le comme bon vous semblera.

Bien tout à vous de tout cœur
3 Janvier 59. F. Liszt.

Savez-vous à quelle adresse à Pétersbourg je pourrai envoyer à Laub quelques recommandations que je lui ai promises?

---

1) Ludwig St., geb. 1835, Wiener Violinvirtuos, seit 1865 in London Soloviolinist im Hoforchester, Concertmeister der philharmonischen Concerte u. s. w.

103.

Berlin, ce 4 Janvier 1859.

Très illustre et adoré maitre,

La ravissante lettre que vous m'avez écrite, et que je considère comme la plus belle inauguration du nouvel an pour moi, m'encourage en outre à redemander vos précieux conseils pour mon cher concert du 14 Janvier. Permettez que je vous soumette encore une fois le programme ainsi modifié.

Puisque Cossmann ne viendra pas (à ce qu'il paraît — mais de quelle manière m'en procurer la certitude?) — voilà comment je pense organiser l'attentat.

Première partie.
1. Les »Ideale« — Orsini [1]).
2. Air du »Cellini« — (Mme de Milde).
3. Concerto pour Piano de Beethoven.

Deuxième partie.
4. Prélude du »Lohengrin« — Rudio (gracié) [2]).
5. Prière d'Élisabeth du »Tannhäuser«.
6. ? ? ?
7. Deux *Lieder* de Liszt. — Mme de Milde.
8. Ouverture des »Francs-Juges« — Pierri [3]).

Que pourrais-je mettre au numéro 6? J'hésite entre deux choses: inviter Singer à jouer la »*Liebesfee*« de Raff, ou m'inviter moi-même à jouer le Caprice sur les »Ruines d'Athènes«. Certes, je choisirais sans hésitation ce dernier morceau, si je ne craignais d'être un peu trop fatigué par le maniement du bâton pour bien faire valoir votre fameuse transcription. Si cependant je jouais, soyez sûr que je ne ferai pas défaut au moment de la bataille.

Maintenant il y a presque un an, que pour le concert de Prague j'ai remis en vos mains la partition et les parties d'orchestre du Caprice Athénien. Pourrais-je les ravoir tout

---

1) 2) u. 3) Vollführer des Attentats auf Napoleon III. am 14. Januar 1858.

de suite? En même temps je vous demande de bien vouloir m'envoyer sans délai la partition et les parties des ›Ideale‹. Il me faut étudier cette œuvre et l'apprendre par cœur, afin d'être à même de bien la diriger. Si vous vouliez bien faire accompagner cet envoi par quelques indications de votre part sur les nuances, les tempi etc. vous me rendriez grand service.

Dingelstedt vient de m'accorder la Milde. Selon ce que Tausig m'écrit, vous avez eu la grande bonté de me faire copier les parties d'orchestre de l'air du ›Cellini‹. Quant à celles de la ›Prière d'Élisabeth‹ et du reste, j'en suis pourvu. J'espère que vous voudrez bien me dicter un choix de *Lieder* pour la Milde et m'en faire part le plus tôt possible.

Vous vous rappelerez peut-être que vous m'avez donné votre parole d'assister incognito à mon deuxième concert d'orchestre! Je vous attends! Vous viendrez, n'est-ce pas? Quel jour de fête pour nous deux!

Merci de Mr. Ludwig Strauss, qui joue chez Radecke. Dans mes concerts il n'y a pas de ›*Was ihr wollt*‹ mais ›*was ich will*‹, ou bien ›*was wir wollen*‹.

À propos: le 13 Janvier la Gazette Musicale de Bock va accoucher d'un joli petit article dont je suis le père[1]) et que je vous enverrai. J'ai réussi à faire expulser de ce journal quelques caniches par trop aboyeurs et il va prendre une attitude plus convenable sous la rédaction anonyme de Truhn. Essayez donc un peu à votre tour de mettre ›votre ami‹ Schlesinger à la raison!

J'aurai dix-huit violons, quatre altos, cinq violoncelles, quatre contrebasses, les trifoliums Wagnériens des instruments à vent et toute la grande mitraille.

Je saute dans ma chambre de plaisir, rien qu'en pensant à la première répétition: dimanche matin. Ne m'abandonnez pas, cher maître, et soyez assez bon pour vous intéresser à mes demandes, dont ces lignes vous accablent.

En toute hâte, votre dévoué et reconnaisant élève
Hans de B.

---

1) ›Epigonen und Progonen.‹ ›Ausgew. Schriften‹, S. 242—245.

104.

Très cher ami,

Les parties d'orchestre des *Idéale* et celles du Caprice turc vous ont été expédiées avec la partition par la poste d'hier. Mme Milde se chargera de la partition et des parties d'orchestre de l'air de »Cellini« qui sont encore chez le copiste. Rien n'y manquera.

Relativement au programme je vous renouvelle l'observation que je vous ai déjà faite dans les lignes qui vous ont été remises par Strauss. Il me semble qu'il y aurait avantage à réserver les *Idéale* soit pour le milieu, soit pour la fin du concert à cause de la longueur de ce morceau. Peut-être aussi l'Ouverture du »Roi Lear« serait-elle préférable à celle des »Francs-Juges« qui est extrêmement connue à Berlin par l'arrangement de Wieprecht.

D'autre part la participation de Strauss au concert de Radecke n'est nullement un manque d'égard pour vous, car Strauss n'était pas informé de votre intention de donner un concert, et je suis certain qu'il aurait de beaucoup préféré se faire entendre en premier lieu chez vous. Si je ne me trompe, vous n'auriez pas sujet d'être mécontent de lui, car il m'a parlé de la manière la moins équivoque de son désir de se mettre en bonne intelligence avec vous.

Tausig est parti cette nuit pour Hambourg après m'avoir fait un grand plaisir, par la façon étonnante que vous savez dont il joue le Concerto de Henselt et la Fantaisie d'»Oberon«. Quoiqu'on en dise c'est un virtuose carré par la base.

Sur Singer (qui est un peu plus pointu et pointilleux) je n'ai point de conseil à vous donner. La *Liebes-Fee* ne manque pas d'un certain attrait pour votre programme — toutefois j'imagine que le public vous saurait gré de jouer un second morceau avec orchestre et le bâton de direction au lieu de raidir vos mains, les rendra s'il se peut, encore plus élastiques à cette soirée.

        Bien tout à vous

6 Janvier 59.   F. L.

105.

[Berlin,] ce 6 Janvier 1859.

Cher maître,

Je suis dans de grandes transes de ce que ni la partition ni les parties d'orchestre des »*Ideale*« que vous avez eu la bonté de me promettre, n'arrivent de Weimar. Ma première répétition a lieu dimanche matin à neuf heures. Il faut que j'aie le temps d'étudier votre œuvre avant.

Ayez donc l'insigne bonté de me faire expédier le paquet — sans retard, si j'ose vous en importuner. Permettez-moi d'exposer les raisons pour lesquelles je commence par les »*Ideale*«. Il y a un an les »*Festklänge*« se trouvaient à la fin du programme. Je ne voudrais pas que les incidents d'alors se répètent et que les gens de l'auditoire s'en aillent avant la fin et interrompent votre œuvre pour se précipiter vers la garderobe. Puis j'ai fait l'expérience qu'au commencement le public est d'autant plus bienveillant que l'orchestre est plus frais et dispos; le succès de l'ouverture du »Cellini« de Berlioz l'a prouvé. . — . Mais si vous tenez absolument à ne pas commencer la soirée, voilà comment je ferai:

»Corsaire« (Berlioz)
Air du »Cellini«
Concerto de Beethoven
Les »Ideale«
Prélude du »Lohengrin«
Prière du »Tannhäuser«
Liebesfee de Raff (Louis Strauß)
Lieder — Milde
»Francs-Juges«.

Au nom du ciel, rendez-moi encore le service de décider Mme de Milde à faire son choix pour vos *Lieder* — j'ai besoin du programme et des textes. Il faut se hâter à Berlin — parce qu'il y a tant de lenteurs et d'obstacles imprévus à vaincre. Accordez-moi en même temps une notice sur les »*Ideale*« qu'on imprimerait dans le programme détaillé.

Votre tout dévoué et reconnaissant élève

H. de B.

En toute hâte.

106.

Que dites-vous, très cher ami, d'un programme pour les *Ideale* à peu près ainsi rédigé:

»*Schiller's Dichtung genau folgend, theilt sich die musikalische Composition nach der Einleitung in drei Haupt-Strophen: 1. Aufschwung — 2. Enttäuschung — 3. Beschäftigung — deren Motive in gesteigerter Wiederkehr am Schluss die Apotheose des Dichters bilden.*«

À défaut de mieux faites imprimer ce peu de lignes sur le programme.   Bien tout à vous

8 Janvier 59.   F. L.

107.

Berlin, ce 11 Janvier 1859.

Très illustre et cher ami,

Merci de vos instructions, auxquelles je me conformerai strictement. J'espère que Mme la Princesse ne m'en voudra point, si j'ai nonobstant suivi mon deuxième projet de programme. Voilà pourquoi: les »*Ideale*« ne font pas un bon commencement de concert à cause de la finesse de l'introduction. Il faut absolument qu'on y soit préparé. Voilà pourquoi j'ai préféré la fanfare de l'Ouverture du »*Corsaire*«. Ainsi:

Ière partie.

1. »Corsaire.«   Berlioz.
2. Concerto de Beethoven pour Piano.
3. Air du »Cellini«.   Berlioz.
4. Les »Ideale«.

Puisque le nom de Berlioz sépare ceux de Liszt et de Beethoven, je pense qu'il n'y aura pas lieu de s'attendre à quelque sottise spéciale de la part des critiques conservateurs-comparateurs.

Puis il faut absolument que je joue le plus tôt possible, vu que le bâton me fatigue joliment le bras droit. . — .

IIième partie.

5. Prélude du »Lohengrin«.
6. Prière d'Élisabeth.
7. La Liebesfee (Ludwig Strauß).
8. Lieder — la Milde.
9. »Francs-Juges.«

Maintenant ayez la grâce de m'envoyer de suite les parties d'orchestre de la »*Liebesfee*«; Singer m'écrit qu'elles sont à l'Altenburg. Il faut que j'en fasse une répétition jeudi matin à neuf heures. Pardon encore de cette réclamation pressée.

Ma 1^ière répétition a duré quatre heures. Les parties des »*Ideale*« sont bien mal copiées — mais à la fin cela a marché assez proprement. C'est bien beau, c'est magnifique et la forme est resplendissante. Sous ce rapport je préfère ce poème de beaucoup au »Tasse«, aux »Préludes« et à d'autres encore. Cela m'a fait un énorme plaisir — j'étais joyeux comme il y a bien longtemps que je ne l'ai été.

À propos — un passage, où les basses et les trombones donnent le thème de l'Allegro et qui se trouve à plusieurs reprises dans les parties, est éliminé dans la partition imprimée. Je l'ai laissé tel qu'il est dans les parties; car je trouve que cela fait très bien et que la longueur qui en résulte se fait à peine sentir. Ça ira, je vous le jure!

Vous recevrez une dépêche vendredi soir! Me permettez-vous d'envoyer les »*Ideale*« à Damrosch, qui fera copier de suite les parties et vous les renverra dans quelques semaines? Les »*Festklänge*« ont eu un grand succès à Breslau. Il y a eu de l'opposition, mais elle a été étouffée par les applaudissements de la majorité.

Très en hâte — j'ai encore trois leçons à donner cette après-midi et puis des arrangements à faire. À bientôt, très cher maître. N'oubliez pas la »*Liebesfee*« et comme je crains que vous ne daignerez pas assister à mon concert, pensez-y un peu en faisant le signe de la Jettatura.

Votre tout dévoué et enthousiaste idéaliste

H. de B.

108.

[Zwischen 15. u. 20. Januar 1859.]

Très cher ami,

À mon sens il n'y a pas à hésiter au sujet du concert de M*r* *Domchor*. Il faut que vous y jouiez — et plus on vous en déconseille, d'autant plus vous devez maintenir votre bon droit. Laissez siffler, tapager et tempêter tant que bon semblera les aristarques indignés, sans en prendre le moindre souci[1]). Vous avez un beau rôle de Thémistocle et pourrez dire »siffle — mais écoute!« — quelque blâme qu'on cherche à déverser maintenant sur votre conduite au concert du 14 Janvier, elle vous fera certainement honneur plus tard, car vous êtes resté dans la parfaite mesure des convenances, en mettant fin à l'inconvenance d'autrui. —

Si je ne me trompe, cette circonstance contribuera beaucoup à simplifier la situation des choses; mais il importe que vous demeuriez imperturbable et calme, ainsi qu'il sied aux nobles convictions.

Encore une fois, vous avez bien fait, et je vous approuve pleinement. Ne vous laissez point décontenancer par les criailleries qui vous assaillent, et continuez votre chemin. »*Dass die Hunde bellen, beweist nur, dass wir reiten*«, sagt *ungefähr Goethe*.

Bien tout à vous de tout cœur

F. L.

---

[1]) In seinem Orchesterconcert am 14. Januar hatte Bülow, als sich nach Aufführung der Liszt'schen »Ideale« Zischlaute vernehmen ließen, die Zischenden aufgefordert, den Saal zu verlassen — Bülow's »maidenspeech«, wie man diese sensationelle Ansprache nachmals nannte. Am 22. Jan. spielte er darnach in der Domchor-Soirée, die, wie er selbst erzählt (»Ausgew. Schriften«, S. 276), »durch das Gerücht, man werde in selbiger eine Execution an ihm vollziehen, ein ausverkauftes Haus erzielte«. Siehe Bülow's Briefe III, S. 202, 203, 205, 206.

109.

Berlin, ce 4 Février 1859.

Maître adoré,

Que de remercîments ne vous dois-je pas depuis bien longtemps, à vous ainsi qu'à la bonté de Mme la Princesse qui nous a soutenus et secourus si vigoureusement ces derniers temps[1]). Je ne cesse de m'adresser les reproches les plus sanglants à cause de mon silence, qui a dû vous sembler de l'ingratitude. Mais — je sentais bien que la lettre que je ruminais deviendrait une brochure et je dispose de si peu de moments libres. En ce moment je ne donne pas mal de leçons dont la quantité doit suppléer à la qualité — et le soir je me trouve si fatigué, si las, que je ne puis qu'écrire des lettres à tout le monde excepté à vous. Vous êtes en droit d'en attendre d'un peu soignées de ma part. Maintenant le temps presse et me défend de m'arrêter à des motifs de ce genre, quelque justes qu'ils soient.

On ne peut faire autrement qu'accepter une offre comme celle que vous m'avez faite le cœur gonflé de joie, le front rayonnant d'orgueil. Je ne connais que vous au monde qui sache faire des »*unica*« de ce genre.

»Vous voulez prendre votre part aux sifflets« avez-vous dit — je vous avoue que j'ai hésité pendant bien longtemps à vous inviter à ce *Pseudo-Rosenfest!* Mais je trouve maintenant qu'il y aurait d'une part lâcheté et mesquinerie à décliner le sacrifice que vous m'offrez, et d'autre part, malgré les [douches froides de] rudes expériences dont je suis encore tout — rafraîchi, je ne puis cependant m'élever à un point

---

1) Diesem Brief scheint ein Schreiben der Fürstin Wittgenstein vorausgegangen zu sein, in dem sie — da die Liszt-Propaganda damals mit bedeutenden pecuniären Opfern verbunden war (vergl. Bülow's Briefe III, S. 138, 202 u. a.) — sich erbot, die Kosten eines zweiten von Bülow in Berlin zu veranstaltenden Concertes zu tragen, und Liszt's Absicht mittheilte: »qu'il veut prendre sa part aux sifflets«, d. h. dass er in diesem Concert seine »Ideale« selbst dirigiren wolle.

de vue assez pessimiste pour supposer que la canaille, qui n'a pas même le courage du crime, oserait porter atteinte à la personne du chef du mouvement musical. Les démagogues de la stagnation ont, il est vrai, fait leur possible, pour faire fermenter la lie — mais — je ne veux, je ne puis envisager de sang-froid cette éventualité.

Donc, pour en venir au positif — car je ne suis ni en veine de penser ni de formuler mes pensées »présentablement« (pour citer Scudo[1])), comme vous avez dû vous en apercevoir depuis quelques minutes — je viens de retenir la *Singakademie* pour lundi en huit, le 14 Février. À défaut d'autre chose il faut s'attacher aux chiffres. J'ai choisi le nombre quatorze. La chapelle de Liebig est libre ce jour-là; ainsi il n'y a plus d'obstacles matériels. Maintenant voudriez-vous bien m'aider à organiser le programme. »*Ideale*« — »Fantaisie« de Schubert — j'aimerais aussi jouer le Caprice sur les »Ruines d'Athènes« (pourquoi pas sur les ruines de Spree-Athen!) — deux ouvertures peut-être, celle du »Faust« de Wagner et celle du »Roi Lear« de Berlioz, si vous pouvez m'en donner la partition et les parties d'orchestre. Je ne suis pas pour son »Carnaval [Romain]« — franchement — c'est trop gai pour les philistins sans »humour« qui se trouveront dans l'auditoire. Milde, que vous m'avez offert, chantera votre »*Vätergruft*« et peut-être encore un deuxième morceau.

Voudriez-vous bien m'indiquer l'ordre [successif] des morceaux, enfin retrancher et ajouter ce qu'il vous plaira. Comme ce concert est en votre honneur, vous ne pouvez vous dispenser de l'arranger à votre gré. Au fond j'aimerais assez à produire ma »Fantaisie«, si elle pouvait servir de Purzpichler au Wranitzky. Mais ceci serait un enfantillage. Comme compositeur, je n'ai pas encore acquis le droit de perception de sifflets. Un morceau de Joachim ne ferait peut-être pas mal. Vous vous rappelez qu'il y a trois ans, c'était lui qui avait soulevé les plus fortes indignations. Que diriez-vous d'une Ouverture de Spontini (*Agnes von Hohenstaufen*) que je pour-

---

1) Paul S. (1806—64), Musikschriftsteller in Paris.

rais me faire donner au théâtre ? On la dit particulièrement jolie — elle n'a jamais été imprimée et elle servirait à merveille comme prélude de circonstance. —

Quant à votre projet — rien n'en sera ébruité; le plus profond secret sera gardé jusqu'à la dernière répétition.

Hier j'ai eu une bonne nouvelle. Permettez que je vous soumette l'invitation venue de Prague. J'ai répondu tout de suite affirmativement, en demandant qu'on donne le Concert-»*Zukunft*« vers la fin de ce mois ou un des premiers jours du mois de Mars, pour que cette affaire ne dérange pas mon voyage à Paris, que je ne voudrais plus ajourner. J'ai besoin de quelques atouts achetés à l'étranger pour mon existence Berlinoise.

Quant au programme, j'ai exigé qu'on s'adressât directement à vous pour l'organiser. Je ne connais absolument pas le terrain et je ne puis risquer de prendre la responsabilité de l'arrangement d'une chose qu'on peut également bien mener à fin ou gâcher complètement. Ainsi ne me refusez pas! Je suis bien bête au fond, de faire comme si je vous apprenais une nouvelle — tandis que ce ne peut avoir été que vous seul qui ayez inspiré l'idée de cette invitation à vos bons Pragois. Pardon — c'est l'affaissement causé par la fatigue journalière qui m'abêtit à ce point. Mais il faudra bien que vous m'aidiez en détail — ne fût-ce que pour remplacer Pohl, auquel, brouillés comme nous le sommes je ne puis pas demander conseil. Schreiber[1]) de son côté se formaliserait d'être dérangé pour si peu — Weitzmann ne me répondrait que par des silences criardement approbateurs. Vous savez bien que je ne puis rien faire sans vous.

Pardon de ce »*Durcheinander*«! Imaginez que cette dernière nuit à deux heures du matin nous avons été réveillés par une dépêche télégraphique de Venise par laquelle Wagner m'enjoint de lui envoyer de l'argent emprunté par assignation télégraphique »*auf einen Bankier in Venedig*«. Ravissante commission! Enfin j'ai fait ce que j'ai pu. Je lui ai envoyé soixante-quinze thalers de mes épargnes et j'ai heureusement

---

1) Schüler Liszt's.

emprunté une somme égale à Goldstein, dont la Princesse fut régalée à son séjour de Berlin. — Sur le télégramme de Wagner se trouvaient entre autres mots: *höchst wichtiger Vorfall. Brief mehr.* Je suis bien curieux de voir, s'il y a là matière à curiosité! . — .

Il n'y a eu jusqu'ici que deux représentations du *Lohengrin*, qui a eu un succès beaucoup plus incontesté que le *Tannhäuser* et dont l'exécution était en somme bien meilleure[1]. — La critique a été si bêtement méchante qu'elle s'est aliéné la confiance du public. Il y a presque guerre [déclarée] entre les deux impuissances. Elles vont divorcer je pense. Je me réserve de vous en parler plus long un autre jour. Il va paraître une brochure assez amusante écrite par un de mes amis d'ancienne date, c'est-à-dire [de l'époque] de mes ébats politiques de 49[2]). Elle vous sera expédiée [tout] de suite. La brochure: *Hans von Bülow und die Berliner Kritik* a pour auteur un autre membre de cette ancienne association, le romancier Mützelburg[3]) que vous avez honoré d'une partie de *66* chez ma mère en 1855. Au fond, c'est assez drôle que les collaborateurs du journal anarchiste *Abend-Post* (49 à 50 — à Berlin) aient pour la plupart assez bien réussi dans leurs carrières respectives et se soient retrouvés et reliés maintenant. Cela me semble providentiel — ou je m'y trompe fort.

Vous savez peut-être, que c'est moi qui ai fait inviter David par Bock à jouer ici à l'Opéra dans une matinée *de bienfaisance*. Il vient encore de jouer chez Radecke hier soir. J'ai bien mérité de lui et comme *Romain* et comme gendre de la *liebenswürdige Persönlichkeit*. Nous l'avons fêté par une grande soirée, où il s'est beaucoup amusé et enfin il a quitté Berlin ce soir enchanté de nous et plein de reconnaissance. J'espère n'avoir pas travaillé pour le roi de

---

1) Siehe Bülow's Briefe III, S. 209—210.
2) Vermuthlich meint Bülow die Broschüre E. Fischel's *Wagner's Lohengrin und die Kritik der Tagespresse von einem Gegenwartsmusiker*. Siehe *Ausgew. Schriften*, S. 278.
3) Siehe *H. v. Bülow's Briefe*, I, S. 347.

Prusse. — À propos — David vous écrira prochainement pour vous supplier de bien vouloir faire arranger la fête musicale de la l'entecôte à Leipzig¹) en votre nom, vu que sous vos auspices tout le monde musical, qui ne se rallierait jamais au drapeau de la *Mittelstrasse*²), accourrait volontiers. Les raisons qu'il m'a alléguées m'ont semblé assez persuasives. Permettez que je vous en reparle occasionnellement.

Mardi prochain je prête mon concours à Strauss qui va »donner« un concert de luxe. Le fameux polichinelle, L. de M., est en ce moment-ci »l'artiste«-lion choyé par la cour et la ville. Mon impopularité le sert brillamment. C'est fort amusant.

À bientôt, n'est-ce pas, cher, bon, grand maitre.

A los piés de Usted.

      Votre reconnaissant élève

                        Hans.

Merci du charmant article de Bronsart; mais l'inspiratrice n'y garde point l'incognito!

110.

[Anfang Februar 1859.]

Votre Fantaisie d'Orchestre (pour laquelle il reste toujours un titre approprié à trouver) est de première et suprême nécessité dans le programme de votre 3ᵐᵉ concert, très cher ami. Ce n'est pas seulement un désir et une recommandation de ma part, dont je vous prie de tenir compte, mais bien une exigence de la situation. Ne balancez donc point, car il ne faut jamais se fourvoyer dans des modesties malséantes.

J'arriverai à Berlin Samedi soir, si rien n'est changé d'ici là. Après-demain j'irai à Meiningen pour y diriger Jeudi un concert dans lequel Bronsart fait exécuter sa *Frühlings-Phantasie*, qu'il vous a dédiée et que j'estime comme un des

---

1) Die Tonkünstlerversammlung, aus welcher der »Allgemeine deutsche Musikverein« hervorging.

2) Brendel wohnte daselbst.

plus beaux ouvrages qu'on ait écrits depuis longtemps. Je vous l'apporterai à Berlin et je suis persuadé que vous y prendrez goût.

Mais revenons à votre programme. Il est très improbable qu'on puisse accorder un congé à Milde pour le 14, à cause de la représentation de »Don Pasquale«, qui a lieu le 16, jour de fête de S. A. I. la Grande-Duchesse. Aussi vous engagerai-je presque à ne pas faire de tentative auprès de Dingelstedt, car il est à peu près certain que vous serez refusé sous un prétexte ou sous un autre. Tâchez donc pour cette fois de vous arranger autrement, et s'il advenait que vous ne trouviez pas de chanteur ou cantatrice à votre convenance, essayez d'une façon de *Symphonie-Conzert*. En fait de morceaux d'orchestre il y aurait

    1. votre Fantaisie.
    2. l'Ouverture de Faust de Wagner.
    3. die Ideale.
    4 (?). l'Ouverture du Roi Lear.

Les parties d'orchestre sont à Gotha; en cas que vous les désiriez je pourrai vous les procurer. Mais pour la variété du programme je vous conseillerai encore le Carnaval romain. Répondez-moi de suite à ce sujet (à Weymar encore, car je ne partirai que dans l'après-diner de Mardi). Comme morceaux solos tenez-vous-en à la Fantaisie de Schubert sauf à y ajouter soit le Caprice turc, soit le Concerto Solo (*mi mineur*) pour 2 pianos avec Kroll, soit un morceau classique de Beethoven à votre choix. Que vous semblerait de la Sonate œuvre 106, ou de celle œuvre 101 (en *la*)? — a piacere. Pour ma part il s'entend de soi que je viens simplement faire acte de présence et réclamer ma part de sifflets — en conséquence je ne dirigerai que les *Ideale* et la Fantaisie de Schubert pour laquelle un troisième chef d'orchestre serait de luxe. Ne mettez mon nom (»*unter Leitung des Componisten*«) que sur des petits programmes du soir; ceci me parait la mesure convenable dans la circonstance donnée. Du reste il n'y a plus lieu de faire mystère de mon arrivée durant ces derniers jours; je désire seulement ne point figurer sur les affiches placardées, le concert devant conserver tout le caractère des deux précédents, et contribuer à vous faire prendre position définitive comme chef d'orchestre aussi bien que comme pianiste. Je remplacerai tout bonnement Truhn dans la direction des morceaux que vous jouerez, et vous déchargerai du soin d'adresser une seconde allocution à messieurs les siffleurs.

Je n'ai point d'objection de fond contre l'Ouverture d'»Agnès de Hohenstaufen« de Spontini. Quelques mois après sa bagarre en 1812, j'ai eu l'honneur de diriger à Berlin l'Ouverture d'»Olympie« à un grand concert dans la salle du foyer de l'Opéra. Spontini m'en remercia très aimablement alors, et il y aurait maintenant une sorte d'à propos à rattacher son nom à votre programme. Cependant par cela même on pourrait y trouver quelques inconvénients, et je ne voudrais pas prendre la responsabilité de vous donner un conseil décisif à ce sujet. Le fait est que ni son personnage ni ses œuvres ne sauraient nous être très sympathiques, toute part faite à leur grand mérite et leur légitime succès durant une période de quelques trente ans. Ce serait donc un motif extrinsèque qui déterminerait votre choix, et ce genre de motif n'est jamais d'un grand poids pour moi. Toutefois réfléchissez-y et faites comme vous le jugerez pour le mieux.

À Samedi soir donc, très et très cher ami. Nous causerons de Wagner, de Prague (où il faut que vous alliez), de Leipzig et de mille autres choses.

Bien tout à vous de tout cœur

F. L.

Brendel me dit, il y a 4 jours, qu'il avait grande envie de revenir à Berlin pour votre 3me concert. Dites à Cosette de lui écrire deux mots pour l'y engager.

Je vous recommande encore le point principal: celui de vous assurer complètement du concours de l'orchestre. Répondez à Musil, qui est un jeune homme de beaucoup de capacité et d'énergie, que vous acceptez son invitation, et désignez-lui la semaine qui vous conviendra le mieux[1]). Rela-

---

[1) Musil und Heinrich Porges — geb. 1837 zu Prag, jetzt königl.

tivement au programme dites-lui que vous jouerez le Concerto de Beethoven, et que vous vous entendrez avec moi pour les parties d'orchestre dont on aura besoin pour l'exécution de l'un ou l'autre de mes »Symphonische Dichtungen«, car il en faut une à ce concert. Aussitôt après votre concert de Berlin qui absorbera tout votre temps cette semaine, vous lui enverrez le programme définitif sur lequel nous causerons plus au long, à Berlin.

Programm für Prag.

1. Ouverture zu Julius Cäsar. H. v. Bülow.
2. Concert Gdur (mit deiner Cadenz). Beethoven.
3. Gesangs-Stück ad libitum (falls ein beliebter Sänger oder eine schöne Sängerin die Gefälligkeit hat, diese Nummer zu übernehmen)?
4. »An die Künstler« — wenn es nicht zu viel Umstände macht, den Chor des Herrn Musik-Director Apt, der mir freundlich gesinnt ist, zu gewinnen, und Hans sich der Mühe unterziehen will, die 4 Solo-Stimmen gehörig am Clavier vorher zu probiren.

    Sollte aber diese Nummer die Kosten um ein Bedeutendes vermehren (was ich nicht voraussetze), so kann man als N° 4 die »Festklänge« geben und damit den 1ten Theil schliessen.
5. Faust-Ouvertüre. R. Wagner.
6. Gesangs-Stück.
7. Solo-Stücke. H. von Bülow.
8. Mazeppa.

Musikdirector in München, als Musikschriftsteller und Dirigent des Porges'schen Gesangvereins einer der energischsten Vertreter des musikalischen Fortschritts — hatten veranlasst, dass Bülow, wie im vorausgehenden Jahre Liszt, eingeladen wurde, das von den Prager »Medicinern« (Studirenden) alljährlich veranstaltete Concert zu dirigiren.

111.

Berlin, ce 6 Février 1859.

Très cher et illustre maître,

Le concert ne pourra pas avoir lieu le quatorze, l'orchestre de Liebig étant occupé ce jour-là et la salle de la *Singakademie* ne devenant libre qu'à huit heures du soir, vu qu'à six heures il y a une »*wissenschaftliche Vorlesung*«. Bock propose le 24 ou le 25 (jeudi ou vendredi) de ce mois; Léopold de Meyer[1]), qui avait d'abord pris ce jour pour son concert l'échangerait contre le 14, puisqu'il joue sans orchestre. Ainsi il n'y a pas lieu de trop se presser pour l'organisation du programme.

Permettez-moi maintenant de vous ennuyer avec une autre question. Encouragé par les deux élans de générosité dont l'Altenburg voulait [faire preuve pour] me soutenir — l'offre de Mme la Princesse de payer les frais, et la vôtre de donner au concert un éclat inouï en dirigeant vous-même vos œuvres — j'eus d'abord l'idée d'annoncer que la recette (brutto) serait au bénéfice de la *Künstlergemeinde* de Berlin, association de jeunes sculpteurs, architectes, peintres etc.

Voici par quelles raisons spéciales cette idée m'est venue. D'abord ce serait d'attacher à notre cause musicale un nombre assez considérable de jeunes gens capables d'enthousiasme et d'indignation. L'intérêt qu'il y aurait en jeu pour eux les rendrait et reconnaissants et naturellement actifs pour la propagande, de façon à ce qu'il n'y aurait point à craindre de salle vide, sans avoir recours au détestable moyen des »*dead-heads*«. Puis les siffleurs ne pourraient plus se servir de leur bel argument: »en payant nos billets, nous nous sommes acquis le droit de juger ce qu'on nous offre pour notre argent, nous sommes libres de nous déclarer pour, ou de protester contre.« C'est nous qui payons la salle, l'orchestre, enfin les frais — ou une partie des frais (ce qui revient au même). J'ai pensé qu'en

---

1) Pianist (1816—83), von Czerny und Fischhof gebildet, durchreiste seit 1835 concertirend die alte und neue Welt.

n'employant pas un liard de la recette à payer les frais, je restais en droit de dire: c'est moi qui paye la salle, les musiciens. Vous n'êtes que des invités, mes hôtes. En payant votre thaler, vous ne faites que remplir une formalité, vous faites toilette, en concourant à une bonne œuvre philanthropique. En payant les musiciens et la salle de mon argent j'en suis le maître pour ces quelques heures et je garde mon droit de chasser les butors de la salle qui m'appartient pendant ce bout de temps.

Je suis prêt à adopter une autre opinion si vous combattez celle que je viens d'avancer. Jusque là je persiste à croire, qu'il est plus digne de l'honneur que vous me faites à moi et au public, que l'œuvre artiste soit en même temps une œuvre de charité, ayant un but louable et digne d'intérêt en lui-même. Comme on ne s'attend pas à un autre concert donné par moi dans la saison qui court, les méchantes langues pourraient bien y trouver une spéculation marchande. Car il est bien possible que vu ma drôle d'immense popularité dans ce moment, le monde irait se ruer sur les billets à vendre que l'attente d'un grand scandale d'une »*Lynchjustiz*« (comme on a osé dire dans les journaux) attirerait infiniment de gens.
. — . Je trouve enfin que, tout en restant ferme, quant aux principes, il serait sage de faire le contraire d'une provocation, en captant même la demi-honnêteté par un grand acte de bienfaisance. C'est je crois, un fait inouï dans les annales musicales que l'on donne la recette entière à un bénéficiaire, en payant tous les frais, qui sont considérables, de sa poche.

Mais, je [le] répète, quoi que vous puissiez m'objecter, je me range d'avance de votre avis. Je suis sûr qu'il y aura du monde et que la recette sera présentable.

Ci-joint un fragment de journal de Breslau que Damrosch vient de m'envoyer. Vous en rirez peut-être. Il y a seulement à ajouter ce que D. m'écrit dans sa lettre:

»*Meine Sache geht hier mit Riesenschritten vorwärts. Obgleich sich bei der gestrigen dritten Aufführung des* »*Tasso*« *wieder etliche Zischer vernehmen liessen, so war doch auf der andren Seite der Beifall ein so hartnäckiger, dass ich dreimal gerufen und dann noch nicht aufgehört wurde zu applau-*

diren! Hätten Sie dem phlegmatischen Breslau diese Lebhaftigkeit und Energie zugetraut?«

Mr. Reichardt, qui est venu me voir ce matin avec Strauss, me charge de vous remettre la carte ci-incluse. Il espère en s'en retournant à Londres s'arrêter un moment à Weimar pour vous présenter ses respects en personne.

Je souffre de la migraine ce soir — veuillez bien y trouver une excuse pour le manque de tournure de ces lignes. En vous priant de me mettre aux pieds de Mme la Princesse à laquelle Cosima me charge d'exprimer sa reconnaissance

votre entièrement dévoué

Hans de B.

J'expédie en même temps un *Kladderadatsch* à l'Altenburg. Dohm a fait un ravissant article sur le »Lohengrin«. Les trente mille abonnés du Punch allemand donnent un certain poids à cette déclaration pour la »Zukunft.«

112.

Berlin, ce 7 Février 1859.

Maxime, Bonissime!

Comment vous exprimer ma joie, ma reconnaissance? Merci, merci et remerci. — Que je suis fâché de l'ajournement dont vous aurez été averti ce matin par ma lettre d'avant-hier! J'en ressens toutefois une certaine satisfaction, en pensant que Milde ne sera plus empêché maintenant de venir chanter la »Vätergruft«. Avec orchestre — n'est-ce pas? Quant au »Carnaval Romain«, je suis prêt à me ranger de votre avis — il n'y aurait qu'à réfléchir si le titre de ce morceau ne prêterait pas à de mauvaises plaisanteries — on pourrait appeler tout le concert un carnaval, une farce etc. Mais — je m'aperçois à temps que je m'abaisse jusqu'à la mesquinerie de nos adversaires. Puisque nous ne sommes point pressés, veuillez bien en passant rédiger le programme selon votre bon vouloir. Ce que j'aime le plus c'est de me conformer au mot d'ordre que vous daignez me donner, mon chef et empereur.

En vous exprimant mes plus vifs regrets de tant vous ennuyer, de vous donner tant de peine, j'attends avec impatience un mot de réponse à ma dernière lettre, par laquelle je vous annonçais l'ajournement du concert projeté au 24 ou 25 de ce mois.

Quant à Prague, il ne s'agit en premier lieu pour moi que de faire exécuter de vos œuvres. Ainsi au moins deux »*Sinfonische Dichtungen*«. Je suis d'accord avec Mme la Princesse pour »Mazeppa«. Que me proposez-vous en outre? J'ignore lesquelles de vos symphonies sont encore inconnues à Prague. J'ignore surtout si vous y avez déjà dirigé les »*Ideale*«; sinon, j'y tiendrais beaucoup. Vous donnerai-je lieu à du mécontentement, vous donnerai-je une opinion très défavorable de mon caractère — si je vous propose d'en retrancher les deux dernières mesures? J'aime particulièrement ces tierces des Timbales, comme une invention aussi neuve que hardie — mais je les trouve trop peu »*ohrfeigend*« pour les »*feige Ohren*«. Vous penserez bien que ce n'est pas la Gazette de Brendel qui vient de me tourner la tête — mais je sais positivement que ces huit derniers coups ont tout spécialement déterminé ou plutôt enhardi l'opposition à se manifester. Ainsi, si vous ne trouvez pas de lâcheté positive dans ma demande — mettez ces deux mesures sur mon dos — faites comme si j'avais eu l'impertinence de les ajouter comme de mon crû. Je vous en conjure presque!

Permettez que j'aborde encore la question Wagner. Il paraît que la confidence que je vous ai faite dernièrement a donné lieu à un malentendu qui m'est extrêmement pénible. Wagner me remboursera pour sûr. Il me l'a écrit encore ce matin. Et même s'il ne le fait pas, je lui dois bien un petit sacrifice pour ma part. Que diable — je ne mets pas à la caisse d'épargnes! Et puis — il avait le droit de me demander un service pécuniaire. Depuis longtemps j'avais mis à sa disposition les honoraires que Härtel m'avait envoyés pour l'arrangement de l'»Iphigénie« — soixante-dix thalers.

J'étais seulement un peu contrarié l'autre jour — la dépêche télégraphique qui m'avait réveillé à deux heures du matin, les courses qu'il m'a fallu faire le lendemain, les leçons que j'ai dû remettre à cause de cette affaire etc. De par le Saint-Esprit, je n'ai pas songé un moment à réclamer votre générosité pour — me rembourser! Je ne suis pas si canaille que cela!

J'aurais encore bien des choses à vous raconter — mais il faut m'apprêter pour un concert d'un de mes élèves ce soir. Ce jeune homme, Eugène Leuchtenberg est un garçon de beaucoup de talent. Il vient de quitter Kullak, qui lui a donné des leçons jusqu'ici, mais d'après un système à faire dresser les cheveux. Sa mère me l'a amené il y a deux mois, en me suppliant de remplacer son ancien malfaiteur. Je lui ai »*eingepaukt*« le Septuor de Hummel, qu'il joue à merveille (il n'a que seize ans) et que je lui ai promis de diriger ce soir au concert. La cour et l'aristocratie protègent beaucoup ce jeune individu — ainsi l'assemblée sera assez brillante. J'aurais peut-être refusé d'y prendre part — pour ne pas blesser Kullak — mais il faut que je saisisse toute occasion de paraître en public pour le moment et le concert de Strauss est ajourné — faute d'auditoire.

Adieu et merci, cher maître adoré — mes respects les plus reconnaissants à Mme la Princesse, dont nous venons de recevoir les auxiliaires du concert[1]).

À vous du dévouement le plus enthousiaste

Hans de B.

Pas de nouvelles de Tausig?

113.

Très cher ami,

Quoiqu'à contre cœur, j'ai été obligé de prier Cosima de remettre jusqu'à votre retour de Paris la visite sur laquelle

---

1) **Dies Concert Bülow's fand am 27. Februar statt. Liszt selbst leitete seine ›Ideale‹. Nun schwieg die Opposition. Siehe Bülow's Briefe III, S. 226—227.**

je comptais maintenant, car à mon arrivée ici j'ai trouvé des lettres qui ne me laissent pas libre de mon temps, et me font aller de ci et de là, à Gotha, Leipzig etc. durant cette huitaine. Ce néanmoins je vous demande positivement de ne pas traverser Weymar sans vous y arrêter quelques heures au moins, attendu que je tiens à vous remettre quelques lettres (avec le commentaire obligé) pour Paris. Il est donc entendu que nous nous revoyons avant que vous ne franchissiez le Rhin.

Bonne veine et chance pour votre concert de Prague dont j'espère que vous aurez des nouvelles satisfaisantes à m'apporter. Par la même poste j'écris à Porges en lui envoyant mes partitions.

Bien tout à vous de tout cœur
10 Mars 59.   F. Liszt.

114.

Berlin, ce 22 Mars 1859.

Très cher maitre,

J'ai passé trois jours à Dresde avec Ritter et Draseke; j'avais grand besoin de me reposer un peu. Autant le concert de Prague et les répétitions m'avaient fait du plaisir, autant le reste de mon séjour là-bas m'a profondément ennuyé et lassé. Il était indispensable de faire le détour de Berlin — pour des raisons que vous ne désapprouveriez pas.

Enfin, demain j'espère avoir le bonheur de vous voir, de vous raconter des détails du succès de Prague et de recevoir les indications que vous avez eu la bonté de me promettre pour mon voyage à Paris. Je compte partir par le train de sept heures du matin — j'arriverai à Weimar à une heure et demie et je continuerai ma route la nuit suivante.

En vous priant de présenter mes respects à Mme la Princesse, je vous embrasse la main d'avance comme

votre tout dévoué et reconnaissant élève

Hans de B.

115.

Berlin, ce 24 Mai 1859.

Très cher et illustre maitre,

Je viens d'apprendre par votre lettre à Cosima les premières nouvelles sur le festival de Leipzig en tant qu'on a décidé de m'y employer.

Peu édifié des procédés de la tante Brendel, qui n'a pas daigné m'en avertir par un seul mot et de la manière dont on entendait disposer de moi sans me le proposer — je résolus de me borner en égoïste à l'audition de votre messe, [ce] dont je me faisais une fête — elle est d'ailleurs la seule chose qui vaille la peine du voyage. Je suis extrêmement fatigué de musique et il m'ennuyerait considérablement de [devoir] pianoter par ce temps dans un local aussi peu favorable au pianotage que l'est le théâtre de Leipzig.

Néanmoins si ce sont des ordres de votre part que Cosima me transmet, il va sans dire que je m'y soumets sans discussion. . — .

D'après ce qui me revient de différents côtés, la crème de la plèbe musicale de l'Allemagne va se donner rendez-vous à Leipzig. Il y aura un parterre de rois — du crétinisme. L'introduction du »Tristan« de Wagner[1]) fera un fiasco des plus éclatants. Puisque vous désirez que j'envoie la partition et les parties d'orchestre, je le ferai; en les adressant toutefois indirectement, à Weimar et non à Leipzig.

La seule chose qui me ranime un peu, c'est l'espoir que je caresse qu'on en viendra à des voies de fait et qu'il y aura matière sinon à des coups de pistolet du moins à des coups de canne. Je vais emprunter des revolvers pour tous les cas.

J'ai quitté Paris — pour le temps de la guerre, avec bien des regrets et en bonapartiste acharné, en outre avec le triomphe d'avoir converti Daniel Stern, qui a été excessivement aimable pour moi. Cosima vous aura tenu au courant des

---

1) Im Prager Concert durch Bülow zum ersten Male aufgeführt. Siehe Bülow's Briefe III, S. 218.

affaires musicales en général et des miennes en particulier en tant que cela aura pu vous intéresser.

Deux morceaux, un de Chopin, un de vous à jouer au théâtre de Leipzig! Je me casse la tête et je ne parviens pas à faire un choix. Chopin est joué par tout le monde. Ses œuvres moins connues ne font pas d'effet.

Pour vous montrer ma bonne volonté, je propose:

L. Cantique d'amour } Nocturne C.
C. Tarentelle } Polonaise L.

Le plus agréable pour moi, ce serait de jouer la Rhapsodie hongroise avec orchestre. Vous m'obligeriez infiniment si cela était possible.

Quant au Trio: ni Franck, ni Volkmann, n'ont encore été joués à Leipzig. Si l'on veut absolument du Schumann — je propose la Fantaisie Op. 17. .—. Quant à »Tristan«, il m'en coûte d'envoyer les parties à Leipzig. S'il y a une ville indigne de ce morceau, c'est à coup sûr celle-là. Et si Brendel vient me soutenir que »Leipzig vaut cependant une messe« — je proteste [contre l'idée] que ce soit la vôtre.

J'ai encore à vous rendre compte d'une commission dont vous m'aviez chargé à Paris. L'article de Séroff[1]) sera imprimé dans un des prochains numéros de Mlle Marie Escudier[2]). J'ai eu des remords tardifs de l'avoir fait accepter, en lisant le dernier numéro de la Gazette Musicale, dans lequel Botte me traite de »Hochgeboren«. — Je ne pense pas que ma retenue à Paris vous aura semblé du »Gesinnungsmangel« ou de la »Untreue«. J'ai très bien calculé au contraire. On a fini par me demander de »l'avenir«, et je n'ai répondu qu'en leur en promettant pour la saison prochaine. Scudo a applaudi à outrance la marche du »Tannhäuser« et il en dira du bien dans la »Revue des Deux-Mondes« du 1er Juin. — Si j'ai été moins joli que Mlle S., j'ai cependant mieux représenté l'école en étant moins slave et moins germanique que les autres

---

1) Alexander S. (1820—71), russischer Staatsrath, Musikkritiker und Operncomponist.
2) Marie und Léon Escudier, Brüder, Musikverleger in Paris, gründeten 1838 die Zeitschrift: »La France musicale«.

»émissaires« (style Siècle). Enfin je crois que 1860 justifiera et louera mon attitude de la saison passée[1]).

J'espère vous en dire plus long à Leipzig. Veuillez nous écrire à quel hôtel vous descendez, pour que nous nous trouvions près de vous. Je vous embrasse la main, en attendant, comme

votre tout dévoué et reconnaissant élève

Hans de Bülow.

116.

Très cher ami,

Je ne comprends absolument rien au silencieux oubli de notre digne ami Brendel qui depuis six semaines m'assure être convenu avec vous de tous les morceaux que j'ai indiqués à Cosima! Le fait est qu'il tomberait au moins à la renverse et se casserait le nez (ce qui serait un cas rare) si on venait lui dire que vous avez l'intention de faire défaut à la »Tonkünstler-Versammlung«, où en surplus, on compte sur un »Vortrag« de votre part qui est annoncé dans les programmes préliminaires. Quoiqu'il en soit de Brendel, et du parterre de rois du crétinisme qui vous attendent ici, je vous prie instamment, cher ami, de me prêter aide et assistance en arrivant Lundi prochain, 30 courant, à l'hôtel de Pologne où je suis casé (l'hôtel de Bavière m'ayant favorisé de quelques supercheries qui me privent du plaisir d'y retourner). Nous tâcherons d'arranger le reste à votre plus grande satisfaction, pourvu que vous soyez là, car vous nous êtes tout simplement indispensable. Leipzig est une conséquence logique de Ballenstedt, Carlsruhe, Aix-la-Chapelle etc. Vous avez été le héros de toutes ces batailles; il est de toute impossibilité que vous manquiez maintenant à ce poste plus ennuyeux que dangereux. D'ailleurs j'augure assez bien du résultat de la circonstance présente et je présume qu'elle nous fera gagner un peu de temps malgré toutes les sottises et malpropretés qui s'y rencontreront.

---

[1]) Siehe Bülow's Briefe III, S. 227—234.

— 268 —

C'est donc entendu, n'est-ce pas, et vous venez avec Cosima Lundi dans l'après-midi à l'hôtel de Pologne où je vous commanderai votre appartement.

Probablement M^r et Mme Ollivier¹) arriveront Mardi ou Mercredi, d'après les nouvelles que je viens de recevoir de Blandine. David compte vous écrire de son côté pour vous prier de passer la soirée chez lui avec Cosima Lundi et vous me feriez plaisir d'accepter. Pour ma part je ne bougerai plus d'ici jusqu'au Dimanche 5 Juin, et si vous n'avez déjà expédié les parties du »Tristan« il sera plus court de me les adresser à Leipzig.

. — . Nous aurons du reste quelques gens comme il faut et nos amis Draeseke, Cornelius, Bronsart etc. nous feront oublier les saligauds et les crétins.

Comme numéro solo je me permettrai de vous proposer, sauf meilleur avis, soit la Berceuse de Chopin, ou le Nocturne de Chopin, suivi de la 2de moitié de la Rhapsodie (N° 2)

Ce sera très court et d'un effet certain. Quant au Duo et au Trio de Schubert, il y a toute sorte de considérations médiocres, supérieures aux plus supérieures qui les rendent nécessaires. En conséquence je les ai fait annoncer.

À revoir donc, et bien entièrement tout à vous de cœur

26 Mai 59. Leipzig.   F. Liszt.

117.

Berlin, ce 14 Août 1859.

Mille fois pardon, très cher maître, si je me rends complice d'une surprise désagréable, en offrant ces quelques lignes à mon »ami« M. qui ne cesse de me supplier de lui fournir un prétexte grâce auquel il puisse, en passant par Weimar, oser se présenter

---

¹) Liszt's älteste Tochter Blandine war seit October 1857 die Gattin Emile Ollivier's, des nachmaligen Ministers und Schriftstellers in Paris. Sie starb schon Sept. 1862.

à l'Altenburg. C'est bien mal à moi — aussi cela ne m'arrivera plus à votre endroit. Je viens de compenser du reste ce méfait en signant deux refus à des demandes de lettres de recommandation de la part de quelques pianistes femelles, qui voulant bravement braver l'anathème suspendu sur l'école de Weimar se préparaient à aller vous carotter le titre d'»élève de Liszt«.

J'ai à vous faire bien des remerciments pour l'envoi des »Bohémiens«[1]). Je n'ai pas encore fini le volume, étant obligé à en jouir à petites doses, absorbé que je suis par un travail vraiment infernal de difficultés casse-tête, l'arrangement pour piano du deuxième acte du »Tristan«. Je suis très curieux de l'impression que cela vous fera. C'est bien plus compliqué, bien plus savamment anti-classique que le premier acte. Il y a quelques jours, j'étais tellement désespéré de mes essais, que j'allais vous demander conseil et secours. Mais vous avez autre chose à faire et je sais que vous n'aimez pas les gens, qui au lieu de s'aider eux-mêmes, en appellent au ciel. Je crois néanmoins que la tentation d'en appeler à vous va se présenter derechef. Vous feriez donc bien de me le défendre positivement. Je crois être moins indiscret en vous demandant de bien vouloir jeter plus tard un coup d'œil sur les épreuves de mon arrangement et de l'enrichir des bienfaits de cette critique fertile et positive, que vous seul savez exercer au profit de ceux qui en connaissent le prix. — Le mois passé j'avais commencé et même fini quelques morceaux pour piano — j'en avais à peu près une douzaine en tête — mais tout cela repose maintenant de par la domination de cet »*individualitätsregungenmörderischen*« Tristan. Dieu, que cette musique-là est despotique! C'est brillant et tranchant comme l'acier d'une guillotine vierge. Il me semble du reste, que dans cette œuvre, même plus que dans les »*Nibelungen*« Wagner pousse la puissance d'expression de la musique jusqu'à ses dernières limites, jusque dans ses derniers retranchements. Au delà nous arriverions nécessaire-

---

[1]) Liszt's Buch »Des Bohémiens et de leur musique en Hongrie«. In's Deutsche übertr. v. L. Ramann. Ges. Schriften VI.

ment aux — »*Vierteltöne*«. Que je serais heureux de vous voir et entendre déchiffrer cette partition et combien cela m'aiderait à m'initier dans plusieurs énigmes, dont je suis parfois très long à trouver la solution. Vous devriez bien passer quelques jours incognito chez nous à Berlin!

J'en reviens aux »Bohémiens« où il y a de bien belles choses, quoique je sois quelque peu tenté d'ôter à la nation juive l'auréole aussi poétique qu'ingénieusement philosophique dont vous l'avez entourée. Ce serait pourtant une polémique bien pacifique que je hasarderais. — À propos, avez-vous reçu une petite brochure allemande, où l'on fait la guerre à la démocratie bonapartophobe? Je vous l'ai adressée il y a quinze jours sous bande, croyant que cela vous amuserait peut-être dans un moment perdu. Est-ce que vous en avez deviné l'auteur? Avez-vous reconnu la récolte de ce que vous avez semé autrefois? À Berlin l'auteur a gardé, comme cela va sans dire, le plus profond incognito.

Dans le cas où Madame la Princesse Wittgenstein m'en voudrait beaucoup d'avoir aidé le gros M. à grimper sur les hauteurs de l'Altenburg, veuillez bien l'apaiser. M. est beaucoup moins gluant, qu'il n'en a l'air. . — . Il est beaucoup trop riche pour faire du parasitisme et c'est au fond un bon garçon, qui par exemple achète tout ce qui parait en fait de *Zukunftsmusik* et le fait splendidement relier. Son salon offre un aspect féérique et enchanteur par l'étalage des magnifiques et gigantesques dorures des frontispices de vos partitions, de celles de Wagner — et des »*minorum*« et »*minimorum*« sur son piano, sur sa table, dans sa bibliothèque. Il a quelques ridicules de commis-voyageur dans son physique — mais il est commis-voyageur pour un article très avouable. Avec le temps on pourra faire son éducation, le styler peu à peu — (pas de malentendu surtout!) non pas dans ce qu'il est ou ce qu'il représente, mais dans ce qu'il a — selon les catégories de Schopenhauer [1]).

---

1) Drei Capitel in dessen »Parerga und Paralipomena« handeln: »Von dem, was Einer ist. Von dem, was Einer hat. Von dem, was Einer vorstellt«.

Depuis assez longtemps je manque absolument de nouvelles de Wagner. Que veut-il à Paris? Ne lui déconseillez-vous pas d'y aller? Carvalho[1]) semblait bien peu occupé de l'exotisme de la mise-en-Seine du »Tannhäuser« lors de mon séjour à Paris. . — . Les dîners endimanchés et la compagnie inadmissiblement bourgeoise des Hérold ne le charmeront que médiocrement à la longue, je pense.

Je suis en relations assez suivies avec Bronsart et Tausig. La pruderie honnête de l'un et le cynisme génial de l'autre ne se contrebalancent pas mal. Vous savez que Kroll se marie le 18, c'est-à-dire jeudi prochain? La cérémonie se passera dans une ville d'un nom fort peu poétique, à Pasewalk. Je laisse à Cosima le soin de vous donner plus tard une esquisse de ce mariage. . — .

J'ai appris par ma mère que vous avez encore pensé à moi en taillant deux admirables morceaux pour piano dans le »Rienzi« et le »Rigoletto«. Mille grâces pour la promesse de me sauver encore une fois si splendidement des embarras des concerts de cour à Berlin et de ville à Paris. Adieu pour aujourd'hui, mon illustre maître — pardonnez ce griffonnage et octroyez-moi la permission d'une courte visite peut-être au mois d'Octobre.

Votre reconnaissant et fidèle élève

Hans de Bülow.

118.

15 Août 59. Weymar.

Très cher ami,

Votre brochure »*zur Kritik Napoleons des Dritten*« est un emporte-pièce d'un tranchant d'argumentation et de dialectique admirable. Tout y reluit et frappe juste et fort à la fois. La thèse majeure de l'identité du principe de la révolution avec celui de l'élection a une force et une solidité invincible, et je ne sache rien de plus concluant pour »l'opération

---

1) Director des Théâtre lyrique in Paris.

césarienne« que ce que vous en dites. S'il y avait un reproche à faire à cette brochure ce ne pourrait être que celui d'y avoir mis trop d'esprit, trop de verve et de saillies. Mais ce serait se plaindre que la mariée est trop belle, ce qui ne devrait point troubler si fort l'humeur des collaborateurs des »cisrhenanen Moniteurchen«, lors même qu'ils gagneraient quelques étonnements aux vigoureux coups de discipline que vous leur administrez.

S'il m'en souvient bien ce sont les St Simoniens qui ont les premiers avancé l'idée (au commencement du régime de Juillet) que Napoléon I. était le missionnaire armé de la révolution. Elle rencontra peu de sympathie alors, ce qui n'ajoute ni n'ôte rien à sa justesse. Dans votre tentative de faire l'opération de la cataracte à la Démocratie, vous reprenez cette idée et la développez avec une lucidité et une vaillance de logique qui me charment. Je ne doute point que L. N. III y prendrait grand plaisir aussi, et je vous engage à la lui faire parvenir. Toutefois il me paraîtrait prudent de garder l'anonyme provisoirement, sauf à vous arranger de manière à ce qu'on tienne compte de vous comme vous le méritez.

Ne m'étant point imaginé que la brochure était de votre crû, je ne l'ai lue qu'hier soir — par suite de l'ennui que m'avait donné la brochure de Fischel[1]) »die Despoten als Revolutionäre« laquelle me fait l'effet d'une bouillie pour les chats très allemande (»Deutscher Brei«!) avec l'accompagnement obligé des ronflements patriotiques! — Malheureusement le public allemand n'a pas comme la nature l'horreur du vide; tout au contraire il s'y sent à l'aise et s'y dorlotte volontiers. Il se pourrait donc que F. rencontrât beaucoup d'approbateurs, car il donne à ses lecteurs le sentiment de l'importance de sa satisfaction allemande, tandis que votre façon d'argumentation lui devient incommode en lui insinuant une sorte de défiance du peu de cas qu'il y a au fond à faire d'une quantité de braves gens qui ne savent faire que ce qu'ils

---

1) Eduard F. (1826—63), Freund Bülow's. Siehe dessen »Ausgew. Schriften«, S. 271—279.

disent — c'est-à-dire des bêtises. Et encore quand il s'agit de faire se laissent-ils paralyser par l'embarras du choix des bêtises. En ne les imitant point on risque beaucoup de rester à l'écart, ce qui du reste n'est pas un grand malheur!

Bien tout à vous

F. Liszt.

119.

Berlin, ce 16 Octobre 1859.

Très cher maitre,

J'ai une demande à vous adresser, qui me tient fort à cœur — elle semble bien simple — et cependant vous m'accorderiez beaucoup, en me permettant de vous communiquer la dernière lettre que Wagner vient de m'écrire. Cette lettre me parait pouvoir réclamer votre attention — mais je n'ose pas vous l'envoyer de suite, ne sachant pas si vous êtes assez libre pour admettre un importun. Certainement, si un homme a le droit de dire en parlant de soi: »nihil divini a me alienum puto« c'est vous — je voudrais cependant que cette communication fût autorisée et qu'elle vous arrivât dans un moment exceptionnellement favorable. Vous êtes assez martyr vous-même, pour que vous ayez le droit de vous servir parfois aussi du mot authentique de Cicéron, que je viens de citer en le parodiant: »nihil humani a me alienum puto«. Ainsi, ne veuillez pas vous presser, en daignant toutefois ne pas considérer ma prière comme oiseuse et superflue.

Mr. Séroff m'a fait une grande joie en m'apportant le beau cadeau, que vous avez bien voulu me faire. Mille grâces de tout mon cœur. Mais l'inscription que vous y avez ajoutée, m'a fait rougir comme une jeune fille, puis pleurer — je suis si loin de la mériter![1]).

---

1) Eine Prachtausgabe von Liszt's »Missa solemnis« mit der Widmung: »Dem lieben Freund, Sohn und Meister Hans von Bülow sein F. Liszt. September 59.«

Le Russe susdit a prolongé son séjour à Berlin d'une semaine. Nous avons seulement pu l'inviter à dîner et lui donner une petite soirée — mes occupations assez absorbantes dans ces temps-ci ne m'ayant point permis de l'accompagner aux différents musées et chez les notables musiciens visitables. Séroff est en somme un être assez spirituel et n'invitant pas particulièrement à la »bénédiction du diable dans la compagnie« [1]).

La marche de Voltaire sur des motifs de Frédéric le Grand a été remise de suite à Piefke pour être instrumentée. Il a promis de la finir le plus tôt possible — je m'empresserai alors de vous faire ravoir les manuscrits. — Quant à la publication de cette œuvre chez Bock — cela me semble tout à fait impossible. Voilà une copie de la lettre que j'ai été forcé de lui écrire aujourd'hui au sujet du »*Huldigungsmarsch*« [2]).

Outre ceci — il n'y a absolument rien de nouveau à vous écrire. Daniel [3]) vient de profiter de quelques rayons d'un soleil un peu plus doux qu'à l'ordinaire pour faire une promenade en *Droschke* avec Cosima. Son état est assez journalier. Cependant il y aurait plutôt une légère amélioration à constater — il tousse moins et montre quelquefois un »*ravvivando*« sensible. Hier, en rentrant d'un »café« juif chez Mlle Assing [4]), nous l'avons trouvé au piano, s'amusant à se rappeler différents souvenirs musicaux.

Mon arrangement du »Tristan« n'avance pas. Il me reste encore un tiers [à faire], un troisième acte presque plus inhumain que les antécédents. — L'invitation officieuse (non

---

1) Gegensatz zu einem Liszt'schen Clavierstück, betitelt: »Bénédiction de Dieu dans la solitude« (»Harmonies poétiques et religieuses.« N° 3).

2) Siehe Bülow's Briefe III, S. 269.

3) Liszt's Sohn, der, auf der Wiener Universität Jura studirend, sich zum Besuch bei seiner Schwester in Berlin aufhielt, war an einem Brustleiden erkrankt, dem der 20jährige Jüngling am 13. Dec. desselben Jahres erlag.

4) Ludmilla A., die Nichte Varnhagen's und Herausgeberin seiner »Denkwürdigkeiten«, Tagebücher u. s. w.

pas l'officielle) de Herbeck[1]) est arrivée le jour même où je reçus votre lettre par laquelle vous aviez la bonté de m'y préparer, en m'envoyant la sienne. J'y ai répondu et ne lui ai demandé que les frais de voyage et de séjour — en appuyant sur ce que je faisais en ceci une concession à l'amitié que vous portez à Herbeck en échange des bons sentiments qu'il professe pour vous et pour vos œuvres. — Je n'ai point d'autres projets de voyage pour le moment, si ce n'est une excursion à Stralsund et à Greifswald au commencement du mois prochain. On m'y a engagé si instamment et à tant de reprises, que je n'ai pu refuser. À l'exception du 5 Novembre, où il me faut — pour ménager Stern — jouer le Caprice avec orchestre de Mendelssohn à l'occasion de l'anniversaire de la mort de ce héros de la Palestine prussienne — je m'abstiendrai de me faire entendre pendant cette saison à Berlin. Il y a bien des motifs qui m'y engagent et que vous ne désapprouveriez point, j'en suis sûr. Je sais »Hernani«[2]) et »Rigoletto«[3]) tant bien que mal — je vais me mettre à l'étude du »Rienzi«[4]) et puis je ferai les copies que vous m'aviez chargé de demander à Conradi; celui-ci étant trop occupé en ce moment par son arrangement pour piano à 4 mains du . —., qu'il fait d'après la partition de piano à deux mains, Y. n'ayant pas la grande partition d'orchestre et ne voulant pas se déranger pour la faire venir de Paris. Voilà une de ces malpropretés tout à fait caractéristiques pour Berlin et les Berlinois. Quelle race, mon Dieu!

Excusez le décousu de ces lignes, mon adoré maitre, et veuillez me rappeler au souvenir bienveillant de Madame la Princesse. Votre tout dévoué et reconnaissant élève

Hans de Bülow.

À bientôt, j'espère, une réponse de Bock à propos de l'affaire du »Huldigungsmarsch«.

1) Johann v. H. (1831—77), Wiener Hofcapellmeister, ausgezeichneter Dirigent des Männergesangvereins, der Gesellschaftsconcerte u. s. w., förderte die neuere Musikrichtung.
2) u. 3) Concertparaphrasen von Liszt.
4) Phantasiestück von Liszt.

120.

Très cher ami,

. —. Tout en regrettant de vous avoir occasionné le désagrément d'écrire une lettre explicative à M' B., je n'ai pu m'empêcher de prendre plaisir à la lecture de ce petit chef-d'œuvre épistolaire qui mériterait d'être imprimé en tête de la partition du »Huldigungs-Marsch«. De quelque façon que cette très petite affaire se termine, je vous prie très instamment de ne pas vous mettre en brouille avec B. par suite de son procédé éditorial. Informez-moi simplement de sa réponse et nous aviserons pour le mieux, soit qu'il se ravise ou non. En mémoire de ses relations empressées avec Gotha, j'avais d'abord pensé à B. pour la publication de la »Marche de Frédéric le Grand«. Mais je comprends vos scrupules dans la situation donnée et demanderai probablement à Schuberth de se charger de l'édition de ce morceau. En attendant veuillez remercier M' Piefke de son obligeance et me renvoyer la partition de l'arrangement de piano aussitôt qu'il aura terminé son travail d'instrumentation. Joiguez-y aussi les morceaux de Rigoletto, Ernani, Rienzi, et »Venezia e Napoli« que je vous supplie de ne point copier. Vous me feriez un véritable chagrin par cet excès d'amabilité que je tiens à ce que vous gardiez en réserve pour de meilleures occasions. Vous avez en vérité un tout autre emploi de votre temps à faire, et je ne me pardonnerais pas de vous avoir mis à pareille épreuve. Puisque Conradi n'est pas disponible pour le moment, je ferai copier ces morceaux par Kindervater, dont la copie fait toujours honneur à l'enseignement calligraphe que Raff lui a donné. Il est donc bien entendu, très cher Hans, que vous ne tremperez pas votre plume dans ce méfait!

Tâchez de terminer le Tristan avant votre voyage de Greifswald. La Princesse a écrit à Cosima que d'après un on dit il a été question de vous inviter à diriger le Tristan à Carlsruhe. Cela ne me semble pas probable, mais il n'y a pas d'inconvénient à ce que cela se dise.

Herbeck m'écrit tout son contentement de votre généreuse

amabilité. »*Herr von Bülow hat in wahrhaft nobler Weise, unter Bedingungen, die ich mir nicht getraut hätte, ihm zuzumuthen, die Einladung angenommen; ich fühle sehr wohl und weiß es zu schätzen, welchem Einfluss ich das hauptsächlich zu danken habe etc.*«

Pour votre programme au concert de la Société philharmonique à Vienne, je vous conseille de proposer soit un Concerto de Bach, ou un Concerto de Beethoven, ou enfin la Fantaisie de Schubert — mais dans aucun cas un de mes Concertos, que vous pourrez toujours produire subséquemment si vous trouvez qu'il y a lieu, dans votre concert personnel; car je ne doute pas que vous n'ayez un grand succès à la Société philharmonique, et par là vous vous récuperez d'une couple de bons concerts dans la même quinzaine. Après votre arrivée à Vienne vous déciderez s'il y a plus d'avantage à choisir la salle du *Musik-Verein*, ou bien à entrer en arrangement avec une direction de théâtre (ce qui est parfois plus expéditif et plus commode).

Si vous n'y allez qu'au commencement de Décembre, vous y trouverez la Princesse Marie[1]).

Le concert de Zwickau avec les Chœurs de Prométhée est fixé pour le 15 Novembre. Je partirai de suite après la *Schillerfeier* de Jena, où l'on exécute le *Künstler-Chor* (le 11 Novembre) comme introduction à la *Fest-Rede* de Kuno Fischer. Damrosch m'écrit qu'à Breslau le *Künstler-Chor* doit également figurer dans le programme des Fêtes-Schiller. — Je vous enverrai prochainement la partition imprimée du *Künstler-Festzug* (pour orchestre) où le motif du chœur alterne avec celui des *Ideale*.

.—. Durant ces huit jours l'Altenburg sera toute déserte, la P^sse ne devant revenir que dans le courant de la semaine prochaine de son excursion de Paris.

À revoir bientôt, j'espère, très cher ami, et à toujours, très invariablement, votre

19 Octobre 59. F. L.

1) Prinzessin Marie Wittgenstein hatte sich am 15. October mit Prinz Constantin zu Hohenlohe-Schillingsfürst, Flügeladjutant des Kaisers und nachmals erster Obersthofmeister in Wien, vermählt.

121.

Berlin, ce 19 Octobre 1859.

Cher grand maître,

Puisque vous m'y autorisez — voilà la lettre de Wagner. Puissiez-vous, en la lisant, ne pas regretter de m'avoir permis cet acte de confiance un peu téméraire. Il me semblait qu'il fallait absolument que vous en prissiez connaissance, abstraction faite du poids que j'en ressentais à la conscience en omettant de vous la communiquer: car c'était presque vous la cacher.

Cosima pourra plus tard vous donner des notices sur les dernières dépêches de Paris, dont à l'avenir je vais avoir une peur de tous les diables, vu que je ne puis encore me déshabituer — d'en être littéralement bouleversé.

Puis — voilà la réponse de Bock à ma lettre de l'autre jour. Elle a été suivie de la visite immédiate du graveur, qui m'a consulté sur le format etc. des plaques. J'ai accepté le modèle proposé pour les partitions de Glinka dans l'édition de Leipzig. Dans trois semaines la chose sera terminée.

Zellner de Vienne m'a joué un tour pas mal perfide. Comme je n'ai pu en obtenir raison directement, je vais au moins jouir de la satisfaction de voir la lettre que j'ai été forcé de lui écrire en réponse, imprimée chez Bischoff[1]) et Brendel. — .[2]) Je me flatte que vous ne me gronderez pas. Si cela était, je prendrais pour avocat Mr. Édouard Liszt. — Herbeck m'a écrit encore, enchanté de mes conditions d'une modestie outrée, en me priant de choisir entre [la date du] 27 Novembre ou [celle du] 25 Mars de l'année prochaine. J'ai opté pour la dernière date, mais si vous avez un intérêt quelconque à ce que le »Prométhée«, qu'on veut faire exécuter précisément au concert pour lequel on m'invitera, soit donné encore cette année, je m'arrangerai tant bien que mal pour le 27 Novembre. Outre la Fantaisie de Schubert — selon votre avis — j'ai proposé le Caprice sur les »Ruines d'Athènes« — qui à

---

1) Begründer der »Niederrheinischen Musikzeitung« (1794—1867).
2) Siehe Bülow's Briefe III, S. 264—266.

cette occasion pourra peut-être s'offrir à l'éditeur de la première version sans orchestre.

En toute hâte — vous embrassant la main
votre tout dévoué élève

Hans de Bülow.

122.

Berlin, ce 23 Octobre 1859.

Très cher et très noble maître,

. — . . — . Permettez-moi de garder encore un peu ›Venezia e Napoli‹ ainsi que ›Rienzi‹, jusqu'à ce que je les sache par cœur et que je puisse en continuer les études sans manuscrits. Quant à l'›Alceste‹ — désirez-vous des exemplaires en format haut ou large? L'ancienne édition est en large — mais Bock vient de publier les arrangements de Conradi des opéras de Gluck en format moderne. Puisque cela presse — je vous ferai envoyer demain divers exemplaires, en réservant l'échange.

Adieu, très bon et grand maître — n'en veuillez pas à celui qui voudrait tout sacrifier pour vous épargner un léger ennui et qui est bien
votre tout dévoué élève

Hans de Bülow.

La rumeur de Carlsruhe, à laquelle vous faites allusion dans votre [dernière] lettre ainsi que dans une précédente, me semble être d'une impossibilité — pas du tout inévitable [?]. Je ne pourrais d'ailleurs pas accepter à cause de Wagner.

123.

Berlin, ce 5 Décembre 1859.

Très grand et très cher maître!

Le magnifique cadeau que vous avez bien voulu me faire — je m'apprête maintenant à le convertir en or et en gloire.

Vous n'aurez pas douté, je pense, que le produit de la vente de vos manuscrits n'ait été dignement employé. Verdi, après avoir passé à travers le creuset de Liszt [1]), doit servir »*la musica dell'avvenire*« comme il sied à l'adversaire de Jacques [Meyerbeer]. — Or, la première chose mise à l'ordre du jour pour la saison présente d'accord avec vous, c'est l'exécution de la »*Grauer Festmesse*« au mois d'Avril après mon retour de Vienne. Je suis dans les meilleurs termes du monde biblique avec Stern — le conservatoire marche, marche à donner des accès de plus en plus violents de ce que vous devinez à K.; Stern m'a donc réoffert de plein gré, par initiation [insinuation?] forcée, le concours de son »*Verein*« pour la dite fête. Je vous demande un peu, qui pourrait mieux porter les frais de cette exécution, que le »*Trovatore*« ? Quant à ce morceau, il vient de se présenter un prétendant assez impatient et pressé. Vous saurez mieux que moi que Schuberth veut à toute force s'emparer de ce bijou, dans lequel il me semble flairer un certain parfum Californien. A deux reprises déjà il m'a demandé le prix que je mettais à votre manuscrit. Je lui ai répondu que j'attendais ses offres, prétextant que j'en avais déjà reçu plusieurs et lui promettant que si l'offre qu'il me ferait atteignait au maximum, je lui donnerais la préférence. En marchand habile il redemande mes conditions et je vous avoue maintenant que je suis assez embarrassé pour la réponse. Permettez-moi de vous demander, si cinquante Louis d'or, par Fantaisie vous semble trop modeste ou trop exigeant. Si je ne me trompe Mendelssohn a reçu le double pour l'un des cahiers des Romances sans paroles, je ne me rappelle plus lequel, mais je suis sûr qu'il ne valait pas votre transcription. Voudriez-vous bien m'éclairer là-dessus?

Le programme de ma deuxième soirée, qui aura lieu dimanche prochain, est assez varié.

1. Sonate op. 111. — 3. Les cloches de Genève et la Valse-Impromptu. — 4. Fantaisie de Mozart et Métamorphoses

---

[1]) Concertparaphrase über das »Miserere« aus Verdi's »Trovatore« (M. S.) von Liszt. Von Bülow erstmals gespielt 6. Jan. 1860.

de Raff. — 6. Gavotte de Bach, Romance de Schumann et Impromptu de Schubert op. 90, N° 2. — 7. Ernani. — [Pour les numéros 2 et 5] Mlle Franz¹) dira les deux Ballades de Hebbel, avec l'accompagnement de Schumann. . —.

Il vient de nous arriver une nouvelle bien triste: celle de la mort de Mlle de Jaski, denoûment prévu de son cruel martyre moral et physique, mais qui nous a cependant profondément affligés, surtout Cosima. —

Piefke a arrangé le »Tasse« avec infiniment d'habileté; il brûle de vous le faire entendre. Je l'ai dirigé à une répétition la semaine passée ainsi que la Marche du Coburg²) qui produit un effet admirable. Dans ce dernier morceau j'ai surtout cru devoir donner des avis sur une certaine élasticité des mouvements, par exemple dans les combinaisons et successions subites des différents motifs.

J'attends vos ordres sur le renvoi des manuscrits que je tiens encore de vous et je vous embrasse la main.

Votre tout dévoué et fidèle élève

Hans de Bülow.

Pardon du décousu de ces lignes.
Je n'ai presque pas une demi-heure à ma disposition.

124.

Très cher ami,

Schuberth vient de m'écrire aussi au sujet de la Fantaisie du »Trovatore«. Je lui ai répondu que vous en étiez entièrement propriétaire et maître — mais que je désirerais que les trois Transcriptions de Ernani, Rigoletto et Trovatore (maintenez le numérotement des chiffres) soient publiées par le même éditeur, et en même temps. Il me semble que vous pourriez demander cent Frédérics d'or pour cette salade

---

1) Später Gemahlin des Herzogs Georg von Sachsen-Meiningen, Freifrau von Heldburg.
2) Liszt's Festmarsch nach Motiven des Herzogs Ernst von Sachsen-Coburg.

italienne en trois parties. Si vous préfériez le débit en détail, le prix très convenable de chacun des morceaux serait de 40 à 50 Frédérics d'or. Lors même qu'il ne se trouverait pas de suite un éditeur qui voulût les acquérir à ce prix, ils pourront toujours vous servir pour vos concerts de Cour et autres. Si grâce à votre virtuosité le succès s'en répand, il se rencontrera aussi par occasion quelque chaland affriandé, parmi les boutiquiers de musique! —

Schuberth veut bien consentir à publier sur ma recommandation la Marche de S. A. R. de Saxe-Cobourg. Soyez assez bon pour lui envoyer l'arrangement pour piano (à 2 mains) qui est resté chez vous à Berlin, si je ne me trompe, avec la partition (pour orchestre ordinaire) que j'ai remise à M' Piefke, auquel vous la redemanderez afin de l'expédier de suite à Leipzig, à l'adresse du sus-dit Schuberth. À la prochaine visite que je vous ferai à Berlin, il me sera très agréable d'entendre la Marche de Monseigneur (au sujet de laquelle j'ai des visées particulières en l'honneur de Piefke), et aussi le Tasse que vous me dites avoir été si habilement arrangé par M' Piefke, ce qui ne me surprend pas. Veuillez bien lui en faire tous mes compliments et remerciments.

Relativement à l'usage éventuel qu'il y aurait à faire de la somme (éventuelle) qui reviendrait de la vente des Fantaisies-Verdi, nous en causerons encore à votre retour de Paris. À mon sens il n'y aurait pas d'inconvénient à ce que vous laissiez passer cette saison sans reprendre vos concerts d'orchestre, sauf à vous y remettre d'autant plus vigoureusement la saison prochaine. D'ailleurs, si je ne me trompe fort, l'exécution de la Messe, pour peu que Stern y soit disposé, devrait plutôt rapporter que coûter de l'argent. Il s'agira seulement de savoir bien s'arranger et de choisir le moment opportun à cet effet. . — .

Bien tout à vous de cœur

6 Décembre 59. F. Liszt.

125.

Très cher ami,

Dans la séance de la *Schiller-Stiftung* d'hier (sous la présidence de Dingelstedt) je me suis fait fort de votre confiance et vous ai de suite informé par télégramme que je désirais que vous retardiez l'envoi de votre généreuse contribution jusqu'à ce que ma communication vous soit parvenue.. Vous expliquer en détail combien la »*Allgemeine Schiller-Stiftung*« en est déjà réduite au particularisme infinitésimal qui surgit en Allemagne à chaque tentative de rassembler en faisceau les forces ou les faiblesses éparses, me mènerait trop loin. Qu'il vous suffise de savoir qu'il y a une bonne et belle action à faire — et cela sans retard — car il s'agit d'un vieillard de 75 ans qu'un coup d'apoplexie a frappé dernièrement, Leopold Schefer à Muskau[1]). Or, tout le *Verwaltungsrath* de la Sch.-St. est incapable d'envoyer à temps 200 écus, en supposant même (ce qui est fort douteux) que ces messieurs s'entendent sur le choix de ce candidat. En l'honneur de l'unité allemande ces messieurs sont naturellement comme chiens et chats! Moyennant de la somme de vos 3 concerts à Berlin, la chose peut se faire avec une parfaite simplicité, si vous agréez à ma proposition et que vous nous adressiez cette somme en la destinant exclusivement »*an den Vorstand der Weimarer Schiller-Stiftung*« et que vous nous notifiez votre intention qu'elle ne soit pas capitalisée, mais qu'on en dispose dans des cas d'urgence (»*in dringenden Fällen*«), en vous informant préalablement de l'usage qui en sera fait, et vous réservant ainsi un quasi veto ou voix délibérative là-dessus. Ce dernier point n'est pas à oublier, car il donne meilleure contenance au douataire.

Pour plus de précision j'ai demandé à Dingelstedt de m'écrire en allemand à ce sujet, et vous joins ici sa lettre qui n'est que la répétition de ce que je viens de vous communiquer. J'espère que vous n'avez point d'objection qui vous

---

1) Der Dichter des »Laienbreviers« (1784—1862).

empêche de souscrire à ma proposition. En faisant ainsi du *Weimarer Schiller-Verein* le distributeur de vos dons, vous nous rendez service et vous me faites plaisir. En sus, vous en aurez tous les revenant-bon formels que je ne négligerai jamais pour vous.

Le Comte Redern vient de m'inviter très aimablement à assister à la première représentation de son opéra, et probablement je serai à Berlin Jeudi matin. Vous y trouverai-je encore? Ne vous laissez en rien déranger de vos projets par mes allées et venues, mais faites simplement ce que vous avez à faire. Le Cte Redern m'a engagé à demeurer chez lui. Je viens de lui écrire pour le prier de me permettre de profiter une autre fois de son hospitalité, et m'établirai comme d'habitude à l'hôtel Brandebourg.

Samedi soir au plus tard il faut que je sois de retour ici. Pour plus de sûreté envoyez-moi à mon adresse votre lettre au *Vorstand der Weimarer Schiller-Stiftung*, avec la somme attenante (mais sans mon nom, à moins que vous ne mettiez: *zu Händen des H^{rn} Dr Liszt, Mitglied der Weimarer Sch.-St.*), ce qui me semblerait le plus naturel.

Bien tout à vous de tout cœur

9ten Januar (Montag) 60. Weymar.   F. L.

126 *).

Très cher et illustre maître,

Je vous demande un million de pardons de ce que le paquet, que je vous envoie ci-joint, se trouve être si incomplet. Ce n'est point de ma faute. Le volume de Victor Hugo dans l'édition que vous désirez avoir, est introuvable à Berlin. J'ai fait une razzia assez consciencieuse dans toutes les librairies »étrangères«: partout l'on me présentait l'édition Hachette, format à peu près pareil aux Charpentier, mais types mesquins. Puis pas de »Claude Gueux«. Le volume »derniers jours

---

*) Autograph dieses Briefes sowie der vier nächstfolgenden Bülow's im Besitz von Frau Prof. Thode in Heidelberg.

d'un condamné contient la grande préface (environ trente pages) et »littérature et philosophie mêlées«. Enfin — il y avait encore une édition de Bruxelles, très petit format, dans laquelle »Claude Gueux« ne figurait pas non plus. Avant de faire écrire à Paris — même en recommandant le »très pressé« il faut toujours attendre quelques semaines — je voulais d'abord vous demander, s'il fallait absolument obtenir la réunion des »derniers jours« avec »Claude Gueux« dans un seul volume.

Je m'imagine que le volume indiqué a été égaré de votre collection et que vous désirez remplir la lacune conformément à votre édition. S'il en est ainsi, je pourrais faire écrire à Paris et en attendant, si vous en avez besoin, vous faire venir les deux ouvrages dans n'importe quelle autre édition. Pardon de cette longue explication germanique avec ses hypothèses et tout son train de l'ennui à quatre pattes.

Wieprecht est encore à Bade-Bade; on n'attend son retour que dans deux ou trois semaines. J'ai remis la partition à S., qui tout d'un coup s'est renié lui-même en m'accueillant avec une politesse, une bonhomie, dont je ne le supposais pas capable. J'aurai soin de maintenir nos relations sur ce pied-là et de contribuer au développement de cet élan d'humanisation en lui rendant quelques petits services. Au nombre de ces derniers se trouve une critique à faire sur les huit *Lieder* de Lassen[1]), dont il a fait paraître une édition si piteuse. Pourrais-je vous demander de me faire obtenir de la part de Lassen quelques notices biographiques, dont j'aurai absolument besoin, pour donner à mon article ce cachet de neutralité, qui sera indispensable pour un laissez passer et dans l'*Echo* et dans la *Spener'sche Zeitung*?

S. ne se souvient que vaguement de votre manuscrit *vom Fels zum Meer*, lequel cependant a servi à l'arrangement de Wieprecht. Comme vous nous avez donné une copie alors, je m'empresse de vous l'envoyer, afin que vous puissiez ter-

---

[1]) Eduard L., geb. 1830, der Componist, seit 1858 unter Liszt Hofmusikdirector in Weimar, nachmals Hofcapellmeister und Generalmusikdirector daselbst. Siehe Bülow's »Ausgew. Schriften«, S. 246—250.

miner l'arrangement sans retard. J'aurais beaucoup aimé vous pouvoir épargner cette peine; mais il n'y a presque pas de nuances de *f* et *p* dans cette copie; ainsi je ne saurais point deviner vos intentions. Mais si vous voulez que je me charge d'un arrangement à quatre mains pour S., ce sera avec un vif plaisir, que je me mettrai à cette tâche. Au fond c'est assez étrange, qu'ayant fait des arrangements pour Wagner et Berlioz, je n'en aie pas encore fait pour vous. Il faudra bien y remédier un jour ou l'autre.

La partition du *Stabat Mater* ci-incluse (avec les Psaumes et l'opinion nationale, laquelle avait déjà été adressée à Cosima par sa sœur) est la seule du Maëstro Astorga qui soit publiée à Berlin chez Bock.

Brendel, à ce qu'il paraît, veut ajourner la conférence proposée par moi, à cause de Weitzmann, qui le 5 Août ne sera pas encore de retour de Misdroy. Moi, je suis de l'avis que W. est de luxe dans cette affaire; je me charge de voter pour lui au besoin, s'il y a votes, à l'unisson ou *con 8va bassa*, selon le *rinforzando* à donner. Les vacances du conservatoire finissant le 8 Août, j'aimerais que le rendez-vous fût avant.

Bronsart vous aura fait part de sa discussion avec Brendel au sujet des programmes de l'*Euterpe*[1]). Afin de »*eine Verständigung anzubahnen*«, j'ai refait le plan provisoire avec Bronsart, qui maintenant a rejeté l'ancien. Permettez que je le soumette à votre décision, à votre sanction avec ou sans amendement[2]).

---

1) Ein ehemaliger Leipziger Concertverein, dessen Dirigent Bronsart zwei Winter hindurch war.

2) Dem Briefe liegt nachstehender Programm-Entwurf von Bülow's Hand bei.

Euterpe.

I.	II.
Ouverture v. Händel (aus einer beliebigen Oper).	Ouverture zu Iphigenie Gluck (oder Figaro v. Mozart).
D moll Concert (Clavier) Bach.	Toccata nicht v. Esser Bach.
Sinfonie (C moll — kurz) Haydn.	Solo.
Chöre v. Cherubini, Gluck oder Anderen.	Ouverture op. 115 Beethoven.
Phantasie für Piano, Chor und Orchester Beethoven.	3. Sinfonie (Es dur) Schumann.

J'ai d'abord corrigé diverses muleteries de Brendel dont l'une, celle de commencer le premier concert par la Toccata de Bach arrangée par Esser, est de l'absurde le plus vert. J'ai retranché la Sinfonie de Spohr, ainsi que celle de Schubert, la première comme endormante sans bénéfice de doux réveil, et l'autre comme faisant partie des chevaux de bataille (écurie municipale) du Gewandhaus. Je crois avoir bien placé votre »Prométhée« dans le 3me concert et idem les Préludes au 4me, en compagnie de Schubert, Cherubini et Meyerbeer.

III.
Ouverture) Pietro v. Abano
Chor   ) Spohr.
G dur-Concert (Clavier) Beethoven.
Meeresstille, Ouvert. Mendelssohn.
Meeresstille, Chor Beethoven.

Prometheus-Musik Liszt.

IV.
Ouverture Schubert.
(Fierrabras oder Rosamunde.)
Solo.
Préludes, Sinf. Liszt.
Solo.
Ouv. (Ali Baba) Cherubini.
Struensee-Musik Meyerbeer.

V.
Faustouverture Wagner
(oder Holländer mit neuem Schluss).
Violinconcert David.
Instrumentalstück David.
Frühlingsphantasie Gade.
(Piano, Orchester, Vokalsoli.)

Harold-Sinfonie Berlioz.
(Harold: David als Gast.)

VI.
Vorspiel zu Tristan Wagner.
Männerquartette Rubinstein.
Solo.
Fest bei Capulet Berlioz.

Requiemfragmente (1 und 6) Berlioz.
Ouvert. f. Chor u. Orch. Nicolai.
(Eine feste Burg.)

VII.
Tasso, Sinf. Liszt.
Solo.
(Scherzo v. Glinka.
)Reitermarsch v. Schubert.
(instr. v. Liszt.
Cäsarouverture Bülow
(oder etwas Neueres).

Frühlingsphantasie Bronsart.

VIII.
Learouverture Berlioz.
A dur-Concert Liszt.
Solo (Vokal).
Künstlerfestzug Liszt.
Achte Sinfonie Beethoven.

Il n'y a plus l'ombre de »*Tendenz*« dans une réunion, où selon mes principes, il ne faut viser qu'à l'amusement du public. Car enfin il s'agit maintenant d'apprivoiser la bête, il s'agit d'apprendre à bien jouer les pédales de cet instrument si essentiel dans le monde moderne, qu'on appelle le »suffrage universel«. Il n'y a pas d'autre appui. À propos, connaissez-vous l'Ouverture d'»Ali Baba«? Y est-il chérubin, ce cher Cherubini dans ce morceau! Un bruit d'enfer — cuivre et percussion presque sans pauses! Le contraste avec le finale des Préludes sera égaudissant. Comme cela va embarrasser quelques gens ennuyeux!

Au cinquième concert, David et Gade encadrés par Wagner et Berlioz, ainsi qu'au sixième ces derniers grimaçant fraternellement avec Rubinstein et Nicolai — cela sera passablement drôle dans le bon sens du mot. Les fragments du Requiem N° 1 et 6 (Lacrymosa) à mon avis pourront énormément »*ein- und durchschlagen*«.

Le septième concert est quelque peu »risqué«. Mais il faut encourager les Magdebourgeois en imitant leurs »*Wagnisse*«. Le huitième est »sûr«.

Il y aura probablement bien des changements à faire. Mais il s'agit de décider si cet échafaudage primitif peut servir de point de départ. Les vieux maitres pourront très bien être représentés dans les »Soli« et alors Brendel pourra avoir la satisfaction de voir la »*Neudeutsche*« modestement réduite à un tiers du butin, à la part du loup.

Quant à mes projets de concert à Berlin, je me permettrai de vous en parler de vive voix. Je compte réunir trois concerts d'orchestre avec trois soirées de piano dans un abonnement pour six soirées. Les programmes viseront à l'approbation du suffrage universel, comme je l'entends. Un peu d'américanisme raisonné. Ennuyer le moins possible quiconque. Le premier concert à peu près comme cela: Ouverture de Spontini (»Agnès de Hohenstaufen« — inédite), Duo d'»Euphrosine« de Méhul (la meilleure chose que ce philistin ait produite — inconnu), »Orphée« et Marche de Schubert — morceaux de chant — Sinfonie de Beethoven ou de Berlioz

(Harold). Enfin — je n'ai pas encore ruminé cela suffisamment.

À Magdebourg vous m'avez déconseillé du voyage avec Sivori[1]) que Belloni[2]) avait projeté; j'en ai eu du plaisir — de votre conseil. Une lettre de ce pauvre Hasert[3]) m'a donné l'idée, si lui ne pourrait pas profiter de ce plan d'association. Il ne s'agirait que de rendre cela plausible à Belloni. Un mot de vous peut seul arranger l'affaire. Voudriez-vous faire ce sacrifice? Il se pourrait qu'on m'invite vers la fin de ce mois à jouer à Wiesbade. J'ai l'intention d'accepter et d'y essayer »Venezia e Napoli« que je viens d'étudier et que je suis avide de jouer bientôt en public. D'ailleurs jusqu'ici je ne me suis point encore fait entendre dans cette partie de l'Allemagne, où il vaut mieux que je me fasse appeler que de m'y présenter »*motu proprio*«. Puis Raff m'a parlé d'une exécution des Préludes, à laquelle il sera utile d'assister. J'attends encore des nouvelles exactes. Si cela ne s'arrange point, tant mieux; je pourrais alors rester ici. J'ai un besoin de repos physique qui m'inquiète. Je me sens quelquefois comme empoisonné par de l'opium, la tête tellement lourde, la matière désobéissante aux instigations de l'esprit. Ce qui m'attriste le plus dans cela, c'est que je ne me reconnais ni le droit ni la nécessité de me trouver dans cet état. L'initiative ne me manque pas encore; mais tout ce que je commence n'aboutit qu'à m'inspirer le plus profond dégoût et de moi-même et de la chose. Je me tais — c'est aussi puéril qu'absurde de vous ennuyer de plaintes subjectives, auxquelles il n'y a au fond que le temps pour remède. Avec le temps je pourrai aussi parvenir à me concentrer: maintenant je souffre de trop d'obsessions extérieures. C'est peut-être le tiers de celles, auxquelles vous êtes en butte; mais c'est plus que trop pour ma faculté de supporter ce fardeau tout en étant actif. J'ai

---

1) Camillo S., bedeutender Violinvirtuos, Schüler Paganini's (1815—94).

2) Liszt's Secretär während seiner Virtuosenreisen 1841—47.

3) Rudolf H. (1826—77), Pianist, Schüler Dehn's und Kullak's, nachmals Pfarrer.

acquis en peu de temps une réputation bien peu méritée; j'en porte tous les désavantages afin que justice soit rétablie. — Pardon encore. Il faut que je vous écrive plus souvent; mes lettres deviendront plus lisables alors. . — . Tout à vous de respect et de dévouement
votre reconnaissant
Berlin, 21 Juillet 1860. Hans de Bülow.

127.

Très cher et incomparable ami,

Je commence par sauter sur la proposition que vous voulez bien me faire de vous charger de l'arrangement à 4 mains de la Marche *vom Fels zum Meer*. C'est certainement trop d'honneur pour cette boutade martiale (que j'ai notée par suite de l'ennui que m'avait causé l'examen de quelques cinquante Marches prussiennes lors du concours proposé par Schlesinger et auquel j'avais accepté imprudemment l'office de juge en compagnie avec Meyerbeer, Wieprecht et Berlioz), mais puisque tant est que vous vous sentez d'humeur à vous livrer à un excès d'amabilité, je ne me ferai pas scrupule d'en profiter. Il se rencontrera j'espère, quelque chose de plus digne de vous et je me réserve de réclamer alors vos services de maître et d'ami. Pour ce qui est de cette Marche, veuillez, je vous prie, en user sans aucune façon dans votre arrangement et je vous promets de surpasser M' de Voltaire qui écrivait à d'Alembert *à quelque chose près je suis de votre avis en tout*. Ce *quelque chose près* est heureusement très loin entre nous, n'est-ce pas? — Je vous enverrai sous peu la partition (que j'ai eu la débilité de faire) avec une meilleure copie de l'arrangement de piano, passablement modifié et raccourci. En revoyant le manuscrit il m'a semblé que ce rocher et cette mer ne devaient être autre chose qu'un retroussement de moustache pour les Lieutenants prussiens. Vous ne me désapprouverez pas, je présume — et on pourra peut-être orner, relever et couronner le tout par une dédicace à S. A. R. le Prince Régent. Dites-moi ce que vous pensez de cette velléité.

Vos programmes des concerts de l'*Euterpe* sont parfaitissime et admirabilissime. J'y souscris entièrement, et dirai dans l'occasion à Brendel de ne pas s'en écarter d'un iota — si ce n'est pour retrancher au moins une fois mon nom qui, je le crains, y revient un peu trop souvent dans la situation donnée. Tout le reste est un de vos chefs-d'œuvre! —

Il faut maintenir la première date (5 Août) et plutôt l'avancer que la reculer, pour notre conférence à l'effet de: »eine Verständigung anzubahnen«! J'écrirai dans ce sens à Brendel et vous m'obligerez de le prévenir. Plus tard je ne promets pas de pouvoir me rendre à Leipzig — mais à moins d'événements de force majeure, je reviendrai avec vous à Berlin de Leipzig, et passerai une couple de jours avec vous deux. Il s'entend de soi que je n'ai rien autre à faire à Berlin, et souhaite y rester inaperçu, sans apercevoir qui que ce soit.

Je vais m'acquitter de votre commission Hasert en indiquant à Belloni qu'il aura à s'adresser à vous en cas d'acceptation. Lassen est toujours à Bruxelles. Je lui demanderai les renseignements biographiques dont vous voulez avoir l'amicale obligeance de vous servir, et vous remercie pour ma part de cette bienveillante intention.

Permettez-moi encore, très cher, de vous prier de ne pas vous laisser aller à vos humeurs de migraine. Vous êtes très décidément quelqu'un et avez quelque chose à faire en ce monde. Si dure et insupportable que soit la vie parfois, il s'agit de bien l'employer. Continuez donc simplement de faire comme auparavant, et de demeurer ce que vous êtes. C'est bien et beau ainsi — croyez-en
      votre profondément affectionné

26 Juillet 60. Weymar.   F. Liszt.

P. S. Pardon de vous avoir ennuyé de ma commission du dernier jour d'un condamné. Envoyez-moi l'édition Hachette, en 2 exemplaires même si elle n'est pas coûteuse.

Occasionnellement vous me rendez service en disant à Schlesinger que l'honoraire qu'il a fixé pour ma Transcription des Mélodies de Chopin me serait agréable maintenant, car ma bourse est horriblement à sec.

Je règlerai nos petits comptes d'Astorga et du volume de Hugo à Leipzig. Vos *Pfefferoni* vous arriveront en Septembre seulement, car la nouvelle moisson ne se fait qu'en Août, et j'aurais eu honte de vous en envoyer de trop classiques de l'année dernière. Il y a déjà bien assez de racornissements et de moisissure d'ailleurs! —

128.

Brendel vient d'avoir une idée lumineuse, et je vous engage beaucoup, très cher ami, à contribuer pour votre part à la réaliser. Il s'agit simplement de nous trouver à Weymar au lieu de Leipzig — et il me semble que ce changement n'incommodera personne. Comme vous êtes obligé de repasser par ici en revenant de Wiesbaden, je vous prie donc de stationner à l'Altenburg, et je vous accompagnerai ensuite jusqu'à Berlin. Veuillez seulement avoir la bonté de faire savoir exactement à Brendel quel jour vous comptez être ici, afin qu'il s'arrange en conséquence.

La Princesse ne sera de retour que dans le courant du mois prochain, et je dois rester ici jusqu'au 15 Août pour recevoir des nouvelles que j'attends[1]).

À revoir donc ces jours-ci. Comme je ne bouge pas de la maison, il n'y a pas besoin de me prévenir de votre arrivée. Votre chambre sera prête, ayez seulement soin d'écrire deux mots à Brendel pour lui fixer la date de notre conférence céans.

Bien tout à vous de tout cœur

9 Août 60.   F. Liszt.

---

[1]) Die Fürstin Wittgenstein war seit dem Mai in Rom, um die Lösung ihrer Ehe, die auf fortgesetzte Schwierigkeiten stieß, endlich herbeizuführen und ihrer beabsichtigten Vermählung mit Liszt die Wege zu ebnen.

129.

Voici, très cher ami, le *Schiller-Marsch* pour Schlesinger[1]). Veuillez avoir la bonté de le lui remettre, et s'il y avait besoin de le faire copier, charger de ce soin un copiste intelligent, que pour le moment je n'ai point à ma disposition ici. J'écrirai quelques lignes à Schlesinger pour lui annoncer cet envoi et lui recommander de presser la gravure de manière à ce que le *Schiller-Marsch* paraisse très prochainement, avant la *Schiller-Feier* (10 Novembre). S'il convenait à Schlesinger que je fasse un arrangement à 4 mains d'après ma version à 2 mains, je m'en accommoderais volontiers, à moins que vous ne soyez disposé à remplir cette besogne. Plusieurs passages seraient d'une bonne sonorité à 4 mains — mais qu'à cela ne tienne! —

Peut-être trouverez-vous occasion de jouer cette Marche à Meyerbeer; excusez-moi alors vis-à-vis de lui de quelques licences que je me suis permis. L'arrangement très soigné et parfaitement convenable de Kullak ayant déjà été publié, je ne pouvais m'en tirer autrement sans vol manifeste — or ce n'est pas là ma manière d'entendre la propriété! Si je ne me trompe, ma version sera d'un assez bon effet, et je me suis appliqué à la faire aussi commode que possible pour l'exécutant.

Bien tout à vous de tout cœur

6 Sept. 60.   F. Liszt.

130.

Très cher ami,

Votre arrangement à 4 mains de la Marche »*vom Fels zum Meer*« est un petit chef-d'œuvre. Je l'ai essayé hier avec Lassen, et ne connais rien dans ce genre qui me plaise et me satisfasse autant. Merci mille fois d'y avoir mis tant d'esprit et de savoir-faire, depuis les roulements de tambour jusqu'aux minimes arabesques des flûtes. C'est très peu de

---

[1] Liszt hatte den von Meyerbeer componirten Marsch zum Concertvortrag für Clavier eingerichtet.

chose pour vous, je le sais; car qui peut le plus, peut le moins, dit le proverbe que dans ce cas je modifierai de la sorte: il faut pouvoir beaucoup, pour si bien faire valoir le peu que j'ai fait. Permettez-moi de vous prier de vous charger de tous les soins relatifs à la publication de cette Marche. J'en écrirai à Schlesinger quand il m'aura envoyé les épreuves du *Schiller-Marsch* de Meyerbeer. Si possible je voudrais que la Marche »*vom Fels zum Meer*« parût avant la *Oster-Messe*. La dédicace à S. A. R. le Régent de Prusse me semble opportune, et je serais d'avis qu'on la mit sur une seconde page (après le titre) en allemand:

»*Seiner Königlichen Hoheit dem Prinz-Regenten von Preussen ehrfurchtsvoll gewidmet.*«

Il s'entend de soi que je serai charmé que vous disposiez de l'honoraire de la *Rienzi-Transcription* (si tant est que vous en obteniez quelque chose) pour Damrosch. Malheureusement je ne suis guère en fonds tout cet été, sans quoi je vous aurais bien volontiers prévenu à cet égard. J'ai écrit ces derniers jours à Damrosch auquel je reste très sincèrement affectionné.

. — . J'ai reçu de bonnes nouvelles de Rome, mais je n'attends pas la Princesse avant la fin du mois. . — .

Encore merci — et toujours tout à vous de tout cœur
Lundi, 8 Octobre 60. Weymar. F. Liszt.

P. S. Ne voulant pas manquer la poste de ce soir, j'ai écrit pendant que Pohl jasait dans ma chambre et vous fais mes excuses de mon gribouiller (à la manière des femmes de chambre amoureuses!).

131.

[October oder November 1860.]

Très cher et très vaillant,

Sur votre obligeante indication Mr Friedländer[1]) m'a écrit il y a une huitaine de jours, au sujet de la continuation des

---

1) Damals Mitinhaber des Musikverlags C. F. Peters, Leipzig.

Pedal-Fugen de Bach. Je n'ai pu lui répondre de suite, et préférerais que vous vouliez bien vous charger de mener à bonne fin cette petite négociation que vous avez si bien commencée. Voici ce qui en est de ces arrangements bachiques. Pour ma part je n'ai écrit que le grand Prélude en *sol mineur*, qui est du petit nombre de mes morceaux très favoris, si bien que je le joue assez souvent pour mon propre plaisir, ce qui ne m'arrive que de loin en loin avec d'autres compositions réputées tout aussi classiques. J'ai fait cadeau de mon manuscrit (de transcription) à un Mr Barr, que je ne connais pas personnellement, mais avec lequel j'ai été en correspondance durant quelques mois à l'occasion d'un travail qu'il a très consciencieusement rempli et que je vous communiquerai aujourd'hui. C'est précisément l'arrangement de 10 *Pedal-Fugen* de Bach, que Mr Barr (qui habite Neu-Breisach! sur la frontière de France) désirerait publier. Je lui ai conseillé de s'adresser à la maison Peters à Leipzig qui lui a fait une réponse assez favorable, demandant seulement de prendre connaissance de son manuscrit avant de s'engager définitivement. Si, comme je me plais à le croire, vous trouvez l'arrangement de Mr Barr bien fait (et pour le dire en passant, il a profité de plusieurs avis que je lui ai donnés, et recopié en entier son premier manuscrit), proposez à Mr Friedländer de le publier sous le nom de Mr Barr, en ajoutant seulement au titre:

»Édition revue et augmentée d'une Version du grand Prélude (N° 10) par F. Liszt.«

Les prétentions d'honoraire de Barr seront certainement très modiques, et Friedländer pourra, si bon lui semble, publier mon Prélude à part, et j'y ajouterai même gratis la Fugue qui suit, dans le cas que vous seriez disposé à la jouer de ci et de là.

Pardonnez-moi ces longues explications, mais l'affaire s'est un peu compliquée par l'immixtion de Mr Barr. Aussitôt que Friedländer aura pris une décision, veuillez m'en informer. Avant de livrer le manuscrit à l'impression, je prendrai soin de le revoir encore avec minutie — et si en le parcourant

vous trouvez quelques améliorations à y introduire, je vous
saurai très bon gré des coups de crayon que vous y ajouterez.
Bien tout à vous
F. Liszt.

132.

Très cher ami,

Dingelstedt vous a télégraphié au sujet de Josef Rank[1])
qui se trouve dans une misère pressante à Nuremberg. J'ai
contresigné la dépêche de Dingelstedt et me plais à espérer
que votre réponse sera favorable à ce brave Rank avec lequel
j'ai eu pendant les 6 ans qu'il a passés ici, des relations
d'amitié. Vous vous souvenez probablement de lui aussi et
de ses *böhmische Dorfgeschichten* qui ont acquis une certaine
popularité. En 48 Rank était membre du parlement de Francfort qu'il a suivi à Stuttgart, voyage qui n'a pas contribué à
lui faciliter sa carrière en Autriche.

C'est une honnête et excellente nature. Durant son séjour
à Weymar où il est arrivé peu après la débâcle de Stuttgart,
il a vécu dans la plus honorable pauvreté, et quoiqu'il
venait assez souvent à l'Altenburg et que nous nous rencon-
trions fréquemment au *Neu-Weimar-Verein*, il ne m'a jamais
emprunté un sou (c'est une pierre de touche!).

Par la poste de demain je vous enverrai la Fugue BACH
avec le Prélude de la Fugue en *sol mineur*, auquel il faut
que j'ajoute quelques nuances. Veuillez avoir l'obligeance de
me faire parvenir de suite le *Spinnerlied*. Mr Müller . —.
le réclame et désire le publier avant Noël. En outre il a
l'intention d'éditer mon arrangement de l'Ouverture du Tannhäuser[2]) (que vous me permettez de vous dédier en attendant
que je vous fasse une grosse dédicace de mon crû) et aussi
la Fantaisie sur des motifs de Rienzi.

---

1) Volkserzähler (1816—96), aus Friedrichsthal im Böhmerwald
stammend.

2) Für 2 Hände. Bülow's Wiedergabe desselben erregte in
Berlin großes Aufsehen.

J'ai cherché hier la copie que vous avez bien voulu me faire de l'Ouverture du Tannhäuser — mais probablement Mr T. ou quelqu'autre aura trouvé convenable de la garder. Je m'informerai encore si elle n'est pas à retrouver ici ou ailleurs. Dans ce cas négatif je vous prierai de m'en faire faire par un très bon copiste, une copie exacte d'après le manuscrit que je vous ai donné. Quant à la Fantaisie de Rienzi, je n'en possède pas d'autre exemplaire que celui qui est resté chez vous et que je vous serai obligé de m'envoyer.

L'incident X. n'aura d'autre suite que la s u s p e n s i o n plus ou moins prolongée de mes rapports d'amitié avec lui. Cela m'est pénible sans doute, mais il n'y a pas d'autre moyen de sauvegarder ma contenance obligatoire. Vous savez combien je suis éloigné d'avoir la moindre rancune contre X. dont j'apprécie mieux que d'autres le caractère honorable, tout en regrettant qu'il se laisse induire à des faiblesses qui pourront lui jouer plus d'un mauvais tour. Quand vous le verrez à Leipzig ménagez-le beaucoup, et si vous vous décidez finalement à accepter sa proposition du T r i p l e - C o n - c e r t o de Bach, j'en serai bien aise, car il me semble qu'il v o u s s i e d m i e u x d'ignorer le plus possible la sottise qu'il a commise. — N. a eu beaucoup de succès au concert de Mardi dernier.

        Bien à vous de cœur et d'âme

Vendredi matin, 30 Nov. [1860.]   F. L.

Wagner m'a écrit quelques lignes pour me demander de lui envoyer un exemplaire de son Poème des *Nibelungen* qu'il ne possède plus, à ce qu'il parait. Je viens de le lui expédier par le Courrier de la Légation française, et il compte le publier prochainement à ce qu'il me dit. Du reste Wagner se plaint du mauvais état de sa santé qui ne lui permet pas encore d'écrire.

Mon voyage de Paris étant ajourné il serait possible que vous m'y trouviez en Janvier.

133.

Mon adoré maître,

Je vous accuse d'agir envers votre serviteur avec trop de façons. Quand dans n'importe quoi — comme dans la dépêche de Dandin-dindon — il y a le mot »*Liszt einverstanden*«, il s'entend que le gendre y est compris d'avance. Il n'y a qu'une seule exception — c'est quand il s'agit de votre service, car alors je ne me fiche pas mal de votre »*Einverständniss*«, c'est-à-dire de vos scrupules. — J'ai répondu par une simple affirmation, que maintenant mon esprit d'escalier voudrait avoir mieux rédigée. Je suis enchanté, on ne peut plus enchanté de l'emploi de mes quelques sous au profit d'un [homme] aussi non-pendable que Mr. Joseph Rank.

L'Ing-énu a peur de moi, il ne m'écrit plus au sujet de la soirée du 4 Décembre. Ma dernière lettre, laquelle — je n'ai pas besoin de vous le dire — était exempte de toute allusion indélicate, naïve ou »ingénue«, l'a complètement abasourdi. Elle ne contenait que des exclamations et des tirades à la Pater Duchêsne — comparez en musique les roitelets aveugles de notre très commun ami l'Ex-Gieselack.

Quel démenti je viens de recevoir par la poste dans ce moment même! Permettez que je vous communique la lettre de Hans. Je pars donc lundi, par votre train, pour Leipzig avec un Bechstein ultra-sublime qui tressaille de plaisir en rendant votre divine Sonate. Ce morceau a été le premier qui a été joué par moi le premier sur le premier piano que Bechstein a fait. Vous comprenez qu'il y a dans cela un intérêt de cœur tout particulier. À propos, Cosima a écrit en dernier lieu à Brendel pour lui annoncer ma redisposition de jouer à l'*Euterpe*, en ajoutant aux autres conditions tout simplement «*das Triple-Concert will Bülow nicht spielen*».

Je vous envoie les manuscrits demandés. Les copistes de Dresde valent mieux que ceux de Berlin, lesquels en outre sont très occupés dans ce moment pour des partitions maëstrueuses. Permettez-moi de vous confier que Mr Müller est l'un des plus . —. qui existe dans l'honorable corporation des marchands de musique. J'en possède les preuves les plus irrécusables. Je vous en supplie, soyez très exigeant, très dur pour lui et très défiant à l'endroit de l'accomplissement de sa part de vos conditions. Souffrez que je vous demande un petit service en cette occasion. J'ai fait pour Flaxland[1]) un arrangement de l'Ouverture du Tanuhäuser à 4 mains, qui ne me semble pas mauvais du tout, et bien plus pratique pour les amateurs que l'ancien arrangement publié à Dresde. Je suis presque sûr de votre indulgente approbation de ce petit travail, que je désirerais vivement voir se publier en Allemagne comme en France. Que Müller s'arrange pour cet arrangement avec Flaxland — au fond il n'a point du tout à demander sa permission — quant à moi je ne demande pas un sou, comme il va sans dire, mais je tiens beaucoup à la publication pour des raisons très simples.

N'est-ce pas trop puéril que de vous raconter que nous sommes extrêmement contents du succès de ma première soirée, surtout pour la première partie du titre de la comédie de Ponsard[2])? Votre trilogie pastorale suisse a ravi tout le monde. L'»églogue« et le »lac« auront la popularité de la »source«[3]). J'ai enterré Clara par l'exécution des »études symphoniques«, qui m'a réussi au delà de mon ambition. Meyerbeer a dû s'en aller avant le *Schiller-Marsch* (Kullak a fait de même). Sa fille est très gravement malade; il y avait le soir même à 9 heures une consultation chez lui avec le célèbre docteur Traube. Nous envoyons tous les jours savoir de ses nouvelles. Il paraît que ça va très mal. La salle était remplie; l'officier ne pullulait pas, mais je mets sa »rareté« sur le compte du deuil de la cour, représentée seulement par des programmes roses sur papier chinois.

Je fais comme l'âne de la fable; je jase croyant imiter Cosima dans ses causeries qui vous plaisent.

---

1) Pariser Musikverleger.
2) »L'honneur et l'argent.«
3) »Églogue«, Au lac de Wallenstadt«, »Au bord d'une source«, Stücke aus Liszt's »Années de Pèlerinage«. 1re année. Suisse.

Adieu, très cher maître, pensez un peu à moi mardi prochain, ça portera bonheur à mes faibles dix soldats que je vais passer en revue de ce pas.

Votre tout dévoué et enthousiaste
Berlin, ce 1 Décembre 1860. Bülow.

134.

›B a c h‹ zum Gruss in Leipzig!

Antwort Deines lieben Briefes in Berlin: Müller soll beSchulzet werden. Dein
3. December 60. F. L.

Präludium und BACH-Fuge bitte ich nicht zu verlieren, da kein andres Exemplar mehr vorhanden.

135.

Mon très cher et illustre maître,

J'ai encore à vous remercier de votre gracieux envoi à Leipzig, auquel je dois bien des moments heureux. J'espère que vous voudriez bien confier pendant quelque temps encore ces précieux manuscrits à ma garde — étant un peu souffrant, il devra se passer encore des jours avant que mon cerveau et mes doigts les aient absorbés.

Le motif pour lequel je vous écris aujourd'hui, c'est la lettre ci-jointe de Raff. J'espère n'avoir pas abusé de la ›carte blanche‹ que vous avez voulu me donner concernant l'affaire Schott. Le Concerto[1]) sera gravé en partition (comme le premier chez Haslinger) — ›Venezia e Napoli‹ y seront joints et on vous payera trente (30) Frd'or.

La tenue de la lettre de Raff vous fera voir qu'il a très bien compris vos intentions en traitant sous mon nom: de

---

1) A dur, Nr. II von Liszt.

cette façon il y a toujours possibilité pour vous d'annuller le marché, s'il vous déplait. Si non, en allant à Paris pour la Ire représentation du »Tannusère« je pourrai remettre à Raff la partition du IIme Concert et le manuscrit de »Venezia e Napoli«, que je vous enverrai ces jours-ci pour une révision. Quant au Concert, j'ai expédié la copie que je tenais de Tausig, à celui-ci à Vienne, où il veut le faire entendre. Quant à Venezia e Napoli, j'ai mis sur mon programme de l'autre jour, que je me permets d'adjoindre: Barcarole, Canzone e Tarantella (et non seulement Canzone e Tarantella), puisque trois morceaux il y a.

Mon concert de vendredi 14 Décembre a eu bien plus de monde que le premier. Je suis gonflé de *self-satisfaction.* Meyerbeer, Artôt, Trebelli y assistaient et Madame [la Princesse] de Prusse a très ostensiblement coopéré à me faire rappeler trois fois après »Venezia e Napoli«. Elle est restée plus d'une heure dans sa loge. Excusez si je vous envoie un échantillon de la presse, qui a bien changé de ton et de façons à mon égard. NB. la *Nationalzeitung* »n'est plus servie«.

Mme Pflughaupt a fait un petit fiasco au *Domchor*. Il y en aura d'autres.

À ma troisième soirée Sonate *Hmoll*[1]). Nous verrons comment elle va passer cette fois-ci. Sans optimisme — j'espère qu'il n'y aura pas de scandale. Alors suivront les deux *Orchesterconcerte:* la *Graner Messe* avec le *Sternverein,* et un concert pour le *Goethedenkmal,* où il y aura *Goethemarsch, Schillermarsch* (à la fin) — Préludes (introduction de la 2me partie), Ouverture de Spontini (Agnès de Hohenstaufen) pour le lever du rideau. Voilà mes projets. . — .

Brendel vous aura donné des nouvelles de Leipzig. Donc je m'abstiens de vous chanter le même couplet. Il n'y a pas eu moyen d'empêcher un attièdissement dans les relations des deux H. . — .

Voilà. Je suis creux d'idées et pauvre de paroles comme

---

1) Von Liszt.

un pianiste de carrefour. En ai-je fait des gammes ces dernières semaines!

Tout à vous d'enthousiasme et de reconnaissance
Berlin, ce 18 Décembre 1860.   Hans de Bülow.

La Rhapsodie N° 8 est fameusement »*dankbar*«. Avis aux puc..... et aux cré.... parasites! Mendelssohn était perfidement enlacé dans vos griffes[1]). Je n'ai pas eu besoin de chauffer particulièrement le »four« pour lui.

136.

Mille fois merci de votre lettre, chèrissime ami. Je commençais à m'inquiéter de n'avoir pas de vos nouvelles, et vous aurais écrit ce soir. Cosmos[2]) ne vous donne pas trop de tribulation, je l'espère? Hélas! cela ne sert de rien de se tourmenter et pourtant on n'y échappe pas, car comment faire autrement en ce monde, pour peu que l'on ait un peu de cœur. Tout au plus si l'on réussit à se contenir assez pour ne pas ennuyer autrui de ce qui nous tourmente! — . — .

Je m'arrange de façon à aller à Paris vers la mi-Janvier. . — . Je viendrais bien volontiers à Berlin — mais vous comprenez que je ne puis pas m'y montrer par trop souvent. Vous recevrez donc quelques mots après le jour de l'an, par lesquels je vous indiquerai les arrangements qui me paraîtront les plus commodes et les plus convenables. Comme nous avons à nous revoir un grand nombre de fois ma vie durant j'espère, il s'entend de soi que vous ne devez vous gêner en aucune façon et me dire très simplement ce qui vous arrange le mieux. Quand pensez-vous aller à Paris? Savez-vous quelque nouvelle un peu plus précise sur la date de la représentation du Tannhäuser? Les dernières nouvelles

---

1) Zwischen »Venezia e Napoli« und der 8. Ungarischen Rhapsodie spielte Bülow 2 Stücke von Mendelssohn.

2) Bülow's erstgeborene Tochter Daniela, jetzt Frau Prof. Thode in Heidelberg.

que j'ai reçues de Wagner, sont sur un ton fort attristant. Je vous joins ici ses dernières lignes. (À propos — très entre nous — je n'ai pas négligé de lui préparer la petite surprise de l'oiseau que vous savez, et il y a quelque chance qu'il pourra prendre son vol — d'ici à peu de jours cela sera fait — ou ne se fera pas, car en pareille matière comme en quelques autres, c'est la chance qui décide. Toutefois, comme il y a moyen d'aider la nature, il y a aussi moyen de venir en aide à la chance — seulement on ne peut pas garantir l'efficacité de ces moyens.)

Avez-vous lu la traduction française des 4 Poèmes d'opéra[1]), avec la lettre d'introduction à Mr Villot? Si vous n'avez pas encore ce volume que j'ai fait venir de chez Brockhaus (avant que Wagner ne me l'envoyât), je vous l'expédierai et y joindrai ›Rome contemporaine‹ de Mr About, que j'ai reçu par la même occasion. À tout hasard je vous les envoie demain.

Tout chemin ramène de Rome, surtout de Rome contemporaine (qui doit être, je n'en doute pas, un livre abominable), et je tombe comme une tuile ou un aërolithe sur Bechstein, pour lequel je fais copier mon portrait de Scheffer. Seulement cette copie ne pourra pas être prête pour le jour de l'an comme je l'aurais désiré, par plusieurs raisons qu'il est inutile d'expliquer, et dont une seule suffirait comme pour les fameux coups de canon du roi de Danemark! — En attendant j'ai produit à Mr Müller-Hartung[2]) le piano à queue de Bechstein (que je dois à la munificence plus que royale de mon illustre gendre). M^r le Directeur de musique d'Eisenach qui est un homme suffisamment intelligent (ancien élève favori de Kühmstedt[3]) et ›*musikalischer Referent*‹ *eines Dresdner grossen politischen Journals*) a été émerveillé de la sonorité puissante et suave à la fois, du magnétisme du toucher, et de

---

1) Von Wagner.
2) Geb. 1834, seit 1865 in Weimar, Director der Orchester- und Musikschule daselbst, früher in Eisenach.
3) Friedrich K. (1809—55), Musikdirector, Componist in Eisenach.

l'électricité éolienne (style Escudier) de ce merveilleux instrument. Aussi a-t-il eu le bon esprit de persuader à son »*Verein*« d'en acquérir un pareil — et je vous envoie ci-joint ses deux lettres pour vous mettre au courant de ce petit incident. Je ne lui ai pas encore répondu, mais il est admis dans le pays que j'écris rarement. J'ai pris cette méthode non seulement par paresse, mais parceque je me suis aperçu que la plupart du temps il ne servait de rien de dire quelque chose à des gens qui ne savaient rien faire.

À la poney-hère — un composé de poney et de pauvre hère — (bonne heure!) dirait notre ami P. si je lui communiquerais la lettre que votre diplomatie persignyque a subrepticement obtenue de Raff au sujet du 2^d Concerto etc.! Il va sans dire, comme je vous l'ai déjà dit, que je suis aussi surpris que charmé de cet arrangement, car il me sera agréable que ce morceau, écrit il y a plus de 8 ans paraisse — et je vous autorise pleinement et surpleinement (néologisme) de dire à Schott que je suis prêt à lui faire gratis telle ou telle transcription .... qui pourrait avoir quelque chance de débit.

Veuillez aussi, je vous prie, remercier Raff de ma part d'avoir si bien rempli de bons offices en cette circonstance. Quant au programme du concert de Mayence, nous en parlerons un peu plus tard. (NB. Je ne possède plus une seule copie du Concerto. S'il y a lieu je vous prie d'écrire à Bronsart de vous envoyer son exemplaire). . —.

Mr Müller (non *Hartung*, mais peut-être *Weichung*) de Dresde ne m'a pas encore écrit d'une façon définitive. Comme vous avez mis mes soupçons (assez dormants d'ailleurs) en éveil, je me suis retranché — mais je suppose cependant d'après les offres qu'il m'a faites, qu'il se croira obligé de prendre vis-à-vis de moi la mine d'un homme sortable.

Voilà du monde (je ne sais lequel) qui m'arrive et qui attend depuis une demi-heure au moins.

Sans adieu donc — et bien à vous de cœur

20 Décembre [1860, Weimar]. F. L.

137.

Très cher ami,

Vous avez rencontré plusieurs fois Mr Bendel[1]) chez moi et connaissez son talent. Il se rend à Berlin pour y trouver les chances que tout artiste doit savoir affronter et supporter. Quelques personnes de l'aristocratie de Prague s'intéressent à son avenir, en particulier le Cte Westphalen et aussi le Cte Chotek. Je suppose donc qu'il aura été muni de quelques lettres de recommandation pour Berlin, qui lui profiteront, et je vous prie, très cher ami, de le recevoir cordialement, et de lui donner en toute franchise les avis et conseils que vous jugerez appropriés à ses visées....

Bendel avait l'intention de jouer ma Sonate à Berlin; mais je lui ai dit très positivement de s'en abstenir. Il a bien travaillé celle de Schumann (*fa $\sharp$ mineur*) et vous la produira, ainsi que son Concerto que Cose a entendu à Weimar. Il me semble que ce morceau pourra faire de l'effet à Berlin. Peut-être se trouvera-t-il quelque concert de Radecke ou d'autre avec orchestre, auquel Bendel sera admis. Si non, il paraît assez déterminé à hasarder un concert en son nom — et je crois qu'il emporte de quoi subvenir aux frais.

De tout cœur, bien à vous

Dimanche, 30 Décembre 60.   F. L.

138.

Très cher et illustre maître,

Il y a des choses que pour exprimer il faudrait des volumes: cependant on se contente de deux lignes banales. Permettez-moi de joindre à mes félicitations pour le nouvel an le renouvellement de ma plus intime association à tous vos vœux, la réexpression de mon enthousiasme, de mon dévouement, de ma reconnaissance. . — .

---

1) Franz B. (1833—74), Schüler von Proksch in Prag und von Liszt, Pianist, Salon- und Liedercomponist.

Priez pour moi vendredi prochain (4 Janvier) — à 7½ heures, du soir je joue votre Sonate. Je tiens énormément à ce que l'exécution et l'audition se montrent dignes de l'œuvre. Je crains ne plus dormir avant cette soirée. Mon voyage à Paris ne se fera que juste à temps pour la première représentation du Tannhäuser. D'ailleurs j'ai peu de temps pour être absent de Berlin cet hiver: puis il y a quelques concerts à »erledigen« pendant le séjour de Cosima chez vous (Schwerin, Stettin etc.)

Tausig vient de m'écrire aujourd'hui. Son premier concert[1]) aura lieu le 19 Janvier (*Festklänge* — *Ideale*. Cornelius dirigera le *Goethemarsch* et le IIème Concerto). Il n'a engagé que des membres de la chapelle impériale qu'il paie à 25 pour cent de plus que le taux usuel, afin de mieux les »accorder«. Sapristi, que je suis curieux du résultat. Au fond je n'augure que du bon.

Bronsart tient beaucoup à l'exemplaire du IIme Concerto, que je vous ai expédié l'autre jour, puisque c'est un cadeau que vous avez bien voulu lui faire, insigne d'ailleurs par une dédicace autographe. Si vous permettez, je vais donc le faire copier ici avant de l'envoyer à Mayence par voie de Wiesbade et je vous demanderai de vouloir me le renvoyer révision faite. Puis S. A. le Prince de Hechingen veut entendre le morceau par Bronsart.

Voici les deux lettres de Wagner, que vous avez eu l'obligeance de me communiquer. Je viens de m'excuser auprès de lui de ne pas accepter son invitation de partir de suite pour Paris. . — .

Cosima vous aura raconté notre soirée de l'autre jour avec force nombre d'aristos (les Witzleben, Saldern, e tutti quanti), Meyerbeer, Madame Lagrange, le violoncelle Schmidt que vous m'avez recommandé et la petite violoniste Mademoiselle B[ido de Vienne]. . — .

Tout à vous d'âme et de cœur

Berlin, ce 30 Décembre 1860.   Hans de Bülow.

---

[1] Er machte durch Orchesterconcerte in Wien Propaganda für seinen Meister.

139.

[Wol Anfang des Jahres 1861[1])]

Très cher,

Que vous semble-t-il de ce titre: »*Symphonischer Prolog zu den Räubern*« (ou »*zu Byron's Cain*«)???

Je le tiendrais pour bien adapté à l'œuvre[2]).

À vous de tout cœur

F. L.

140.

Très cher et illustre maître,

Il y a quelques jours, Schuberth, sur des réclamations télégraphiques, m'a enfin envoyé le »Faust«[3]). J'ai le cœur et le cerveau tout pleins de cette imposante et incomparable création et je tâche de m'y initier aussi parfaitement qu'il le faudra pour pouvoir répondre à l'honneur que vous me faites de la confier à ma direction[4]). J'espère y parvenir, car je la sais à peu près par cœur, et si les parties d'orchestre correspondent à la partition imprimée, le pupitre du chef pourra être écarté comme de raison. C'est à mon sens votre principal, mais non unique titre à votre gloire de »*Deutscher Meister*«, et quel pays aurait mieux mérité par son ingratitude, la vertu par excellence des »patries«, de vous réclamer comme son maître? Je suis possédé d'une véritable rage d'en jouir enfin par mes oreilles et je vous demande la grâce de me permettre de

---

1) Das Datum konnte nicht genau ermittelt werden. Papier und Format nach gehört das, gleich Nr. 134, mit Blaustift geschriebene Blatt in diese Zeit.

2) Vermuthlich ist das später »Nirwana« genannte Werk Bülow's gemeint.

3) Liszt's Faust-Symphonie.

4) Bei der Tonkünstlerversammlung des »Allgemeinen deutschen Musikvereins« in Weimar 5.—7. August 1861.

diriger aussi les répétitions spéciales. Je partirai d'ici samedi soir ou dimanche matin au plus tard et je serai donc à Weimar lundi dans l'après-midi. Pour le concert du troisième jour, je vous en supplie, ne me faites prendre aucune part à la rédaction du programme. Il se pourrait que je commisse une bévue quelconque — et il y a déjà trop d'envies rassemblées autour de ma personne infiniment médiocre mais trop favorisée. Il me serait même fort agréable de n'avoir rien à démêler avec la direction de ce concert, laquelle pourrait avec avantage être répartie entre les deux maîtres de chapelle. Toutefois — ce ne sera pas moi qui fera d'objection à ce que vous trouverez bon de décider.

. — . J'ai autre chose sur le cœur pour le moment: ne vous fâcherez-vous pas de mon audace? La déclamation »*das ewig Weibliche*« me cause des insomnies ou à peu près. Je voudrais qu'il n'y eût rien d'attaquable dans cette partition même au point de vue des philistins. Je n'y trouve précisément que ce seul point, suffisant cependant à lui seul, de faire désigner le compositeur du Faust comme un »*straniero*«. Je rougis de colère en me le figurant. Faites-moi la grâce, à moi qui suis Allemand, de changer cette déclamation! N'y aurait-il pas moyen de la modifier par exemple, comme je me permets de vous proposer, quelque sûr que je sois de ce que vous trouverez infiniment mieux:

Malgré mon aversion pour les »litanies« je trouve qu'elles peuvent s'appliquer à des mots qui, comme celui de l'éternel présentent l'idée d'une étendue, d'une vastité, d'une infinité, celle-ci pouvant être reflétée par une image, laquelle dans ce cas serait le traînement de la première voyelle, qui n'a rien d'ignoble.

Les »dehors« de la publication sont très bien pour Jules Schuberth; il y a presque lieu de l'en complimenter. Voudriez-vous cependant lui faire remarquer quelques gaucheries qu'il ne serait pas superflu de corriger, comme à la page 207 dont le 3me alinéa — Alto solo (thème du fugato) pourrait avantageusement figurer en haut de la page suivante. À la place où il se trouve il est presque invisible et fait mal.

Page 84  ou ff tout simplement malgré le diminuendo qui précède?

J'ai écrit à quelques musiciens pour les inviter au festival, entre autres à Stern, dont la présence, lui ai-je dit, vous ferait plaisir. Puis encore à Truhn, lequel comme critique s'est très bien conduit à Berlin ces dernières années en mainte occassion que je pourrais citer. Truhn a plus d'intelligence, de goût et de style (je ne parle pas de ses »romances«) qu'en général on ne lui prête. Je crois qu'il ne serait pas mal de lui faire écrire une brochure sur la *Tonkünstlerversammlung*, ou de réunir les articles qu'il pourra écrire et les faire imprimer dans la *Vossische Zeitung* de Weimar. Je me charge de le faire venir et lui faire faire son devoir, si cela vous agrée: dans ce cas, serait-ce trop vous demander que de m'aider en lui accordant l'hospitalité de l'Altenburg? Je pourrais partager mon appartement avec lui ou demander à Tausig de m'admettre dans le sien, en cédant à Truhn celui que vous avez la bonté de m'offrir. J'ai invité Truhn à se présenter avec un »*Vortrag*« — je garantis que son »*Vortrag*« sera spirituel, et en tout cas, vous désennuyera un peu des autres. T. a de la vivacité, de l'entrain; ce sera un antidote pour la *kön. und grossherz. sächsische Lederuheit* à laquelle je m'attends dans les réunions extramusicales.

Je ne vais pas vous ennuyer davantage. Sous peu j'espère vous embrasser la main. Tout à vous du plus respectueux dévouement.

Votre reconnaissant élève

Reichenhall, ce 23 Juillet 1861.   H. de Bülow.

141.

Me voici à Löwenberg, très cher ami, chez notre excellent Prince[1]) qui m'a très affectueusement parlé de vous hier soir. Il désire beaucoup que vous veniez le voir dans le courant de l'hiver, ce que je lui ai à peu près promis en votre nom. Le temps de mon séjour ici est assez indéterminé et dépendra des nouvelles que je recevrai. De toutes façons je suis décidé à passer cet hiver hors l'Allemagne, quelque part dans le Sud, peut-être à Athènes, où je pourrai me mettre à écrire »die Blüthe Griechenlands« qui fera partie de la Symphonie dont les fresques de Kaulbach me fournissent le programme et que je vous dédierai[2]).

Trois jours après votre départ de Weymar, l'Altenburg a été fermée. Je suis encore resté 4 ou 5 jours à l'*Erbprinz* pour régler quelques comptes etc., et Samedi je me mis en route pour Reinhardsbrunn d'abord, où j'ai trouvé le Duc de Coburg on ne peut plus disposé aux glorieuses éventualités qui se présenteront pour lui. Avez-vous vu ou entendu son chant patriotique *»an die deutsche Tricolore«* exécuté dernièrement à Nürnberg? En voici le refrain

»Lebe, fliege,
Kämpfe wieder,
Und nach langem Traum der Nacht
Grüßt dich neue Herrscherpracht.«

De Reinhardsbrunn j'ai été passer trois jours à Wilhelmsthal. Mon gracieux maitre n'admet absolument pas l'idée que je

---

1) Fürst Constantin von Hohenzollern-Hechingen.

2) »Die Hunnenschlacht« blieb bekanntlich das einzige Werk Liszt's, das Kaulbach's Fresken im Berliner Neuen Museum die Anregung dankt. Auch ging Liszt nicht nach Athen, sondern nach Rom, wo, nach anscheinend glücklicher Besiegung aller langjährigen Hindernisse, seine Vermählung mit der Fürstin Wittgenstein am 22. October 1861, seinem 50. Geburtstag, stattfinden sollte, aber noch in letzter Stunde an Intriguen scheiterte. Näheres siehe »La Mara, Musikalische Studienköpfe« I, 7. Aufl. Leipzig, Schmidt & Günther 1894.

quitte Weimar pour longtemps, et pour me marquer qu'il tenait à ce que je continue à faire partie de sa maison, m'a nommé Chambellan. Si tant est que je doive encore exercer quelqu'influence sur le train des choses à Weimar, ce titre m'est quasi indispensable, pour me garantir d'un certain nombre d'équivoques qui ne profitent plus à personne.

Merci de votre information sur David. *Seine Professor-Titulatur ist »angebahnt«*, et j'en écrirai encore à Monseigneur.

En passant par Leipzig j'ai pris chez Härtel quelques exemplaires des deux derniers »*Symphonische Dichtungen*« parues — »*Hamlet*« et la »*Hunnenschlacht*« que je vous envoie en y joignant les »*Béatitudes*« [1]).

Milde pourrait occasionnellement chanter ce dernier morceau à Berlin — et dans ce cas je vous prie de faire pour moi la petite avance de l'honoraire pour Milde que je vous rembourserai.

Permettez-moi de vous recommander de nouveau la jeune Grecque à laquelle s'intéresse le B. W., qui viendra vous trouver prochainement. Sans vous aventurer dans la région très ingrate des sacrifices, j'imagine que vous trouverez moyen de vous montrer obligeant.

J'ai aussi promis de vous recommander le frère de Ratzenberger[2]) qui aspire à l'honneur de devenir votre élève et passera l'hiver à Berlin, à cette intention. Ratzenberger vous écrira et viendra vous présenter son frère. Je l'ai prévenu qu'il devait le placer au conservatoire.

Quand vous aurez un moment de libre, veuillez me faire le plaisir de passer chez Mr Hermann Günther, »Civil-Ingenieur« et Photographe, Jägerstraße 42, et lui rappeler les stéréoscopes de l'Altenburg ainsi que les photographies d'après mon médaillon de Rietschel. Il devait m'envoyer ces deux choses à Weimar, mais probablement il a été trop absorbé par les stéréoscopes du »*Turnerfest*« pour s'en occuper.

---

1) Für Baritonsolo, Chor und Orgel, später dem »Christus« eingefügt.
2) Theodor R. (1840—79), Pianist, Schüler Liszt's.

Je vous serai très obligé de les obtenir de M⁺ G. et de me les expédier à Löwenberg le plus tôt possible. Ne vous contentez pas de la promesse qu'il vous fera, mais emparez-vous des objets, pour les faire mettre de suite à la poste. Dans ces sortes de cas, il ne faut pas de discrétion exagérée..—.

    Bien tout à vous de tout cœur

Löwenberg, 24 Août 61.   F. Liszt.

142.

Très cher ami,

.—. Avant de quitter Weimar, j'ai fait porter chez Pohl les parties d'orchestre et partitions des Symphonies de Berlioz (à moi appartenant): la Symphonie fantastique, Harold, Roméo, et la partition de la »Damnation de Faust« (sans parties d'orchestre). Celles de la Messe de Gran se trouvent encore à Chemnitz et reviendront de là à Leipzig chez Kahnt ou Brendel. Si vous réalisez votre projet de faire exécuter le Harold et la Messe de Gran dans le courant de cet hiver, ce sera donc à Pohl et à Brendel que vous aurez à demander les parties d'orchestre — ainsi que celles de Faust qui sont également déposées chez Pohl — et je vous engagerai même à les en avertir bientôt, car Bronsart a l'intention de produire le Harold dans un des concerts de l'*Euterpe*. Quant aux »Béatitudes«, leur place naturelle se trouvera après le Gloria, avant le Credo. Dans l'Église catholique on ajoute ordinairement aux 7 morceaux de musique qui constituent la Messe: »Kyrie — Gloria — Credo — Sanctus — Benedictus — Agnus Dei et Dona nobis pacem« (ces deux derniers sont toujours reliés l'un à l'autre), deux morceaux *ad libitum*, très souvent choisis parmi les ouvrages d'un autre compositeur que celui de la Messe, et qu'on nomme Graduale et Offertorium. On place le Graduale après le Gloria, avant la lecture de l'Évangile que suit immédiatement le Credo — et l'Offertorium après le Sanctus et le Benedictus, avant l'Agnus Dei. Le texte en est tiré soit de l'ancien, soit du nouveau Testament, ou des Hymnes, Antiphones, Séquences, Litanies et prières de la Liturgie. Les »Béatitudes« sont donc parfaitement appropriées à servir de Graduale et offriront pour l'orchestre comme pour les auditeurs, un point de repos favorable, entre le Gloria et le Credo. Milde chante admirablement le Solo de Baryton — et vous pourrez aussi l'utiliser pour la partie de Baryton dans la Messe dont il avait déjà chargé sa mémoire à Leipzig en Juin 59. Mlle Jenny Meyer aura probablement la complaisance d'apprendre celle de l'Alto, qui dans le Benedictus (Andante quasi Adagio) met la cantatrice passablement en relief. Mlle Ellinger à Pesth et à Vienne produisit un grand effet avec ce morceau.

Il serait absurde à moi de m'ingérer à vous donner des conseils sur ce que vous avez à faire ou à ne pas faire, sous le rapport des concerts à Berlin. Permettez-moi seulement de vous prier que l'excès de bienveillance que vous portez à mes ouvrages, ne vous entraine. pas à des pertes de temps et d'argent par trop disproportionnées avec leur valeur! —

Les nouvelles que je reçois de Rome sont très satisfaisantes, et j'en parlerai avec plus de détails à Cosima qui vous mettra au fait de la situation présente.

Possédez-vous l'ouvrage de Frauenstedt sur Schopenhauer? en ce cas vous me ferez plaisir en me le prêtant pour une huitaine de jours.

Le P^{ce} Hohenzollern auquel j'ai transmis vos compliments, désire beaucoup que vous ne l'oubliez pas. Peut-être pourrez-vous vous arranger de manière à venir ici pour le concert du 16 Février (jour de naissance du Prince). Seifriz[1]) vous en écrira quelques semaines à l'avance, et vous pouvez être sans inquiétude aucune au sujet de »l'Ariadne« que l'auteur n'a qu'à faire exécuter et à diriger lui-même à Berlin, si tel est son plaisir.

Bien tout à vous de tout cœur

[Löwenberg,] 27 Août 61.   F. Liszt.

---

1) **Max S.** (1827—85), Hofcapellmeister des Fürsten, nachmals im gleichen Amt in Stuttgart.

143.

Votre lettre, très cher ami, m'est une joie de cœur et un ravitaillement d'esprit. Merci de ce que vous me dites et surtout de ce que vous ressentez pour moi. Sur ce point je ne demeure pas en reste avec vous, car je vous aime de la plus pleine affection du monde.

Depuis deux jours je me réveille avec ce motif:  et les échos d'alentour retentissent de votre Ballade¹) qui me ravit par son allure chevaleresque, sa bonne trempe d'inspiration, la distinction et la nervosité du style. C'est noble, frappant, sympathique et fièrement cambré. Si quelqu'un d'autre que vous avait eu le talent de l'écrire, vous seriez certainement de mon avis sans restriction. Après l'invention et le bon ton élevé des motifs, ce que j'en apprécie le plus, c'est l'habileté avec laquelle vous avez distribué et harmonié les diverses strophes, les graduant en donnant du relief au sens de chacune. De la contexture de la Ballade, nettement accusée et évidente à l'oreille par la plasticité des idées musicales, saillit l'émotion vive sans intermittence et abondamment.

Comme vous voyez, très cher ami, je suis loin du conseil de la belle Vénitienne à Jean Jacques que vous parodiez dans un accès d'humeur fantasque et que vous m'invitez à vous appliquer dans cette nouvelle version. Tout au contraire, puisque vous avouez posséder les facultés d'un »bon critique dans le sens honnête du mot«, je vous demanderai d'abord de ne pas les pervertir en calomniant vos propres ouvrages; ensuite de poser en fait qu'il y a en vous toute l'étoffe d'un compositeur dans le grand sens du mot. Pour en fournir la démonstration complète, et prendre votre rang vous n'avez

---

1) »Des Sängers Fluch«, zur Uhlandfeier componirt und Januar 1863 erstmalig aufgeführt.

besoin que de gagner un peu de temps afin de travailler avec suite. Vos idées sont à la fois tellement nouées et déliées, qu'il vous faut du loisir pour en fixer la forme, et peut-être aussi y accommoder par ci par là quelques inutilités accessoires qui ont leur prix en relevant l'essentiel et ménageant aussi les égards dûs à l'intelligence de l'auditeur. Ceci s'appliquerait aux transitions d'un motif à l'autre, à certains prolongements de phrase, à des répétitions partielles, des demi-teintes, des interruptions, et même des pauses.

Nous avons parfois admiré ensemble ces artifices si naturels chez Beethoven, en regrettant que Mendelssohn et Schumann s'en soient dispensés d'ordinaire, de peur de rien déranger à la symétrie et la précision du tour de leurs idées. Il est bon, ce me semble, de ne pas toujours savoir trop exactement ce qu'on veut dire, pour le dire avec d'autant plus de charme et d'énergie. Si vous m'accordez cette maxime un peu rélâchée, et en plus, tenez absolument à ce que je prenne vis-à-vis de vous »d'un censeur la triste diligence«, je ne trouverai qu'un seul reproche à adresser à plusieurs de vos ouvrages: celui d'être trop continûment significatifs. C'est encore un éloge, direz-vous; à la bonne heure, prenez-le pour tel, pourvu que vous ne le méritiez pas à l'excès, et en écrivant davantage y mettiez plus de laisser aller. De cette façon, vous arriverez plus doucement au but, en y marchant moins en droite ligne, et vous dilatant mieux en chemin.

Quoi que vous en pensiez, très cher ami, promettez-moi d'en finir de vos débauches de critique *a priori*, sur ce que vous avez à faire, et de vous contenter de le faire tout simplement avec la légitime et entière confiance que vous devez posséder. Comme coup d'éperon, il est louable que vous vous soyez enfin décidé à publier l'Ouverture et la Marche de »César« avec le Prologue symphonique de »Caïn«, que j'admire sincèrement comme une des œuvres les plus vigoureuses de pensée et de structure que je connaisse. Ces partitions sont des titres sérieux pour votre réputation qui loin d'être exagérée, comme vous prenez un traitre plaisir à le dire, n'est seulement pas assez justement proportionnée ni au complet.

Ne tardez pas à m'envoyer César et Caïn (que je vous ai tant de fois prié de faire imprimer), et commencez d'abord par l'arrangement de piano à 2 et 4 mains du *Sängers Fluch*, annoncés sur le titre de la partition. Je pourrai en faire bon usage ici en le jouant avec Mr Sgambati[1]) ou Bache[2]) (prononcez à l'anglais: Bätsch). L'un et l'autre commencent à mordre fort bien à la musique de mon goût. Madame Laussot a exercé à cet égard une excellente influence de propagande durant son court séjour à Rome, en faisant honte d'un certain respect humain, aussi faux que démoralisateur, à ces deux jeunes artistes, d'ailleurs pénétrés de la plus haute considération admirative pour vous, et s'efforçant de suivre un peu vos traces.

Les charades sous forme de cartes de visite et les *Räthsel* de Weitzmann me charment. Il faut espérer qu'il inventera à quelque beau jour la *photographie* canonique et fuguée! J'ai lu aussi avec grand plaisir ses articles d'érudition mignonne dans la *Neue Zeitschrift*: *Ein Carneval in Rom um die Mitte des 17ten Jahrhunderts*[3]). Si Berlin pouvait avoir un carnaval, j'y connaîtrais un Formica[4]) qui serait à même de rendre des points à Salvator Rosa. Mais le Bernin y ferait défaut: Berlin n'en est qu'aux bernements. Aussi le Formica que j'imagine trouve-t-il un meilleur emploi à faire de son temps en éditant Ph. E. Bach et même Scarlatti qui a plus d'originalité, si je ne me trompe.

A ce propos, vous savez que je m'occupe d'une besogne analogue avec les Symphonies de Beethoven que j'ai tâché d'adapter autant que j'y puis réussir, au piano et que Härtel publiera? On s'attache si bien à ce genre de travail que je suis tenté de proposer à Härtel de lui fournir aussi les Quatuors

---

1) Giovanni S., geb. 1843, der römische Pianist und Componist, Schüler Liszt's.
2) Walter B. (1842—88), Pianist, Schüler Liszt's, der als Musiklehrer und Dirigent in London eifrigst Propaganda für seinen Meister machte.
3) Neue Zeitschrift f. Musik, 1863, S. 194, 205, 213.
4) Bülow selbst.

sous même forme, s'il consent à me donner un honoraire équivalent.

Que vous semble de l'arrangement des Préludes de Klauser?¹) Je n'ai que des compliments à lui en faire, et renverrai le manuscrit avec la partition de piano des 4 premières Symphonies de Beethoven à Härtel que j'expédierai la semaine prochaine, car il ne me reste que les nuances et quelques doigtés à ajouter. J'y joindrai un exemplaire corrigé de la Symphonie de Faust (pour 2 pianos), dont l'édition présente fourmille de fautes et de négligences. Grâce à vos bons soins il n'en est pas de même des petites partitions de »Mignon« et »Loreley«²), et je vous suis sincèrement reconnaissant de vous être fatigué avec ces babioles. L'expérience ne m'ayant que trop démontré que je ne puis m'en rapporter qu'à vous pour la révision des épreuves, je vous prie de me pardonner si, le cas échéant, je reviens à la charge, malgré mes scrupules de discrétion. En outre »si je venais à mourir«, je compte sur vous pour la publication des quelques manuscrits que je laisse et que je ne veux pas savoir en d'autres mains que les vôtres ...

Ne vous effrayez pas de cette prévoyance de ma vanité d'auteur. Ma santé est très bonne; je n'ai nullement la mine d'un moribond et on m'assure que j'engraisse. Jugez-en vous-même par la photographie qui suit. Je vous l'envoie en remerciment de la vôtre, et vous embrasse de cœur et d'âme.

Monte Mario — Madonna del Rosario —
Rome, 3 Août 63.   F. Liszt.

144.

[Rom, Herbst 1863³).]

Je viens d'écrire au Prince Hohenzollern pour le remercier de sa constante bienveillance et lui parler aussi de votre

---

1) Carl K., geb. 1823, lebt seit 1855 in Farmington in Amerika als geschätzter Clavierlehrer und Bearbeiter classischer und moderner Clavier- und Orchesterwerke.

2) Liszt hatte eine Orchesterbegleitung zu diesen seinen Liedern geschrieben.   3) Datum und Unterschrift fehlen.

Concert-Institut (auquel il s'entend de soi que je m'intéresse vivement)[1]) en lui recommandant très au long notre excellentissime ami Weitzmann. . — .

La crainte de vous occasionner des ennuis par une lettre recommandée à Copenhague, m'a fait différer de vous envoyer les papiers de Heinze[2]). Cosima vous aura communiqué ma proposition relative à la publication des deux morceaux: »Rhapsodie hongroise« et »Caprice turc«, avec l'accompagnement d'un second piano seulement, sans la partition d'orchestre, mais orné de quelques indications d'instruments. Si tant est que vous vouliez bien vous charger d'écrire l'accompagnement de ce 2^d piano, je vous en serai très obligé; autrement, et pour peu que vous ayez quelque raison de préférer à nous en tenir à ce qui était convenu avec Heinze, faites comme bon vous semblera. De toute manière l'arrangement que vous avez pris avec lui m'est très agréable, en remplissant mon ancien souhait de la publication de votre prologue, et je vous remercie cordialement de vous être mis de nouveau en quête d'éditeur pour moi.

145.

Très cher Hans,

Vous êtes depuis longtemps passé maître dans l'art de bien faire, comme dans celui de bien dire. Par conséquent il n'y a qu'à vous laisser faire et dire pour que tout soit au mieux. Votre négociation avec Mr Lienau-Schlesinger en fournit une nouvelle preuve à laquelle succèderont d'autres. Après avoir été le premier à faire entendre et connaitre mes pauvres

---

[1]) Neu gegründete Orchesterconcerte der »Gesellschaft der Musikfreunde« in Berlin, die unter Bülow's Direction sich die Aufgabe stellten, zwischen Vergangenheit und Gegenwart zu vermitteln. Das erste fand am 4. Nov. 1869 unter großem Beifall statt. Sein Programm umfasste: Gade, Hamlet-Ouverture. Liszt, Clavierconcert, von Bülow gespielt. Beethoven, Meeresstille und glückliche Fahrt und 9. Symphonie. Siehe Bülow's Briefe III, S. 549.

[2]) Musikverleger in Leipzig.

ouvrages, à les propager, à les enseigner, à les recommander et les imposer, vous voici aussi le premier à leur trouver des éditeurs et des honoraires! Encore une fois, je souscris d'avance, en y applaudissant, à tout ce que vous fixerez, et vous remercie de cœur de la peine que vous prenez à placer convenablement mes manuscrits.

Les dix Frédérics d'or me paraissent suffisants pour la Marche »*vom Fels zum Meer*«. Veuillez seulement vous rappeler que vous m'avez honoré (il y a 5 ou 6 ans) d'un arrangement à 4 mains de cette même Marche. Je tiens beaucoup à ce qu'il soit publié soit avant, soit simultanément avec la partition. Le manuscrit de cet arrangement se retrouvera chez Schlesinger ou chez vous. Quant à la dédicace à S. M. le Roi de Prusse, j'y suis on ne peut plus disposé, et accepte par conséquent la proposition de Mr Lienau relative au »*Pracht-Exemplar*«. Il resterait à décider si je dois écrire à Sa Majesté avant la publication pour lui demander permission, ou bien au moment où l'exemplaire lui serait remis par Mr Lienau en personne, je suppose. Quand vous aurez mis L. au clair à ce sujet, je vous demanderai de me rendre un dernier service qui consistera en un petit brouillon de lettre à S. M. en allemand — car je crains de ne pas bien rencontrer le ton de la circonstance actuelle dont il s'agirait de faire ressortir l'opportunité de la dédicace, et suis persuadé qu'il vous viendra quelqu'idée de génie par là-dessus.

Les éditeurs que vous me nommez pour le restant des manuscrits et la Fugue BACH, excitent ma convoitise; Rieter-Biedermann en particulier me semble une trouvaille. Comme il n'y a aucune presse, vous pourvoirez à loisir à ce placement.

Bravissimo! pour les titres de vos 3 Valses. »L'Ingénu«, »le Jaloux« et »le Glorieux« sont éblouissants! J'ai averti Mme de Moukhanoff à la gare de Baden-Baden de la charmante surprise que vous lui préparez, et vous écrirai de Rome avant la fin de ce mois l'orthographe exacte du nom de l'enchanteresse. .—.

Hier nous avons dîné à trois chez Mme X. qui vous apprécie beaucoup et caractérise votre talent de Virtuose en disant:

»Mr de Bülow possède les secrets du style.« De mon côté je lui ai raconté le mot de notre excellentissime Prince de Hohenzollern: »*Bülow ist nicht Jedermanns Mann, aber er ist ganz der meine.*« Ces deux premiers jours nous les avons presqu'entièrement passés à la maison avec Grand' Maman et n'avons revu que Berlioz. Demain nous nous mettrons à courir un peu les expositions, églises et curiosités[1]).

Ma mère vous embrasse avec une tendre prédilection; et moi, je vous demeure bien entièrement affectionné, de cœur et d'âme

Paris, 6 Octobre 64.   F. L.

Chargez-vous de mes meilleures amitiés pour le »brave des braves«.

J'ai écrit de Wilhelmsthal avec insistance à Härtel au sujet des Variantes de Kroll[2]). Veuillez me faire informer à Rome du résultat de ma recommandation.

Hier en passant j'ai fait votre commission à Flaxland.

146.

21 Octobre 64.
Madonna del Rosario. [Rome.]

Très cher ami, et bien aimé fils!

Je n'entends pas me séparer de vous en rentrant chez moi. Mon premier mouvement en me remettant à cette table où j'ai tant de fois pensé à vous, c'est de vous dire combien je me fais besoin de toute votre affection. . —.

---

1) Zum ersten Male, seit Liszt im August 1861, sich nach Rom wendend. Weimar verlassen, hatte Deutschland ihn im Sommer 1864 wiedergesehen. Er hatte mit seiner Tochter im August dem Carlsruher Musikfest beigewohnt, sodann Wagner und den erkrankten Bülow in München, den Großherzog von Weimar in Schloss Wilhelmsthal, sowie den Fürsten von Hohenzollern in Löwenberg besucht, und hielt sich nun bei seiner Mutter in Paris auf.

2) Varianten der Bach'schen Manuscripte des »Wohltemperirten Claviers«, die Kroll gesammelt und zur Herausgabe eingerichtet hatte. Siehe »Fr. Liszt's Briefe« II, Nr. 36.

Sans me permettre de vous donner un conseil, j'insiste pourtant sur l'opportunité de votre prompt établissement à Munich[1]). Il n'y a plus à différer. Une tâche complexe, des devoirs pénibles vous incombent. Vous y satisferez. Par là votre carrière extérieure s'agrandira et votre moi intérieur s'élèvera à sa naturelle hauteur.

Ma prière et ma plus profonde affection sont avec vous à toujours.
F. Liszt.

147.

Très cher et incomparable ami,

Depuis tant d'années vous me donnez tellement sujet de vous aimer, de vous être reconnaissant, et de m'enorgueillir de vous que je vous prie instamment de faire disparaitre le seul chagrin qui se mêle parfois à notre invariable affection. Ce chagrin provient de votre injustice contre vous-même et de je ne sais quel étrange manque de confiance en votre propre supériorité si évidente et bien démontrée d'ailleurs. Équitable et généreux envers tous jusqu'à l'héroïsme, vous vous obstinez seulement à vous gratifier de défauts et de torts imaginaires. Je voudrais vous persuader d'abandonner pareille méthode — qui pour être fort rare n'en vaut guère mieux pour cela — et vous retrouver complètement à l'unisson avec moi sur le sentiment de votre véritable valeur de cœur, de caractère, d'intelligence et de talent. Tâchez donc de laisser vos migraines et rhumatismes de tout genre avec vos vieux meubles à Berlin — et recommençons à neuf à Munich. . —.

Dans ma dernière lettre à Cosima j'allais au devant de vos paragraphes Bronsart et Siegel. Sans me douter que vous donneriez suite à la proposition de Bronsart comme votre successeur à la société des *Musikfreunde* — procédé que pour ma part j'apprécie et approuve pleinement — je lui ai

---

1) Bülow wurde durch Wagner, der dem Rufe König Ludwig's II. gefolgt war, nach München gezogen, um dort zunächst als Vorspieler des Königs, von 1867 an als Hofcapellmeister und Director der zu reorganisirenden königl. Musikschule thätig zu sein.

écrit à mon retour à Rome de quelle façon je pensais de vous et du fonds qu'il y avait à faire de votre parole. La preuve que vous en fournissez vient donc on ne peut plus à propos[1]).
. — . Parmi nos amis de la »*Neudeutsche Schule*«, Bronsart est certainement un des mieux doués et des plus estimables. . — .

Passons à Mʳ Siegel qui m'a signifié ses bonnes dispositions par l'intermédiaire de Bronsart d'abord. Je serais charmé qu'il publiât le Caprice sur des motifs des Ruines d'Athènes, et vous prie de vous entendre avec lui à ce sujet comme bon vous semblera. Je suis trop heureux que vous vouliez bien vous occuper de mes pauvres manuscrits, qui sans vous resteraient indéfiniment dans mon tiroir, vu mon manque total d'aptitude à traiter avec les éditeurs, pour ne pas souscrire, avant et après, à tout ce que vous ferez à leur avantage. Ainsi donc malgré ma réponse à S. (écrite il y a 8 jours), par laquelle je lui exprimais mon regret de n'avoir pas de manuscrit disponible qui pourrait lui convenir, je vous autorise entièrement à lui livrer le Caprice en question contre l'honoraire très sortable qu'il offre — ou pour parler plus exactement, que vous parvenez à obtenir — (20 Fréd. d'or à ce que vous m'apprenez). La publication antérieure de mon morceau pour piano seul sur les mêmes motifs ne me parait pas faire obstacle à ce que celui-ci, pour piano et orchestre, qui se différencie en beaucoup d'endroits du précédent, soit publié chez un autre éditeur. Comme renseignement, j'indique seulement que Spina a acquis le fonds de Mechetti et se trouve ainsi propriétaire du Caprice publié. Peut-être vaudrait-il mieux changer le titre du morceau et l'appeler »Fantaisie«. En outre je propose à Siegel de publier le nouveau morceau en deux éditions — l'une en partition et l'autre arrangée pour 2 pianos, de la même manière qu'ont été publiés mes deux Concertos, la Fantaisie de Schubert etc. Quoique ce mode de double édition ne soit pas usité en géné-

---

[1] Bronsart wurde in Leitung der genannten Berliner Concerte Bülow's Nachfolger.

ral, je le tiens pour fort pratique et présume qu'on l'adoptera de plus en plus. Quand on m'enverra les dernières épreuves de la partition, je me charge d'y joindre l'arrangement du 2ᵈ piano que j'adresserai à Siegel.

Du moment que vous trouvez que Nicolas Rubinstein[1]) doit en avoir la dédicace, je n'y ai nulle objection.

Donc, fixons le titre ainsi:

Fantaisie ⹋

sur des motifs de Beethoven (Ruines d'Athènes)

pour Piano et Orchestre

par F. Liszt.

Édition en Partition.   Dédiée à Mʳ Nicolas Rubinstein.
Édition pour 2 Pianos.

⹋ à moins que vous ne trouviez »Caprice« mieux adapté?

Quant au *Todtentanz*[2]) je ne puis me décider à le faire paraître avant de vous l'avoir entendu jouer. Permettez-moi donc, très cher ami, un ajournement qui ne se prolongera pas au delà de six mois, j'espère. Vous me direz alors positivement si vous croyez que je puisse me hasarder à publier pareille monstruosité! et en attendant veuillez remercier Siegel de ses courageuses intentions.

NB. Il est superflu que S. m'écrive et je préfère de beaucoup que vous vous chargiez de cette négociation, sans m'y faire intervenir autrement que pour signer le papier relatif au droit de propriété de Siegel.

La poste de ce matin m'a apporté une lettre de Mʳ Lienau. Je vais lui écrire directement qu'il n'a qu'à faire paraître aussitôt que possible le »*deutsche Sieges-Marsch*« (ce titre de

---

1) N. R. (1835—85), als Pianist in Russland kaum minder gefeiert wie sein Bruder Anton, begründete in Moskau die russische Musikgesellschaft und das Conservatorium, an das er Klindworth berief.

2) Für Clavier und Orchester, Paraphrase über »Dies irae«. Die Anregung dazu hatte Liszt 1838 durch den Orcagna früher zugeschriebenen »Triumph des Todes« im Campo santo zu Pisa erhalten.

votre invention convient parfaitement) à 2 mains et à 4 mains. Sur ces entrefaites la partition se retrouvera peut-être quelque part et de mon côté j'en ferai rechercher le manuscrit à Weimar par Götze. Si on ne réussissait absolument pas à la ratrapper il faudra bien me résigner à la récrire de nouveau, sauf à ne l'imprimer que quand Lienau s'y résignera. J'insiste seulement sur la publication immédiate de votre arrangement à 4 mains.

Pour la dédicace je suivrai votre conseil et m'adresserai au Comte Redern, qui j'en suis persuadé, y mettra les meilleures formes. Il se serait volontiers chargé aussi d'une commission plus agréable pour vous que celle qu'il avait à remplir — mais ce serait être bien mal appris que de chercher un certain fond à des gracieusetés insubstantielles et qui par cela même sont d'un prix inappréciable. D'après ce que vous me dites de votre entretien avec R., je suppose que vous garderez l'expectative la plus respectueusement soumise vis-à-vis de la Cour de Berlin. Mieux que personne vous êtes à même de montrer que l'art ne fait point déchoir le gentilhomme.

Je vous serre mains et cœur

Rome, 12 Novembre 64. F. L.

Ne vous inquiétez aucunement de la copie des deux ou trois morceaux de piano que j'avais demandés, et dont je ne saurais que faire avant mon voyage à Paris. Au mois de Mai vous me les apporterez.

148.

Très cher ami,

Il m'est démontré que je n'avais rien de mieux à faire que de vous laisser faire et conclure comme vous l'entendiez avec Mr Siegel, sans m'aviser d'autre chose que de votre avis qui est certes le meilleur à tous égards. Mais aussi comment imaginer que vous réussissiez à persuader à un éditeur vivant et voulant vivre, qu'il doit publier ma Danse des Morts? Et pourtant je m'aperçois qu'il en est bien ainsi, car voici

Siegel qui m'écrit le plus poliment du monde pour me dire qu'il est très satisfait d'éditer ce morceau en partition, et me demande en outre d'en faire une édition pour piano seul. J'y consens volontiers et me charge de lui fournir les quelques feuilles supplémentaires nécessaires pour cet arrangement. Veuillez donc m'envoyer la partition du *Todten-Tanz* (soit en manuscrit, soit en épreuves) et y joindre aussi celle du Caprice turc; je m'acquitterai simultanément de la petite besogne de faire un arrangement de ces deux morceaux pour piano seul, et vous l'expédierai de suite. Quant à la date et au mode de publication, je vous abandonne complètement le soin d'en décider à votre gré, en vous priant de vous considérer comme propriétaire absolu de ces opuscules. Par conséquent il n'est plus question d'un ajournement inutile de la publication du *Todtentanz*, dont je vous ai parlé dans ma dernière lettre, par je ne sais quel scrupule hors de mise désormais. Heureusement je n'en ai point informé Siegel auquel je n'ai écrit qu'une seule fois quelques lignes d'excuses sur ma pénurie de manuscrits qui ne me permettait pas d'accepter maintenant son offre obligeante) et vous serai même très obligé de me dispenser de correspondre directement avec lui, attendu que je m'en rapporte entièrement à vous pour tout ce qui tient à la publication de mes ouvrages, et préfère de beaucoup ne m'en expliquer qu'avec vous.

Lienau doit déjà être en possession de la partition »*vom Fels zum Meer*« expédiée il y a 6 jours par Courrier d'Ambassade. Pardonnez-moi les ennuis que vous occcasionnent tous les bons services que vous me rendez! . —.

Le roi Louis I de Bavière est ici depuis une dizaine de jours [1]). Je n'ai pas l'honneur de le voir, mais plusieurs de ses convives m'ont parlé avec admiration de la frugalité de sa table et de la simplicité de ses habitudes qui n'est nullement choquée par des canapés déchirés et des meubles éclopés,

---

[1]) Er hatte bekanntlich die Regierung 1848 in die Hände seines Sohnes Maximilian II. niedergelegt und starb, diesen überlebend, 1868 in Nizza.

auxquels les soins du tapissier n'ont plus de prise. On parle d'un voyage du jeune roi Louis à Rome — et même de son mariage avec une princesse de Naples.

Le public musical s'enthousiasme aux »Huguenots« représentés pour la 1re fois ici la semaine passée, sous le titre de »Renato di Crocnwald!«

De cœur et d'âme à vous

[Rome,] 26 Nov. 64. F. Liszt.

149.

Voici, très cher et exceptionnel ami, le titre des morceaux au placement desquels vous avez si habilement pourvu. Il va sans dire que si vous jugiez que d'autres dénominations conviendraient mieux, vous en êtes le maitre, et n'aurez qu'à les indiquer aux éditeurs, sans même me prévenir. À mon avis, le mot de »transcription« est inutile pour les trois morceaux de Peters (Alléluia — Ave Maria — Miserere et Ave verum) que je propose de publier en deux cahiers avec un seul titre général. De même pour les Marches et la »Danse des Sylphes« de Berlioz je désire qu'on fasse un titre général, en omettant aussi le mot »transcription«, tel que je l'indique sur la feuille ci-jointe. (NB. Je vous enverrai l'exemplaire revu de la »Marche du Supplice« par la première occasion). Quant à la Danse macabre je crois que pour plus de clarté, il y a lieu d'allonger le titre avec les vocables de

»Paraphrase de la Danse des Morts. Dies irae.«

Je vous ai dit dernièrement que j'avais écrit à Siegel en réponse à sa demande de faire une seconde édition de la Danse macabre pour piano seul. J'écrirai volontiers les quelques pages de notes nécessaires à cet effet quand il m'aura fait parvenir la partition, et en les lui envoyant, j'ajouterai la dédicace qui devra être placée sur une page à part. Vous êtes trop un homme à part pour que votre nom soit entremêlé au titre. Sur ce point je me réserve pleine autorité de vous trancher du reste, comme je le dois. — Ce dernier mot me rappelle la fin d'une lettre du grand Condé (pardonnez-moi l'orgueil de cette citation!) à Bossuet: »je suis de tout mon cœur pour vous tel que je dois; je vous conjure de n'en point douter.«

Quoique vous en ayez, les tapissiers, serruriers, menuisiers, n'engourdissent nullement votre verve épistolaire. Les »mérites indiscutables« de Lachner[1]), le »mi-juif errant« (auquel j'ai fait très anodinement votre commission), »l'oiseux B. et l'abomination S.!« en sont comme embrochés! L'idée de produire d'abord à Bâle la Danse macabre est on ne peut plus judicieuse. Si elle y fait fiasco, nous l'attribuerons à Holbein qui a faussé le goût du public.... et recommencerons ailleurs, — à Paris, si bon vous semble. En attendant, gardez le capital d'honoraires que vous avez généreusement amassé pour moi dans votre tiroir; ou mieux, placez-le à quelque banque non proudhonienne, et nous consommerons ensemble dans l'occasion les intérêts en comestibles et cigares. Ce ne sera pas à la prochaine T[on]-K[ünstler]-V[ersammlung], je vous le promets, car je suis tout aussi décidé que vous, à ne point y comparaître.

Soyez tranquille au sujet du procès à »instrumenter« avec Peters. Je me charge d'aplanir les difficultés entre la publication de la version pour orgue et celle pour piano — au risque même de causer un petit chagrin à Gottschalg[2]). J'en ai déjà informé Peters, qui finira peut-être par s'entendre à l'amiable avec Gottschalg.

Une Bavaroise que j'ai vue hier, me dit que le »*kriechende Holländer*« est le grand événement attendu à Munich. (Pardon de vous répéter pareille bêtise qui n'a même pas l'excuse du »tapissier et du menuisier».) . —.

---

1) **Franz L.** (1503—90), der mit seinen Suiten besonders erfolgreiche Componist und Münchner Generalmusikdirector, erbat als Gegner der Wagner'schen Kunstrichtung bei deren Aufblühen in München 1865 seine Entlassung.

2) **Alex. Wilh. G.**, geb. 1827, jetzt Hoforganist in Weimar, Redacteur der »Urania« und anderer Musikzeitungen, auch Herausgeber des »Repertoriums für Orgel«, an dem sich Liszt vielfach betheiligte.

Wagner est-il déjà en possession des titres de sa naturalisation en Bavière? Est-il exact, comme le disent les journaux, que le roi a ordonné la construction d'un théâtre, sur le plan de W., adapté à la représentation des »Nibelungen«?

Soyez au plus tôt et le plus possible installé à votre pupitre et à votre piano, très cher ami, où vous tient compagnie de pensée et de cœur votre

[Rome,] 9 Décembre 64.   F. Liszt.

150.

Très cher fils,

. —. Le 25 Avril (fête de St Marc l'Évangliste) j'ai reçu les **Ordres mineurs** dans la chapelle de Mgr Hohenlohe[1]) au Vatican — où je suis logé maintenant. Adressez-moi donc désormais: »À Monsieur l'Abbé Liszt, au Vatican, Rome.«

Inutile d'ajouter qu'il n'y a ni irréflexion ni sentimentalité de ma part dans cette démarche dont trois personnes seulement (Mgr Hohenlohe, le Pape et la P[rincesse] W[ittgenstein]) étaient informées depuis le 2 Avril. La signification qu'on doit y attribuer est bien plus celle d'une **conséquence** que d'un **changement** de ma vie, telle du moins qu'elle s'est dégagée ces dernières années. Nous en causerons plus au long à notre prochain revoir, et je présume que ma soutane et ma petite tonsure de clerc, ne vous offusqueront guère quand nous nous retrouverons à Vienne ou à Pesth au mois d'Août[2]). J'accepte avec bonheur notre *Zusammensein*, et votre aide et assistance à tous égards durant ce jubilé con-

---

1) Damals Erzbischof, bald darauf Cardinal Fürst Gustav Hohenlohe (1823—96), Schwager der Fürstin Marie Hohenlohe, geb. Prinzessin Wittgenstein. Als Gast des Cardinals brachte Liszt in der ihm zugehörigen Villa d'Este in Tivoli bei Rom alljährlich Wochen, oft Monate zu.

2) Bei Gelegenheit des ersten ungarischen Musikfestes in Pest, wo Liszt's »Heilige Elisabeth« die erste Aufführung erlebte. Siehe »Fr. Liszt's Briefe« III, Nr. 109, sowie Bülow, »Ausgew. Schriften«, S. 298.

servatorial dont le programme préalable semble fort convenable.
Je vous le communiquerai quand il sera définitivement fixé.
L'important pour moi, c'est de vous revoir. . — . De Pesth
je vous reconduirai jusqu'à Munich — où nous ferons d'autres
projets pour l'année prochaine. Je n'entends pas me passer
de vous, et vous ne me contrarierez pas sur ce point, n'est-
ce pas? --

Revenons aux détails de votre chère lettre, à mes moutons
de manuscrits et à nos loups d'éditeurs.

Article unique et absolu: Vous disposerez toujours de tous
mes manuscrits en faveur ou au détriment de qui et comme
bon vous semblera. Cela dit et entendu, passons aux sub-
séquences Siegel, B., Peters, Bock.

A. Siegel. J'ai écrit à cet illustre personnage pour l'informer de la dédicace [1]), et si vous ne trouvez pas que »*hoch-
herzige Progon unserer Kunst*« soit du mauvais allemand, je
la maintiens *mordicus*; autrement je vous prie de corriger
das Sprachliche, mais en conservant intégralement et sans fausse
modestie le sens, auquel je tiens. Siegel m'a répondu en
m'annonçant que l'arrangement du »*Todtentanz*« pour deux
pianos avait déjà paru. J'avais complètement oublié de l'avoir
auparavant écrit à Weimar. De la sorte celui que je vous
ai envoyé d'ici devient superflu et il reste seulement à publier
la version pour piano solo. Je regrette vivement que ce malheureux opuscule vous ait occasionné des désagréments à
Hambourg et à la Haye. Par bonheur vous avez de fortes
épaules et pouvez tranquillement continuer d'enterrer un certain nombre de mourants et de morts avec le »Todtentanz«.
Vous vous rappelez que je doutais beaucoup de l'effet de ce
morceau sur le public qui se complait et se prélasse volontiers
dans sa rétiveté; aussi vous avais-je déconseillé de l'admettre
dans vos programmes; mais puisque vous avez héroïquement
passé outre, et que Wagner et Cornelius y ont pris plaisir,
je me déclare complètement satisfait.

Par rapport à d'autres manuscrits à décerner à Siegel, ou

---

[1]) Der »Todtentanz« wurde Bülow gewidmet.

y avisera. La Berceuse (*ré bémol*) serait bien casée chez S., si vous ne craignez pas quelque difficulté avec Haslinger qui publia, il y a une dizaine d'années, la première version, trop simple, de ce morceau dans *l'Élisabeth-Album*. Il faudrait prévenir de cette circonstance S. ou tout autre nouvel éditeur — sauf à celui-ci de s'entendre préalablement avec Haslinger s'il le juge nécessaire, ce dont je ne suis pas persuadé, vu les nombreuses additions de la nouvelle version, qui devra être dédiée »à Madame la Princesse Marcelline Czartoryska«.

B. B. m'a écrit dans sa manière macaronique — et je lui ai répondu clair et net que l'agrément de nos relations ne pouvait être considéré comme réciproque.... et qu'il n'avait aucunement à craindre que je l'expose à des mésaventures et complications avec ses collègues. Il fera comme il voudra; je ne tiens pas du tout à voir la couleur de son honoraire. Quant au morceau »Bénédiction et Serment« je n'en avais parlé qu'interrogativement dans l'idée de compléter la série de mes transcriptions de Berlioz. Pour peu qu'il y ait difficulté de le retirer de chez Litolff, on n'a qu'à l'y laisser dormir. Tout bien considéré, si Schott voulait se charger de tout l'article »Berlioz«, cela me semblerait préférable, le B. y mettant un tel ganachisme.

Occasionnellement on pourrait enfin publier aussi la Symphonie de Harold (partition de piano, avec Alto) à laquelle vous avez consacré autrefois plusieurs jours de travail de plume. En avez-vous gardé votre manuscrit? —

C. Bock. J'attends l'Inno del Papa pour le remettre au Saint Père, et réfléchirai au meilleur moyen de me tirer d'affaire avec lui (B.), soit en m'engageant davantage, soit en prenant la clef des champs.... c'est à dire celle des jardins du Vatican. Mon nouveau titre d'Abbé, sans m'interdire absolument un certain genre de confectionnements musicaux, ne m'induit pourtant pas à m'y livrer avec inconsidération. D'ailleurs j'ai de quoi mieux employer mon temps qu'à transcrire, paraphraser et illustrer, et ne me passerai désormais cette récréation qu'à bon escient. Quant à l'»Africaine«, je verrai si j'en puis tirer quelque chose qui me convienne et qui fasse l'affaire de l'éditeur et du public: sinon je m'excuserai poliment, et m'en expliquerai sans ombrages avec B., auquel je réserve exclusivement mon activité **africaine** qui ne sera pas très étendue en tout cas. Pourvu qu'il y ait de quoi tailler un morceau, en guise de pendant aux **Patineurs**, c'est tout ce qu'il faut.

D. Ne nous fâchons pas davantage contre l'érudition fantastique de Peters — et veuillez simplement me faire expédier dans **un seul paquet** les morceaux publiés par Siegel et Peters, en y joignant la Rhapsodie hongroise que Sgambati veut travailler (avec orchestre, en partition et **pour 2 pianos**, si comme je crois l'avoir entendu dire l'arrangement pour 2 pianos est imprimé) et pour grossir utilement le paquet, ajoutez-y la Messe de Cherubini (édition in 8vo à bon marché, de Peters) et quelques autres ouvrages que vous croirez adaptés à mes habitudes d'esprit, **de la même collection in 8vo** avec le catalogue. Peut-être Peters aura-t-il l'aimable attention de m'en faire cadeau?

La Rhapsodie espagnole qui vous est redevable de tout son relief, ne perdra pas à attendre. Il serait mal à propos de l'envoyer **maintenant** à l'Impératrice Eugenie et je désire lui offrir personnellement cette petite dédicace. Celle à Mr Van Bree[1]) que vous me recommandez, se trouvera dans le courant de l'année. En attendant, chargez-vous de mes meilleurs remerciments pour Van Bree.

Je crois avoir répondu explicitement à tous les points **éditoriaux** de votre lettre. Il me tarde de vous parler de choses d'un plus haut intérêt. La gazette d'Augsbourg vous nomme parmi les membres de la commission chargée de soumettre à S. M. un plan de réforme et d'améliorations pour le Conservatoire, basé sur le rapport de Wagner. Vous m'obligerez de me tenir au fait des résultats de vos conférences préparatoires. . — .

Vos programmes de concert de Munich sont parfaitement assortis. De ce côté j'espère que vous n'aurez à Munich qu'à

---

1) Concertmeister in Amsterdam.

peine les excitations de l'opposition, et que vous vous applaudirez commodément de réunir, comme me l'écrit un de mes amis »la plate unanimité« du succès.

À quand »Tristan?« Sera-t-il donné comme on l'annonce, au théâtre de la Résidence devant un auditoire invité? Ce serait tellement beau de la part du Roi que je n'ose encore y croire. Ayez la bonté de m'en informer très exactement — et pour vous épargner des écrivasseries superflues, découpez des petits bouts de journaux qui contiendront des nouvelles authentiques. Les répétitions de Tristan vous donnant tous les jours occasion de voir Schnorr, je vous prie de bien lui dire combien je lui suis reconnaissant d'avoir pris à gré mes *Lieder* et de les chanter comme il fait. À part tous ses autres mérites, ce procédé en ajoute un tout à fait exceptionnel, dont les chanteurs de ma connaissance n'ont pas eu de souci jusqu'à présent.... et que j'apprécie d'autant plus.

Le ruban G. sera difficile à obtenir. Impossible de le demander à Munich, — *aber vielleicht könnte man ihm einen Bären anhängen bei Gelegenheit des Musikfestes in Dessau*. Loewenberg n'offre que bien peu de chances, G. n'y étant pas connu; mais comme je lui suis très sincèrement dévoué, et que vous vous intéressez à la décoloration de sa boutonnière, j'essaierai d'y remédier. Cependant je ne me flatte pas de réussir.

B. m'a écrit il y a 4 semaines, ses doléances à votre sujet. Qu'y puis-je, hélas? Je lui ai répondu en ami, mais un peu évasivement. .—. Que Dieu vous garde!

28 Avril 65.   F. L.

Tout en conservant mon logis à la *Madonna del Rosario*, j'habite depuis avant-hier le Vatican, chez Mgr Hohenlohe, qui s'est on ne peut mieux montré pour moi dans la situation actuelle.

151.

[Ende Mai oder Anfang Juni 1865. Rom.]

.—. Il me parait plus simple de vous envoyer, mon très cher et unique, ma réponse à Bechstein[1]).

Elle lui sera plus agréable par votre intermédiaire. S'il ne m'était absolument impossible de quitter Rome en ce moment, la lettre de Wagner au »*Botschafter*« me serait une grande tentation d'aller à Munich[2]). Mais il me faut retarder jusqu'au commencement d'Août notre revoir. Je viens d'écrire au Baron Orczy (président du Comité) que vous aviez la bonne intention de venir à Pesth — et avant mon départ d'ici nous conviendrons de nos arrangements. — L.

152.

Bien cher János,

La Villa d'Este, que vous ne connaissez que par l'aquarelle de Hildebrandt et où je viens de passer quelques jours, m'a empêché de vous répondre plus tôt. En disant répondre, je me sers d'un terme fort impropre: à telles paroles, à tel accent, le silence correspond davantage. Laissez-moi seulement désirer que le bien que vous me faites par votre noble amitié, vous donne aussi quelque contentement et satisfaction.

Par la gazette d'Augsbourg (supplément du 25 Octobre) j'apprends que l'école de musique **sous votre direction et les auspices de Wagner**, est en bon train et qu'il ne reste plus que des points secondaires à régler ou »*bereinigen*«, comme dit le journal.. —. Vous y aviserez au mieux certainement, et votre »**monade de bonne volonté**« opérera la réalisation pleine et entière des belles intentions du Roi.

La lettre de Cosima m'étant parvenue avant la vôtre, je lui ai écrit de suite quelques lignes en lui envoyant les petites

---

1) Der berühmte Berliner Clavierbauer.
2) Zur ersten Aufführung des »Tristan« am 10. Juni.

préfaces des deux Légendes de St François[1]) avec la dédicace. Vous aurez la bonté de les expédier au graveur de Leipzig — et je vous prie de demander à Cosima de revoir soigneusement le texte imprimé (italien et français) avant la publication.

Quant à l'exécution de l'»Élisabeth« à Vienne, Prague etc., mon parti était pris dès Pesth, et je m'y tiendrai comme de coutume. C'est à vous, et à vous exclusivement qu'appartient cette partition, cher János. Jusqu'à ce qu'elle soit éditée (ce que je différerai d'un an ou deux, selon qu'il me conviendra), je n'autoriserai pas son exécution autrement que sous votre direction. Dans ma réponse à Herbeck j'ai indiqué que probablement on entendrait l'Élisabeth à Munich ce printemps, et l'ai même invité à y venir. Mais pour peu que vous trouviez qu'elle n'a qu'à dormir l'année durant, je serai volontiers de votre avis; car ce qui m'importe avant et par dessus tout, c'est de ne jamais vous occasionner ennuis ou embarras quelconques, ni de mes œuvres ni de ma personne. Disposez-en donc absolument à votre gré.

Si vous gardez la persuasion que le Roi aurait quelque plaisir à entendre l'Élisabeth, présentez-la-lui sans prétention et sans fausse modestie .... et vous me direz alors franchement en deux mots si vous jugez à propos que je vienne ou non, à Munich. Dans le premier cas je sollicite avec insistance d'entendre divers morceaux de Wagner que je ne connais que par la lecture, comme p. e. le »Walkürenritt«, le »Vorspiel der Meistersinger« etc. Wagner et son protecteur m'accorderont, j'espère, ce régal et voudront bien me compter parmi les meilleurs auditeurs imaginables aux concerts dont Sa Majesté à le goût exquis de prendre l'initiative. On ferait de plus longs voyages pour assister à pareille récréation de roi — non moins extraordinaire à sa manière que le fameux »parterre de rois« à Erfurt, d'historique mémoire.

Revenons à nos moutons de musique. L'instrumentation de votre »Mazourka-Fantaisie«[2]) m'a déjà procuré un véritable

---

[1]) Für Clavier (Pest, Rózsavölgyi), seiner Tochter gewidmet.
[2]) Op. 13, Leipzig, Leuckart.

plaisir qui s'augmente encore de celui que vous y prenez. J'ai donc à vous en remercier doublement. Il va sans dire que si Leuckart ou un autre éditeur la publie, cela me sera très agréable. Sgambati joue à ravir (par cœur s'entend) vos Valses-Moukhanoff, et un autre de mes élèves d'ici, Lippi [1]), s'en est également affolé. À votre prochain envoi de musique je vous prie de joindre un exemplaire à 4 mains du »Sängers Fluch« pour ces deux jeunes gens.

NB. Le paquet Peters avec les Messes de Cherubini etc. ne m'est pas encore parvenu.

Je corrige les dernières épreuves de la partition de piano des Symphonies de Beethoven dédiée à votre excellentissime Excellence. Le »Clavierauszug« ne vous en déplaira pas, ce me semble.

Bonnes et belles chances sonnantes pour vos voyages de Berlin, Hanovre, Prague etc. Veuillez bien me rappeler très respectueusement au bienveillant souvenir de S. A. le Prince de Hohenzollern, chez lequel j'espère que nous nous retrouverons l'été prochain.

Bien à vous de cœur et d'âme

Vatican, 3 Novembre 65. F. Liszt.

153.

Très aimé Hans,

Ne parlons pas du chagrin que me causent vos deux lettres. Dans les situations critiques il faut trouver, soit le point par où s'y affermir, soit celui par où en sortir, alors que cela convient. Si effectivement il ne vous est plus conseillable de rester maintenant à Munich — ce que je ne puis décider faute de connaitre suffisamment les circonstances locales — voici à mon sens le meilleur parti à prendre: Attendre l'automne en Suisse, là où vous êtes; s'abstenir des commentaires sur ce que d'autres auraient pu ou dû faire, et garder fidélité absolue

---

1) Carlo L., Pianist in Rom.

aux idées dont vous êtes le plus vaillant représentant; ne pas dévier par le moindre mot du respect superlatif qu'en votre qualité de bon gentilhomme, vous devez au souverain; bien vous garder de demander ou de donner votre démission sous forme quelconque; mais exposer simplement à S. M. que dans la situation présente, votre séjour à M. occasionnerait de sérieux inconvénients et lui suggérer l'idée de vous accorder un congé d'un an, en vous conservant le total de vos appointements, comme marque extérieure de la durable fixation à votre poste, et aussi comme indemnité du surcroit de frais dont vous avez la charge[1]). Par conséquent garder votre appartement avec les meubles à M., jusqu'à ce que l'opportunité d'y revenir se présente, et que vos services soient de nouveau agréés et utiles. En termes plus courts: vous mettre en disponibilité *mit vollem Gehalt*.

Les événements politiques qui vont se dérouler, influeront aussi sur le choix de votre établissement d'hiver. .—.

Pardonnez-moi d'avoir soupçonné une petite inconséquence dans le procès du B. C. — Votre explication me ravise, et ce vilain cas donné, je comprends que vous vous soyez déterminé à en tirer l'avantage relatif. Quant à un ›ordre péremptoire‹ émanant d'ailleurs, on ne l'obtiendrait guère. Les choses ne se passent ni ›ainsi‹ ni ›comme cela‹. Toutefois ne voyons pas trop en noir ... pas même les noirs, et évitons les gros mots, ne serait-ce que pour ne pas grossir jusqu'à l'intolérable nos tribulations ... En mainte circonstance l'idéal serait de se rendre sourd-muet: ›tamquam surdus non audiebam: et sicut mutus non aperiens os suum. Et factus sum sicut homo non audiens: et non habens in ore suo redargutiones.‹ —

À vous de cœur et d'âme

[Rome,] 11 Juillet 66. F. Liszt.

---

[1]) Wagner hatte sich bereits im December 1865 von München fort nach der Schweiz gewandt, da Cabalen in Hofkreisen und Publikum, von einer verständnisslosen Presse genährt, ihm das Leben daselbst vergällten. Bülow ging eine Zeitlang nach Basel, dort lehrend und concertirend.

154.

Très cher Hans,

Tant que nous sommes de ce monde, pas moyen de guérir de la vie. Partant il nous faut en prendre les maux et les tribulations, sauf à en diminuer la mesure, le poids et le nombre, quand cela se peut! — Vous me dites une couple de flatteries injurieuses sur mes »amitiés« que je ne mérite pas plus que je ne m'y arrête. Avant votre départ pour Milan je vous enverrai un mot pour Ricordi[1]) avec lequel j'ai eu autrefois de bonnes relations. Je m'informerai aussi si la P^{sse} Belgiojoso[2]) est encore à Milan, et profiterai de votre intermédiaire pour me rappeler à son souvenir. Du reste il me paraît probable que vous trouverez à Milan sinon ce qui vous arrangerait, du moins de quoi vous arranger tolérablement. Pardonnez-moi une réflexion quasi puérile. Votre premier coup d'effet comme pianiste en Italie importe: calculez-en donc bien le mode, c'est-à-dire avisez prudemment au choix des morceaux que vous jouerez, à celui de l'instrument, de la salle et de la circonstance où il vous conviendra de vous produire. Une fois votre nom posé comme il doit l'être et le sera, le reste marchera au mieux. Belloni pourra vous être utile, non pas à distance par des »renseignements«, mais de sa personne pour une tournée de concerts, que je vous engage à combiner avec lui. Il sait parfaitement qui vous êtes pour moi; écrivez-lui donc directement à l'adresse de Giacomelli, »Directeur de la Presse théâtrale 45, rue Richer, Paris«, en l'invitant de venir vous rejoindre à Milan et de se charger de l'arrangement de vos concerts dans le Nord et le Sud de l'Italie, y compris Rome, car j'espère bien que vous n'avez pas le projet de passer les Alpes pour me renier, et que vous viendrez me voir ici. Belloni mettra certainement tout son zèle à vous rendre service,

---

1) Der bekannte Mailänder Musikverleger.
2) Als Schriftstellerin und Patriotin hervorragend (1808—71). Liszt's Correspondenz mit ihr siehe La Mara, »Fr. Liszt's Briefe«, I Nr. 18, II Nr. 391, sowie La Mara, »Briefe an Liszt«, I Nr. 19, 67, 76.

et je présume que vous vous trouverez bien de cette nouvelle phase ultramontaine de vos prouesses artistiques.

Dans le courant de la semaine, j'écrirai à Giacomelli pour le prévenir qu'il recevra sous peu une lettre de vous pour Belloni, à laquelle celui-ci sera prié de se conformer. De votre côté ajoutez quelques lignes à Giacomelli qui en toute occasion fait et publie chaleureusement votre éloge. . —.

Nous parlerons un autre jour de la bonne intention de Dräseke que j'accepte avec reconnaissance[1]. Priez-le de préparer au plus tôt son manuscrit, et je me chargerai volontiers de la publication à laquelle je me trouve beaucoup plus intéressé que lui. Aussitôt qu'il aura complété et terminé son travail (dans lequel je lui serais fort obligé d'indiquer les variantes et changements qui pourraient servir à une édition définitive des *Symphonische Dichtungen* dont nous avons parlé à Amsterdam), on l'imprimera, et Giacomelli avisera à en faire faire une bonne traduction française pour Paris. Il m'intéresse de connaître le Requiem de D[räseke]. Dans le courant de l'année prochaine je reviendrai probablement pour quelques semaines en Allemagne et m'arrangerai de façon à rencontrer D.

À revoir, très cher Hans. Je souffre de ne pouvoir vous dire et vous prouver suffisamment que je vous aime de toute mon âme.

[Rome,] 25 Août 66. F. Liszt.

155.

Très cher Hans,

C'est bon signe que vous vous soyez remis au travail. César vous fournit la meilleure des compagnies. La dédicace dont nous sommes convenus[2], devra être imprimée sur une

---

[1] Die Herausgabe einer früher in den »Anregungen« veröffentlichten Analyse der »Symphonischen Dichtungen« in Gestalt einer Broschüre.
[2] Die Widmung von Bülow's Cäsar-Musik an Napoleon III.

feuille à part, et à l'envoi de l'exemplaire à l'Empereur, vous aurez à ajouter quelques lignes écrites pour S. M. Quand l'édition en sera prête, je vous dirai de quelle manière l'expédier.

J'ai toujours fort désiré que vous gagniez plus de temps pour la composition, et tiens pour certain que vous n'écrirez que des œuvres d'une véritable et rare valeur. Si à cet effet Bâle vous procure le loisir nécessaire, ce sera un avantage considérable. Je ne me serais pas avisé de vous conseiller par rapport au genre de composition que vous pourriez entreprendre de préférence; mais puisque vous avez l'idée d'écrire un Trio, j'y applaudis sincèrement et vous engage à vous y mettre au plus tôt. Il reste beaucoup à faire pour la *Kammer-Musik* — et vous ferez du meilleur. D'ailleurs les occasions de produire un Trio se présentent plus aisément et sont moins ingrates que pour d'autres ouvrages. Votre virtuosité vous servira à merveille en cela, et vos nouveaux acolytes, le Violon et Violoncelle de Bâle, seront charmés de vous interpréter selon votre gré.

Ce que Rossini me disait autrefois à Milan — qu'il y avait trop d'étoffes diverses dans mon organisation — s'applique bien plus justement à vous. Vous avez en effet de quoi fournir amplement à une douzaine de carrières de musicien, de pianiste, de ›*General-Musik-Director*‹, de compositeur, d'écrivain, de rédacteur en chef, de diplomate etc. etc. Il vous faut seulement en prendre le temps — et l'humeur! —

La méticulosité de Rieter-Biedermann[1]) eut été mieux employée à vous prier de corriger les épreuves, qu'à me renvoyer la ›*Verlags-Cession*‹. Je le punis en exceptant la France de son droit de propriété (exception que je vous recommande de maintenir désormais pour tous mes ouvrages) et en lui écrivant deux mots que vous voudrez bien lui faire parvenir avec ses papiers.

Vous m'expédierez mes exemplaires des Transcriptions de Berlioz quand bon vous semblera. Ils me seront plus agréables en compagnie des nouveaux morceaux que vous m'annoncez,

---

1) Leipziger Musikverleger.

auxqels vous aurez peut-être de plus nouveaux encore à joindre.

Härtel vous a-t-il envoyé votre exemplaire des Symphonies de Beethoven (partition de piano), comme je le lui ai demandé? Je viens de lui écrire pour l'engager à publier la brochure de Draseke sur les »*Symph. Dichtungen.*«

J'hésite presque à vous dire que la perspective d'une prochaine rentrée »triomphante« à M[ünchen] m'inquiète un peu. Autant que je puis me former une opinion à distance sur une situation aussi complexe, il me semble qu'il serait plus prudent de se tenir à l'écart pendant quelque temps. Mais cette prudence paraîtra pusillanime ..... je n'insisterai donc pas, et attendrai les nouvelles que vous me donnerez. Sur deux autres points de votre lettre, permettez-moi aussi, très cher Hans, de différer ma réponse.

En tâchant de vous éviter un surcroit de choses pénibles, je ne crois pas avoir manqué de confiance en vous. La promesse que vous me faites de m'écrire plus souvent, me touche profondément et je vous en remercie de tout cœur. Mon âme et ma prière sont constamment avec vous.

[Rome,] 9 Octobre 66. F. L.

156.

Mon bien cher et unique ami,

Je réponds à vos demandes:

A. . — . . — .

B. Härtel et Kahnt recevront un second avertissement de vous envoyer votre exemplaire et dédicace des Symphonies de Beethoven et des *Männergesänge*. Il n'y a pas de ma faute s'ils ne vous sont pas parvenus depuis deux mois.

C. R. B. ne gémit plus, mais danse ..... la danse des taupes. J'ai signé les nouveaux papiers qu'il m'a envoyés et qui lui assurent la propriété en tous pays de toutes les marches de supplice et de pèlerins (mangés en salade comme faisait Gargantua) y compris ceux de son journal.

Si vous ordonniez à un de vos élèves de jouer »la danse des Sylphes«, je crois qu'elle lui vaudrait des applaudissements à la suite desquels R. B. vendrait des exemplaires.

D. La munificence de Siegel doit être punie par la propriété de la Rhapsodie espagnole en tous pays — la France exceptée. Veuillez vous charger du titre comme de la correction des épreuves — et quand vous serez d'humeur à cela, ajoutez quelques lignes pour expliquer au public les deux motifs des »Folies d'Espagne« et de la »Jota aragouese«.

E. Plus d'exécution d'Élisabeth nulle part si ce n'est dans la ville où vous jugerez convenable de la diriger vous-même, ce que j'accepte avec reconnaissance, mais seulement sous la condition expresse que vous ne ferez ni sacrifice de temps ni sacrifice d'argent à cet effet. — J'ai informé Gille [1]) directement que je ne désirais pas que l'Élisabeth soit entendue à Jena ou Weimar cet hiver, et que je m'en tiendrai à ce que je vous avais dit à Pesth en vous remettant la partition et vous confiant exclusivement la direction. Si vous trouviez bon de la faire exécuter à Bâle et que Madame Merian voulût bien se charger de la partie de l'Élisabeth, cela ne pourrait que m'être très agréable. Toutefois je n'indique cette éventualité qu'en passant, et ne voudrais en aucune manière la provoquer. Quand vous verrez Mme Merian, dites-lui bien mes sincères amitiés.

F. La nouvelle donnée par la »Liberté« et reproduite par quelques autres journaux, relativement au Christ n'est qu'à moitié exacte. L'ouvrage est terminé, mais je n'ai aucune idée ni quand ni où on l'entendra. —

Avez-vous trouvé moyen de travailler? Où en est le Trio? Quand paraitra le »César«? Donnez-moi une part de votre faix à porter — et continuons de marcher unis!

[Rome,] 26 Nov. 66. F. L.

---

1) Langjähriger Freund Liszt's in Jena, jetzt Geh. Hofrath und Custos des Weimarer Liszt-Museums.

157.

Très aimé Hans,

Votre lettre m'a fait un grand bien. Je vous en remercie et prie Dieu de fixer à toujours nos âmes dans une sainte communion. Ce mot mystique a pour moi une signification très réelle et positive que vous comprenez.

Je viendrai certainement vous trouver au commencement de cet été. Quelques journaux ont parlé de votre rentrée à Munich en qualité de maître de chapelle de la Cour. Comme vous ne m'en dites rien, je suppose la nouvelle prématurée. On nomme aussi le P^ce C[hlodwig] H[ohenlohe][1]) pour succéder à M^r v. d. P[fordten]. Malgré les alarmes répandues en tous pays, Rome est parfaitement tranquille et même semble devoir rester telle pendant quelques mois au moins. C'est l'opinion des personnes les mieux avisées en général qui assurent qu'aucun trouble sérieux ne surviendra ici avant la St Pierre (28 Juin), date à laquelle le Pape a convoqué tous les évêques de la catholicité (au nombre de 900 et quelques cinquante, y compris ceux *in partibus*) pour la canonisation solennelle du B. Josaphat, Archevêque de Polocsk — Russie blanche — (la Princesse W[ittgenstein] est une assez proche parente de ce Saint), du B. Paul de la Croix, fondateur de la Congrégation des Passionistes, de la B. Germaine Cousin, pastourelle vierge séculière du diocèse de Toulouse, et de douze autres Saints.

Votre équité envers Veuillot[2]) m'a fait plaisir, et plus encore l'intérêt que vous prenez à votre activité musicale de Bâle, vos nouveaux élèves hollandais, hambourgeois, américains, alsaciens et votre Trio modèle. Il n'y a pas meilleur signe de santé morale que cette disposition à remplir de notre mieux et un peu gaillardement parfois, notre tâche quotidienne. Vous avez déjà obtenu des résultats étonnants comme pédagogue; pourvu que vous ne perdiez pas patience, je suis

---

1) Gegenwärtig deutscher Reichskanzler.
1) Louis V., französischer Publicist, Chefredacteur des »Univers religieux«, des Hauptorgans des Ultramontanismus.

persuadé que la somme des satisfactions l'emportera de plus en plus sur celle des ennuis dans votre professorat. Parmi tous nos musiciens nul n'est aussi admirablement qualifié que vous à convertir »prava in directa et aspera in vias planas« tant par l'enseignement spécial de l'instrument, de la composition ou de l'orchestre, que par la critique et l'exemple. On le sait généralement déjà, plus encore qn'on ne se plait à en convenir.

En fait de nouveautés musicales ici nous avons eu dernièrement »l'Africaine« — et la première exécution de la Symphonie héroïque. Pour beaucoup de personnes ces deux ouvrages sont de même farine, et un dilettante connaisseur demandait naïvement qu'on ajoute l'unisson du mancenillier à la Symphonie héroïque, après la Marche funèbre, le ton et le caractère des deux morceaux se touchant à se confondre. D'autres connaisseurs poussent la défiance et l'antipathie contre les *tedeschi* jusqu'à se fâcher de l'intrusion des noms de Beethoven, Weber, Mozart sur les programmes de concert; mais Sgambati se conduit très vaillamment, et tient bon, en dépit de l'opposition de la sottise, des criailleries ultra-patriotiques, du faux goût — et ce qui pis est: la léthargie du goût. Dans le courant de l'hiver on réexécutera la Symphonie héroïque et la *Dante-Sinfonie*. Puis on procédera à l'étude des autres Symphonies de Beethoven etc. Ci-joint un programme de cette conspiration de concerts à la Galerie dantesque, à laquelle je m'intéresse au point d'assister à chaque répétition. Si vous avez quelque nouveau Trio ou Quatuor (avec piano) à me recommander vous m'obligerez, car Sgambati est fort d'humeur à ne pas s'encroûter et vient de composer lui-même un Quintette qui ferait frémir les encroûtés d'Allemagne. Vous savez que Sgambati a joué deux fois l'hiver dernier et avec beaucoup de succès, le Trio de Bronsart. Avec le prochain envoi de musique (les éditions de la »pieuvre«) faites-moi parvenir un exemplaire du Trio en *fa♯ mineur* de C. A. Franck.

Voici ma réponse à Siegel que vous aurez la bonté de lui faire parvenir. Il me redemande quelque Fantaisie sur

Tannhäuser ou Faust. Si j'avais pu prévoir cette velléité de sa part il y a deux ans, je me serais empressé de lui envoyer la version que j'ai faite alors du *Soldaten-Chor* pour obliger un jeune compositeur qui l'aura publiée (sous son nom que j'oublie). Maintenant il faut attendre quelqu'occasion opportune d'un nouvel ouvrage, car il me serait impossible de confectionner de propos délibéré un pareil morceau avec de vieux drap de motif. Peut-être ›Roméo et Juliette‹ de Gounod aura-t-il du succès en Allemagne. En ce cas je ne demande pas mieux que de courtiser S. par une Transcription. En attendant voyez s'il lui convient de publier l'Ouverture du Tannhäuser, ce à quoi, du reste, je ne tiens nullement. Quant à la Rhapsodie espagnole, disposez-en militairement. Le titre pourrait être simplement:

   Franz Liszt, Rhapsodie espagnole.
   (Folies d'Espagne et Jota aragonese.)

Mais si vous en savez un meilleur, tant mieux (NB. Morceau de Concert ne me plaît pas trop), et surtout si vous avez la bienveillance d'ajouter sur la 2me page quelques lignes d'explication sur les 2 motifs, vous me ferez grand plaisir. La dédicace est superflue, et je préfère m'en abstenir.

  À vous de cœur et d'âme

[Rome,] 20 Décembre 66.   F. L.

158.

Très aimé Hans,

Hier soir j'ai reçu votre lettre. .—. Laissez-moi vous supplier de quitter ›l'alternative‹ et croyez sur ce point à ma triste et vieille expérience. Il ne faut point de refus, point de lettre motivée, point de confidence à qui que ce soit, excepté moi. L'opinion, les journaux, le Roi lui-même n'ont que faire en cela, si ce n'est pour tout empirer. La seule résolution que vous ayez à prendre, c'est d'accepter simplement votre nouveau titre — en ménageant certaines convenances par votre séjour à Bâle. Du reste, il n'y a qu'à suivre l'exemple du chantre des tribulations: »Ego autem tanquam surdus non audiebam, et sicut mutus non aperiens os suum. Et factus sum sicut homo non audiens et non habens in ore suo redargutiones.«

Merci de vos renseignements aussi piquants qu'experts sur la musique de chambre récemment publiée. Je les communiquerai à Sgambati qui vous présente ses respects. Il viendra probablement avec moi en Allemagne cet été et désire vivement faire votre connaissance.

On vous parlera de l'invitation que m'adresse le G^d Duc de Weymar pour le jubilé de 800 ans de la Wartburg. Je dois l'accepter — et vous reverrai avant à Bâle.

Que Dieu vous garde, et me conserve mon plus cher et plus noble ami!

2 Janvier 67. F. L.

Adressez simplement Rome.

159.

Bien cher ami,

Pardonnez-moi d'avoir tardé à vous dire ma satisfaction de votre brevet de *Capellmeister in ausserordentlichen Diensten*. Vous avez certainement déjà rendu des services très extraordinaires et continuerez de plus belle. Il n'y a qu'à vous souhaiter un peu plus de contentement et de repos dans l'ordinaire. — Comment s'arrangeront les choses cet été? Aurez-vous les *Meistersinger* à Nuremberg? On vous invitera aussi à la Wartburg, mais il n'y a encore rien de fixé pour la date. Dingelstedt m'écrit que l'Élisabeth sera probablement exécutée le 29 Août. Quant à l'ensemble du programme de ce jubilé, on est dans le vague jusqu'à présent. D'une part on propose d'étendre la fête à trois jours; de l'autre on préférerait de plus modestes proportions. Je vous en reparlerai quand je serai mieux informé. Si par malheur il y avait collision entre Nuremberg et la Wartburg, je devrais me résigner à me priver de vous, car vous êtes nécessairement tenu à diriger les *Meistersinger*, et de mon côté je ne puis pas manquer de parole au G^d Duc.

Merci de l'envoi des programmes de Mulhouse, de l'Almanach musical et du paquet de musique avec les Transcriptions de Berlioz, vos éditions classiques et le Trio de Franck. Sgambati et Lippi profiteront de votre savoir pédagogique et s'approprieront vos doigtés, indications et nuancements qui assaisonnent cette nouvelle édition de Bach et Händel — et la rendent plus digestive. Mes élèves s'empresseront toujours d'apprendre de vous et de suivre votre école. Je vous présenterai Sgambati cet été, car je lui ai proposé de m'accompagner en Allemagne.

Ci-joint une demi-douzaine de corrections des principales fautes qui m'ont sauté aux yeux en parcourant les Transcriptions Berlioz. En cas qu'elles n'aient pas encore été corrigées, communiquez cette petite feuille à Rieter-Biedermann. —

L'article de l'Almanach musical sur la Messe de Gran est fort convenable et m'a fait plaisir. La biographie que vous m'annoncez dans la Revue Westermann[1]) me rendra service. Plusieurs fois on m'a demandé de Paris, Florence et ailleurs quel article biographique serait à consulter? Je n'ai su quoi répondre et vous serai très obligé de m'envoyer quelques exemplaires de celui qui paraîtra dans la Revue Westermann, et que je ferai traduire en français et en italien. Pour les notices complémentaires, de 61 à 66 que vous me demandez, je ne pourrais en charger personne ici; mais voici les faits principaux à enregistrer:

Arrivé à Rome, Octobre 61. Terminé l'Élisabeth en été 62. Juillet 63, visite de Pie IX dans mon ermitage au Monte Mario (Madonna del Rosario). 21 Mars 64, Académie en l'honneur de la Croix: Leurs Éminences les Cardinaux Reisach, Pitra, Guidi prononcent des Discours en allemand, français, et italien; Mgr Manning (actuellement archevêque de Westminster) parle en anglais et Mgr Nardi fait l'épilogue en italien.

---

[1]) Von La Mara, nachmals überarbeitet in Bd. I der »Musikalischen Studienköpfe« aufgenommen.

Le thème des 4 discours était: L'église enseignant, combattant, répandant ses bienfaits, et triomphant effficacement par la Croix. Le poète Tarnassi récite des vers, et je me charge de remplir les intervalles par 4 ou 5 morceaux de piano. Le produit de cette académie (NB. il faut conserver ce terme d'usage en Italie) a été offert au St Père et s'est élevé à quelques vingt mille francs. — Août 64, *Tonkünstler-Versammlung* à Carlsruhe. 25 Avril 65, j'entre dans les ordres ecclésiastiques et reçois la tonsure des mains et dans la Chapelle de Mgr d'Hohenlohe, alors G^d Aumônier du St Père, au Vatican. J'habite chez lui au Vatican, depuis ce jour jusqu'au mois de Juin 66, où il délogea lui-même, par suite de sa nomination au Cardinalat (NB. à l'exception du Cardinal Antonelli, Préfet des sacrés palais, aucun autre Cardinal n'habite le Vatican). Août 65, Pesth. Mars et Avril, Messe de Gran à Paris et Amsterdam. Décembre 66, terminé le »*Christus-Oratorium*«.

Pour toute ma vie, à vous de cœur et d'âme
2 Février 67.   F. Liszt.

Je viens de réviser la partition de l'Élisabeth avant de l'envoyer à Kahnt qui l'éditera. Quelques petites améliorations me sont venues dès les premières pages de l'Introduction, et plus loin.

160.

Lucerne, ce 20 Février 1867.
Villa Triebschen.

Très illustre maître et cher ami!

. —. Veuillez, je vous en prie, lire la lettre ci-jointe. Elle vous expliquera mieux que je ne pourrais le faire avec le peu d'éloquence dont je dispose, mes relations avec un artiste, contre lequel vous avez des griefs très justes. Elle vous entr'ouvrira un coin du monde musical que vous ne pouvez connaitre, elle vous montrera sous son vrai jour le caractère très individuel de ma liaison amicale avec Raff, qui du reste vient de me rendre un très grand service en obligeant Schott de graver aussi promptement que possible ma »Cäsarei« ¹). Je viens d'envoyer [à ce dernier] les épreuves corrigées de la partition de la Marche, qui est devenue un morceau assez amusant et brillant, à moins que je ne me fasse illusion. (Auriez-vous la bonté de me renvoyer occasionnellement la lettre de Raff?) Puis-je — sans abuser du décret impérial du 19 Janvier²) — m'expectorer sur quelques autres points où nous sommes — hélas! — d'un avis extrêmement divergent?

Eh bien — je vous avoue, je suis hors de moi de colère de ce que vous ayez donné la partition de »St. Élisabeth« à Kahnt à Leipzig! J'étais déjà très triste de le voir en possession du »Prométhée« et du »13ème Psaume« — ce qui a beaucoup nui à la propagande de ces œuvres qui, pour commencer, avaient bien plus de chances que les *Symphonische Dichtungen*. (À propos: succès colossal du »Mazeppa« tout dernièrement à Moscou sous la direction de Nicolas Rubinstein).

Je croyais que vous vouliez [encore] attendre avec la publication de la St. Élisabeth. Si cependant vous changiez d'avis, et si vous ne dédaigniez point un éditeur modeste — pourquoi ne pas prendre Senff, le rédacteur, qui d'ailleurs soignerait l'édition, ce que Kahnt ne fera jamais. . —. Par mon entremise cela aurait marché sur des roulettes — Senff aurait bien payé la partition et il aurait fait une propagande du diable, son journal aidant.

Savez-vous ce que je fais faire à Senff maintenant? Il publie les Valses de Draeseke et — il les paie! Voyez-vous les bouches béantes des Brendel et Cº, les vasistas écarquillés

---

1) Ouvertüre und Entreacte zu Shakespeare's Trauerspiel »Julius Cäsar«. Siehe H. v. Bülow's Briefe I, S. 388, 393, 394, 397.

2) Als »kaiserl. Decret« ist wahrscheinlich ein von diesem Tag datirter Brief Liszt's zu verstehen, der einen diesbezüglichen Rath oder Wunsch ausspricht, sich aber leider nicht mehr vorfindet. Unter den verschiedenen Napoleonischen Decreten vom 19. Januar 1867 ist mindestens kein einziges, das auf Bülow's Fall im Entferntesten Anwendung litte.

des Kahnt, Schuberth etc.? Du reste — Senff me demande depuis longtemps des manuscrits à moi! Je lui donnerai entre autres des Chœurs pour voix d'hommes, dans lesquels je glisse une petite vengeance contre von der Pfordten, que tout le monde comprendra. Mais assez pour aujourd'hui.

D'ailleurs je suis dans une »*respektwidrige Stimmung*« que je vous prie de me pardonner, en égard à bien des .... choses. . —.

»La fiancée du roi de Garbe«[1]) a écrit une lettre très comme il faut à Richard Wagner. Plus que *Wohlgeboren*. Elle le prie d'accepter son amitié éternellement fidèle etc.

Je prends congé, cher Bon Grand — ne vous offusquez pas de la trop grande satisfaction de moi-même, qui s'exhale de ces lignes. Elle fera bientôt place à des sentiments opposés. Le flux et le reflux — voilà notre destinée.

Tout à vous de cœur et de cerveau.

Votre reconnaissant et admirativement dévoué
Hans de Bülow,

apprivoiseur de bipèdes intraitables (mâles — s'entend).

161.

Bien cher Hans,

. —. On vous a mal informé au sujet de mon voyage à Paris. Si j'en avais l'idée ou le projet, vous le sauriez en premier lieu par moi. Sauf une circonstance très déterminante que je ne prévois pas, je resterai à Rome jusqu'en Juillet. La *Wartburg-Feier* aura probablement lieu vers la fin d'Août. Je n'en ai plus eu de nouvelles depuis ma dernière lettre, et vous tiendrai au courant de celles que je recevrai. Est-il besoin de dire que vous revoir et passer quelque temps avec vous, m'importe par dessus tout?

. —. Merci des détails accessoires. On n'a qu'à siffler tant qu'il plaira »*Gretchen*«[2]) au Gewandhaus; mais ne me faites

---

1) Titel einer Auber'schen Oper, in der ein König von Bayern eine Rolle spielt.

2) Der Mittelsatz von Liszt's Faust-Symphonie.

pas envoyer »directement« l'honoraire de Meser. Cela me chagrinerait comme un changement de nos coutumes. J'aurai d'ailleurs besoin de cette petite misère pour mon voyage et préfère que vous me la gardiez en réserve.

Veuillez remercier de ma part Mlle Rültimann de son succès mignon.

Croyez-moi bien de cœur et d'âme à vous

25 Février 67. F. L.

162 1).

[1868?]

Tasse.

Retrancher les instr[uments] à percussion dans l'All[o] strepitoso, lettre A jusqu'à Lento — ainsi qu'à la rép[étition] pag. 12. *Oui.*

Retrancher deux trompettes au Finale en modifiant la partie de la 1ère et de la 2ème (presque point de changements).

Diminuer en maints autres endroits les coups de cimbales etc., même ceux de timbales. *Oui.*

Biffer les fanfares des dernières pages — c'est à dire couper les 6 mesures avant les trois mesures finales. *Oui.*

Ajouter une seconde harpe pour quelques forte.

---

1) Das vorstehende Brieffragment Bülow's dürfte — da im nächstfolgenden Schreiben von einer »Tasso«-Aufführung durch Bülow die Rede ist — der Zeit zwischen Januar und Mai 1868 entstammen. Bülow legte Liszt eine Reihe die Aufführung betreffende Fragen und Vorschläge vor. Mit seinen Antworten versehen — die hier durch Cursivschrift kenntlich sind — sandte Liszt das Blatt an Bülow zurück. Dieser theilte dasselbe später (wie es scheint im Jahre 1873) Walter Bache in London mit, in dessen Besitz es verblieb, bis es nach seinem Tod an seine Schwestern, Miss Margaret und Miss Constance Bache überging. Letzterer, der Übersetzerin der »Heiligen Elisabeth«, der Briefe Liszt's (»Letters of Franz Liszt. Collected and edited by La Mara.« London, H. Grevel & Co. 1894) und H. v. Bülow's (»The Early Correspondance of Hans von Bülow.« London, T. Fisher Unwin. 1896), ist die hier benutzte Copie zu danken.

Couper l'épisode de la folie pag. 21, 22, 23. (Comme étant inaccessible à la compréhension de la masse des exécutants comme des assistants). Donc transposer le Meno Adagio pag. 17—20 un ton entier plus bas, *plus haut?* ce qui peut aisément (à mon avis) s'opérer en y ajoutant une mesure pag. 26.

Vide l'indication de ma lettre.

Il y aurait encore à réfléchir sur une concentration: coupure à faire dans les 12 mesures (en excepter les quatre dernières) avant la lettre A — ainsi que dans les treize mesures précédents la lettre M — puis arranger l'entrée du Moderato pomposo de façon à combler le vide acoustique de la première mesure pag. 69 dont l'effet (du vide) est pareil à celui d'un courant d'air lequel pendant que vos yeux sont fixés sur un spectacle, vous force à vous retourner pour vous informer quelle en peut être la cause (du courant d'air).

Page 75 première mesure — l'accord de $\frac{4}{6}$ me parait être de trop — *Oui* — de trop, entendons-nous bien, au point de vue des principes de l'auteur, lequel a en tant d'occasions si victorieusement combattu le monstre vulgaire du rhythme carré. Donc opérer la jonction immédiate de

naturellement en conduisant autrement les matériaux harmoniques.

Mille fois pardon en faveur de l'intention![1]).

---

1) Diese Zeile ist von Liszt's Hand durchstrichen.

Mille fois merci de toutes vos intentions et de tous vos faits!

F. L.

Cette feuille pouvant être commode à vos remaniements et expurgations du »Tasse« je me permets de vous la restituer.

163.

Très cher et incomparable,

Vos lettres me sont le plus excellent tonique, — réconfortatif et exhilarant à la fois. Que de bonnes choses vous me dites! d'abord sur la »politique césarienne« et ses prodigieux succès dans votre florissant empire où *tutti quanti* depuis l'allumeur de quinquets jusqu'aux plus hauts dignitaires, inclusivement les Solistes et les Divas, ont bien raison de chanter vos louanges et de se glorifier en leur chef. Décidément c'est à Munich qu'il faut aller pour s'instruire et s'édifier, au sujet de la musique présente et future. Ailleurs on ne brasse que de la petite bière, et il ne pousse que des »H. manqués!« — Ensuite, que de choses toutes persuasives sur »Tasse« et »l'Élisabeth!« J'admire que vous ayez réussi à faire accepter couci-couci mes pauvres compositions et ne saurais assez vous remercier de les choyer comme vous en avez pris coutume. Plus leurs défauts me sont connus, plus il m'est doux de voir que vous passez outre. Vous allégez ainsi ma conscience musicale, peu disposée à s'indulger.

Mais parlons des »Parerga« de vos soirées. Je ne devinais guère la trouvaille des Études de Cramer. Autrefois, Henselt avait préludé au Prélude bachique de Gounod par une édition à deux pianos (avec des mélodies juxtaposées) de ces Études, lesquelles m'ont toujours paru ressembler à toutes sortes de tisanes, la tisane de champagne exceptée. Néanmoins, je ne conteste ni leur utilité ni leur agrément, et vos cinquante notes instructives leur prêteront sans doute un nouveau charme pour moi. Compliment à part, vos éditions de Bach, Scarlatti etc. sont les meilleurs modèles de ce genre de travail, tant sous le rapport des doigtés, des *legato* et *staccato*, que sous celui des notes explicatives, des indications de nuances et compléments. Les pédagogues et les virtuoses y trouvent également leur compte, de manière à ce que les uns puissent enseigner avec plus de sécurité et d'intelligence, et les autres apprendre avec plus de profit et de facilité. L'exécution de ces ouvrages s'est certainement déjà améliorée par les soins que vous avez pris à en fixer les conditions normales, et la propagation générale de vos éditions contribuera beaucoup au progrès de l'enseignement du piano, et à l'élévation du niveau intellectuel et musical des exécutants. Après vous, c'est notre ami Kroll qui me paraît avoir le mieux réussi dans la voie pédagogique. Les quelques morceaux »*critisch revidirt*« etc. publiés chez Fürstner sous le titre collectif »*Bibliothek älterer und neuerer Clavier-Musik*« sont très recommandables. Je regrette que Tausig ne se soit pas donné la peine de rendre l'étude du *Gradus ad Parnassum* plus fructifiante et plus instructive. Il s'est contenté de la méthode expéditive qui dans ce cas n'était pas l'expédient préférable. Vous ne l'imiterez pas, j'en suis sûr, pour l'édition Beethoven dont je me réjouis à l'avance. Lebert[1]) m'écrit que vous avez définitivement accepté la révision et l'annotation de l'édition de Cotta, à partir de l'œuvre 53 jusqu'aux dernières Sonates de Beethoven. Votre collaboration était indispensable à cette publication, et comme j'y suis associé aussi (pour Weber et Schubert), je tenais extrêmement à votre compagnie. Vous auriez, j'en conviens, plus d'agrément à employer votre temps pour vos propres compositions, et personne plus que moi ne désire que vous vous y attachiez avec le plus de suite possible; cependant le travail que vous ferez sur Beethoven, rentre assez dans vos attributions et je ne sache personne d'aussi capable que vous de l'accomplir magistralement. Résignez-vous donc de bonne grâce à l'embarras de richesse des facultés diverses qui vous sont départies, et souffrez que pour un certain temps

---

1) Siegmund L. (1822—94). Clavierlehrer und Mitbegründer des Stuttgarter Conservatoriums; auch als Herausgeber instructiver Werke, zumal der »Großen Clavierschule« (mit Stark) verdient.

la pédagogie prévale. Il n'en résultera aucun détriment sérieux ailleurs, et j'espère que vous trouverez moyen de mener de front la direction du conservatoire, celle du théâtre et des concerts, avec les éditions Cotta et autres, — plus, vos œuvres personnelles à méditer et à écrire *in tempore opportuno*. Cette dernière part est la majeure. Je vous la souhaite heureuse, et prie du fond de mon cœur pour vous . . . »et folium ejus non defluct; et omnia quaecumque faciet, prosperabuntur«.

À l'œuvre donc, très aimé Hans. Vos quatre entre-actes de »Jules César«, sont-ils terminés? Je crois que vous avez eu une bonne idée de grossir votre partition césarienne par ces nouveaux affluents. Écrivez-moi un mot après la représentation de J. César, et communiquez-moi au moins les titres de vos morceaux en attendant que j'en fasse plus ample connaissance à Munich.

J'ai passé mon hiver à fainéautiser, sans pouvoir écrire deux lignes de musique. Depuis Pâques je me suis un peu remis à la besogne; un *Requiem* (pour voix d'hommes avec accompagnement d'orgue) est presqu'achevé. J'enverrai au *Männergesang-Verein* de Vienne qui m'a très convenablement invité à participer à sa fête jubilaire au mois d'Octobre prochain, le Psaume 18 »*Die Himmel erzählen*«.

À moins d'événement imprévu je passerai l'été ici. Dans le monde musical en Italie il s'est fait quelque bruit de la lettre de Broglio (ministre de l'instruction publique à Florence) à Rossini, de la réponse du *vegliardo pesarese* (qu'un petit groupe d'irrévérencieux traitent de *rimbambito*: expression intraduisible) et d'une lettre — démonstration de Verdi — faisant suite aux deux lettres précédentes de Broglio et Rossini. Verdi refuse la croix de Commandeur de la Couronne d'Italie, tandis que Rossini accepte la présidence de la Société Rossinienne, sur la proposition de Broglio. Le but ostensible ou ostentateur de cette société serait de remédier à la prétendue décadence et stérilité de l'art musical en Italie; mais son utilité réelle consisterait à débarrasser le gouvernement italien de la charge de 4 ou 5 écoles de musique (conservatoires qui ne savent quoi conserver) ce qui équivaudrait à une économie de 3 ou 4 cent mille francs. Rossini signe sa lettre »*de Vostra Eccellenza il più candido estimatore!*« Il faut en effet beaucoup de candeur pour estimer de pareilles sornettes.

Je suppose que les »*Signale*« vous auront servi tout ce *pasticcio* traduit en allemand. Il a moins de haut goût philosophique que les »muscles fessiers proéminents« de la définition de l'homme, selon le dictionnaire de médecine, que le Cardinal de Bonnechose vient d'exhiber au grand scandale des Sénateurs.

Veuillez, cher Hans, vous charger de mes cordiales amitiés pour les adhérents sympathiques au dessous de la loge royale, au concert du *Residenz-Theater*: Cornelius, Weissheimer[1]), Mihalovich[2]), Mathews[3]), Draseke.

Bien tout à vous

2 Juin 68. Rome. F. L.

Härtel ne m'a rien envoyé. En revanche Mr Fürstner est »*ein höflicher Mann*«, et je le lui écrirai cette semaine. Ricordi a publié (*für Mai*) ma Transcription de *Don Carlo* en me gratifiant d'un honoraire de mille francs. Grâce à Verdi, j'ai pu me passer le luxe d'un cheval durant la saison d'hiver. Je suis content d'apprendre que les »n.« ne s'avisent plus de faire du zèle mal à propos. C'était une mauvaise guerre; mieux vaut de part et d'autre une paix raisonnable.

164.

Vous comprenez que je ne sois guère disposé en ce moment à m'occuper de choses musicales. Pourtant je ne saurais refuser à Sgambati de vous faire ses remerciments pour

---

1) Wendelin W., geb. 1836, Componist und Musiklehrer in Freiburg i. B.

2) Edmund v. M., geb. 1842, Schüler Bülow's, Componist neudeutscher Richtung, Director der Landes-Musikacademie in Budapest.

3) William M., geb. 1837, Musiklehrer und Musikschriftsteller, jetzt in Chicago.

l'envoi du Quatuor de Kiel[1]) (qui ne lui est parvenu qu'après un an de retard de poste!) et je me suis chargé de vous expédier sa lettre ci-jointe. Vous pouvez compter Sgambati parmi vos plus zélés admirateurs. Il a très sérieusement étudié vos œuvres (en particulier les partitions du *Sängers Fluch* et de *Nirwana*), et dans son prochain concert, il jouera votre Rêverie en *fa* ♯. Par modestie il ne vous parle pas de ce détail, mais je vous enverrai le programme de son concert qui aura lieu dans les salons de l'ambassade de Prusse, *palazzo Caffarelli*, que le Baron d'Arnim a eu l'amabilité d'offrir à notre artiste, tout exceptionnel.

Afin d'échapper à un luxe de dérangements, j'irai demain à la Villa d'Este (Tivoli) et y passerai une quinzaine de jours sans autre compagnie que mes livres et l'édition Schubert promise à Cotta.

. — . Mes deux dernières lettres vous sont-elles parvenues? Fortunato[2]) a négligé de les recommander, car il avait perdu la tête ce jour-là à cause d'un gros vol commis chez sa femme.

Occasionnellement faites-moi donner réponse par un de vos secrétaires (Bärmann ou quelqu'autre) à ces deux questions:

1º Quel est le Concerto de Rubinstein le plus à effet? Est-ce le 3me? Une de mes élèves romaines a l'intention de le jouer en public cet hiver.

2º À combien monterait la somme annuelle nécessaire à l'entretien d'un garçon de 17 ans à Munich que je me propose d'y envoyer comme élève de votre conservatoire? Ses parents sont pauvres, mais sur mon conseil ils se décideraient à faire un sacrifice d'argent, si le chiffre n'était pas trop élevé. Soyez donc assez bon pour m'envoyer le prospectus du conservatoire qui m'indiquera le prix des classes, et demandez de ma part à Bärmann s'il ne pourrait pas se charger

---

1) Friedrich K. (1821—85), hervorragender Componist und insbesondere Contrapunktist, Schüler Dehn's, zuletzt Professor der Berliner Hochschule für Musik. Bülow's Urtheil über ihn siehe »Ausgewählte Schriften«, S. 261—270.

2) Liszt's Kammerdiener.

de procurer le vivre et le couvert, moyennant quelques cents florins par an, à ce jeune garçon fort bien organisé musicalement, et dont le talent pianistique s'est fait applaudir ici. Je serais fort obligé à Bärmann de me renseigner à peu près sur le prix d'une pension en famille pour mon protégé, et de l'aider à se caser d'une façon modeste et décente pendant un an au moins à Munich.

Pardonnez-moi de vous associer ainsi à mes petits ennuis.

11 Novembre 68. F. L.

165.

Cher fils,

Pour me soustraire au train ordinaire de mon existence romaine, je suis allé passer quelques semaines en retraite à la Villa d'Este. J'y ai reçu vos deux lettres de la mi-Novembre, mais la dernière ne m'a été remise qu'à mon retour ici.

Sans cesse je pense à vous, vous approuve, vous admire et vous aime du fond de l'âme. . — . Oui, cher Hans, il faut que vous soyez en plein, le grand artiste que depuis longues années je reconnais en vous; il faut que vous fassiez et acheviez le »Munich-Athènes« musical que vous avez eu perspective; il faut que vous fixiez sur nombre de pages votre mens divinior et donniez à votre nom le lustre de vos œuvres; il faut, en un mot que vous m'accordiez l'extrême joie d'avoir un fils, mieux méritant que moi. Tout cela se fera comme de soi en suivant la voie où vous marchez avec une si noble vaillance; désormais vous y rencontrerez de moindres obstacles, car la plus rude et pénible part de votre tâche est victorieusement accomplie.

Un seul point reste à ménager, et je vous supplie d'y penser un peu davantage: votre santé. Ne lui imposez pas des charges trop téméraires! —

Les premiers jours de Janvier j'irai droit d'ici à Weimar. Je vous préviendrai du jour auquel je passerai par Munich et vous demande de m'accompagner jusqu'à Augsbourg où nous resterons quelques heures pour convenir de nos faits et déterminations. À vous

12 Décembre 68. Rome. F. L.

Merci de votre réponse au sujet du jeune aspirant conservatoriste. Probablement il viendra avec moi jusqu'à Munich. Je ne vous ennuierai plus de lui au préalable et répondrai à Bärmann la semaine prochaine.

166.

Bruxelles, ce 3 Février 1869.

Cher père et maître,

Je pars de Bruxelles ce soir — je n'ai presque pas un moment de libre, je profite néanmoins du départ d'un jeune homme qui vient me voir pour vous envoyer *einen respektvollen Gruß*.

Mr. Franz Servais, fils du célèbre virtuose, compositeur de talent et [un] charmant individu, se rend à Weimar pour voir son frère qui [y] est engagé à l'orchestre. J'ai atteint à Bruxelles ce que je m'étais proposé: j'ai **vaincu** Rubinstein. Je suis au **mieux** avec le père Fétis[1]), qui vient de m'écrire après le concert d'hier dans ces termes: »cher maître«. Je dîne chez lui aujourd'hui — le soir je pars pour Hanovre via Cologne.

Thaddée Tyszkiewicz[2]) que j'ai retrouvé ici et qui m'a été aussi utile qu'agréable, vous écrira un compte-rendu détaillé de l'effet de mon apparition à Bruxelles. Le jeune Servais en outre pourra satisfaire votre curiosité, si curiosité il y a. J'ai prié Schott de vous envoyer un quintette de Fétis qui est une œuvre charmante (j'en ai été très étonné)

---

1) François Jos. F. (1784—1871), der sehr thätige und verdiente Brüsseler Musikgelehrte und Autor der »Biographie universelle des Musiciens«, Director des Conservatoriums und Hofcapellmeister daselbst.

2) Graf T., Musikschriftsteller, Mitarbeiter an Brendel's Zeitschrift.

dont je ferai la propagande. Écrivez-moi donc un mot à Munich — je voudrais tant savoir comment vous allez de santé et d'humeur.

Inutile de vous dire que c'est à votre lettre d'introduction que je dois l'aimable accueil du père Fétis, qui a été très touché de votre souvenir. J'ai trouvé Mme Pleyel[1]) très déprimée par la mort de sa fille unique, mais avec la même vivacité d'esprit et le même attachement pour vous. Elle se plaint beaucoup de ce que vous ne lui envoyez plus de vos nouvelles publications. Ne voudriez-vous pas à l'occasion lui expédier un petit souvenir?

Enchanté des musiciens de l'orchestre ici (Dumon, Duhem, de Swert, Bernier); on m'adore.

Pardon du décousu et du sans-gêne de ce griffonnage. [Il] n'y a [vraiment] pas moyen d'écrire une ligne raisonnable quand on cause autour de vous.

Tout à vous de cœur et d'esprit

Hans de Bülow.

De l'argent — je n'en ai pas fait. Au contraire. Ce sera pour une autre fois.

167.

Cher unique,

Je désapprends de plus en plus à écrire et à parler. En outre, tant de tristes et fâcheux souvenirs se rattachent pour nous au coin de terre que j'habite maintenant qu'il vaut mieux n'en rien dire. Pourtant je dois y durer — et persévérer jusqu'à la fin.

Tausig, Reményi, Rubinstein, Mme Viardot, Mlle Mehlig[2]) etc. ont donné un certain mouvement aux concerts de cour

---

1) Marie P., geb. Moke (1811—75), Gattin des Clavierfabrikanten Camille Pleyel, bekannte Claviervirtuosin.

2) Anna M., die vortreffliche Pianistin, Schülerin Lebert's und Liszt's, trat als Frau Falk von der Öffentlichkeit zurück und lebt in Antwerpen.

cet hiver. Le Bⁿ de Loën¹) remplace très avantageusement l'illustre Dudin pour tout ce qui tient aux convenances artistiques du lieu. J'espère qu'il aura occasion de vous le prouver. En attendant, je lui ai promis pour sa chambre intendantesque au théâtre, la grande feuille photographique du *tutti frutti* des musiciens, publiée par Bruckmann. Veuillez avoir la bonté de la faire expédier à l'adresse du Baron de Loën, Intendant de théâtre etc., Weimar. Probablement elle est restée sur votre piano, et je sais que vous ne vous imposerez pas une grande privation en me l'envoyant. Pour ici c'est un progrès de voir le portrait de H. de Bülow, placé là.

Je sais grandement gré à Mᵐᵉ de Schleinitz²) de sa très gracieuse intrépidité. Elle est venue deux fois de Berlin à Weimar, et professe les meilleurs sentiments. —

Mes projets sont ainsi fixés. Mardi 23 Mars, Meiningen (concert pour le *Bach-Denkmal*). Le 25, j'arrive à Vienne. L'Élisabeth est annoncée pour le 4 Avril. Vers le 15 Avril je passerai une couple de jours à Ratisbonne pour entendre le *Domchor*, et parcourir un manuscrit monumental: l'»*opus musicum magnum*« d'Orlandus Lassus (composé de 516 numéros de musique!). Après cela je retourne droit à Rome.

Comment se conduit Giucci³)? En êtes-vous un peu content? Ci-joint son passeport que vous aurez la bonté de lui remettre. Il m'a écrit une très gentille lettre. Peut-être viendra-t-il me trouver à Ratisbonne. Je vous télégraphierai en quittant Vienne.

Votre recommandé Mʳ Franz Servais m'est fort agréable et j'ai bonne opinion de son talent de composition.

Écrivez-moi un mot à Meiningen (le 23 Mars) si pas avant.

À vous, mon très aimé fils,

5 Mars 69. Weimar. F. L.

---

1) Generalintendant in Weimar (starb 1887).
2) Protectorin Liszt'scher und Wagner'scher Kunst, jetzt Gräfin Wolkenstein, Gemahlin des österreichischen Botschafters in Paris.
3) Liszt's junger römischer Schützling, den er Bülow zugeführt hatte.

168.

Cher unique,

L'invitation Sina[1]) me fait plaisir. C'est de bon exemple, et servira de préambule. Pour cette saison, l'énorme succès de votre élève, Mlle Menter[2]), suffit. Si je prends un peu pied à Vienne, il faudra que nous nous y retrouvions ensemble l'année prochaine, à quelque bonne occasion. Avant de retourner à Rome, vers le 20 Avril, je vous reverrai **certainement**. Veuillez excuser le zèle exagéré de la lettre que vous avez reçue de Rome; vous savez que je n'y suis pour rien, et l'aurais même expressément déconseillé si on m'en avait prévenu.

Vous m'obligerez en continuant dextrement vos relations avec Senff. Par là, je pourrai aussi m'en rapprocher sans gaucherie, quand le moment viendra. Il m'a envoyé sur votre demande les partitions de Rubinstein et d'autre musique de son catalogue, lors de mon arrivée ici. Je l'en ai remercié par quelques lignes, en le priant de me faire parvenir aussi les ›*Signale*‹ régulièrement, à partir du 1er Janvier 69. Voilà tout notre petit commerce de civilités jusqu'à présent.

Je n'ai passé que peu d'heures à Leipzig, le 26 Février ›*Busstag*‹ (*königlich sächsischer*). Le *Riedel-Verein* exécutait l'*Israël* de Händel à la *Thomaskirche*. Après l'avoir entendu, je suis allé faire une seule visite, à David; ensuite on soupa à l'hôtel de Pologne avec Riedel[3]), Stern[4]), Lobe, Kahnt, Gille, Götze, Tarnowski[5]) (en tout une vingtaine de per-

---

1) Baron Sina, Chef eines großen Wiener Bankhauses, Besitzer ungarischer Herrschaften.

2) Sofie M., die erste Pianistin der Gegenwart, studirte auch bei Tausig und Liszt.

3) Carl R. (1827—88), als Gründer und Leiter des Riedel'schen Gesangvereins in Leipzig, sowie als Vorsitzender des ›Allgemeinen deutschen Musikvereins‹ nach Brendel's Tode, um die alte und neue Musik verdient.

4) Adolf St., Literarhistoriker und Dichter, Professor am Polytechnikum in Dresden.

5) Graf Ladislaus T., musikalischer Schriftsteller.

sonnes) — et à 2 heures de la nuit j'étais revenu ici. Probablement je passerai encore à Leipzig, mais sans m'arrêter, le Lundi 22, en me rendant à Altenbourg où Stade[6]) prépare un *Liszt-Concert*. Le 23 je serai à Meiningen, et le 25, comme je vous l'ai déjà écrit, à Vienne.

Votre post-scriptum, écrit à l'envers, ne me saute aux yeux qu'en cet instant. J'accepte avec acclamation votre concert au profit du denier de St Pierre, à Ratisbonne. Avisez-en de suite mon seul correspondant dans cette ville, Mr Franz Witt[7]), que je n'ai pas l'avantage de connaître personnellement, mais dont voici les titres: »*Königlicher Seminar-Inspector, Herausgeber der* »*Fliegenden Blätter für katholische Kirchen-Musik*« etc. etc.

Mon intention est de passer 3 jours à Ratisbonne, du 16 au 20 Avril.

Franz Servais, qui me plaît de mieux en mieux, viendra vous trouver à Pâques, et désire se placer sous votre protection dictatoriale en se faisant inscrire comme élève du conservatoire.

Merci de vos bontés pour Giucci; j'espère qu'il y fera honneur! S'il ne vous ennuie pas, menez-le avec vous à Ratisbonne. Il vaut mieux que je ne vous revoie que là, mon voyage à Vienne devant se faire rapidement du 24 au 25, à cause des concerts d'Altenbourg et Meiningen.

Dites bien mes amitiés de cœur à Madame votre mère.

À vous

10 Mars, Weimar 69.   F. L.

169.

Munich, ce 13 Mars 1869.

Cher illustre maître et père,

Permettez-moi de vous remercier — un peu laconiquement — de votre bonne réponse. La soirée chez le baron Sina a été

---

1) Wilhelm St., geb. 1817, Hoforganist und Hofcapellmeister in Altenburg.

2) Katholischer Pfarrer, Musikgelehrter, Gründer des Cäcilienvereins (1834—88).

plus utile qu'agréable. Mauvais piano aux marteaux si fragiles que j'ai dû jouer la »Marche Indienne« sans le 🎵 !

Il paraît cependant qu'on m'a admiré: ma réputation devenue internationale par le succès belge, ne fait-elle pas partie de mes »*Leistungen*«?

J'ai beaucoup vu Édouard Liszt, qui m'est très sympathique comme vous savez, puis Herbeck, Standhardtner[1]), Doppler et quelques autres. Jeté une carte chez Dudin, Hellmesberger, Esser. Entrevu Zellner chez Sina — la Princesse Marie de Hohenlohe a eu la grâce de m'y aborder très aimablement — elle m'a beaucoup frappé — je l'ai trouvée aussi jeune qu'autrefois mais bien plus belle et plus intéressante.

Je viens d'envoyer votre buste par Zumbusch à votre cousin pour faire pendant au Bartolini.

Merci de votre approbation de mon projet Ratisbonasse! Je viens de faire quelques démarches préparatoires par des lettres à Mr. Witt et à mon ami Birle, rédacteur du journal ultramontain »*Augsburger Postzeitung*«. Je suis au mieux avec ce parti et j'espère qu'il me prêtera [son] appui pour la fameuse brochure de Wagner: »*Das Judenthum in der Musik*«, qui occasionne des révoltes à Vienne. Tant mieux. Je me sens de force à affirmer l'anti-judaïsme.

J'ai été péniblement affecté hier soir, après avoir dirigé une répétition de la »Muette de Portici« en relisant votre ancien article[2]) magnifiquement écrit, mais vraiment aussi sévère pour Auber que Wagner a été injuste pour Berlioz. La nouvelle de la mort de ce dernier m'a fait de la peine — mais y-a-t-il à la regretter? N'est-ce point une délivrance pour ce pauvre martyr?

Le roi vient d'ordonner la reprise du »Tristan« pour la fin de Mai. Mr. et Mme Vogl, les seuls représentants-chandeliers possibles en leur estimable qualité de croque-notes, ne contribueront pas à augmenter le nombre des admirateurs de

---

1) Dr. St., einer der ersten Ärzte Wien's, naher Freund Wagner's.
2) Gesammelte Schriften III, 1.

cet opéra-désastre[1]). Mais il faut que la volonté royale passe avant tout. Donc à l'œuvre!

Pour la fête du roi 25 Août — »*Rheingold*«. Si! La salle de spectacle, l'orchestre, la scène seront remaçonnés auparavant (entre le 20 Juin et le 10 Août). Des vacances pour moi — neuni! On jouera au *Residenztheater*.

J'emmènerai Giucci à Ratisbonne, cela s'entend. Le programme ci-joint ne prétend que vous apprendre que nous ne discontinuons point notre tâche de »musicaliser« Munich, où la musique de chambre avec piano, jusqu'à présent, comptait parmi les terrains inconnus ou du moins incultes.

. — . (Richter[2]) désire profiter des vacances de Pâques pour aller voir Wagner.)

Avez-vous lu la brochure de Ketteler[3]) sur le concile? Je l'ai donnée à lire à ma mère qui en est enchantée. Mille choses pour vous de sa part. Le mois prochain elle ira à Wiesbaden pour revoir sa fille qui suivra son mari à St. Pétersbourg au printemps prochain[4]).

Pardonnez avec votre indulgence trop souvent mise à l'épreuve le »à tort et à travers« d'une plume que dirige la main un peu fatiguée

de votre très dévoué et fidèle

Hans de Bülow.

---

1) Die hervorragenden Leistungen des Münchner Sängerpaars Vogl wurden später auch von Bülow gebührend gewürdigt. Vergl. »Ausgewählte Schriften«, S. 433.

2) Hans R., geb. 1843, Hofcapellmeister in Wien, der berühmte erste Dirigent der Bayreuther Festspiele, war damals Chordirector in München.

3) Bischof von Mainz, geb. 1811, gest. 1877.

4) Bülow's Schwager, Legationsrath von Bojanowski, war Consul des Norddeutschen Bundes, Attaché der deutschen Gesandtschaft in Petersburg.

170.

Munich, ce 4 Avril 1869.

Illustre maître et cher père,

J'ai dû garder le lit pendant deux jours à la suite de violentes émotions — mon Dudin y est pour beaucoup. Je ne pourrai que vous écrire assez incohéremment — mais cependant il faut absolument que je vous importune.

1. Dites-moi, je vous en supplie, exactement le jour de votre arrivée à Ratisbonne. Vous savez que je vous y prépare une ›surprise‹, un concert de piano au profit du denier de St. Pierre (la susceptibilité protestante est ménagée par la spécification additionnelle: *Beitrag zu den Herstellungskosten des Marcellustheaters in Rom*). On a fixé le concert au 17 Avril, jour favorable. Vous savez qu'il faut que mon congé soit arrangé d'avance et définitivement — pour qu'il n'y ait point de collision avec mon service [régulier] pour les concerts et pour l'Opéra — d'ailleurs il faut que j'écrive à Bechstein de m'envoyer un piano là-bas. Donc — veuillez avoir la bonté de me télégraphier — si le temps vous manque de m'écrire — si vous serez pour sûr à Ratisbonne à la date indiquée.

2. J'ai vaincu mes antipathies les plus enracinées en faisant bon accueil au petit R. J. J'ai dû lutter avec Perfall[1]) pour obtenir son entrée à la *Musikschule* au milieu de l'année (*Schuljahr*), et lorsque je lui envoie la nouvelle [que j'y ai réussi], j'apprends qu'il s'est esquivé, — [Dieu sait] pour où? — sans prévenir qui que ce soit. En revanche — avalanche de lettres de Monsieur son père — adressées à moi mais apostrophant son fils: plus de 33 variations sur la valse de la malédiction paternelle. En ce moment m'arrive une épître pareille à votre adresse, que je suis bien obligé de vous faire parvenir. Il paraît que le linge de cette famille est extraordinairement sale, plus sale encore que celui de la famille T. Enfin ni vous ni moi nous n'y avons à fonctionner

---

1) Baron v. P.. Intendant des Hoftheaters und der Hofmusik.

comme blanchisseuses. Cependant il me semble nécessaire, que vous soyez averti de l'état des choses, pour que vous ne prodiguiez plus votre protection et vos recommandations à ce petit vaurien (le père, malgré ses malédictions très orthodoxes — il y entremêle de l'hébreu — me fait l'effet d'un grand vaurien).

3. .—. Ma mère part le 15 pour Wiesbaden, où elle va voir ma sœur qui rejoindra son mari à Pétersbourg dès que l'été y aura fait son apparition.

4. Je suis si sûr de l'immense succès de »St. Élisabeth« à Vienne que je ne puis que vous en féliciter d'avance sans vous »souhaiter du bonheur«.

Mon édition-Beethoven n'avance pas. Vous n'avez pas [d']idée comme on me tourmente, me vexe de tous les côtés. Mon élasticité habituelle faiblit et je ne sais comment faire pour ne pas m'affaisser sous cet excédant de poids. Si vous vouliez m'excuser, me disculper auprès de Cotta qui doit être furieux contre moi! Avec tout cela — le roi demande »Tristan« et »*Rheingold*«. Pour le 10 Mai il a de nouveau ordonné »St. Élisabeth«. Veuillez, je vous en prie encore, me faire savoir le jour de votre arrivée à Ratisbonne.

Tout à vous
de respectueux dévouement et de reconnaissance
Hans de Bülow.

171.

Munich, ce 10 Avril 1869.

Mon illustre maître,

La mauvaise nouvelle que vous ne viendrez pas à Ratisbonne et qu'ainsi notre rendez-vous est manqué, m'a causé un vif chagrin. Si vous saviez comme je me réjouissais de pouvoir une fois me faire entendre par vous en public et de vous présenter un spécimen du développement de votre élève comme pianiste! Enfin — puisqu'il y a force majeure — n'en parlons plus. Seulement — j'attachais un très grand prix à cette joie; elle aurait pu me faire oublier tous les déboires et les ennuis de ces dernières semaines, lesquels m'ont rendu malade pendant huit jours, (je me porte encore assez mal, quoique j'aie pu reprendre au moins mes classes au Conservatoire) et ces ennuis finiront par me faire envoyer ma démission définitive, si je n'obtiens pas satisfaction pleine et entière — la meilleure serait la destitution de l'erfall, que je viens de requérir par la voie de Lucerne. (Je ne puis vous ennuyer, ni m'ennuyer moi-même, [par] des détails — qu'il vous suffise d'apprendre qu'il n'y a eu aucun scandale, aucun esclandre). Je ne sais si mon concert projeté, dont on a déjà beaucoup parlé, aura encore lieu maintenant — je viens d'en écrire à Monsieur Pustet [1]). J'y suis tout prêt, si le but respectable (la restauration du *Theatrum Marcelli*) n'est pas trop considérablement compromis par votre absence, par laquelle vous m'éclipseriez peut-être davantage. J'attends une réponse de Ratisbonne. Bechstein et son piano ne pourront malheureusement plus être décommandés.

J'ai appris sans surprise — j'en étais plus que sûr — mais avec une grande satisfaction le succès monstre de »St. Élisabeth« à Vienne. Ce n'est pas vous que je me permets d'en féliciter, c'est le public. Les critiques des journaux m'ont fait moins de plaisir. Les hymnes ne sont pas à la hauteur et les dénigrements sont extraordinairement infâmes. Veuillez cependant, je vous en prie, remercier bien cordialement votre excellent cousin de me les avoir communiqués.

Mots parisiens sur le »Rienzi«, dont le sort ou le succès définitif ne se dessine pas encore clairement.

1. C'est bien heureux que W. ne fasse pas de la peinture. Nous rendant sourds par sa musique, il nous rendrait aveugles par ses tableaux.

2. Puisqu'on a augmenté le prix des places dans la salle, on ne peut pas dire que cet opéra puisse être qualifié de »Tant de bruit pour rien«.

3. A. Pensez-vous que cela soit un succès?
   B. Je pense que la pièce fera — du tapage.

---

1) Musik- und Buchverlag, Regensburg.

Quant à des nouvelles authentiques, j'en attends par notre Peter Cornelius qui s'est rendu à Paris il y a quinze jours avec son frère le professeur et a demandé une prolongation de son congé. La juiverie allemande de Paris inonde les journaux allemands-juifs d'assertions d'un *fiasco*.

X. m'a honoré de sa visite, de ses coups d'épaule amicaux et de sa conversation »*buchbinderisch-cigarrenhändlerisch*« ou plutôt au-dessous de cela — [était-ce] en votre nom ? Pardon — ce gnome infect voudrait attraper St. Michel (l'exemple de S. a échauffé son imagination) et [il] voulait me charger de faire remettre à S. M. un exemplaire dédicatoire de la partition de . —. J'ai répondu — que je ne pouvais me charger de cette commission et que selon moi l'exemplaire de luxe de la partition de piano avait pleinement suffi. Pour la rédaction de la N. je l'ai engagé en bonne conscience (à votre adresse) d'aller à Berlin et de proposer l'affaire à un ancien élève à moi, Carl Fuchs (professeur de piano à l'Académie de Kullak) qui a fait de sérieuses études et sait manier la plume. Il faut des hommes nouveaux, musiciens versés dans les études classiques etc. . —.

Vous n'aurez pas le temps de lire davantage — donc je m'en vais vous laisser à vos innombrables enthousiastes, très contrit, de ne pouvoir me mêler à leur groupe. Que tous vos désirs soient pleinement exaucés !

Votre très reconnaissant et dévoué élève

Hans de Bülow.

172.

Cher unique,

Je ne puis me dispenser d'aller à Pesth vers la fin de cette semaine. Cette excursion qui n'était nullement dans mon programme en arrivant ici, me prive de quelques jours que j'espérais passer maintenant avec vous à Ratisbonne; cependant je me plais à croire que nous nous reverrons au mois d'Août si comme on l'assure, vous donnez le *Rheingold* pour la fête du roi. Quand vous en trouverez occasion, veuillez exprimer à S. M. ma profonde gratitude pour le souvenir qu'il daigne accorder à l'Élisabeth. Ici, le succès des deux exécutions de ce modeste ouvrage a dépassé toute attente. Herbeck s'est admirablement conduit et Mlle Ehnn[1]) a été sublime.

Je vous enverrai le programme des deux concerts de Pesth, lesquels seront donnés en mon honneur, du 22 au 26 Avril. Erkel les dirige. Les premiers jours de Mai, je serai de retour à Rome.

Mr Witt m'écrit une lettre touchante, à laquelle je répondrai demain, en lui annonçant ma visite à Ratisbonne après le *Rheingold*.

Pardonnez-moi de ne savoir rien vous dire aujourd'hui.

On ne me laisse pas une minute de repos, et je suis tout affaissé.

À vous de cœur et d'âme

F. Liszt.

Dimanche soir, 11 Avril 69. Vienne.

Jusqu'au 30 Avril je resterai à Pesth et logerai chez notre excellentissime Schwendtner[2]).

173.

Munich, ce 13 Avril 1869.

Très cher et illustre maître,

En revenant de la gare, où je viens d'accompagner ma mère (partie pour Wiesbaden), je trouve vos lignes, dont je vous remercie d'autant plus vivement, que je comprends l'effort qu'elles ont dû vous coûter, traqué par la chasse que la foule de vos admirateurs de la veille et du lendemain vous a donnée. Puissiez-vous trouver un peu de repos à Pesth. Je vous prie de bien vouloir transmettre mes amitiés les plus respectueuses

---

1) Wiener Hofopernsängerin, sang die Titelpartie.
2) Abt S., dessen Gastfreundschaft Liszt bei seinen Besuchen Budapests zu genießen pflegte, ehe er in der Landes-Musikacademie Wohnung nahm.

et l'expression de ma reconnaissance à cet excellent Mr. Schwendtner. Il a été plein de bontés pour moi et pour ma femme et saura mieux que le propriétaire de l'hôtel Élisabeth vous garantir de l'excédant des obsessions auxquelles vous serez en proie là-bas.

Giucci est très triste de ne pas vous revoir avant votre retour à Rome. (Le concert de Ratisbonne est encore toujours fixé pour le 17 de ce mois — samedi.) À propos de Giucci — Bärmann me dit qu'il en est très peu content, qu'il est paresseux etc. Si je ne craignais pas de blesser Bärmann, je le prendrais dans ma classe comme élève »actif« — jusqu'à présent il n'y est qu'auditeur (assistant aux exploits des autres élèves) — et sous ce rapport je n'ai qu'à me louer de sa tenue, de l'attention et de l'intérêt quasi religieux qu'il y montre.

Witt m'a écrit de son côté et sa lettre m'a fait bien du plaisir — j'ignorais qu'il fût un admirateur aussi chaud et convaincu à l'égard de vos œuvres. Je croyais jusqu'ici que vos relations étaient simplement personnelles.

Je ne vous parle pas des affaires de Munich, tant qu'il n'y aura pas de changement positif[1]). J'ai demandé à Wagner de proposer au Roi la destitution de Dudin II.

J'aurais à vous faire quelques autres communications sur un certain sujet — mais comme vous ne pourriez que les recevoir, sans [pouvoir] en faire quoi que ce soit — je vous les épargne pour le moment et peut-être aussi pour plus tard.

Tout à vous [avec l'expression] de l'admiration et de la reconnaissance la plus dévoué

Hans de Bülow.

Voici un programme de Regensburg qui vous servira à l'occasion pour vous débarasser des importuns en faisant de la propagande pour votre gendre.

---

1) Die Demonstrationen gegen Wagner erstreckten sich auch auf die Person Bülow's und verleideten ihm Stellung und Aufenthalt in München in hohem Grade.

174.

Cher unique,

Franz Servais m'écrit une lettre enthousiaste de votre bon accueil, et le bonheur qu'il ressent de se trouver sous votre patronage à Munich. Veuillez avoir la bonté de lui remettre ma réponse ci-jointe.

Ici rien de nouveau ou d'intéressant pour vous, excepté Dräseke. Le lendemain de mon arrivée, je lui ai joué sa Sonate qui vous est dédiée, et que j'apprécie beaucoup. M'est avis que Dräseke est un compositeur du meilleur acabit. Il ira encore passer quelques semaines à Naples, avant de retourner à Lausanne; puis il viendra au *Rheingold,* où nous nous retrouverons. J'y ai donné rendez-vous à plusieurs de mes amis, et vous prie de m'informer exactement les premiers jours d'Août, si la représentation aura lieu le 25, comme on l'annonce. Mon intention est de rester à Rome jusque là et d'y revenir tout droit de Munich.

Quand auront lieu les examens de votre conservatoire cette année? Êtes-vous un peu content de Giucci, et ne pourrait-il obtenir d'être admis dans votre classe?

De cœur et d'âme à vous

22 Mai 69. Rome.   F. L.

175.

Très cher ami,

Monseigneur Vanutelli (que vous avez vu comme auditeur à la Nonciature de Munich, et qui vient d'être nommé Archevêque *in partibus*) me demande de vous recommander un jeune Belge qu'on dit rempli de talents, nommé Félix Pardon. Celui-ci désire être admis en qualité d'élève à votre conservatoire; il a de quoi suffire largement à sa dépense, et un de ses parents, M' Du Mortier (chef du parti catholique en Belgique) s'intéresse beaucoup à lui. Vous pouvez donc être fort rassuré sur son origine et ses attenances, non israëlites! . . .

Veuillez avoir l'obligeance de m'écrire deux lignes quasi officielles sur vos bonnes dispositions à tenir compte de ma recommandation, et satisfaire au désir de Mr Parent. Je communiquerai vos lignes à Mgr Vanutelli, qui les enverra à Mr Du Mortier à Bruxelles, et le jeune homme vous arrivera bientôt après. Il y aura ainsi un couple belge pour faire pendant au couple italien, à votre conservatoire.

Afin de renseigner complètement Mgr Vanutelli, je vous prie de joindre à votre réponse le programme imprimé des cours du conservatoire (plusieurs exemplaires s'il vous plait, car on m'en demande), avec l'indication du prix d'admission, et des vacances. Par la même occasion, dites-moi brièvement où vous en êtes du *Rheingold*, et si la représentation en reste fixée au 25 Août. Comme vous le savez, je compte passer alors une quinzaine de jours avec vous, malgré le mauvais état de mes finances, qui, sans expliquer d'autres raisons, m'oblige à demeurer sur place le reste de l'année et au delà.

Bien tout à vous

28 Mai 69. Rome. F. L.

176.

Très cher fils,

Votre résolution m'afflige profondément. Je m'abstiens de la discuter, et désire qu'elle ne s'accomplisse point.

Depuis longtemps les charges excessives de votre quadruple et quintuple office m'inquiètent pour votre physique et moral. Il est prodigieux que vous ayez résisté à de telles fatigues, et l'on ne comprend que trop que vous soyez à bout de force et de patience. Mais pourquoi briser violemment les choses, au lieu de les régler raisonnablement? Pourquoi ne point garder votre poste au conservatoire et quelqu'activité de choix au théâtre, sans faire à la fois tous les métiers de cheval, de bœuf, de mulet, d'âne, et de caniche?...

Ce qu'il y a de certain, c'est que votre abandon de Munich porte un dommage incalculable à l'art, et par conséquent à nous tous. Vous êtes absolument nécessaire là pour mettre en évidence les meilleurs exemples et préceptes. Si vous abdiquez ce pénible et glorieux honneur, la satisfaction sera grande dans le camp des Philistins, ... et ce serait même plus charitable de les instruire que de les pousser au triomphe.

L'occasion de déployer vos admirables facultés ne vous manquera certes pas dans d'autres villes; mais il vous faudrait recommencer en partie la besogne déjà expédiée à Munich; les vieux ennuis se présenteront à nouveau non moins insupportables, et supposé que vous preniez le parti des virtuoses nomades, je doute fort de votre plaisir à chevaucher sur la vieille haridelle des concerts, selon les façons de Rubinstein, lequel aussi aurait mieux fait de ne pas s'escrimer contre les moulins à vent de St Pétersbourg, et de rester tranquillement en place sans se fâcher.

Ci-joint la lettre de Lip. Je n'y vois rien de déconcertant, car il est assez simple qu'on n'admette pas qu'»impossible« soit plus bavarois que français. .—.

    À vous de cœur et d'âme

[Rome,] 14 Juin 69.   F. Liszt.

Si vous n'en avez pas le temps, faites-moi écrire par Servais ce qui se passe. Priez-le aussi de mettre sous bande à mon adresse tel ou tel article de journal qui pourrait m'intéresser.

177 *).

Je vous supplie paternellement, très cher Hans, d'acquiescer à la très honorable proposition que vous fera de nouveau Mr Düfflipp[1]) de la part du roi. Votre refus serait une exagération du point d'honneur, estimable sans doute, mais déplacée et nuisible à plusieurs égards.

Tout en quittant Munich maintenant, vous ne devez pas rompre violemment le lien qui vous attache aux bontés

---

*) Autographe der folgenden Liszt'schen Briefe — dafern nicht andere Eigenthümer genannt sind — im Besitz von Frau Baronin Marie von Bülow in Hamburg.

1) Lorenz v. D., königl. bayrischer Hofrath und Hofsecretär.

du roi, mais bien, montrer que vous savez les reconnaître dignement¹).

À vous

3 Sept. Munich 69. F. Liszt.

178*).

Wiesbade, ce 30 Décembre 1872²).

Très illustre et cher maître,

Je vous épargnerais certes la trivialité de vous souhaiter la nouvelle année, si cela ne me convenait comme prétexte de vous soumettre une idée que je rumine depuis bien longtemps et laquelle enfin vient de revêtir une forme réalisable. Sans autre préambule, voilà ce que c'est.

Vous pensez faire exécuter le »Christ«³) au printemps à Weimar, vous m'avez fait l'honneur de m'y inviter. Bien — il s'entend que je ne manquerai point à l'appel. Cependant je ne veux pas rester oisif, je ne veux pas assister à cette fête en pur amateur. Je vous demande un »*Nachspiel*« ou prologue. Donnons ensemble un concert — unique — pour cette occasion: vous (chef), moi pianiste, et l'orchestre.

Programme:

Ire partie:
1. Liszt: Es dur Concert.
2. » Capriccio (Ruinen v. Athen).
3. » A dur Concert.
4. » Webers Polonaise, instrumentirt.

IIème partie:
5. Liszt: Todtentanz.
6. » Bearbeitung der Schubert'schen Fantasie.
7. » Rhapsodie hongroise avec orchestre.

---

1) Bülow forderte bekanntlich im Herbst 1869 seine Entlassung in München, um erst 1878, als Hofcapellmeister in Hannover, wieder ein Amt auf sich zu nehmen.

*) Originale der letzten zehn Briefe Bülow's im Besitz von Frau Prof. Daniela Thode in Heidelberg.

2) Bülow schreibt »ce 30 Janvier 1872«, aber es muss, wie sich aus Liszt's Antwort vom 3. Jan. 1873, sowie aus Bülow's Concertplänen ergiebt, der 30. December 1872 heißen.

3) Liszt's Christus-Oratorium.

Ne jetez pas les hauts cris — demandez conseil à l'ennui — puis parlez-en à Mme de Meyendorff[1]) et n'en soufflons encore mot à qui que ce soit. Ne faites pas le méchamment modeste, Bon-Graud! Je tiens beaucoup à cette petite fête publiquement intime — avant mon voyage en Amérique — car qui sait si le diable qui ne veut pas de moi dans le vieux monde, n'ira pas m'enlever dans le nouveau!

Merci de la recommandation du »Voltaire« de Strauss lequel m'a procuré de très agréables passe-temps en waggon. Quant au »alter Aber- und neuer Unglaube« — je me dispense d'y toucher. Merci du télégramme à Pohl qui n'en a pas été moins enchanté et reconnaissant bien qu'il eût dû remettre son mariage au 21 Déc. Les jeunes époux sont en Saxe auprès de la famille du mari.

Quant à mon séjour ici — il n'y a absolument pas de mystère avouable ou inavouable dans le choix que j'ai fait de W. pour me reposer des fatigues des 14 concerts de ce mois. À Munich je n'aurais pu trouver autant de »Ungeschorenheit« qu'ici. Puis un bel appartement tranquille et un bon piano m'ont aidé à me préparer à la nouvelle tournée en Belgique (avec un peu d'Amsterdam) laquelle finira le 20 Janvier. Entre le 20 et le 25 je compte donner deux soirées avec Singer et Cossmann à Munich — puis je fais une grande tournée dans l'Allemagne du Nord.

Je viens de profiter de mes loisirs pour étudier le beau Concert de Bronsart (que je jouerai à Amsterdam et le 6 Février au Gewandhaus). À côté du but principal de gagner le plus de sous possibles pour mes petites, le trimestre prochain j'irai faire spécialement la propagande du plus noble et du plus doué de mes condisciples. . —.

J'ai été à Zurich le 20 voir la Ctesse Masetti et sa fille lesquelles m'ont chargé de leurs compliments le plus respectueusement admiratifs à votre adresse. Je n'ai pu assister à

---

[1]) Frau Baronin v. M., geb. Prinzessin Gortschakoff, Gattin des russischen Gesandten in Weimar, eine sehr musikalische Freundin Liszt's.

un concert annoncé par un organiste dont on dit beaucoup de bien et dont j'ajoute le programme.

Lorsque vous serez disposé à me répondre (affirmativement) au sujet de ma supplique, veuillez vous servir de l'adresse de mon secrétaire Mr Reinhard Schäfer, *München, 12 Herrenstraße*.

En attendant agréez mes vœux les plus sincères et l'assurance de l'inaltérable dévouement
de votre très reconnaissant élève

Hans de Bülow.

Comment pourrait-on savoir la résidence de l'éléphant blanc? Elle s'obstine à me laisser dans une incertitude absolue au sujet des projets varsoviens. Enfin, sous peu je n'y penserai plus.

Mille choses à ce bon cher Mihalovich, je vous prie. N'y a-t-il pas moyen de remplacer ce gorilla de * par cette figure intéressante et loyale?

179.

Très cher unique ami,

Votre lettre m'arrive au moment où j'allais vous écrire pour le jour de votre fête (8 Janvier) les vœux de ma plus intime affection et prédilection. Recevez-les tels qu'ils sont: illimités par le temps et l'espace, — fondés en vérité.

Un peu avant que me parvint votre précédente *letterina classica italiana* (en Décembre) Marek[1]) me fit le très grand plaisir de m'envoyer de Lemberg une nouvelle, excellente photographie de vous. Vous savez que je professe de ne point collectionner des photographies, et que chez moi, les portraits ne servent pas d'ornement. À Rome je n'en avais que deux dans ma chambre, le vôtre, — celui des *»Ideale«* — »sub hoc signo vici, nec vincere desistam«[2]) — y était.

Vous l'avez retrouvé ici, sans entourage, — et quand vous

---

1) Louis M. (geb. 1837), Schüler Liszt's, Pianist, Componist und Lehrer in Lemberg.
2) Siehe Bülow's Briefe III, S. 552.

reviendrez, vous verrez votre photographie de Lemberg, placée à côté de celle de ma mère, qui vous aimait de tout son cœur droit et limpide.

Votre idée de prologue ou épilogue à Weimar est superbe. J'y suis tout attaché; nous la réaliserons au complet, et je vous en parlerai avec détail ce printemps.

Pour aujourd'hui voici réponse à plusieurs points de votre lettre.

D'abord Mme de Moukhanoff. Je n'ai eu mot d'elle depuis plusieurs mois; mais Cosima m'écrit l'avoir rencontrée deux fois (en Décembre) à Stuttgart et à Coblenz, où Mme Moukhanoff était en révérencieuse visite auprès de Leurs Majestés de Wurtemberg et de l'Impératrice. Relativement au projet de Varsovie, la *graziosissima* inspiratrice de l'intendance, m'écrivait dans sa dernière lettre de Munich, qu'après vous avoir vu et entendu, elle jugeait en définitve que Varsovie était trop petite ville pour accaparer une aussi vaste capacité et illustration que Mr de Bülow. Je suis de son avis, mais peut-être d'une autre façon qu'elle. Probablement on s'avisera mieux ailleurs. Dante dit »*Infuturarsi*«.

L'adresse permanente de »Son Excellence, Madame de Moukhanoff née Comtesse de Nesselrode« est: Palais Potocki, — Varsovie (Russie).

Mme la Baronne de Meyendorff, née Princesse Gortschakoff, intentionne de venir à votre concert du »Gewandhaus« à Leipzig. Elle croit qu'il aura lieu ce mois de Janvier et je lui envoie deux mots pour David, afin qu'elle obtienne des billets d'entrée. Vous me ferez plaisir en allant chez elle à Leipzig, et de causer avec elle de votre idée de Weimar, à laquelle je tiens plus que vous-même.

À Amsterdam veuillez faire mes très cordiales amitiés à M^r et Mme Heckmann[1]). —

Je vous prie particulièrement de dire à Madame la Comtesse Masetti et à sa fille que je suis très sensible à leurs

---

1) Robert H. (1848—91), Violinist, Gründer des Heckmann-Quartetts. Seine Gattin, Marie geb. Hertwig (1843—90), Pianistin.

affectueux compliments, et que je garde un souvenir exceptionnel de la visite que nous avons faite ensemble chez elles, à Florence.

Un point grisâtre de Pest: le Baron *. Vous disiez bien qu'il ressemblait fort à son collègue Per caso. Toutefois je m'entête à cette opinion que la meilleure punition à infliger à ceux qui ne reculent point devant ce qui est malhonnête, c'est de rester parfaitement honnête envers eux. Vous comprenez et pratiquez cela.

En votre honneur j'ai assisté à la représentation de »César«. Richter ne dirigeait pas; on n'a exécuté que l'Ouverture et la Marche; — et encore . . . .

Mihalovich était avec moi à cette représentation et vous en a écrit. Il est de la rare espèce des »Honnêtes« — par conséquent de nos rares amis. Je l'appellerais volontiers un Bronsart hongrois. Serrez très amicalement la main au Bronsart germain, et invitez-le de nos deux parts à notre épilogue de Weimar, que je vous prierai instamment de compléter par le Concerto de Bronsart, et votre Nirwana.

Bien à vous

3 Janvier 73, Pest.   F. Liszt.

J'ai écrit dernièrement une centaine de mesures que je vous dédie et vous enverrai imprimées. Le titre en serait: Thrénodie hongrois.

Quand vous serez à Vienne écrivez-moi un mot. Je reste ici sans bouger, jusqu'à Pâques.

180*).

Weimar, 20 Avril 73.

Cher unique ami,

En arrivant à Weimar je trouve votre lettre avec la nouvelle de la brillante exécution et du bon accueil que l'Élisa-

---

*) Original (in dem die Unterschrift herausgeschnitten ist) im Besitz von Frau Romaine Freifrau von Overbeck in Freiburg in Baden.

beth vous doit à Carlsruhe. À cette occasion je vous répète
que pour mes ouvrages je ne désire d'autre directeur ou interprète que vous, car personne ne saurait aussi bien en atténuer
les défauts et donner du relief à leur peu de qualités. Merci
donc encore une fois de tant de soins et peines que vous
prenez en leur faveur depuis plus de vingt ans. Veuillez aussi
avoir la bonté de remercier de ma part le personnel vocal
et instrumental de l'Élisabeth à Carlsruhe, et en particulier
Mr Hauser[1]) qui déjà lors de la *Tonkünstler - Versammlung*
que vous deviez diriger (en 1863, si je ne me trompe[2])) s'est
montré fort obligeant et sympathique à mon égard.

Probablement Londres vous sera plus agréable que vous
ne le supposez. Ce pays a le sentiment de la grandeur même
en Musique, malgré la pullulation des médiocrités et des trafiquants de concerts, qui exploitent le public avec plus ou moins
de respectabilité. Dès l'abord on saura reconnaitre votre
supériorité à la Société philharmonique, et si vous ne dédaignez
pas de patienter quelque peu, vous prendrez certainement en
Angleterre le *principato* qui vous appartient partout. — Je
voudrais vous gagner pour la Hongrie : mais c'est là un sujet
de majeure importance pour moi, sur lequel je n'insisterai
qu'à notre prochain revoir.

Bien à mon regret, votre antipathie contre le *villaggio,
castello, — e contorno* de Weimar, est motivée. Néanmoins,
puisque j'habite ce *contorno* je vous réinvite d'y venir et
d'effectuer le programme extraordinaire dont nous avons parlé
à Pest. — Aussitôt que le jour de l'exécution du *Christ* sera
fixé, je vous l'écrirai, — et si vous étiez retenu en Angleterre
alors, je compte ensuite vous retrouver dans le courant de cet
été soit ici, soit ailleurs, selon ce qui vous conviendra le
mieux.

Urspruch[3]) me prie de vous faire parvenir la lettre

---

1) Josef H., Kammersänger in Carlsruhe.
2) Es war im Jahre 1864.
3) Anton U. (geb. 1850), Schüler Liszt's, Pianist und Componist.
Lehrer am Raff-Conservatorium zu Frankfurt a. M.»

ci-jointe. Il m'a joué hier 6 *Phantasiestücke* (un peu Schumanniques) que je trouve remarquables, et de beaucoup supérieurs à ce qu'il avait composé jusqu'à présent.

181.

Cher unique,

Les journaux m'ont appris votre brillante entrée à la So‑ciété philharmonique. Cela m'a fait doublement plaisir, vous ayant prédit que Londres tiendrait plus que vous ne vous en promettiez et se rangerait à l'ascendant de votre génie. Probablement vous y resterez encore quelques semaines. Aussitôt que vous reviendrez en Allemagne veuillez m'écrire: je désire extrêmement vous revoir et m'entendre avec vous sur deux questions majeures dont la décision vous appartient.

L'exécution du ›Christ‹ qui ne devait avoir lieu que vers la fin de Juin, est fixée à Jeudi prochain, 29 Mai[1]). Je ne compte plus sur vous à cette occasion et vous ferai plus tard confidence des motifs décisifs de mon renoncement obligatoire maintenant.

D'ailleurs pour le concert que nous avons projeté et auquel je tiens fort, la présence du Grand-Duc serait indispensable. Il est parti pour Vienne hier et quand il reviendra les concerts ne seront plus de saison. On dit même que le théâtre fermera exceptionnellement cette année, huit jours avant la fête du Grand-Duc (24 Juin).

Ci-joint un petit programme d'un concert dirigé avant-hier par Kömpel[2]). Mlle Gaul[3]) (Américaine) a joué d'une façon charmante et très correcte, votre Mazourka-Fantaisie que l'orchestre a reprise de suite après, avec plein succès.

Bien à vous de tout cœur

21 Mai 73, Weimar.   F. L.

---

1) Der ›Christus‹ erlebte in der That an diesem Tage unter Leitung des Componisten seine erste vollständige Aufführung.
2) August K. (1831—91) war 1863—84 Concertmeister in Weimar.
3) Kitty G., Schülerin Liszt's.

182*).

Cher unique,

Je vous attendrai tout ce mois, ici, — et vous rêmercie d'oublier Weimar, pour ne vous souvenir que de notre intime entente de plus de 20 années.

Comme autrefois à l'Altenburg je vous prie de partager mon logis; il me serait pénible que vous descendiez à l'hôtel, pendant que je suis à la »*Hofgärtnerei*« où Miska[1]) arrange déjà votre chambre.

Veuillez donc m'aviser par télégramme du jour de votre arrivée, afin de me donner aussi le plaisir de vous conduire, droit de la gare sous ma tente, céans.

J'espère que vous y trouverez un peu de repos, — et que nos vœux tout concordants s'accompliront.

De cœur et d'âme à vous

3 Juin 73, Weimar. F. Liszt.

183.

Carissimo,

Deux journaux et une lettre (avec le timbre de Munich) vous ont été expédiées à l'adresse de l'hôtel Hauffe, Leipzig. J'y ajoute un postscriptum tout Weimarois. À mon retour de la gare, hier matin, Milde et Stör étaient en visite chez vous à la »*Hofgärtnerei*«. Ils m'ont prié de vous exprimer leurs regrets d'être venus trop tard — et aussi leurs anciens sentiments admiratifs et affectueux.

En plus, le Comte Wedel (chambellan et sécrétaire du Grand-Duc) est venu de la part de Leurs Altesses Royales vous inviter chez Elles, à Belvédère. J'ai promis que vous répondrez à cette invitation quand vous reviendrez ici, où, malgré toutes nos petites et grandes misères, je désire que

---

*) Autograph im Besitz von Frau Dr. von Welz in Dresden.
1) Liszt's Kammerdiener.

vous soyez aisément et même agréablement, puisque tant est que j'y reste.

Merci de tout cœur des trois jours que vous m'avez donnés. Je tâcherai de vous revoir fin Juillet à Wiesbaden ou Baden-Baden — »pays deux fois badin« selon le calembour d'un poète érudit que j'hésite à citer.

Écrivez deux mots, (avant le 5 Juillet — terme de mon présent séjour à Weimar) à votre

14 Juin 73, Weimar. F. L.

184[1]).

Cher unique,

Je vous ai expédié de suite le »Rákóczy« de Berlioz. Les parties d'orchestre des »*Festklänge*« ne se trouvent point ici; elles vous ont été envoyées hier de Leipzig par M^r le conseiller de commission (»*Commissions-Rath*«) Kahnt. Ainsi je me rends complice de votre »attentat« badois, et en vous remerciant de toutes les preuves de »fidélité de vos principes, — suivant la prédestination des consonnes B, L, W«[2]), je désire vivement que vous doubliez de plus en plus dans vos programmes le B par l'exécution fréquente de Nirwana, César, *Sängers Fluch* etc. Ce sont des œuvres de haut rang qu'il faut propager au profit de la culture intellectuelle et musicale du public. Leur seul défaut est de ne point paraitre assez souvent.

Pour mes choses en général, et le »Tasse« en particulier, je vous renouvelle ma prière d'en disposer absolument, militairement, selon votre gré et meilleur avis. Le retranchement des trompettes, timbales, instruments à percussion, ne fait pas plus question que l'ajoutage d'une harpe etc. Je ne

---

1) Der vorstehende, mir leider erst unmittelbar vor Abschluss des Druckes von Frau von Bülow zugehende Brief zeigt, dass das Brieffragment Nr. 162, mit dem dieses Schreiben in Zusammenhang steht, nicht vom Jahre 1868, sondern vom Sommer 1873 datirt.

2) Berlioz, Liszt, Wagner.

comprends guère de quelle manière transposer »un ton plus bas« les pages 17—20; mais quand on perd du galon on n'en saurait trop perdre; donc je profiterai de votre ingénieuse modulation, page 16 (non 26) et vous propose de couper entièrement les pages 17—23, et de passer des dernières mesures du *Lamento* ainsi transposées

p. 16 à la page 24, »Allegretto mosso, quasi Menuetto« .

Volontiers aussi je livre à votre expertise les 12 mesures avant la lettre A et les 13 qui précèdent la lettre M; et approuve complètement la »jonction immédiate«, sans la première mesure parasite de l'accord $\frac{4}{6}$, page 75:

Je comptais aller vous retrouver à Wiesbaden le 30 Juillet, et applaudir à votre »création« du Concerto de Raff. Si j'en suis empêché, vous savez qu'il n'y a pas de ma faute... Les fêtes du mariage de notre Grand-Duc héréditaire m'obligent à revenir ici et de modifier mes arrangements d'été. On représentera le »*Festspiel*« de Scheffel: »*Brautwillkommen*« à la Wartburg; j'en ai esquissé la musique; il faut l'achever, et ensuite préparer l'exécution, ce qui exige au moins quelques semaines. Par conséquent il ne me reste qu'une quinzaine de jours disponibles pour Bayreuth et Schillingsfürst.

Vers la fin de ce mois je serai à Bavière et reviendrai à Weimar à la mi-Août. Les fêtes de noces sont annoncées pour le commencement de Septembre. Écrivez alors à

votre

8 Juillet [1873], Weimar. F. L.

D'accord avec Schopenhauer, que la vie de n'importe quel individu, considérée dans son ensemble est une tragédie, et considérée dans ses épisodes, une farce, les Mémoires de Berlioz me semblent plus lugubres encore dans leur farce que leur tragédie.

Veuillez dire mes vieilles et sincères amitiés à Pohl, auquel je sais un gré particulier de son amicale mémoire des années de Weimar. Ne m'oubliez pas avec Cossmann.

185.

Très cher ami,

Je comptais vous retrouver demain à Wiesbaden, mais il m'a fallu changer mes arrangements d'itinéraire, à cause de mon prochain retour à Weimar. Ayant promis d'y participer aux fêtes de noces du Grand-Duc héréditaire, il ne me reste maintenant qu'une quinzaine de jours de disponible pour ailleurs. Je passerai la semaine ici et renouvellerai ensuite ma visite au Cardinal Hohenlohe à Schillingsfürst (près d'Ansbach).

Loulou[1]) et ses sœurs vont à merveille. Impossible d'avoir meilleur air et plus charmante tenue qu'elles. Un bon observateur me disait: »ce ne sont pas des enfants comme d'autres« — et je suis bien de cet avis.

À vous de cœur et d'âme

[Bayreuth,] 28 Juillet 73. F. Liszt.

Avant le 20 Août je serai rentré à Weimar et y resterai jusqu'à la mi-Septembre. Veuillez me donner bientôt de vos nouvelles.

186.

Cher unique,

Les dernières nouvelles qu'on m'a données sur vous étaient de Varsovie et Leipzig. Elles me faisaient espérer que je vous retrouverais ici; mais Strauss et Glinka vous ont entraîné et retenu ailleurs. Heureusement Mme Laussot m'assure que malgré vos énormes fatigues de concert, vous vous maintenez en vigueur et belle humeur, et qu'en dernier lieu vous avez pris un goût singulier pour le chemin de fer, au point d'exiger qu'on retienne votre logis d'ici le plus près possible de la gare. Je désire beaucoup que ce goût tourne à mon avantage

---

[1]) Bülow's älteste Tochter Daniela.

et vous ramène à Rome ou à la Villa d'Este où je resterai jusqu'à la fin de l'année. Assurément nous avons mille choses nécessaires à nous dire; la plus certaine de toutes c'est que je vous demeure attaché du profond de l'âme.

Florence, 20 Mai 74. F. Liszt.

187.

Illustre cher maître,

J'avais compté beaucoup vous voir cet été en Allemagne, en Thuringe, où je viens de choisir la plus humble et paisible retraite — Salzungen près d'Eisenach — à deux pas de mon nouvel ami, le duc de Saxe-Meiningen, lequel résidera à Liebenstein, dont je crains le tapage que produiront les hôtes Berlinois de cet endroit. Vous avez changé vos habitudes d'été — je crois en deviner les justifiables motifs — mais j'ai été très déçu lorsque j'en appris la nouvelle.

Le séjour que je comptais faire à Florence pour revivre un peu dans la compagnie de nos excellents amis Mme Laussot et famille — a été un peu raccourci par le »caprice russe« dont j'ai été victime à Milan[1]). J'y eus le malheur d'amasser beaucoup de bile dont la »Allgemeine Zeitung« a bien voulu servir de réservoir[2]); ce nonobstant j'ai profité de l'aimable invitation du duc de S. M. qui m'a littéralement enlevé dans sa magnifique Villa Carlotta sur le lac de Côme: je n'ai qu'à me féliciter d'avoir pu [oublier] dans ce séjour enchanté les tristes impressions recueillies dans cet affreux Capharnaüm musical de Milan.

Je suis très sensible au gracieux désir que vous exprimez de me voir à Rome — Mme L. me vous cède volontiers pour quelques jours. L'arrangement suivant vous conviendrait-il?

---

1) Die Aufführung von Glinka's Oper »Das Leben für den Czar« daselbst.
2) Siehe H. v. Bülow, »Ausgewählte Schriften«, S. 340—352.

Je souhaiterais partir samedi en huit (le 13) en compagnie de mon fidèle Beppo Buonamici [1]) — auquel je veux faire le plaisir-bienfait (je vous expliquerai ceci verbalement) de lui montrer la capitale de la décadence — lundi je pourrai être à Tivoli (je viendrai seul, si vous le préférez) — et vous dédier deux ou trois jours entiers. J'espère pouvoir présenter mes respects à Mme la Princesse S. W[ittgenstein] le dimanche et donner une poignée de main à Sgambati et à Pinelli [2]).

Comme vous daignez toujours continuer votre inestimable bienveillante amitié pour moi — la matière, les sujets de conversation doucement sérieuse ne manqueront pas. Le tourbillon d'une vie de plus en plus compliquée ne m'a pas même permis de vous écrire de Varsovie, ce que cependant j'avais la ferme intention de faire. C'est seulement ici à mon arrivée — il y a quatre jours — que j'ai reçu le billet ci-inclus, lequel aura peut-être quelque intérêt pour vous. Un des plus nobles cœurs avait alors déjà cessé de battre [3]). Nous n'avons qu'à remercier la Providence d'avoir mis un terme aux terribles souffrances de votre digne amie.

Veuillez avoir la bonté, très cher maître, de me dire en deux lignes si vous agréez les dispositions que je viens de vous soumettre. Vers le 25 de ce mois je serai absolument obligé de reprendre mes études.

En attendant je vous baise respectueusement la main
comme votre entièrement dévoué élève, admirateur
et serviteur

Florence, ce 3 Juin [1874].   Hans de Bülow.
Albergo dell' Universo.

---

1) Pianist, Schüler Bülow's, geb. 1842.
2) Ettore P., geb. 1843, römischer Violinist, Dirigent und Componist.
3) Frau Marie v. Moukhanoff.

188.

Cher unique,

Voilà qui me réjouit grandement. Vous me remettez en bonne veine d'esprit et je vous attends à cœur et bras ouverts.

Votre »caprice russe« déversé sur le public européen et américain par la Gazette d'Augsbourg, foisonne de verve, de justesse d'observation, d'originalité, et … de crânerie. Ma timidité s'en effraie bien un peu vu l'excessive susceptibilité de la fibre nationale des Italiens. Ne point entonner le *Viva Verdi* est un crime de lèse-nation; vous l'avez perpétré de la façon la plus ostensible; et la moitié de vos deux articles sur Glinka peut compter comme une variation très brillante du fameux motif des »*Schweinehunde*« de Munich, traduite en italien par quelques périphrases du »*Porco-asino*«! … Toutefois, depuis des années vous portez si noblement vos crimes triomphants que ce dernier ne vous embarrassera guère; et il y aurait naïveté ou sottise à vous le reprocher, d'autant plus qu'il devient salutaire à beaucoup de gens d'être »*ge-Bülowt*«. Tant pis pour ceux qui résistent à la cure. —

J'ai informé la Princesse W[ittgenstein] de votre arrivée. Elle vous attend à son dîner solitaire, Dimanche, 15 Juin. Sgambati écrit à Mme Laussot pour la prier de lui dire par quel train vous viendrez. Il sera à la gare avec Pinelli et un jeune Américain (Mr Pinner[1]), mon compagnon de voyage de Pest à Rome) qui ne vous ennuiera point.

Après-demain je m'établis à la Villa d'Este, où vous me ferez un »plaisir-bienfait« (pour me servir de votre excellent néologisme).

Amenez-moi Buonamici que j'affectionne sincèrement.

Bien à vous

Rome, 5 Juin 74 (Vicolo de' Greci 43).   F. Liszt.

---

1) Max P. (1851—57), Pianist, Schüler Liszt's.

Mes cordiales amitiés à Mme Laussot et Hillebrand[1]). Ci-joint la lettre de notre admirable amie Mme Moukhanoff que je vous remercie de m'avoir communiquée.

189.

Cher unique,

Vous me comblez. Après le »*Buch der Bücher*, — *Geist und Welt* etc.« que vous avez découvert à Rome et chargé l'inner de me remettre, voici que vous me favorisez encore de l'excellent ouvrage d'Ida et Otto v. Düringsfeld: »Proverbes des langues germaines et romanes«. Ces deux livres resteront désormais à poste fixe sur ma table, et sont indispensables au bien être de mon intérieur spirituel. Comme Sancho Pansa, j'ai toujours eu le goût des proverbes, dictons, maximes, aphorismes, devises; grâce à vous je m'instruirai davantage de la sagesse des nations, — sauf à n'en tirer qu'un profit intellectuel, philosophique; mais Pythagore lui-même protestait contre le titre de sage, et n'admettait que celui de philosophe, de venu aussi fort équivoque. À ce propos je me souviens que Raff rêvait autrefois du Pansophos: résidence, Wiesbaden.

J'espère que vous trouvez un peu de repos à Salzungen. Comme vous me disiez ne vouloir y travailler qu'à des choses accessoires, je ne me suis pas trop fait scrupule de vous mettre à dos les Härtel avec mes »*symphonische Dichtungen*«. Ils m'écrivent que vous avez la bonté de remplir mon désir et de promettre l'arrangement à 4 mains de »l'Héroïde funèbre« et de la »*Hunnen-Schlacht*«. Veuillez en user avec toute liberté et fantaisie relativement aux figures, traits, variantes et améliorations; je les trouverai d'autant plus à mon gré que vous y aurez mis plus du vôtre. .—. Sgambati arrangera les »*Ideale*« et moi je remâcherai les trois autres, que j'aurais bel et bien oubliés sans la flatteuse proposition des Härtel. .—.

---

1) Carl H., der Schriftsteller, nachmals Gatte von Frau Laussot.

D. S. a beaucoup devisé sur Dante et publié un volume de dialogues à son sujet. Mieux qu'elle, vous vous êtes inspiré du sublime poète dans le Sonnet: »*Tanto gentile e onesta pare*« : un ravissant joyau de musique, dont la dédicace doit enorgueillir la Contessa Giulia Masetti. Pour ma part je n'ai pas résisté à la tentation, d'en faire une Transcription de Piano, écrite hier. Je vous enverrai cette feuille à Londres, par notre ami Bache qui m'a promis sa visite ici, en Septembre.

De tout cœur à vous

26 Juillet 74 (Villa d'Este). F. Liszt.

190.

Salzungen, ce 4 Août 1874.

Très illustre cher maître,

Ce n'est pas auprès de vous que je pourrais citer Egmont: »*unter allem Verhassten ist mir das Schreiben das Verhassteste*« (il le dit à son secrétaire), quoique depuis bien des semaines je sois obligé à la variante »*unmöglich*« au lieu de »*verhasst*«. Je suis très mal — on me l'avait prédit que la réaction me prendrait un beau matin au collet — je ne m'étais point figuré que j'arriverais à un tel point d'annihilation. Confiant dans l'avis du médecin qui me promettait »peau neuve« par la cure des bains salés et des douches — je m'y suis résigné avec persévérance — au moment de terminer je vois que je n'ai obtenu jusqu'ici qu'un résultat des plus négatifs. Je crains fort qu'il me faudra chômer l'hiver prochain — forces physiques, mémoire etc. tout me manque. Tout cela n'a rien d'intéressant pour autrui — cependant je dois en faire mention pour vous demander de bien vouloir attendre pour l'arrangement de vos deux *sinfon. Dichtungen* — je suis tout à fait incapable de travailler à n'importe quoi — excepté de donner par ci par là quelques leçons de piano à deux élèves qui m'ont suivi dans cet endroit — inconfortable au possible. L'une d'elles est une Anglaise de Liverpool, laquelle ne joue pas mal votre premier Concerto (c'est par son enthousiasme pour vos compositions qu'elle m'a gagné), l'autre Mlle Laura Kahrer que vous protégez particulièrement à ce qu'il me semble [1]). Elle veut se faire archi-classique depuis qu'elle s'est fiancée à Mr. Rappoldi, séide de Joachim de Berlin (alto dans son quatuor, professeur à son académie), du reste homme de talent et d'instruction. . — .

Veuillez toutefois ne pas douter, que puisque vous y tenez, je m'occuperai de ce travail aussitôt qu'il me sera humainement possible et je ne mettrai qu'en seconde ligne d'autres occupations personnelles.

Ma principale ambition est de ne point mourir insolvable; et voyant très clairement à mesure que le temps marche, qu'il est trop tard pour moi, — supposé que j'arrive à en gagner le loisir — de faire quelque chose de ma propre individualité — la satisfaction de cette ambition ne rencontrera aucun obstacle dans mon égoïsme.

J'aurais dû commencer par vous remercier de vos gracieuses lignes, de l'indulgence avec laquelle vous avez accueilli les »pis-aller« en fait de cet objet pour lequel mes recherches jusqu'ici ont été infructueuses — car ce dictionnaire synoptique international des proverbes, qui devrait cependant exister, n'a point encore vu la lumière. Quelque profondément touché que je sois par la continuation des sentiments précieux d'affection que vous m'avez portés autrefois — permettez-moi néanmoins de protester contre leur excès. Franchement, cette feuille d'Album, dans laquelle j'ai abusé des vers de Dante, ne mérite pas le moindre éloge — c'est bien mauvais — et je rougis de l'honneur que vous lui avez fait de condescendre à la transcrire. Enfin, vous surpassez Ste. Élisabeth, après l'avoir mise en musique, dans la pratique de la charité chrétienne. Je vous ai toujours admiré dans ceci, comme dans bien

---

[1]) Pianistin, Schülerin Liszt's, gehört gleich ihrem Gatten, Concertmeister Eduard Rappoldi, zu den hervorragendsten Lehrkräften des Dresdner Conservatoriums.

d'autres choses, sans toutefois parvenir à me l'expliquer, à le justifier au sujet d'autres mortels ainsi qu'à propos de moi-même.

. — . Il ne me réussit point de trouver un sujet sur lequel je pourrais vous communiquer la moindre remarque intéressante. Mr. Schuberth m'écrit que votre Faust a été dignement exécuté sous la baguette de Mr. Seifriz à la *Hallische Tonkünstlerversammlung* et par conséquent a eu un succès qui n'a laissé absolument rien à désirer à l'heureux éditeur. J'avais l'intention d'aller faire une excursion à Sondershausen pour repaître mes oreilles d'un peu de »*Zukunft*« — le trop méchant état de mes nerfs m'oblige d'y renoncer. Ne croyez pas que j'exagère. D'ailleurs — les quelques cheveux qui me restent commencent tout d'un coup à grisonner, ce qui me parait aussi prématuré et excessif comme ma réputation dans le monde musical, réputation laquelle m'a en grande partie empêché de travailler, de me développer »*in der Stille*« — *der Strom der Welt thut das nicht* — ce que peut-être avec un autre genre de vie m'aurait pu réussir.

Il n'y a rien de plus bête que les regrets tardifs, si ce n'est qu'en donner le spectacle à d'autres. Peut-être mon actuelle hypocondrie disparaitra-t-elle au moyen d'un changement de lieu. Ce hameau est en vérité insupportable et n'offre pas même le repos acoustique, après lequel je soupirais. Le médecin me conseille quelque montagne élevée en Suisse — me sentant incapable d'une locomotion d'aussi grande distance — je crois que je finirai par aller tout simplement à Liebenstein, si j'y trouve une niche possible. Le duc a eu l'amabilité de m'offrir des chambres à la villa Féodora (lui-même habite une autre construite tout récemment) que j'ai trouvé convenable de décliner très respectueusement, ne voulant en aucune sorte aggraver le poids de mes dettes. Car tout se paie — plût à Dieu que cela fût toujours en argent. Je resterai probablement à Liebenstein jusqu'à la fin de Septembre, tâchant de me remonter sans beaucoup de confiance dans la réussite — pour Londres où je comptais passer l'hiver. Qui vivra verra.

Saint Stanislas¹) avance-t-il? Je souhaite ardemment que votre génie déploie tout son puissant essor dans ce travail et que l'état de votre santé le seconde en tout sens. Remerci pour votre pensée. Mille respectueux et tendres hommages.

Votre tout dévoué admirateur et élève
Hans de Bülow.

191.

Cher unique,

Vous n'avez que trop de droits aux migraines aiguës, et souffrez d'un excessif volume de cervelle. Beethoven signait *Hirnbesitzer*; la même infortune de propriété vous est échue, avec tout le poids de son inaliénabilité. Mais quoique le droit de propriété consiste à user et abuser, je proteste contre les abus de médisance sur vos talents et vos ouvrages. Tout votre esprit de contradiction ne suffit pas à les déprécier; ils résistent par leur vigoureuse et fine trempe; donc, je continuerai en bonne conscience à les admirer très sincèrement, et sans m'embarrasser de vos critiques, je me permettrai de goûter aussi le Sonnet dantesque.

De grâce ne vous préoccupez nullement des *symphonische Dichtungen* pour lesquelles vous avez pris tant de peines et de soucis durant vingt ans. Ce qui m'importait, c'est votre amicale promesse; vous la remplirez quand le loisir et la disposition viendront; autrement ce me serait un véritable chagrin de vous infliger une *seccatura* de surcroît.

Pour ne point rabâcher je me tais sur votre état de souffrance et d'»hypocondrie« actuelles; espérons que vous regagnerez bientôt votre pleine vaillance, et que le fourreau finira par s'accommoder de la lame.

Votre message à C. est expédié. Mon St Stanislas et d'autres menues choses vont tranquillement leur train. À notre revoir,

---

¹) Ein unvollendet gebliebenes Oratorium Liszt's.

l'année prochaine, je vous montrerai mon paquet musical de la Villa d'Este, sauf à le trouver contagié des infirmités de la

Tem-pe-Tem-pe-Tem-pe-ran-ce   So - cie-ty

que nombre de compositeurs illustrent involontairement.

Veuillez bien rappeler mes reconnaissants respects à S. A. le Duc de Meiningen. Je ne manquerai pas de venir les lui exprimer personnellement lors de mon retour en Allemagne, l'été prochain. En attendant si vous donnez suite à votre projet de concert à Meiningen, vous m'obligerez de m'envoyer le programme.

Mes dispositions de séjour restent les mêmes: Villa d'Este jusqu'en Janvier; ensuite l'est; et après Pâques, Weimar.

Bien à vous

12 Août 74.   F. Liszt.

Les volumes dont vous m'avez fait cadeau, me tiennent excellente compagnie, très préférable à d'autre, non imprimée — exceptis excipiendis.

192.

Cher unique,

Que vous dirais-je? — Officiellement on vous a écrit de Buda-Pest[2]).

Vous savez mon désir de m'unir à vous jusqu'à la fin de mes vieux jours.

Dites-moi où nous revoir prochainement? Viendrez-vous à Liebenstein?

Télégraphiez quand — et j'irai vous y retrouver. Ici,

---

1) Musikalischer Scherz Bülow's über den »Norma«-Marsch.
2) Liszt wünschte Bülow als Lehrer für die dortige Landes-Musikacademie, deren Ehrenpräsident er selbst war, zu gewinnen.

3 Septembre inauguration du monument de Charles Auguste. Une quinzaine de jours avant revient à Weimar, — et retourne à la »Villa d'Este« ensuite

votre féal

3 Juillet 75, Weimar. F. Liszt.

193.

Cher unique,

Il n'y a pas à contredire aux éruptions des volcans. Celui que votre forte tête contient fait votre tourment personnel et accessoirement laboure et féconde les champs de l'art, dont vous demeurez le plus noble des Seigneurs-Suzerains.

Le seul problème que vous ayez à résoudre, c'est de continuer à vivre en suffisante santé, durant les excès d'une activité héroïque. On sait que la lame use le fourreau; l'une et l'autre ne peuvent s'accommoder en passable ménage, qu'à la condition de mutuels égards: donc que les attaques de la lame n'excèdent pas trop la résistance du fourreau! —

La plupart des choses à dire ne valent guère la peine d'être dites ni l'ennui d'être écoutées, je n'insiste sur rien. Cependant S. E. Tréfort[1]) n'est pas sans savoir qui vous êtes. En Hongrie Bülow János ne figure pas en qualité de »célèbre pianiste« ou »piano-teacher« . . . . . Mes compatriotes ont plus de bon sens; leur appel s'adresse au collègue et coopérateur de Liszt Ferenczy.

Sans doute, de plus brillantes et productives positions vous sont ouvertes; en particulier je pense que l'Angleterre vous conviendra au mieux, vu le grand sens pratique et sérieux du pays, nonobstant le tas de »médiocrités« pullulantes sur le terrain musical de Londres.

Sincèrement merci de l'invitation d'Edinburgh, que votre décisive influence m'a procurée. Je regrette de ne pouvoir plus guère voyager, en dehors du triangle de Pest, Weimar,

---

1) Ungarischer Unterrichtsminister.

Rome, où depuis cinq années, mes faibles forces vieillies, s'épuisent.

Ne pas vous revoir cette année m'est un sensible chagrin. J'espérais vous trouver à Liebenstein, chez Monseigneur le Duc, la semaine prochaine. . — .

De cœur et d'âme votre

Schloss Wilhelmsthal, 23. Juli 75.   F. L.

Robert Lienau vous enverra prochainement (imprimée) ma Transcription de votre Sonnet dantesque de Florence. Du 15 Août jusqu'au 5 Septembre j'habiterai de nouveau Weimar, à cause de la fête de Charles Auguste qui sera célébrée le 3 Septembre. Quelques jours après, je retournerai à la Villa d'Este. Avant de partir pour l'Amérique, veuillez bien m'écrire deux mots, adressés à Mme la P^{cesse} Wittgenstein, Via del Babuino 89, Roma.

Mes cordiales amitiés à Walter Bache.

194 *).

Très cher unique,

Vous êtes encore souffrant et réduit à pratiquer la moins attrayante des vertus: la patience[1]). Plus on l'exerce, et plus elle semble peser.

À ce 8 Janvier, 46me anniversaire de votre naissance, je ne sais vous dire ni vœux ni félicitations.... Depuis plus de 25 ans vous m'êtes constamment un ami sans pair, valeureux jusqu'à l'héroïsme, et de parenté intime. Restez-moi tel, — et continuons de même.

Bronsart m'écrit que vous jouez plus admirablement que jamais du piano. À défaut de la »personne habituellement

---

* Original im Besitz von Freifrau Romaine von Overbeck in Freiburg i. B.

1) Bülow war vom Nov. 1875 bis Mai 1876 auf einer Concerttournée in Amerika begriffen.

supportable« que ne rencontra guère Leopardi, le piano garde quelques avantages préférables au commerce de l'ordinaire des gens. Une sotte forte blessure de rasoir que je me suis faite à l'index, il y a deux mois, m'empêche encore de profiter des deux superbes Bösendorfer qui ornent ma chambre, et servent de théâtre aux évolutions pianistiques d'une douzaine de mes élèves des deux sexes quatre fois par semaine. Nous travaillons ensemble les éditions Bülow, et autres œuvres ejusdem farinae à l'honneur de la nouvelle petite Académie hongroise de Musique, où je voudrais que vous me prêtiez aide et appui.

Ce me serait un bonheur dans mes vieux jours de collaborer avec vous de près: ne dites ni oui ni non maintenant: moi-même je vous ai engagé (par désintéressement personnel) d'opter pour l'Angleterre; néanmoins je vous assure que mes compatriotes sauront honorer convenablement en vous le plus noble talent et caractère que sache

votre

6 Janvier 76. Budapest. F. Liszt.

195.

Cher unique,

On me dit que vous êtes souffrant de corps, et triste de l'âme. La disproportion entre les maux de ce monde et leurs remèdes ou palliatifs se montre trop évidente pour qu'il y ait lieu d'en deviser en dehors des livres et sermons. Toute philosophie et sagesse humaine se réduisent à supporter la nécessité des afflictions. En cela l'héroïsme vous a merveilleusement soutenu, depuis plus de vingt années: et plus que personne je ressens et admire la haute vaillance de votre grand caractère.

Où serez-vous en Septembre? Je veux aller vous retrouver alors, et vous embrasse de cœur et d'âme.

30 Juillet 76. Wilhelmsthal. F. Liszt.

196.

Rarement l'émotion m'a suffoqué comme à la lecture de votre lettre. Elle est navrante — et d'une bonté de cœur sublime. Si les larmes s'écrivaient, ma réponse serait longue; mais pleurer n'est pas viril: je m'en défends, et ne veux pas désespérer. Ce serait une ingratitude envers la providence qui m'a donné un ami tel que vous.

Ma misère n'est pas moindre que la vôtre, tout assortie qu'elle semble d'un cadre passablement orné, et soutenue par ma santé plébéienne. Rapprocher nos deux »grandes misères« est mon grand vœu. Réunies, elles se transformeraient sans doute en un trésor plus enviable que les millions des Rothschild. Votre portrait des »*Ideale*« (1863) avec l'inscription: »*nec vincere desistam*« est devant moi.

Soyons victorieux: les blessures du sort servent d'éperonnements; les obstacles deviennent moyens.

À revoir bientôt, très cher unique. Au commencement d'Avril je serai revenu à Weimar. Dites-moi alors où vous retrouvera

votre fidèle contristé

20 Janvier, 77. Budapest.   F. Liszt.

Mes bien cordiales amitiés à Bronsart. Je m'abstiens de discuter avec lui sur le morceau à deux pianos (déjà aux trois quarts composé, comme Finale d'opéra) que je l'avais prié d'écrire prochainement. Vous me ferez plaisir d'en causer encore avec Bronsart: décidez-le à faire cette œuvre, dont je garantis le meilleur succès.

197.

Cher unique,

En passant par Munich, où je ne me suis arrêté qu'une demi-journée j'ai fait visite à Mr Aibl[1]) afin de recevoir des

---

1) Musikverleger.

nouvelles de votre cure. Il m'en a donné d'assez satisfaisantes et se louait beaucoup du cordial accueil que vous lui avez fait récemment à Creuznach.

Une lettre de Bronsart (arrivée hier) m'apprend que vous remplissez son grand désir en acceptant le poste de Hanovre [1]) — après les concerts de Glasgow. Je félicite notre excellentissime ami Hans II de cette décision et me défends contre tout égoïsme. À plusieurs égards Hanovre me semble mieux vous convenir maintenant que Budapest: vous y serez rapproché de l'Angleterre que je considère encore comme le plus fructueux terrain d'opération, tant pour votre activité de maître de chapelle, que celles de compositeur, virtuose, commentateur érudit et admirable interprète des œuvres classiques, — plus, votre très noble, grande et rare personnalité, qui dans le grand pays d'Angleterre est sympathique.

D'ailleurs, la position que le ministre de l'instruction publique Tréfort vous a offerte à plusieurs reprises, à la royale Académie de Musique à Budapest, vous reste toujours ouverte.

Les mois de Septembre et d'Octobre, je les passerai à la Villa d'Este, et reviendrai à la mi-Novembre pour tout l'hiver, à Pest.

Avant de quitter Weimar j'y ai revu Daniela et Blandine, — deux charmantes jeunes personnes, bien douées et parfaitement élevées.

De cœur et d'âme votre fidèle

25 Août 77, Rome (Via de' Greci 43).   F. Liszt.

198.

Cher unique,

On ne saurait jamais être trop bête en ce monde, si l'on veut y trouver satisfactions et amusements. Malheureusement vous péchez par excès du contraire et le pratiquez avec un

---

[1]) Als Hofcapellmeister, Bronsart war daselbst Intendant.

luxe nababique aussi prodigieux que persistant. Depuis longues années vos droits à l'admiration générale et particulière, sont irréfragables: personne ne saurait les reconnaitre plus que moi, ni vous rester mieux attaché de plein cœur.

Dans l'incident de l'oiseau Weimarois le Baron X. s'est montré »*degno di se stesso*«, c'est-à-dire tout à fait digne de suivre les plus hauts exemples. Certaine inscription d'une photographie que vous avez donnée à la Diva sylvaine devait achever de persuader X. qu'il lui était plus avantageux de continuer son tort. Le mien consiste à ne pas comprendre assez souvent les procédés d'usage ordinaire en cour, et ailleurs. Ils me répugnent et j'y contredirai sans cesse.

Notre ami Bronsart m'a écrit une noble et fort spirituelle lettre relative à l'oiseau. Je ne lui ai pas répondu de suite et en tournant sept fois la langue de mon encrier je finis par taire les choses .... inconvenables.

Que ne fait pas Pohl? Quand se chargera-t-il de son office naturel de rédacteur en chef de la »*Neue Zeitschrift für Musik*«? Kahnt m'assure que ce sera en Décembre prochain. Après tant de pourparlers, j'attends le fait, — très souhaitable.

Votre ravissant dialogue entre Theatrophilus et son cousin, futur directeur du grand institut pénitencier d'Allemagne, mérite au moins un prix d'honneur de 10,000 francs de l'Académie française. Je l'ai raconté a de bons entendeurs qui vous saluent affectueusement.

Veuillez remercier de ma part Mademoiselle Anna Lankow[1]) de son aimable lettre. Son récent succès à Bonn s'est reflété sur mon humble »*Ave Maris stella*«. —

Un billet que vous adressait en Juillet la Diva sylvaine a été recélé plusieurs semaines chez Spiridione[2]), toujours enorgueilli de votre superbe canne avec tête de Bull dogue. Par mégarde j'ai ouvert ce billet ci-joint mais sans en lire plus que les trois premières lignes et la signature.

---

1) Damals Altistin der Weimarer Hofoper.
2) Diener Liszt's.

Connaissez-vous un Trio de bon aloi, ce me semble, en *si bémol* op. 10, d'un jeune compositeur français Mr Widor, (organiste à St Sulpice) déjà renommé?[1]). Parmi les compositions dernièrement parues, les **Cracoviennes** de Sigismund **Noskowski**[2]) me plaisent singulièrement. Kahnt vient de les publier.

Votre fidèle vieux complice

7 Août 78 — Weimar. F. Liszt.

À la fin de ce mois je serai à Rome.

199.

Cher unique,

J'ai passé une très bonne journée Lundi dernier à Liebenstein chez le Duc de Saxe-Meiningen. Lui et sa femme parlent de vous de la façon que j'aime à entendre. Ici j'ai trouvé votre envoi de la Ballade de Bronsart. Elle est d'heureuse inspiration, d'excellent style, — et me plait beaucoup. Si, comme de courageuse coutume, vous donnez le bon exemple de la produire en public, elle réussira complètement.

Vous dirai-je de la Coda de mon »*Katzenjammer*« provenant de l'oiseau de proie Weimarois, mal digéré? ... Non. Je vous mentionne seulement qu'à ce sujet notre ami Bronsart m'écrivit la plus noble et spirituelle lettre possible. Je n'y ai pas répondu, car il m'aurait fallu dire des choses qu'il me sied mieux de taire. Ceux qui savent ce que c'est que servir, comprennent aussi qu'on les desserve et les mortifie .... à cette piteuse fin les habiles et les bêtes s'entendent également.

On me raconte qu'à propos du brouillamini des affaires de l'Empire d'Allemagne, un auguste Monarque aurait dit, en

---

1) Charl. Marie W., französischer Orgelvirtuos, auch Componist, geb. 1845.

2) S. N., geb. 1846, Componist, Concertdirigent und Lehrer am Conservatorium zu Warschau.

bon français: »j'en ai assez«! Exclamation judicieuse et fort applicable même en de minimes circonstances.

Je vous prie de continuer votre bienveillant intérêt à »Nohlens Pohlens«[1]) et demeure bien

votre vieux

25 Août 78, Bayreuth.   F. Liszt.

Le 1er Septembre je serai à Rome. Adressez: Hôtel de Rome, Corso. Avez-vous reçu ma dernière lettre de Weimar adressée simplement à Baden-Baden sans indication de rue ni numéro?

P. S. Je ne voudrais pas vous impatienter, mais la Ballade de Bronsart m'a fait songer à celle que vous avez écrite 20 années auparavant: Sa beauté ne s'est point effacée, et me reste en vive et chère mémoire. Quand vous voudrez joindre à vos étonnants programmes sans exagération de modestie, dissimulant ironiquement un légitime orgueil, des compositions de Hans von Bülow, je crois que ce sera convenable et avantageux pour le public, en tout pays.

À revoir en 79, — à Hanovre, j'espère.

200.

Chérissime,

Votre lettre du 29 Août me parvient au moment de mon départ d'ici. Merci du succès que vous doit mon Tasso.

Avez-vous reçu mes deux lettres adressées à Baden-Baden? J'ai écrit à Bronsart que sa Ballade me plaisait beaucoup. Après-demain sera à Rome   votre

31 Août 78. Bayreuth.   F. L.

Le manuscrit de Bronsart est reparti pour Hanovre. Je vous écrirai mon adresse de Rome.

---

[1]) Bülow'sches Wortspiel auf Nohl und Pohl.

201.

Quel beau cadeau de Noël votre lettre me donne, cher unique! J'avais appris par Walter Bache votre quintuple triomphe à Londres avec les cinq dernières Sonates de Beethoven. Peut-être renouvellerez-vous ce prodige dans quelque ville où je pourrai aussi m'en émerveiller comme témoin. J'envie foncièrement Hanovre de posséder un magicien tel que Hans von Bülow! Si votre Cellini (Mr Schott) se montre à la hauteur de son rôle, et le prend en gré d'artiste, certes le succès trop tardif de ce plus luxuriant et spirituel ouvrage de Berlioz, viendra[1]).

Accessoirement, puisque vous êtes content de Lutter[2]), dites-lui de jouer ma Transcription de »Bénédiction et Serment« du Cellini (publiée chez Litolff). J'informerai Sgambati de votre sollicitude pour son 2^d Quintette. Les épreuves du premier sont corrigées — Schott l'édite — et l'auteur vous fera respectueusement hommage de l'exemplaire qui vous est dû. Sgambati vient de terminer une très agréable et distinguée »Fest-Ouverture« — on l'entendra cet hiver à l'un des concerts au palazzo Caffarelli (Ambassade d'Allemagne). —

À Weimar Mr Max Schwarz[3]), votre recommandé sera accueilli avec la plus franche cordialité.

Avant-hier j'ai remercié Madame de Bronsart de son amicale dédicace de 5 »Weihnachtslieder«. De mon côté, je me suis permis de lui dédier (avant d'avoir reçu son manuscrit) 3 ou 4 morceaux de piano, tirés de la musique de Lassen, pour les *Nibelungen* (de Hebbel) et le *Faust*. Ils paraîtront sous peu, chez Hainauer, Breslau — Leipzig.

Quand vous reverrez Saint Saëns[4]) veuillez être l'interprète

---

1) Bülow brachte Berlioz' Oper mit dem Tenoristen Schott in der Titelrolle in Hannover auf die Bühne, wie dies Liszt früher in Weimar (1852), als Erster in Deutschland, gethan.

2) Heinrich L., Pianist, Schüler Liszt's.

3) Schüler Bülow's und nachmals Liszt's (geb. 1856), jetzt Director des Raff-Conservatoriums in Frankfurt a. M.

4) Camille S. S., der französische Componist, Orgel- und Claviervirtuos, geb. 1835.

de mes sentiments de haute estime et sincère affection. Je crains que sa sympathie (vaillamment accentuée par le concert au théâtre italien) pour mes œuvres ait contribué à retarder sa légitime nomination à l'Institut de France. Son concurrent favorisé, Mr Massenet[1]) fait de la réaction musicale en plein, dit-on. C'est une assez mauvaise raison de réussite, mais péremptoire, comme l'ont prouvé Joachim et consorts. Du reste, au premier tour de scrutin St Saëns avait la majorité (13 voix) et ce n'est qu'au second tour, que les quelques voix égarées sur des candidats neutres, se sont reportées sur Massenet, vu ses opportuns accommodements réactionnaires, et lui ont assuré sa nomination. Elle sera approuvée par la »Hochschule« de Berlin, et la plupart des conservatoires, car vraiment, St Saëns causait du scandale en dirigeant l'exécution et jouant des œuvres de Liszt. Contrairement à la parole biblique, nous voyons depuis une trentaine d'années des purs musiciens auxquels tout est impur, excepté le manque d'intégrité de leur jugement . . . . transitoire.

Un vieux habitant de la Villa d'Este, Mr Telen, natif de Cologne, abonné à la »Kölner Zeitung« me la passe. J'y lis l'annonce d'un livre nouveau du Docteur Julius Vogel: »*Lebenskunst — Handbuch einer vernünftigen Gesundheitslehre des Körpers und des Geistes*« (*Verlag von Münchhoff in Berlin*). La même feuille m'apprend aussi qu'un apothicaire de Cologne déclare sa nouvelle invention d'une liqueur intitulée »Lohengrin« (pourquoi pas »Tristan« ou »Isolde«?) fort supérieure à la Chartreuse et à la Bénédictine. Reste à savoir si Joachim, Hiller, Massenet, etc. consentiront à user du »Lohengrin« sous cette forme liquide? —

Vous et moi, très cher ami, nous sommes parrains de Mademoiselle Elsa, fille de Richard Pohl. La vertu prolifique du papa ne s'étendra guère sur la couvée des articles de la »*Neue Zeitschrift*«. À ce sujet Kahnt m'écrit hier plusieurs soupirs pleins d'ancienne fâcherie. Vous voilà donc débarrassé d'une munificence exagérée. .—.

Malgré mon aversion du genre épistolaire, je réponds de

---

1) Jules M., der französische Operncomponist, geb. 1842.

suite, en l'honneur de votre entremise à Madame Neftel, et vous prie de lui envoyer mes lignes de remerciments ci-jointes.

De tout cœur, bien votre

29 Décembre 78. (Villa d'Este — Tivoli.)   F. Liszt.

Mes plus intimes vœux pour votre anniversaire du 8 Janvier.

Mi-Janvier je serai de retour à Budapest, et en Avril à Weimar. Il est question d'un »*Musikfest*« à Wiesbaden (entre le 18 et 23 Mai) où j'espère vous revoir.

202.

Cher unique,

Votre Schwarz est un maitre-gaillard: de plus en plus je prends plaisir à l'entendre et à le trouver digne de vos préférences.

Vous savez que la seconde édition passablement corrigée, de ma partition de piano de la Symphonie fantastique de Berlioz a été publiée par Sander (Leuckart) à Leipzig. Il m'envoya l'année dernière une copie suffisante de mon arrangement pour Piano et Alto principal du »Harold-Berlioz«. J'y ai fait plusieurs changements, et si Mr Sander s'accorde avec l'éditeur-propriétaire Brandus (Paris) mon arrangement paraitra bientôt. Cependant je reste obligé à Klindworth de son amicale intention, et l'en remercie cordialement.

Un de vos disciples reconnaissants et réussis, Buonamici, Florentin plus authentique que le célèbre chef du Quatuor florentin, Jean Becker[1]), a passé une dizaine de jours ici. Il espère vous retrouver prochainement à Munich, et vous faire encore amende honorable de son coupable retard à votre diner à Rome.

En fait de musique nouvelle connaissez-vous une œuvre des plus singulières, captivantes et instructives, intitulée: »Paraphrases; 24 Variations et 14 petites pièces pour piano, sur le thème favori et obligé:

---

1) Bedeutender Violinvirtuos (1833—84).

»dédiées aux pianistes capables d'exécuter le thème avec un doigt de chaque main par Alexandre Borodine, César Cui, Anatole Liadow, et Nicolas Rimsky-Korsakoff[1]) (éditées chez Büttner, Pétersburg)«?

À mon avis c'est le meilleur Compendium possible de l'enseignement de l'harmonie, du contrepoint fleuri, et de la composition (*Formlehre*). Les professeurs des conservatoires gagneraient sensiblement à se servir de cette œuvre comme appui et exemple, dans leurs leçons.

Quand vous reverrez S. A. le Duc de Saxe-Meiningen, veuillez bien lui exprimer ma fidèle reconnaissance et à Madame la Baronne de Heldburg mes plus respectueux et constants hommages.

Dans quinze jours je serai à Bayreuth, et avant la fin d'Août à Rome. *Sempre vostrissimo*

27 Juillet 79, Weimar. F. L.

La musique militaire d'ici joué avec succès votre très spirituel et charmant Quadrille de »Benvenuto Cellini«.

203.

Weymar, ce 11 Janvier 1881.

Très illustre cher maitre!

---

[1]) Alle vier Componisten Vertreter der jungrussischen Schule.

Voilà à peu près comme j'ai préludé hier soir en pensant à vous. J'en ai été puni par votre sérénissime ami lequel a daigné exécuter vos ordres en m'annonçant par son aide-de-camp la † de commandeur du Faucon.

Inutile de vous apprendre que le soir nous avons bu à votre santé. Mon *speech* eût été meilleur si mes nerfs n'avaient pas été détraqués par un public aussi rhumatique que nombreux, par les bottes criardes de ce cher G. pendant les Adagios, etc.

Mes lignes de ce matin (7 heures) portent les traces d'une nuit blanche et d'une tête douloureusement alourdie par le mauvais Bordeaux dont Mme de U. n'a pas cessé de remplir mon verre vidé par distraction. Je tiens cependant à vous annoncer promptement que »Monseigneur« a fait les volontés de Mon Maître, et à remercier respectueusement ce dernier de l'insigne honneur dont je lui suis redevable. Je supporterai la gêne qu'il m'imposera de façon à vous éviter tout reproche rétrospectif futur.

Je dois jouer ce soir à Erfurt et la matinée ici sera encore passablement — dure. Donc — à revoir, Bon Grand, dans à peu près quatre semaines chez vous à Pest (*Liszt-Abend* — sans Rhapsodies hongroises). J'ose espérer que Victor Istóczy ne me recevra pas trop mal en ma qualité de coreligionnaire. Du reste: Prague et Vienne en seront également régalées (d'un *Liszt-Abend*). Agréez mes meilleurs vœux et souhaits pour l'année qui vient de s'ouvrir et croyez, cher grand maître, aux meilleurs sentiments

de votre respectueusement dévoué et reconnaissant
élève   Hans de Bülow.

204.

Cher unique,

Ne modulons pas trop vers le mineur, même dans le »*Weimar's Volkslied*«; et pour vous, restez ce que vous êtes, d'exemplaire noblesse, très majeur.

Aibl auquel je dois réponse m'a envoyé votre »*Königsmarsch*« Marche royale admirablement frappée et réussie. Sa Majesté le Roi Louis de Bavière est digne de cette dédicace.

Votre premier concert ici, est annoncé pour le 14 Février; au sujet du second, avec les Sonates de Beethoven, l'autocrate des concerts à Budapest, Dunkl[1]), vous écrira prochainement.

Bien volontiers j'irais à votre rencontre jusqu'à Vienne; mais il faut me renfermer en d'étroites limites.

À revoir bientôt, chérissime ami. J'espère que cette fois votre semaine de Budapest vous sera de quelque agrément.

De cœur tout votre

25 Janvier 81, Budapest.   F. Liszt.

205*).

Très cher unique,

Je me suis un peu refroidi ce matin, et pour ne pas me gâter la journée et soirée de demain il faut me coucher tôt aujourd'hui.

Veuillez dire mes affectueux remerciments à Brahms: et aussi lui transmettre l'invitation de Madame la Baronne Eötvös[2]), pour demain, 1 heure, à déjeuner sans quelconque ennui ni désagrément. Tout au contraire. —

---

1) Musikverleger in Budapest.

*) Original (ohne Datum), ebenso wie Nr. 206, im Besitz des Herrn Hofmusikalienhändler A. Steyl in Frankfurt a. M. Es trägt von Bülow's Hand die Widmung: »Herrn Aug. Steyl für seine Autogrammatologie«.

2) Wittwe des verstorbenen ungarischen Dichters und Ministers.

A midi trois quarts, demain, viendra vous prendre »hôtel Hungaria« pour vous conduire chez Son Excellence, Madame Eötvös, votre

F. Liszt.

Dimanche soir, [Budapest, 13 Février 1881[1])].

Peut-être Bösendorfer[2]) viendra-t-il me voir demain, entre 10—11 heures. Il sait être toujours invité chez moi, en ami; de la véritable sorte.

206.

Nuremberg, ce 21 Mars 1881.

Très illustre cher maître!

Votre portrait peint par feu Mr. Kreling[3]) (en 1842?) se trouvant mis à l'encan, je viens de l'acquérir afin qu'il ne passât point dans des mains plus profanes encore. J'avais d'abord l'idée de l'offrir au Conservatoire de Musique de Budapest, mais j'ai pensé que peut-être vous m'octroyeriez la faveur de pouvoir le mettre à vos pieds pour en disposer selon votre bon plaisir. Il ne nuira point à sa valeur artistique (qui me semble avoir plutôt besoin d'un rehaussement) d'être donné en cadeau par l'illustre original. Mr. Zierfuss, marchand de musique, vous l'expédiera dans quelques jours après l'avoir fait photographier — je pense que vous n'aurez aucune objection à faire. Dans le cas que vous désiriez l'avoir autre part (Berlin? Weymar?), voudriez-vous en informer par le télégraphe le susdit Zierfuss?

---

1) Da Bülow's »Liszt-Abend« in Budapest Montag den 14. Februar 1881 stattfand, muss der Brief von Sonntag dem 13. Februar datiren.
2) Der berühmte Wiener Clavierbauer.
3) August v. K. (1819—76), Maler und Bildhauer, Director der königl. Kunstschule zu Nürnberg.

Le *Lisztabend* aura lieu le 4 Avril à Weymar, et le 27 à Berlin, où j'espère que vous me ferez l'honneur d'assister. Je tâcherai de faire mieux qu'à Budapest.

Votre très dévoué et reconnaissant admirateur et élève
Bülow.

7 *Beeth[oven]-Concerte* avec la chapelle en 7 jours — aujourd'hui le 4ème.

207.

Dimanche de Pâques [17 Avril] 81, Weimar.

Cher unique,

Aujourd'hui je devrais être chez vous à Meiningen: mais je n'ai appris que trop tard hier, en waggon, par le Baron Stein, que vous étiez de retour dans vos nouveaux pénates, tout propices [1]).

Ci-joint les deux photographies de Mesdemoiselles Nobl et Voigt. Ces deux pianistes distinguées ont eu l'honneur de vous offrir personnellement la couronne de l'Académie royale hongroise de Musique, à votre glorieux »*Liszt-Abend*« 14 Février à Budapest. Le souvenir en reste vif, et comme historique.

Si vous voulez faire grand plaisir à Mesdemoiselles Nobl et Voigt, envoyez-moi deux de vos photographies, auxquelles vous ajouterez votre nom, et le leur.

Il n'y a que vous pour avoir des idées incroyables, et les réaliser. Votre généreux don de mon portrait de Kreling appartient au répertoire si étendu de vos très nobles faits et gestes. Avec votre permission, ce portrait sera placé avec le nom du donataire, soit à l'Académie de Musique, soit au Musée

---

[1]) Bülow war im Februar 1880 zum Hofmusikintendanten des Herzogs von Meiningen ernannt worden.

de Budapest. À mon regret je ne puis en régaler Istoczy — ce qui vous plairait davantage.

Samedi soir, — Berlin, jusqu'au 28 Avril. Madame la Comtesse Schleinitz a la bonté de m'inviter à loger au palais du ministère de la maison de Sa Majesté de Prusse et d'Allemagne. J'y reverrai votre fille, Daniela.

Le 30 Avril, je serai à Fribourg (Breisgau). Mon ami Dimmler n'a pas osé vous inviter, quelque bonne envie qu'il en ait. J'ai encouragé sa discrétion. Le »Festival-Liszt« à Anvers, auquel s'annexe un concert à Bruxelles, suivra prochainement, — je ne sais encore à quelle semaine de Mai.

Ensuite, après votre retour de Londres, je vous attends ici, et vous reste à perpétuité de cœur et d'âme,

bien votre

F. Liszt.

Veuillez renouveler au Duc de Meiningen, et à Madame la Baronne de Heldburg l'expression de mes hommages de fidèle gratitude.

208.

Bien cher unique,

Mon séjour ici s'est un peu prolongé. Demain je pars pour Rome; votre fille Daniela m'accompagne et non moins, je l'accompagne. Elle voulait vous l'écrire, sachant que cela ne saurait vous être une contrariété: mais je lui ai dit de différer jusqu'à son arrivée à Rome où elle restera avec moi, de la mi-Octobre jusqu'en Janvier, — et peut-être plus tard, après mon départ, car je tiens à retourner à Budapest, (comme de coutume depuis une dizaine d'années) mi-Janvier. Là, je compte vous revoir lors de votre excursion en Roumanie, et parlerai avec notre ami Bösendorfer du détail de vos concerts lucratifs, dont le public aura le principal bénéfice.

Votre vieux

9 Octobre 81, Bayreuth. F. L.

Quand vous m'écrirez, racontez-moi votre emménagement à Meiningen, et les affabilités du Duc et de sa femme. Jusqu'à fin Décembre adressez: Via et hôtel Alibert. Rome.

Après en avoir profité de mon mieux, je vous restitue par la même poste le très recommandable volume anglais-français-italien de Cranfurd Tait Ramage [1]). J'y ai salué avec révérence de vieilles connaissances.

209 *).

Rome, 14 Décembre 81.

Très cher unique,

À notre dernier revoir à Meiningen vous souffriez beaucoup et soupçonniez un pis-aller prochain. Maintenant le mieux relatif semble venu. Ainsi, votre état de santé suffit à peu près à l'excessive activité que vous maintenez prodigieusement; d'autre part, vos liens d'amitié avec le Duc de Meiningen et Madame de Heldburg ne sont pas rompus. Il s'entendait de soi qu'on ne vous laisserait pas tout l'accablement de la charge d'intendant et de chef dirigeant de la chapelle; un acolyte, sous quelque titre convenable, vous est nécessaire. Le choix vous en revenait; espérons que l'individu désigné saura remplir à votre gré les fonctions de secrétaire et de répétiteur. Monseigneur de Meiningen a trop de bon sens pour ne pas satisfaire noblement aux exigences raisonnables [2]). Son modique revenu l'empêche souvent d'aller au delà: toutefois je ne sache pas de grand seigneur plus apte et disposé que lui aux procédés du comme il faut princier. Dans cette tonalité vous serez toujours d'accord.

---

1) »Beautiful thoughts from french and italian authors.« Liverpool, Edward Howell. 1875.

*) Original im Besitz von Frau Romaine Freifrau v. Overbeck in Freiburg i. B.

2) Franz Mannstädt (geb. 1852). jetzt Dirigent der Berliner Philharmonie, wurde berufen.

Permettez-moi une question majeure: Avez-vous quitté l'hôtel de Saxe et pris domicile à Meiningen? Votre emménagement avec livres, musique, pianos, meubles et argenterie est-il opéré? —. Votre très intelligente fille Daniela ne se déplait guère avec moi; son humeur enjouée et son esprit agréablement frondeur ornementent des qualités plus sérieuses, par lesquelles elle vous ressemble. À moins d'objection de votre part que je ne prévois point, Daniela restera, plusieurs mois encore, de bien chère compagnie, près de son grand-papa,

votre vieux fidèle de cœur et d'âme

F. Liszt.

Mi-Janvier je serai de retour à Budapest.

210.

Cher et illustre maitre,

Je viens de lire dans un journal d'ici une »recension« des lettres d'un Inconnu, qui pourrait peut-être vous intéresser. Merci des journaux italiens que je n'ai pas encore eu le temps de lire moi-même; je les ai remis en plus belles mains, celles de notre charmante Lacerta[1]).

Il y a peu de minutes Mr. Batka[2]) a fait son apparition; imaginez, la Rhapsodie espagnole qu'il brûle de réentendre, l'a amené de Poszony. Charmant garçon, qui a conquis toute ma sympathie. En ma qualité de votre élève j'ai cru »anständig« d'abandonner le produit de mon concert à Pressbourg, inoubliable par votre illustre coopération, au comité du *Hummel-Denkmal*.

Après-demain je pense partir pour Cracovie; cela m'ennuie beaucoup, vu que le séjour de Vienne me gante et me chausse sous tous les rapports.

---

1) Frau von Bülow, geb. Prinzessin Camporeale, die Gattin des deutschen Staatsministers und Staatssecretärs des Auswärtigen Amtes.

2) Johann B., Stadthauptmann in Pressburg.

J'espère que votre excursion¹), dont je vous remercie encore une fois de tout mon cœur, ne vous aura pas gratifié d'un refroidissement.

Bien des respects, je vous prie, à Mme la B^{ne} d'Eötvös et son aimable fille et bien des amitiés au *schneidige* Mihalovich et au *schmeidige* Vegh²). *Schneidig* et *schmeidig* — la réunion de ces deux adjectifs dans le même sujet pourrait bien lui faire conquérir le monde.

Votre très admirativement dévoué élève
Hans de Bülow.

Vienne, ce 14 Février [1882].

211.

Très cher unique,

Vos lignes, reçues hier soir, me sont une vraie joie, et je serai charmé de renouveler bonne connaissance et de continuer d'affectueuses relations avec Madame de Bülow³). Sur ouï-dire, Adelheid von Schorn⁴) m'en avait déjà parlé très élogieusement. À la première nouvelle de votre mariage j'exprimais ma parfaite confiance qu'il se ferait avec approbation de »Messieurs le Bonheur et le Bongoût« les deux témoins les mieux autorisés.

Vous trouverai-je à Meiningen, soit à la mi-Juillet, (avant les premières représentations de »Parsifal«) soit au commencement d'Août? Mon intention est de venir vous voir là: nous y causerons brièvement de l'»A-Bayreuthisme« ......

Le 1er Juillet je serai à Fribourg (Brisgau) et le 8 à

---

1) Nach Pressburg, wo er in Bülow's Concert mitgewirkt hatte.
2) Johann v. V., Vicepräsident der ungarischen Landes-Musikacademie.
3) Bülow hatte Liszt seine Verlobung mit der Meiningen'schen Hofschauspielerin Fräulein Marie Schanzer angezeigt. Am 29. Juli 1882 fand die Vermählung statt.
4) Stiftsdame in Weimar, Liszt seit langem befreundet.

Zürich — »*Tonkünstlerversammlung*«. Vous êtes toujours plus qu'invité à ces réunions que vous avez illustrées dès l'année 61 par votre direction, et d'autres fois par votre participation admirablement active. Peut-être cette fois le lac de Zürich vous tenterait-il? À ce propos je me rappelle un joli mot du Général Alava, ambassadeur d'Espagne à Paris sous Louis-Philippe. Aux années 1833—34, le Ballet »Tentation« eut à Paris un grand succès. Des robes »tentation« furent portées par des dames plus ou moins élégantes. À l'une d'elles, le vieux Général Alava, de l'école Talleyrand, disait flegmatiquement: »Cette tentation ne me tente point.« Les beaux yeux de M^r et Madame K. sont encore moins tentants; cependant, pour peu que l'on chemine, rien n'empêche de se rencontrer au lac de Zürich, d'ancien souvenir pour nous. Jusqu'au 28 Juin je reste ici: veuillez me fixer, selon votre convenance, ma visite à Meiningen.

J'embrasse de tout cœur votre fille Daniela, et demeure bien votre perpétuel

24 Mai 82 — Weimar. F. L.

212.

Très illustre grand maitre!

La bienheureuse date du 22 Octobre, jour solennel dans les Calendes de notre art, me fournit l'occasion de me rappeler à votre souvenir en vous offrant l'hommage de mes plus respectueuses félicitations. Le Ciel ayant si manifestement protégé votre précieuse santé pendant l'année qui vient de s'écouler, il n'y a qu'à l'implorer pour sa conservation. C'est ce que je fais de tout mon cœur. Puisse le nouvel an, qui commence pour le représentant de tout ce que le siècle a inauguré de sublime dans le domaine de la poésie des sons, lui apporter toutes les satisfactions possibles!

Vous ne doutez pas, cher maitre, je me permets d'en être sûr, que j'eusse préféré de beaucoup vous exprimer mes vœux de vive voix. Mais un refroidissement, lequel pourrait devenir dangereux par la moindre imprudence, me force de garder — le trou où j'habite. J'ai une formidable démangeaison de me rétablir sérieusement afin de n'avoir plus à me dérober aux yeux des Grands, dont la générosité a élevé ma petitesse.

Agréez donc pour aujourd'hui, illustre maître, ma faible velléité de participation — comme celle d'un Lisztien de la veille — au cri de tant de milliers de voix: Noël!

Votre très humble et reconnaissant admirateur et disciple

Meiningen, ce 21 Octobre 1883.   Hans de Bülow.

213.

Très illustre maître!

Je viens de recevoir votre télégramme et j'y réponds en toute hâte pour que le programme que vous me faites l'honneur de me demander, vous arrive encore demain matin. Permettez cependant que j'y joigne la nouvelle très exacte que S. A. I. le grand duc Constantin n'assistera qu'à la répétition générale du concert susdit — samedi soir — étant obligé de partir dimanche dans l'après-midi à trois heures quarante-sept minutes pour la Sainte Russie.

Votre respectueusement dévoué

Meiningen, ce $\begin{matrix} 12 \text{ Décembre} \\ 30 \text{ Novembre} \end{matrix}$ 1883.   H. de Bülow.

214.

Très illustre maître!

S. A. Monseigneur le Duc après avoir été informé de votre velléité d'honorer le concert de dimanche de votre présence, vient de me charger de vous dire purement et simplement
dass Schlosswohnung zur Verfügung steht.

Ayez la bonté de nous faire savoir seulement quel jour et par quel train vous avez l'intention de débarquer à notre *Haltestation für Güterzüge*.

Votre très respectueusement dévoué élève et serviteur
Meiningen, ce 13/1 Décembre 1883.

Hans de Bülow.

(Demain) à 10½ concert »asiatique«.
(Vendredi) » 2½ dîner gala européen.
» 6 heures pianotage chez ***

215.

Très cher unique,

Vos étonnants concerts de la chapelle de Meiningen m'ont remis en veine d'apprécier et goûter la musique. Je vous reverrai donc, après-demain, Samedi à la répétition et le lendemain[1]).

De plein cœur votre ami et admirateur dévoué
13 Décembre [1883].

F. Liszt.

216.

Meiningen, ce 22 Mai 1884.

Très illustre grand maître!

Veuillez agréer mes mille et un regrets de ne point pouvoir satisfaire à votre demande de placer Mlle M. R. au Raff-conservatoire à Francfort. Ce n'est pas un cotillon — n'en saurions que faire — mais bien une culotte qu'il nous faut opposer à la Stravecchia Stra-Clara.

---

1 Seiner Bewunderung der Leistungen Bülow's an der Spitze der Meininger Hofcapelle gab Liszt durch Widmung eines »Bülow-Marsches« sowie durch einen Brief Ausdruck, der, in's Deutsche übersetzt, in Lessmann's »Allgemeiner Musikzeitung« vom 18. Jan. 1884, in der französischen Originalgestalt von La Mara: »Fr. Liszt's Briefe« II, Nr. 334 veröffentlicht wurde.

Je ne viens que d'arriver ici et je suis littéralement sur les dents, affligé d'ailleurs d'une grippe affreusement internationale. Cependant s'il y a possibilité humaine je viendrai à un des concerts, où l'on exécutera une de vos nouvelles œuvres pour l'applaudir aussi chaudement que mes mains le permettront.

En attendant je vous envoie mes plus respectueux saluts en qualité de votre
    très dévoué et reconnaissant élève
            Hans de Bülow.

* * *

Dies war, so scheint es, der letzte briefliche Gruß, der zwischen beiden Meistern gewechselt wurde. Am 31. Juli 1886 schloss Franz Liszt in Bayreuth seine Augen zum ewigen Schlummer, und Hans von Bülow ging am 12. Februar 1894 in Kairo, fern der Heimat, die Strasse, »die noch Keiner ging zurück«.

Namenregister.

(Die fetten Ziffern bei Liszt und Bülow bedeuten Briefadresse, die mageren Ziffern der Übrigen blosse Erwähnung im Briefe.)

About Nr. 136.
Ahrens 5.
Aibl 197.
Alava 211.
d'Alembert 127.
Antonelli 159.
Apt 110.
Arnim Bett. v. 22.
— Armg. v. 22.
— Baron 164.
Artôt Dés. 135.
Assing Ludm. 119.
Astorga 126.
Auber 109.
Augusz Baron 8, 9, 10, 11, 13.

Bach Seb. 8, 35, 46, 56, 61, 62, 91, 120, 123, 126, 131, 132, 159, 103.
— Phil. Em. 143.
Bache Walt. 143, 189, 199, 201.
Baden, Prinz-Regent 18, 69.
— Großherzog 75.
— Großherzogin 75, 93.
Ballanche 91.
Banck 20, 29, 31.
Bärmann 82, 164, 165, 171.
Barr 131.
Bartolini 58, 169.
Batka Joh. 210.
Bayern, König Ludwig I. 84, 99, 148.
— — Ludwig II. 148, 150, 152, 158, 171, 172, 173, 204.
Beaulieu v. 33, 39, 49, 51, 59, 67, 76, 85.
Bechstein 77, 81, 133, 136, 151, 170, 171.
Becker Jean 202.
Beethoven 7, 19, 20, 22, 25, 35, 38, 48, 59, 61, 69, 75, 76, 83, 90, 91, 92, 98, 100,
103, 105, 107, 110, 120, 126, 143, 152, 155, 156, 157, 163, 170, 191, 201, 204, 206.
Behrend Heinr. 48, 49, 76.
— Melitta 48.
Belgiojoso Fürstin 151.
Belloni 126, 127, 154.
Benazet 94, 96, 97.
Bendel 137.
Bennett Sternd. 19, 43.
Berlioz 3, 18, 19, 20, 22, 23, 25, 20, 33, 35, 36, 37, 39, 42, 44, 52, 54, 56, 61, 62, 67, 68, 69, 89, 90, 91, 100, 105, 107, 109, 126, 127, 142, 145, 149, 150, 156, 159, 169, 184, 201, 202.
— Mad. 31.
Bernier 166.
Bernini 143.
Bernsdorf 91.
Berwald 90.
Bianchi Val. 70.
Bido Amal. 138.
Bihary 10.
Birle 169.
Bischoff 121.
Blassmann 31.
Blüthner 81.
Bock 54, 55, 76, 84, 85, 90, 91, 103, 109, 111, 119, 121, 127, 130, 150.
Böhlau 33.
Bojanowski Frau v. 169, 170. Siehe auch Isa v. Bülow.
Bonnechose 163.
Bornemann Frau 87.
Borodin 202.
Bösendorfer 194, 205, 208.
Bossuet 149.
Botte 115.

27*

— 420 —

Brahms 19, 21, 27, 205.
Brandus 202.
Brassin 28.
Breitkopf und Härtel 22, 23, 26, 30, 31, 33, 57, 59, 62, 74, 81, 98, 112, 141, 143, 145, 155, 156, 163, 189.
Brendel 5, 8, 13, 15, 17, 18, 19, 22, 23, 25, 31, 31, 36, 38, 46, 47, 50, 51, 61, 62, 64, 68, 76, 81, 83, 90, 91, 93, 110, 112, 115, 116, 121, 126, 127, 128, 133, 135, 142, 180.
Brockhaus 83, 136.
Broglio 163.
Bronsart H. v. 39, 52, 57, 58, 61, 60, 75, 76, 77, 78, 81, 88, 89, 90, 91, 109, 110, 116, 117, 126, 136, 138, 142, 147, 157, 178, 179, 194, 196, 197, 198, 199, 200.
— Frau v. 201.
Bruckmann 167.
Büchner 31.
Bülow Hans v. 1, 2, 6, 7, 8, 10, 11, 12, 15, 16, 18, 21, 23, 24, 26, 30, 33, 34, 36, 39, 41, 43, 45, 47, 49, 51, 52, 55, 57, 59, 60, 62, 64, 65, 66, 67, 69, 71, 72, 73, 75, 78, 79, 85, 87, 89, 94, 96, 99, 101, 102, 104, 106, 108, 110, 113, 116, 118, 120, 124, 125, 127, 128, 129, 130, 131, 132, 134, 136, 137, 139, 141, 142, 143, 144, 145, 146, 147, 148, 149, 150, 151, 152, 153, 154, 155, 156, 157, 158, 159, 161, 163, 164, 165, 167, 168, 172, 174, 175, 176, 177, 179, 180, 181, 182, 183, 184, 185, 186, 189, 191, 192, 193, 194, 195, 196, 197, 198, 199, 200, 201, 202, 204, 205, 207, 208, 209, 211, 215. Siehe auch Peltast.
— Frau v. (Mutter) 13, 17, 18, 24, 30, 36, 52, 54, 55, 56, 58, 59, 64, 66, 67, 85, 169, 170.
— Frau v. (Stiefmutter) 17.
— Frau Cos. v. 88, 90, 91, 92, 93, 95, 97, 98, 100, 110, 111, 113, 115, 116, 117, 119, 120, 121, 128, 133, 137, 138, 142, 144, 147, 152. Siehe auch Cos. Liszt und Frau Cos. Wagner.
— Daniela v. 136, 185, 197, 207, 208, 209, 211.
— Blandine v. 197.
— Frau Marie v. 211.
— Isa v. 42, 44. Siehe auch Frau v. Bojanowski.
— Paul v. 86.
— Frau Staatsminister v. 210.
Buonamici 187, 188, 212.
Büttner 202.
Buttelstedt Baron 92.

Brunswick Gräfin 10.
Byron Lord 139.

Carl 22.
Carus 19, 20.
Carvalho 117.
Caspari 69.
Chasles 61.
Charpentier 126.
Cherubini 126, 150, 152.
Chopin 9, 19, 46, 48, 91, 115, 116, 127.
Chotek Graf 137.
Cicero 119.
Clauss Wilhelmine 30, 46.
Coburg, Herzog von 10, 51, 124, 141.
Collot d'Herbois 76.
Condé Prinz 149.
Conlar Mad. 22.
Conradi 21, 22, 54, 55, 56, 57, 58, 59, 62, 63, 64, 66, 69, 70, 74, 76, 77, 79, 119, 120, 122.
Cornelius 19, 21, 29, 33, 35, 46, 48, 50, 51, 92, 101, 116, 138, 150, 163, 171.
Cossmann 9, 24, 75, 91, 96, 97, 98, 100, 163, 178, 184.
Cotta 163, 164, 170.
Courier 76.
Cousin B. Germaine 157.
Cramer 81, 163.
Craufurd 209.
Croix B. Paul de la 157.
Cui Cäsar 202.
Czartoryska Fürstin 150.
Czerny 19.

Damrosch 69, 70, 76, 90, 100, 101, 107, 111, 120, 130.
Dänemark, König von 136.
Dante 179, 189, 190.
David Ferd. 17, 18, 23, 24, 25, 26, 27, 28, 29, 31, 33, 34, 109, 110, 125, 141, 168, 179.
Dawison 31.
Dehn 20, 39, 51.
Dessauer 9.
Dimmler 207.
Dingelstedt 85, 100, 103, 110, 125, 132, 159, 169.
Döhler 42.
Dohm 100, 101, 111.
Donat 21.
Doppler Carl 43.
— Franz 10, 13, 43, 169.
Dorn Heinr. 21, 22, 23, 58, 76, 83, 90.
— Frau 87.
Dräseke 81, 82, 91, 101, 114, 116, 154, 155, 160, 163, 174.
Dreyschock Alex. 9, 15.

Duchèsne Pater 133.
Düfflipp v. 177.
Duhem 166.
Dumon 166.
Du Mortier 175.
Du Moulin 84.
Dunkl 13, 204.
Düringsfeld Ida u. Otto v. 189.
Durutte Graf 38.

Egghard (Graf Hardegg) 10.
Ehlert 51, 58, 59, 61, 64, 92.
Ehnn Bertha 172.
Ehrenbaum Frl. 9.
Ehrenberg 87.
Ehrlich Heinr. 22, 30.
Eiswald Frl. 22.
Ellinger Frl. 142.
Engel Gust. 78.
Eötvös Baronin 205, 210.
Erard 92.
Erkel Franz 10, 13, 172.
Escudier 115, 138.
Esser 43, 126, 169.
Esterhazy Cas. Graf 8, 9.
—— Gräfin 8.

Fabrucci 61.
Falconi (Bochkolz) 51.
Fendrich 76.
Festetics Graf 8, 9, 10, 11, 13.
Fétis 166.
Fischel 118.
Fischer Wilhelm 31, 35.
—— Kuno 120.
Fischhof 9, 10.
Flaxland 139, 143.
Flemming Graf 58.
Flotow von 70.
Formes Carl 34.
—— Theod. 58, 59, 63, 68.
Fortunato 161.
Franck Cäs. 91, 92, 115, 157, 159.
Frankreich, Kaiser Napoleon I. 118.
—— König Louis Philipp 211.
—— Kaiser Napoleon III. 69, 118, 155.
Franz Robert 11, 17, 22, 89.
—— Frl. 124. Siehe auch Freifrau v. Heldburg.
Frauenstädt 142.
Friedländer 131.
Frommann Alwine 15, 22, 23, 47.
Fuchs Carl 171.
Fürstner 163.

Gaal 13.
Gade 54, 56, 61, 128.
Gallrein 89.

Ganz 81, 82.
Gaul Kitty 180.
Genast 13.
—— Emilie 67. Siehe auch Frau Meriau.
Geyer Flodoard 22.
Giacomelli 154.
Gille 156, 168.
Giucci 167, 168, 169, 173, 174.
Gleich 23.
Glinka 90, 121, 126, 186, 188.
Gluck 91, 101, 122, 125.
Goldschmidt Otto 19, 20.
Goldstein 109.
Goethe 8, 69, 105.
Gottschalg 149.
Gottwald 35.
Götze Carl 117.
—— Franz 17, 168.
Gounod 157, 163.
Grädener 80, 81.
Greulich 46, 47.
Griepenkerl 27, 69.
Grimm C. C. L. 101.
—— Hermann 33, 43.
—— Jul. O. 17.
Gruner von 86.
Grützmacher Fr. 90.
Guldi Card. 159.
Gumprecht 78.
Günther 141.
Gutzkow 37.

Hachette 121, 127.
Hahn 61, 62, 63, 64, 80.
Hähnel Ernst 17, 18, 19, 31.
—— Frl. 19.
Hainauer 204.
Händel 94, 126, 150, 163.
Hannover, König von 28.
Harder Frl. v. 19.
Hartmann J. P. E. 54.
Hasert 120, 127.
Haslinger 7, 8, 9, 10, 11, 13, 18, 135, 150.
Hauser Jos. 180.
Haydn 34, 69, 126.
Hebbel 123, 201.
Heckmann Rob. u. Marie 179.
Heinze 141.
Heldburg Freifrau v. 199, 202, 207, 208, 209. Siehe auch Frl. Franz.
Hellmesberger 169.
Henselt 9, 22, 104, 163.
Herbeck 119, 120, 121, 152, 169, 172.
Hermann 3, 4, 16, 25.
Herold 117.
Hersch 84, 85.
Hettner 29.

Hildebrandt 152.
Hillebrand Carl 188.
Hiller Ferd. 25, 51, 56, 76, 92, 201.
Hinrichs 17.
Hinze 17.
Hippe 1.
Hoffmann v. Fallersleben 36.
Hohenlohe Fürst Chlodwig 157.
— Cardinal 150, 159, 185.
— Fürstin Marie 169. Siehe auch Prinz. Wittgenstein.
Hohenzollern-Hechingen Fürst 138, 141, 142, 144, 145, 152.
— Prinzessin 48, 49, 50.
Höpfner 90.
Hoplit 23, 25, 29, 31, 41, 42, 46, 50, 100. Siehe auch Pohl.
Hoven (v. Vesque) 8.
Hugo Victor 126, 127.
Hülsen v. 22, 37, 47, 59, 63, 80, 90, 95.
Hummel 112, 210.

Illaire Mad. 87.
Istóczy 208.

Jaell 69, 70, 77.
Jaski Frl. 121.
Jensen Adolf 82.
Joachim 8, 10, 11, 19, 21, 22, 24, 26, 26, 27, 28, 30, 32, 33, 34, 35, 37, 39, 43, 61, 69, 70, 91, 109, 190, 201.
Josaphat B. 157.

Kahnt 142, 156, 159, 160, 168, 184, 188, 201.
Kahrer Laura (Rappoldi) 190.
Kalergis Frau Marie 75. Siehe auch Frau v. Moukhanoff.
Kalliwoda 16, 19.
Kalm Baron 58.
Kamieńska Comtesse 40, 41, 42.
Karátsony 10, 13.
Kaulbach Wilh. v. 59, 63, 141.
Kempe 5, 48.
Kern 14.
Kertbény 10, 11, 13.
Ketteler Bischof 169.
Ketten 46, 51, 52.
Kiel Friedrich 161.
Kindervater 78, 120.
Kistner 80.
Klauser 143.
Klemm (Musikalienhandl.) 29.
— (Clavierbauer) 50.
Klindworth Carl 9, 202.
Köhler Louis 46, 47, 48.
Kolatschek 94, 95.
Kolb Jul. v. 22.

Kümpel 180.
Kossak 20, 70, 96.
Köster Mad. 22.
Krebs Carl 19, 20, 31, 32.
Kreling v. 206, 217.
Kroll Franz 20, 21, 22, 58, 61, 89, 91, 92, 110, 117, 145, 163.
Kühmstedt 136.
Kullak Theod. 20, 21, 22, 23, 39, 44, 50, 51, 68, 70, 74, 90, 112, 129, 133.
— Adolf 22.
Kummer 19.

Lachner Franz 149.
Lacombe 30.
Lagrange Mad. 138.
Lankow Anna 198.
Lassen 89, 126, 127, 130, 201.
Lassus Orlandus 167.
Laub 9, 15, 28, 41, 48, 49, 50, 56, 58, 61, 90, 92, 100, 102.
Lauer v. 76.
Laussot Frau (Hillebrand) 39, 40, 143, 186, 187, 188.
Lebert 183.
Leiningen Graf 18, 19.
Leopardi 194.
Lessing 8.
Leuchtenberg 112.
Leuckart (Sander) 152.
Liadow 212.
Liebig 109, 111.
Lienau (Schlesinger) 145, 147, 148, 163.
Lind Jenny 29.
Lipiński 20, 22, 29, 31.
Lippi 152, 159.
Liszt Franz 2, 4, 5, 9, 13, 14, 17, 19, 20, 22, 25, 27, 28, 29, 31, 32, 35, 37, 38, 40, 42, 44, 46, 48, 50, 53, 54, 56, 58, 61, 63, 68, 70, 74, 76, 77, 80, 81, 82, 83, 84, 86, 88, 90, 91, 92, 93, 95, 97, 98, 100, 103, 105, 107, 109, 111, 112, 114, 115, 117, 119, 121, 122, 123, 126, 133, 135, 138, 140, 160, 162, 166, 169, 170, 171, 176, 178, 187, 190, 203, 206, 210, 212, 213, 214, 216.
— Frau (Mutter) 145.
— Blandine 42, 55, 56, 58, 59, 61, 62, 64. Siehe auch Mad. Ollivier.
— Cosima 42, 55, 56, 58, 61, 62, 63, 65, 68, 76, 77, 80, 84, 88. Siehe auch Frau Cos. v. Bülow u. Frau Cos. Wagner.
— Daniel 84, 119.
— Eduard v. 7, 8, 121, 169.
Litolff 21, 23, 25, 30, 31, 34, 41, 43, 56, 57, 58, 61, 62, 63, 64, 68, 150, 201.
Lobe 23, 77, 168.

Loën Baron 167.
Lotti 67.
Löwy Sim. 7, 8.
Lübrss 22, 92.
Lutter 201.
Lüttichau Bar. 19, 20, 22, 31, 32, 35.
— Frau v. 18, 19, 20.

Machiavelli 42.
Manning Card. 153.
Manni 21.
Maréchal 38, 39.
Marek 179.
Markull 48.
Marpurg 44, 82.
Marx 11, 20, 21, 22, 28, 44, 47, 48, 49, 54, 56, 57, 58, 61, 65, 66, 68, 70, 74, 75, 76, 77, 82, 90.
— Frl. 66.
Masetti Gräfin 178, 179, 189.
Massenet 201.
Mathews 163.
Mayer Charles 19.
Mechetti 147.
Mehlig Anna (Falk) 167.
Méhul 126.
Meiningen, Herzog von 11, 187, 190, 191, 193, 199, 202, 207, 208, 209, 211.
— Herzogin 11.
Mendelssohn 8, 9, 20, 22, 35, 46, 63, 119, 123, 126, 135, 143.
Menter Sophie 168.
Merckel Frau 87.
Merian Frau Emilie 156.
Meser 181.
Meyendorff Baronin 178, 179.
Meyer Jenny 75, 84.
— Banquier 81.
— Frl. (Leipzig) 28.
— Leopold v. 111.
Meyerbeer 34, 44, 46, 123, 126, 127, 129, 130, 133, 135, 138.
Mihalovich v. 163, 178, 179, 210.
Milde Fed. v. 18, 69, 88, 89, 98, 101, 109, 110, 111, 141, 142, 183.
— Frau Rosa v. 9, 18, 69, 88, 89, 98, 100, 101, 103, 104, 106, 107.
Milanollo Ter. 9, 21, 23.
Miska 182.
Mitterwurzer 90.
Molique 20.
Möller 25.
Montag 66.
Morin 91.
Mortier de Fontaine 46.
Moscheles 61, 63.
Moukhanoff Frau Marie v. 145, 152, 179, 188. Siehe auch Kalergis.

Mozart 68, 69, 123, 157.
Mühle v. der (Du Moulin) 31.
Müller (Musikdir.) 36, 37.
— (Musikverl.) 132, 133, 134, 136.
Müller-Hartung 136.
Musil 110.
Mützelburg 109.
Mycielsky Graf 35.

Nabich 5.
Napoleon Arthur 77.
Nardi 159.
Naumann Em. 73, 81, 84.
Neftel Frau 201.
Ney Jenny (Bürde) 31.
Nicolai Otto 126.
Niederlande, Königin der 11.
— Prinz Heinrich 10, 11.
Niemann 81.
Nobl Frl. 207.
Noskowski 198.
Novello Clara 81, 82.

Oesterreich, Kaiser Franz Josef 17.
— Erzherzog Carl 10.
— Erzherzogin Hildegard 9.
Ollivier Emile 116.
— Mad. Blandine 116. Siehe auch Bland. Liszt.
Oppenheim Frau 30.
Orczy Baron 151.
Orsini 103.
Osten von der 83.
Otten 98.
Otto 87.

Paez 8, 9.
Paganini 23, 35, 71.
Panse 25, 26.
Pardon 175.
Peltast (Bülow) 21, 50.
Perau 50, 77.
Perfall Baron 170, 171.
Peters C. F. 131, 149, 150, 152.
Pflugbaupt R. 95, 96, 97.
— Frau Sophie 100, 135.
Pfordten von der 157, 160.
Piefke 97, 119, 120, 123, 124.
Pierri 103.
Pinelli Ettore 187, 188.
Pinner 188, 189.
Pischek 34.
Pitra Card. 159.
Pius IX. Papst. 47, 150, 157, 159.
Pleyel Mad. Marie 166.
Pohl R. 17, 18, 19, 20, 23, 24, 25, 26, 29, 30, 34, 35, 36, 37, 38, 43, 44, 45, 50,

58, 71, 76, 78, 81, 97, 100, 130, 178, 184, 198, 201.
Pohl Frau Jeanne 26, 30.
— Elsa 201
Ponsard 138.
Porges 113.
Potworowski Graf 42.
Preußen, König Friedrich der Große 119, 120.
— — Friedrich Wilhelm IV. 51, 54, 68, 70.
— — Wilhelm I. 145, 207.
— Königin 68.
— Prinz-Regent v. 99, 127, 130.
— Prinz v. 44, 68.
— Prinzessin v. 68, 69, 77, 81, 92, 99, 100, 135.
— Prinz Friedrich 44.
— Prinz Georg 44.
— Prinzessin Louise 68, 69. Siehe auch Großherzogin von Baden.
Pruckner Dion. 9, 23, 39, 46, 47, 48, 50, 51, 59, 61, 67.
Pustet 171.
Puttkammer v. 46.
Pythagoras 189.

Radecke 22, 93, 103, 104, 109, 137.
Raff 2, 5, 7, 8, 9, 10, 13, 17, 19, 21, 22, 35, 46, 90, 103, 105, 120, 123, 126, 135, 136, 160, 184, 189, 216.
Rambach v. 9.
Rank Jos. 132, 133.
Rappoldi Ed. 190.
Ratzenberger Theod. 111.
Rauch Frl. 85.
Redern Graf 20, 21, 22, 44, 51, 70, 76, 100, 125, 147.
Redslob 27.
Reichardt 111.
Reinecke Carl 71.
Reinthaler 56.
Reissiger 19, 20, 22, 31, 32.
Reissmann 3, 4, 20.
Rellstab 22, 68, 70, 77, 92.
Reményi 19, 21, 23, 25, 167.
Reubke Jul. 22, 78, 91.
Reviczky Gräfin Sid. 8.
Ricci 9.
Richter Hans 169, 179.
Ricordi 154, 183.
Riedel Carl 168.
Riencourt Graf 33.
Rieter-Biedermann 145, 155, 159.
Rietschel Ernst 111.
Rimsky-Korsakoff 202.
Ritter Familie 18, 33, 34.
— Carl 14, 18, 19, 28, 31, 38, 91, 101, 104.

Ritter Alex. 35, 37, 38, 43, 41, 46, 50, 101.
— Frau Franziska 41, 46.
Rittmüller 27.
Rockhussen 91.
Roger 33, 34, 41.
Romieu 58.
Rosa Salvator 113.
Rossini 38, 104, 155, 163.
Rothschild 196.
Rousseau 143.
Rozsavölgyi 37.
Rubinstein Ant. 34, 35, 90, 126, 164, 166, 167, 168, 176.
— Nicol. 147, 160.
Rudio 103.
Rültimann Frl. 161.
Rümpler 36.
Rußland, Kaiser Alexander 46.
— Großfürst Constantin 213.

Sabinin Martha v. 23, 96.
Sacchini 61.
Sachsen, König und Königin v. 11.
Sagan, Herzogin v. 15.
Saint-Saëns 201.
Saldern von 138.
Sander C. (Leuckart) 202.
Sardinien, König v. 60.
Sauerma Gräfin Ros. 57, 63.
Scarlatti Dom. 143, 163.
Schäfer 178.
Schäffer Jul. 20, 21, 22, 50.
Scharffenberg 50.
Schefer Leop. 125.
Scheffel Vict. v. 181.
Scheffer Ary 58, 136.
Schiller 8, 69, 106, 120, 125, 129.
Schleinitz Gräfin 167, 217.
— 26, 29, 98.
Schlesinger 10, 11, 20, 21, 23, 24, 25, 42, 43, 61, 67, 85, 91, 103, 127, 129, 130, 145, 147. Siehe auch Lienau.
Schlick Gräfin 9.
Schlömbach 17, 23, 29.
Schloss 5.
Schmidt 9.
— (Cellist) 138.
Schmitt 70.
Schneider Friedrich 31.
Schnorr v. Carolsfeld 150.
Schopenhauer 77, 78, 83, 117, 142, 181.
Schorn Adelh. v. 211.
Schott (Musikverl.) 10, 11, 13, 30, 37, 54, 58, 135, 136, 150, 160, 166, 201.
— (Sänger) 26, 201.
Schreiber 109.
Schubert Franz 17, 20, 23, 24, 25, 26, 28, 33, 34, 35, 38, 46, 50, 64, 77, 98, 109,

110, 116, 120, 121, 123, 126, 147, 163, 164, 178.
Schubert (Dresden) 19, 31.
Schuberth Jul. 13, 51, 120, 123, 124, 140, 160, 190.
—— Fritz 80, 81.
Schulz 81.
Schumann Rob. 18, 19, 23, 24, 25, 26, 33, 35, 40, 43, 46, 49, 78, 80, 81, 90, 98, 115, 123, 126, 137, 143.
—— Clara 41, 46, 50.
Schwarz Max 201, 202.
Schwarzenberg Card. 77.
Schwendtner 172, 173.
Schwerin Frau v. 87.
Schwind M. v. 99.
Scitowski Card. 10, 17.
Scudo 109, 115.
Seifriz 142, 190.
Semann 18.
Senff 9, 15, 51, 160, 168.
Seroff 115, 119.
Servais Franz 166, 168, 174, 178.
Sgambati 143, 150, 152, 157, 158, 159, 164, 187, 188, 201.
Shakespeare 13.
Siboni 54.
Siegel 147, 148, 149, 150, 156, 157.
Sina Baron 168, 168.
Singer Edm. 12, 13, 14, 15, 19, 31, 35, 37, 39, 40, 41, 43, 44, 45, 46, 47, 48, 50, 58, 61, 74, 75, 76, 90, 103, 104, 107, 178.
Sivori 126.
Sobolewski 80, 81.
Sontag Henr. 9, 26.
Soupper v. 43.
Spina 18, 19, 20, 81, 147.
Spontini 108, 110, 128, 135.
Spohr Louis 92, 126.
—— Familie 77, 63.
—— Rosalie 25. Siehe Gräfin Sauerma.
—— Ida 25.
Stablewski v. 42.
Stade Wilh. 168.
Stahr Adolf 4, 22, 91.
Standhardtner 169.
Stein Paron 207.
Stern Daniel 115.
—— Adolf 168.
—— Julius 22, 23, 44, 48, 51, 55, 56, 57, 58, 59, 61, 62, 63, 64, 66, 67, 68, 70, 74, 75, 76, 77, 78, 80, 82, 84, 90, 94, 95, 96, 98, 119, 123, 124, 140.
—— Frau 52.
Stöcker 50.
Stockhausen 69, 70.
Stör 183.

Strauss Joh. 42, 186.
—— Ludwig 102, 103, 104, 105, 107, 109, 111, 112.
—— David 178.
Sweert Jul. de 168.
Sulkowski Fürst 42.

Talleyrand Baron 29.
—— Fürst 211.
Tarnassi 159.
Tarnowski Graf 168.
Taubert Wilh. 22, 54, 70, 90, 95.
Tausig 77, 88, 89, 90, 91, 92, 98, 100, 101, 102, 103, 104, 112, 117, 135, 138, 140, 163, 167.
—— Vater 92.
Telen 201.
Thalberg 10.
Thode 13.
Tichatscheck 33, 35, 50.
Töpken 80.
Traube 133.
Trebelli Zelia 135.
Trefort 193, 197.
Truhn 22, 44, 46, 47, 48, 49, 50, 51, 53, 57, 103, 110, 140.
Tutin Mad. 54.
Tyszkiewicz Graf 168.

Urspruch Ant. 180.

Van Bree 150.
Vanutelli 175.
Varnhagen v. Ense 91, 98.
Vegh Joh. v. 210.
Verdi 9, 123, 124, 163, 188.
Verger 77.
Verhulst 43.
Vesque (Hoven) 9.
Vetsera v. 9.
Veuillot Louis 157.
Viardot Pauline 90, 167.
Villers Alex. v. 9, 10.
Villot 136.
Viole 65, 67, 69, 70, 73, 76, 77, 81, 91, 92.
Vogel Jul. 201.
Vogl Heinr. u. Therese 169.
Voigt Frl. 207.
Volkmann Rob. 10, 13, 77, 115.
Voltaire 76, 119, 127.
Vörös Jos. 9.

Wagner Richard 2, 3, 5, 9, 14, 18, 20, 21, 22, 23, 26, 29, 31, 33, 34, 35, 37, 38, 39, 40, 42, 45, 47, 48, 50, 52, 54, 56, 57, 58, 59, 61, 64, 65, 69, 75, 76, 81, 83, 84, 90, 91, 96, 97, 98, 100, 109, 110, 112, 115,

117, 119, 121, 122, 126, 132, 136, 138, 149, 150, 151, 152, 160, 169, 173.
Wagner Frau 85.
— Frau Cosima 172. Siehe auch Cos. Liszt und Frau v. Bülow.
— Johanna 42, 47, 50, 67, 70, 76, 80, 83, 95, 96.
— Albert 95.
Weber C. M. v. 13, 50, 157, 163, 173.
Wedel Graf 183.
Weimar, Herzog Carl August 17, 18, 19, 85, 192, 193.
— Großherzogin Maria Paulowna 83, 110.
— Großherzog Carl Alexander 10, 11, 33, 34, 51, 85, 158, 181, 183, 208.
— Großherzogin Sophie 43, 183.
— Erbgroßherzog 184, 185.
— Prinz. Amalie 10, 11.
— Prinz Eduard 11.
— Prinz Hermann 11.
— Prinz Gustav 11.
Weiss Mad. 5.
— (Sänger) 81.
— (Secretär) 94, 96, 97.
Weissheimer 163.
Weltmann 76, 79, 81, 82, 90, 92, 109, 126, 143, 144.
Wenzel E. F. 17.
Westermann 159.
Westmoreland Lord 9.
Westphalen Graf 137.
Widor 198.
Wieck Friedrich 19.
— Marie 19.
Wieland 69.
Wieniawski Henri 10, 24, 95.

Wieniawski Josef 10, 17.
Wieprecht 21, 22, 23, 84, 85, 104, 126, 127.
Wigand 35.
Willmers 9, 15, 42.
Wilsing 21.
Winterberger 11, 21, 22, 23, 55, 56, 69, 71, 73.
Wisznfewski 48.
Witt Franz 168, 169, 172, 173.
Wittgenstein Fürstin 5, 17, 18, 19, 20, 29, 31, 32, 35, 36, 37, 40, 44, 47, 54, 58, 59, 63, 64, 68, 70, 74, 76, 77, 78, 80, 81, 82, 83, 85, 86, 88, 90, 91, 92, 93, 95, 98, 100, 107, 109, 111, 112, 114, 117, 119, 120, 128, 130, 150, 157, 187, 188, 193.
— Prinzessin Marie 19, 70, 74, 90, 100, 120. Siehe auch Fürstin Marie Hohenlohe.
Witzleben v. 138.
Wodzicki Graf 42.
Wohlers 81, 82, 92.
Wölfel 89.
Würst 80.
Württemberg, König und Königin v. 179.

Zahn 26, 80.
Zaremba v. 11.
Zellner 74, 83, 90, 121, 169.
Zeschau v. 31.
Ziegesar v. 29, 88.
Zierfuss 206.
Zimmermann Mad. 21.
Zopff 72.
Zschiesche (Bassist) 48.
— Pauline 48, 49, 51.
Zumbusch 169.

www.ingramcontent.com/pod-product-compliance
Lightning Source LLC
Chambersburg PA
CBHW030303240426
43673CB00040B/1046